Umweltökonomik

Bodo Sturm · Carla Vogt

Umweltökonomik

Eine anwendungsorientierte Einführung

2. Auflage

Bodo Sturm
Fakultät Wirtschaftswissenschaft
und Wirtschaftsingenieurwesen
HTWK Leipzig
Leipzig, Deutschland

Carla Vogt
Fachbereich Wirtschaft
Hochschule Bochum
Bochum, Deutschland

ISBN 978-3-662-54126-5   ISBN 978-3-662-54127-2   (eBook)
https://doi.org/10.1007/978-3-662-54127-2

Die Deutsche Nationalbibliothek verzeichnet diese Publikation in der Deutschen Nationalbibliografie; detaillierte bibliografische Daten sind im Internet über http://dnb.d-nb.de abrufbar.

Springer Gabler
Die erste Auflage erschien im Physica Verlag – ein Unternehmen von Springer.
© Springer-Verlag GmbH Deutschland, ein Teil von Springer Nature 2011, 2018
Das Werk einschließlich aller seiner Teile ist urheberrechtlich geschützt. Jede Verwertung, die nicht ausdrücklich vom Urheberrechtsgesetz zugelassen ist, bedarf der vorherigen Zustimmung des Verlags. Das gilt insbesondere für Vervielfältigungen, Bearbeitungen, Übersetzungen, Mikroverfilmungen und die Einspeicherung und Verarbeitung in elektronischen Systemen.
Die Wiedergabe von Gebrauchsnamen, Handelsnamen, Warenbezeichnungen usw. in diesem Werk berechtigt auch ohne besondere Kennzeichnung nicht zu der Annahme, dass solche Namen im Sinne der Warenzeichen- und Markenschutz-Gesetzgebung als frei zu betrachten wären und daher von jedermann benutzt werden dürften.
Der Verlag, die Autoren und die Herausgeber gehen davon aus, dass die Angaben und Informationen in diesem Werk zum Zeitpunkt der Veröffentlichung vollständig und korrekt sind. Weder der Verlag noch die Autoren oder die Herausgeber übernehmen, ausdrücklich oder implizit, Gewähr für den Inhalt des Werkes, etwaige Fehler oder Äußerungen. Der Verlag bleibt im Hinblick auf geografische Zuordnungen und Gebietsbezeichnungen in veröffentlichten Karten und Institutionsadressen neutral.

Gedruckt auf säurefreiem und chlorfrei gebleichtem Papier

Springer Gabler ist ein Imprint der eingetragenen Gesellschaft Springer-Verlag GmbH, DE und ist ein Teil von Springer Nature
Die Anschrift der Gesellschaft ist: Heidelberger Platz 3, 14197 Berlin, Germany

Inhaltsverzeichnis

Abbildungsverzeichnis IX

Tabellenverzeichnis XI

1. **Die ökonomische Sicht der Dinge** 1
   1.1   Ein kurzes Repetitorium der Mikroökonomik 1
         1.1.1   Selbstregulierung von Märkten 1
         1.1.2   Effizienz von Wettbewerbsmärkten 8

2. **Marktversagen durch externe Effekte** 17
   2.1   Externe Effekte: Eine erste Betrachtung 18
         2.1.1   Arten von externen Effekten 18
         2.1.2   Eine genauere Charakterisierung 19
   2.2   Warum externe Effekte die Effizienz schädigen 20
   2.3   Externe Effekte: Eine vertiefte Betrachtung 24
   2.4   Fallstudie: Die externen Kosten des Straßenverkehrs 28

3. **Das Coase-Theorem** 41
   3.1   Wann das Coase-Theorem funktioniert … 42
   3.2   … und wann nicht: Die Grenzen des Coase-Theorems 46

4.	**Die Charakteristika von Umweltgütern**... 51		
	4.1	Eigenschaften von Gütern... 51	
		4.1.1 Private Güter... 52	
		4.1.2 Club-Güter.. 53	
		4.1.3 Öffentliche Güter.. 53	
		4.1.4 Common Pool Resources... 58	
	4.2	Optimale Bereitstellung von Gütern.. 64	
5.	**Instrumente der Umweltpolitik** 69		
	5.1	Einführung... 69	
	5.2	Pigou-Steuer.. 70	
	5.3	Fallstudie: Die Ökologische Steuerreform in der BRD 78	
	5.4	Emissionshandel.. 90	
	5.5	Fallstudie: Der EU-Emissionshandel.. 97	
	5.6	Auflagen.. 114	
	5.7	Fallstudie: Die CO_2-Standards für Pkw in der EU........................ 116	
	5.8	Vergleich der Instrumente in der statischen Analyse..................... 122	
	5.9	Dynamische Anreizwirkung.. 123	
		5.9.1 Sozialer Nutzen im Optimum 124	
		5.9.2 Steuerlösung... 129	
		5.9.3 Emissionshandel 132	
		5.9.4 Auflagen und Anreize zur Investition 135	
		5.9.5 Fazit zur dynamischen Anreizwirkung.............................. 135	
		5.9.6 Weitere Aspekte in der dynamischen Perspektive............ 136	
6.	**Der Klimawandel als globales Umweltproblem**... 139		
	6.1	Charakteristika globaler Umweltprobleme..................................... 139	
	6.2	Einige Fakten zu Treibhauseffekt und Klimawandel 140	
		6.2.1 Naturwissenschaftlicher Hintergrund................................ 140	
		6.2.2 Risiken durch den Klimawandel.. 147	
		6.2.3 Chancen durch den Klimawandel 154	
		6.2.4 Fazit.. 156	
	6.3	Strategien gegen den Klimawandel.. 156	
		6.3.1 Vermeidung 156	
		6.3.2 Anpassung.. 160	
	6.4	Klimawandel und Gerechtigkeit 165	
	6.5	Ökonomische Dimension I: Kosten und Nutzen von Klimaschutz aus der globalen Perspektive... 167	
		6.5.1 Optimaler Klimaschutz – Eine qualitative Analyse........... 167	
		6.5.2 Optimaler Klimaschutz – Eine quantitative Analyse 171	
	6.6	Ökonomische Dimension II: Anreizprobleme der Klimapolitik................ 188	
		6.6.1 Soziale Dilemmata 188	
		6.6.2 Koalitionsmodelle 192	

Inhaltsverzeichnis

7. Empirische Evidenz zur Bereitstellung öffentlicher Güter 199
    7.1   Feldevidenz: Das Kyoto-Protokoll – nur symbolische Politik? 200
           7.1.1   Das Kyoto-Protokoll: Bedeutung und wesentliche Inhalte 200
           7.1.2   Die Aufweichung des Kyoto-Protokolls 202
           7.1.3   Die politische Ökonomik des Klimaschutzes 207
           7.1.4   Das Paris Abkommen 209
    7.2   Experimentelle Evidenz: Öffentliche Güter und Kooperation 211
           7.2.1   Warum Ökonomen Laborexperimente durchführen 211
           7.2.2   Laborexperimente zur Bereitstellung öffentlicher Güter 214
    7.3   Ein Erklärungsansatz für Kooperation:
           Die Theorie von Fehr und Schmidt 219
    7.4   Kooperationsversagen: Eine alternative Deutung 224

8. Übungsaufgaben 233

Stichwortverzeichnis 239

Abbildungsverzeichnis

Abb. 1.1	Grundmodell von Angebot und Nachfrage	6
Abb. 1.2	Überschussangebot und Überschussnachfrage	7
Abb. 1.3	Konsumentenrente	10
Abb. 1.4	Produzentenrente	11
Abb. 1.5	Gesellschaftliche Wohlfahrt im Marktgleichgewicht	12
Abb. 1.6	Gesellschaftliche Wohlfahrt bei Überschussnachfrage	13
Abb. 2.1	Gewinnmaximale Outputmenge	21
Abb. 2.2	Gesellschaftlich optimale Outputmenge für das Stahlunternehmen	22
Abb. 2.3	Gesellschaftlich optimale Lösung in der Stahlbranche	23
Abb. 2.4	Einnahmen des Staats aus dem Straßenverkehr (2005, in Mrd. €)	39
Abb. 3.1	Grenzvermeidungskosten und Grenzschaden	44
Abb. 4.1	Gewinn von Akteur 1 im öffentlichen-Gut-Spiel	59
Abb. 4.2	CPR-Produktionsfunktion	61
Abb. 4.3	CPR-Nutzung	63
Abb. 4.4	Optimale Bereitstellung rivaler und nicht rivaler Güter	65
Abb. 5.1	Soziales Optimum	72
Abb. 5.2	Individuelle Anpassung an die Pigou-Steuer	73
Abb. 5.3	Horizontale Aggregation von Grenzvermeidungskosten	75
Abb. 5.4	Wohlfahrtsverlust durch suboptimalen Steuersatz	77
Abb. 5.5	Wohlfahrtseffekte der Pigou-Steuer	81
Abb. 5.6	Reduzierte Zusatzlasten auf dem Arbeitsmarkt	83
Abb. 5.7	Der effektive Verlauf des Stromsteuertarifs 2002	90
Abb. 5.8	Emissionshandel für zwei Unternehmen	95
Abb. 5.9	Preis- und Mengensteuerung bei unvollständiger Information	97

Abb. 5.10	Preise für Zertifikate im EU-Emissionshandel	104
Abb. 5.11	CO_2-Steuern in der EU	119
Abb. 5.12	CO_2-Vermeidung in ETS- und N-ETS-Sektoren	121
Abb. 5.13	first- und second-best-Allokationen	123
Abb. 5.14	Sozialer Nutzen aus der Investition bei einem Unternehmen und linearen Schadenskosten	125
Abb. 5.15	Sozialer Nutzen aus der Investition bei einem Unternehmen und konvexen Schadenskosten	125
Abb. 5.16	Sozialer Nutzen aus der Investition bei zwei Unternehmen und linearen Schadenskosten	126
Abb. 5.17	Sozialer Nutzen aus der Investition bei zwei Unternehmen und konvexen Schadenskosten	127
Abb. 5.18	Sozialer Nutzen aus der Investition bei zwei Unternehmen und konvexen Schadenskosten (Zusammenfassung der Flächen B − A + C + D)	128
Abb. 5.19	Privater Nutzen aus der Investition bei einem Unternehmen und konvexen Schadenskosten sowie Steuersatzabsenkung	129
Abb. 5.20	Privater Nutzen aus der Investition bei einem Unternehmen im Emissionshandel und Angebotsreduzierung	133
Abb. 6.1	Globale CO_2-Emissionen seit 1850	142
Abb. 6.2	Keeling-Kurve	143
Abb. 6.3	Entwicklung der CO_2-Konzentration im letzten Jahrtausend	143
Abb. 6.4	Globale Temperaturentwicklung seit 1850	144
Abb. 6.5	Verschiebung der Temperaturverteilung	151
Abb. 6.6	Anteile an den gesamten CO_2-Emissionen von 1850 bis 2013	166
Abb. 6.7	Verletzlichkeit durch den Klimawandel und Anpassungsfähigkeit	167
Abb. 6.8	Vermeidung, Anpassung und Residualkosten	168
Abb. 6.9	Komparative Statik für Anpassung und Vermeidung	170
Abb. 6.10	Ökonomiemodul in DICE	173
Abb. 6.11	Klimamodul in DICE	173
Abb. 6.12	DICE – Schäden in Prozent des Outputs	177
Abb. 6.13	DICE – Emissionsvermeidungsrate	182
Abb. 6.14	DICE – CO_2-Preis	183
Abb. 6.15	DICE – CO_2-Konzentration	183
Abb. 6.16	DICE – Temperaturveränderung ggü. vorindustriellem Niveau	184
Abb. 6.17	Beitrag zum Klimaschutz im Beispiel mit $N = 10$ und $\gamma = 10$	191
Abb. 6.18	Gewinne eines Koalitionärs im Beispiel mit $N = 10$ und $\gamma = 10$	195
Abb. 7.1	Beiträge zum öffentlichen Gut in Isaac und Walker (1988)	216

Tabellenverzeichnis

Tab. 4.1 Eigenschaften von Gütern 52

Tab. 5.1 Erhöhungssätze im Rahmen der Ökologischen Steuerreform 79
Tab. 5.2 Gesamtsteuerbelastung auf Energieträger 79
Tab. 5.3 Determinanten für den Preis im EU-Emissionshandel 107
Tab. 5.4 Fallunterscheidungen für die Investition in Vermeidungstechnologie 130

Tab. 6.1 DICE – Output, Klimaschäden und Vermeidungskosten in 2120 181

Tab. 7.1 Emissionsziele für 2008-2012 unter dem Kyoto-Protokoll 201
Tab. 7.2 Burden Sharing Agreement für die EU-15 202
Tab. 7.3 Effekte der Nachverhandlung des Kyoto-Protokolls 205
Tab. 7.4 Tatsächliche Emissionsentwicklung ausgewählter Länder 206
Tab. 7.5 Anordnungen im Experiment von Isaac und Walker (1988) 215
Tab. 7.6 Auszahlungsmatrix im symmetrischen öffentlichen-Gut-Spiel für $N = 2$ 222

1 Die ökonomische Sicht der Dinge

Worin besteht eigentlich aus wirtschaftswissenschaftlicher Sicht „das Umweltproblem"? Zum sogenannten Umweltproblem melden sich ganz unterschiedliche wissenschaftliche Disziplinen zu Wort. So liegt einigermaßen auf der Hand, dass Ökologen und Biologen etwas zu den Folgen von Umweltzerstörung zu sagen haben, wenn es um die Beeinträchtigung der Funktionsweise von Ökosystemen etwa geht oder sogar deren kompletter Verlust droht. Ziemlich einleuchtend ist auch, dass andere naturwissenschaftliche Disziplinen wie etwa die Klimatologie als Teildisziplin der Physik sich aufgerufen fühlen, sich zum Problem des Klimawandels zu äußern. Aber warum fühlen sich Wirtschaftswissenschaftler aufgerufen, sich zum „Umweltproblem" zu äußern? Was berechtigt *Ökonomen*, sich zum Umweltproblem zu Wort zu melden?

1.1 Ein kurzes Repetitorium der Mikroökonomik

1.1.1 Selbstregulierung von Märkten

Um diese Frage zu beantworten, müssen wir zunächst etwas klarer herausarbeiten, worin aus wirtschaftswissenschaftlicher Sicht eigentlich der Kern des Umweltproblems besteht. Die Wirtschaftswissenschaft kann allgemein verstanden werden als die wissenschaftliche Disziplin, die sich mit der Bewirtschaftung knapper Ressourcen beschäftigt. *Knappheit* – dieses Phänomen ist offensichtlich der Grundtatbestand, mit dem sich Ökonomen beschäftigen. Dabei ist es zunächst einmal unerheblich, ob wir die Betriebs- oder die Volkswirtschaftslehre betrachten: Ein einigendes Merkmal beider wirtschaftswissenschaftlicher Teildisziplinen ist die Beschäftigung mit der Knappheit als einem unausweichlichen Charakteristikum menschlichen Handelns. Ganz gleich, ob es darum geht, die knappen Ressourcen eines einzelnen Betriebs möglichst sinnvoll einzusetzen oder die Ressourcen einer gesamten Volkswirtschaft, die Knappheit der Ressourcen ist das zentrale Problem, mit dem sich Betriebs- und Volkswirte konfrontiert sehen.

Grob gesagt besteht die Aufgabe der Wirtschaftswissenschaft also darin, Lösungen für das Problem knapper Ressourcen anzubieten. Die Kernfrage der Ökonomik lautet: Wie sind knappe Ressourcen am besten einzusetzen? Um diese Frage zu beantworten, muss man ein Kriterium definieren, anhand dessen Ressourcenallokationen beurteilt werden sollen. Die Ökonomen haben sich darauf verständigt, Allokationen nach dem Kriterium der *Effizienz* zu beurteilen. Eine zentrale Forderung von Wirtschaftswissenschaftlern ist, dass Ressourcen möglichst effizient eingesetzt werden sollten. Diese Forderung nach Effizienz schlägt sich in zwei elementaren Prinzipien nieder, die jedem Studenten der Wirtschaftswissenschaft bereits in seinen ersten Vorlesungen unvermeidlich über den Weg laufen, dem *Maximumprinzip* und dem *Minimumprinzip*. Es gibt zwei Möglichkeiten, den Begriff wirtschaftlicher Effizienz näher zu charakterisieren. Erstens: Wir können den Ressourceneinsatz fixieren. Dann ist Effizienz erreicht, wenn mit dem gegebenen Ressourceneinsatz ein maximaler Output erreicht wird. Dabei kann es sich beispielsweise um den Unternehmensgewinn handeln, der bei gegebenem Bestand an Produktionsfaktoren (Arbeit, Kapital, Material usw.) ein Maximum annimmt oder etwa die gesellschaftliche Wohlfahrt, die maximal werden soll, gegeben ein gesamtwirtschaftlicher Bestand an Produktionsmitteln. Zweitens: Wir können die Zielgröße fixieren. In diesem Fall verlangt das Kriterium der Effizienz, den Ressourceneinsatz zu minimieren. Ein bestimmtes Ziel – auf betriebswirtschaftlicher Ebene etwa ein bestimmter Unternehmensoutput – ist dann mit einem minimalen Mitteleinsatz zu erreichen.

Insbesondere in der Formulierung als Minimumprinzip wird deutlich, dass die Forderung nach Effizienz eine sinnvolle ist: Wenn Ressourcen knapp sind, dann sollten sie möglichst sparsam eingesetzt werden. Oder noch anders formuliert: Die Forderung nach Effizienz besagt eigentlich nichts anderes, als dass Ressourcen nicht verschwendet werden sollten. Auch wenn Ökonomen oft für ihre „effizienzorientierte Denkweise" kritisiert werden – letztlich ist Effizienz das Beste, was wir in einer Welt der Knappheit erreichen können. Machen wir uns an einem kleinen Beispiel klar, warum es auch aus einer sehr allgemeinen, ethischen Herangehensweise schwierig ist, gegen die effizienzorientierte Betrachtung zu argumentieren. Angenommen, in einer Situation A existiert eine Aufteilung von Ressourcen, so dass jeder Akteur ein bestimmtes Wohlfahrtsniveau erreicht. Wenn nun in dieser Situation A Ressourcen nicht effizient eingesetzt werden, bedeutet dies, dass beim Übergang zu einer effizienten Situation B die Wohlfahrt aller Beteiligten unverändert bleibt (d.h. niemand wird schlechter gestellt) und zugleich weniger Ressourcen eingesetzt werden. Anders herum: Man könnte bei gleichem Ressourceneinsatz in B mindestens einen Akteur in seiner Wohlfahrt besser stellen und zugleich die Wohlfahrt aller anderen Akteure unverändert lassen. In der Tat ist es also mehr als schwierig, ineffiziente Situationen als vorzugswürdig zu bezeichnen.

Während die Betriebswirtschaftslehre naturgemäß der Frage nachgeht, wie die Ressourcen eines einzelnen Betriebs möglichst effizient eingesetzt werden können, so nimmt die Volkswirtschaftslehre eine gesamtwirtschaftliche Perspektive ein. In der Volkswirtschaftslehre geht es zu einem Gutteil um die Frage, wie letztlich die Ressourcen einer gesamten

Volkswirtschaft möglichst effizient genutzt werden können. Es geht darum, Bedingungen zu identifizieren, unter denen das gesellschaftliche Effizienzziel erreicht wird.

Zentral für die Volkswirtschaftslehre war dabei von Anfang an die Frage nach dem „richtigen" Wirtschaftssystem. Wie ist die *Wirtschaftsordnung* eines Landes zu organisieren, damit letztlich eine effiziente Ressourcenverwendung gewährleistet ist? Dies ist eine der Kernfragen der Volkswirtschaftslehre, die Ökonomen von Beginn an beschäftigt hat.

Bekanntlich existieren grundsätzlich zwei Möglichkeiten, eine Volkswirtschaft zu organisieren. Am einen Ende der Skala möglicher Organisationsformen einer Volkswirtschaft befindet sich die *zentrale Planwirtschaft*, am anderen Ende die *freie Marktwirtschaft*. Dazwischen existiert ein Kontinuum aller denkbaren Mischformen, in denen der Staat mehr oder weniger stark in das Wirtschaftsgeschehen eines Landes eingreift. Die meisten real existierenden Volkswirtschaften dieser Welt sind keine „freien Marktwirtschaften" im reinen Sinn des Wortes. Charakteristisch ist vielmehr, dass der Staat auch in kapitalistisch organisierten Ländern seit geraumer Zeit ein wichtiger Akteur geworden ist. Dennoch handelt es sich bei den meisten Ökonomien auf diesem Globus um „Marktwirtschaften". Die Begründung ist naheliegend: In fast allen Volkswirtschaften der Welt ist „der Markt" die zentrale Institution, über die knappe Ressourcen bewirtschaftet werden. Warum aber ist „der Markt" eigentlich zu der dominierenden Organisationsform des Wirtschaftens geworden?

Man kann diese Frage auf mindestens zwei Arten beantworten. Erstens kann man rein pragmatisch argumentieren, dass der Versuch einer zentralen Planung ganz offensichtlich auf ganzer Linie gescheitert ist. Es hat sich in der Praxis gezeigt, dass der Versuch, das Allokationsproblem einer Volkswirtschaft auf dem Wege zentraler Planung zu lösen, nicht besonders gut funktioniert hat. Die Ineffizienz zentraler Planwirtschaften war ein gewichtiger Grund dafür, warum der frühere Ostblock zusammengebrochen ist. Frei nach Churchill könnte man also sagen: Die Marktwirtschaft ist unter allen schlechten Wirtschaftssystemen die beste.[1]

Diese pragmatische Sicht der Dinge ist aber möglicherweise zu pessimistisch. Es lassen sich nämlich, zweitens, durchaus *gute Gründe* angeben, warum ein marktwirtschaftliches System letztlich die überlegene Organisationsform ist. Machen wir uns zunächst einmal klar, was eigentlich charakteristisch für ein marktwirtschaftliches System ist. Man kann mehr oder weniger lange Kriterienkataloge für die Klassifikation von Wirtschaftssystemen aufstellen: Das zentrale Wesensmerkmal einer Marktwirtschaft dürfte allerdings sein, dass letztlich wirtschaftliche Entscheidungen auf *dezentraler Ebene* getroffen werden: Private Haushalte planen ihren Güterkonsum unabhängig von den Unternehmen und unabhängig von allen anderen Haushalten der Volkswirtschaft. Und ebenso treffen Unternehmen ihre Produktionsentscheidung frei und unabhängig von allen anderen Wirtschaftseinheiten der

---

[1] Winston D. Churchill in einer Rede vor dem House of Commons am 11. November 1947 (Langworth 2008, S. 574): „Many forms of government have been tried and will be tried in this world of sin and woe. No one pretends that democracy is perfect or all-wise. Indeed, it has been said that democracy is the worst form of government except all those other forms that have been tried from time to time."

Volkswirtschaft. Insbesondere existiert in einer Marktwirtschaft keinerlei zentrale Instanz (etwa eine Plankommission), die versucht, diese einzelwirtschaftlichen Pläne miteinander zu harmonisieren. Wir halten also fest: Typisch für ein marktwirtschaftliches Wirtschaftssystem ist, dass die Millionen Wirtschaftssubjekte – Konsumenten und Produzenten – unabhängig voneinander entscheiden, was sie konsumieren und produzieren wollen.

Es verwundert kaum, dass praktisch mit der Geburtsstunde der Wirtschaftswissenschaft als eigenständiger wissenschaftlicher Disziplin die Frage auftauchte, ob ein solches auf dezentraler Entscheidung basierendes System überhaupt funktionieren könne. Muss ein solches System, in dem Millionen Menschen unabhängig voneinander ihre wirtschaftlichen Entscheidungen treffen, nicht im Chaos enden? In der Tat finden sich in der klassischen Ökonomik durchaus berühmte Namen, die dieser Auffassung zuneigten. Karl Marx etwa vertrat die These von der *„Anarchie des Markts"*. Damit meinte Marx insbesondere, der Markt tendiere systematisch zu Überproduktion und Ineffizienz.[2] Diese behauptete Tendenz zur Überproduktion ist ein Teil der Marxschen Krisentheorie. Wir wollen uns an dieser Stelle nicht allzu sehr mit der marxistischen Ökonomik beschäftigen. Allerdings sei der Hinweis gestattet, dass der Kapitalismus sich offenbar als ein historisch äußerst zählebiges Phänomen erweist.

Letztlich steht die These von der Anarchie des Markts aber auf theoretisch schwachen Füßen. Die Tatsache, dass das kapitalistisch-marktwirtschaftliche System sich als Wirtschaftsordnung historisch behauptet hat, könnte mit einer bemerkenswerten Eigenschaft der Institution Markt zusammenhängen, nämlich der Fähigkeit von Märkten zur *Selbstregulierung*.

Die grundlegende Funktionsweise von Märkten lernt jeder Student der Wirtschaftswissenschaft bereits in seiner ersten Vorlesung in Volkswirtschaftslehre. Märkte sind typischerweise ein zentraler Gegenstand der Mikroökonomik. Dort wird analysiert, wie Wirtschaftssubjekte ihre Entscheidungen treffen und – wichtiger – wie Konsumenten und Produzenten auf Märkten interagieren. Es gibt einen zentralen Mechanismus, der letztlich dafür sorgt, dass die einzelwirtschaftlichen Entscheidungen koordiniert werden: Dieser Mechanismus ist der *Preismechanismus*. Die Wirkungsweise des Preismechanismus wird dabei normalerweise mit dem Angebot-Nachfrage-Modell untersucht. Verdeutlichen wir uns nochmals kurz die wesentlichen Bestandteile dieses Modells.[3]

---

[2] Vgl. etwa folgende Passage aus Marx' Hauptwerk „Das Kapital" (1976, S. 552): „Während die kapitalistische Produktionsweise in jedem individuellem Geschäft Ökonomie erzwingt, erzeugt ihr anarchisches System der Konkurrenz die maßloseste Verschwendung der gesellschaftlichen Produktionsmittel und Arbeitskräfte […]".

[3] Für eine ausführlichere Darstellung vgl. etwa Sturm und Vogt (2014).

Die Konsumenten werden abgebildet durch eine sogenannte Nachfragefunktion.[4] Die Nachfrage nach einem Gut ist – neben anderen Faktoren – zentral vom Preis abhängig. In der Regel können wir davon ausgehen, dass das „Gesetz der Nachfrage" gilt. Dieses Gesetz besagt, dass die nachgefragte Menge eines Guts mit steigendem Preis fällt. Im Rahmen der Konsumententheorie kann gezeigt werden, dass dieses Gesetz der Nachfrage tatsächlich in den allermeisten Fällen gilt: Auf der Grundlage der Annahme von rationalem und nutzenmaximierendem Verhalten kann gezeigt werden, dass die Nachfragefunktion eines einzelnen Konsumenten tatsächlich einen im Preis fallenden Verlauf aufweisen muss. Eine Ausnahme bilden Giffen-Güter[5], die aber praktisch keinerlei Relevanz besitzen. Wenn aber die individuellen Nachfragefunktionen einen im Preis fallenden Verlauf aufweisen, dann muss offenbar auch die aggregierte Nachfragefunktion, also die Marktnachfragefunktion, im Preis fallen.

Die Produzenten werden abgebildet durch eine Angebotsfunktion. Das Güterangebot ist dabei immer eine steigende Funktion des Preises. Mit steigenden Preisen bringen Unternehmen größere Mengen des betrachteten Guts auf den Markt („Gesetz des Angebots"). Der Grund ist letztlich, dass es sich aus Unternehmenssicht bei steigenden Preisen lohnt, mehr zu produzieren – es kann nämlich gezeigt werden, dass sich durch eine Steigerung der Produktionsmenge bei steigenden Preisen eine Zunahme des Unternehmensgewinns erreichen lässt. Die individuelle wie auch die aggregierte Angebotsfunktion haben daher einen steigenden Verlauf im Preis.

Grafisch schlägt sich dieses bekannte Modell wie in Abb. 1.1 dargestellt nieder.

---

[4] Unter einer Nachfragefunktion versteht man den funktionalen Zusammenhang $Q = Q(p)$. Historisch hat sich für die grafische Darstellung eingebürgert, den Preis p auf der Ordinate, die Menge Q auf der Abszisse abzutragen. Grafisch dargestellt wird daher in den allermeisten Fällen tatsächlich nicht die Nachfragefunktion, sondern genau genommen die inverse Nachfragefunktion. Analoges gilt für die Angebotsfunktion, deren grafische Darstellung tatsächlich die inverse Angebotsfunktion ist. Der Verlauf der Funktionen ist übrigens nicht zwingend linear. Es kommt nur darauf an, dass sie einen steigenden bzw. fallenden Verlauf aufweisen.

[5] Bei einer Preissenkung wird im Allgemeinen das betreffende Gut im Vergleich zu Substitutionsgütern verstärkt nachgefragt – der sogenannte Substitutionseffekt. Eine Preissenkung bewirkt darüber hinaus einen Einkommenszuwachs, und der in der Regel daraus resultierende positive Einkommenseffekt verstärkt den Substitutionseffekt. Bei einem Giffen-Gut überlagert ein negativer Einkommenseffekt den Substitutionseffekt, so dass das betreffende Gut bei einer Preissenkung weniger als zuvor nachgefragt wird. In der Realität ist es extrem schwierig, Giffen-Güter zu identifizieren. Jensen und Miller (2008) ist es mit Hilfe eines Feldexperiments in der (extrem armen) chinesischen Region Hunan gelungen, das Grundnahrungsmittel Reis als Giffen-Gut zu identifizieren. Mit Hilfe von Gutscheinen wurde Reis für Konsumenten in der Region verbilligt. Die Preissenkung führte aber nicht zu einer Nachfrageerhöhung, sondern zu einer Nachfragesenkung. Statt noch mehr Reis zu essen, konsumierten die Verbraucher mehr Fleisch und Gemüse. Vgl. hierzu auch Sturm und Vogt (2014).

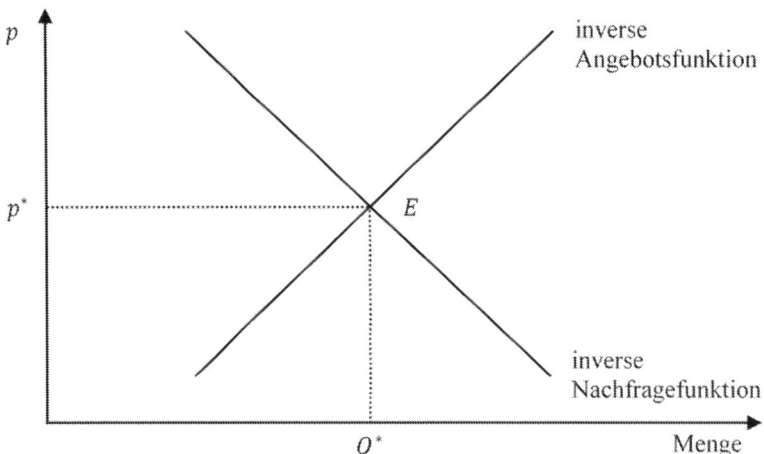

Abb. 1.1 Grundmodell von Angebot und Nachfrage

Wie man in Abbildung 1.1 unschwer erkennt, existiert bei Gültigkeit des Gesetzes der Nachfrage und des Gesetzes des Angebots offenbar ein *Schnittpunkt E* der beiden Funktionen. Dieser Schnittpunkt ist von Interesse, weil er eine besondere Eigenschaft aufweist: Dort stimmen angebotene und nachgefragte Menge exakt überein. Man bezeichnet diesen Punkt daher als *Marktgleichgewicht* oder auch als Zustand der Markträumung. Ohne dass wir an dieser Stelle schon Grundlagen der Wohlfahrtstheorie heranziehen, wird intuitiv klar, dass dieser Zustand eine bestimmte wünschenswerte Eigenschaft aufweist: Die Produzenten stellen in einem Marktgleichgewicht exakt die Menge her, die Konsumenten auch bereit sind nachzufragen. Oder andersherum formuliert: Konsumenten fragen exakt die Menge des Guts nach, die Produzenten auch bereit sind herzustellen. Man kann daher sagen, dass in einem Marktgleichgewicht die Pläne der Anbieter mit denen der Nachfrager kompatibel sind. Dies ist auch der Grund, warum ein Zustand der Markträumung ein Gleichgewicht darstellt: Wenn diese Kompatibilitätseigenschaft der Wirtschaftspläne erfüllt ist, dann hat kein Wirtschaftssubjekt einen Anlass, seine Entscheidungen zu revidieren. Genau dies ist aber die Voraussetzung dafür, dass man in den Sozialwissenschaften von einem Gleichgewicht sprechen kann.[6]

---

[6] Ganz allgemein ist ein Gleichgewicht eine Ruhelage eines Systems. Es ist völlig unerheblich, ob es sich dabei um ein naturwissenschaftliches oder soziales System handelt, also etwa ein Pendel in der Physik oder einen Markt in der Volkswirtschaftslehre. Eine Ruhelage ist dann erreicht, wenn sich keine endogene Variable eines Systems mehr ändert. Um beim Beispiel des Markts zu bleiben: Für einen exogen gegebenen Preis ändern sich im Gleichgewicht die nachgefragte und die angebotene Menge nicht.

Natürlich ist mit dieser Betrachtung bisher nicht mehr gezeigt worden, als dass ein solches Marktgleichgewicht existieren kann. Wenn sich aber herausstellen sollte, dass ein solches Gleichgewicht nicht erreicht wird, dann mindert dies den Erkenntniswert erheblich. Wir müssen also im nächsten Schritt die Frage klären, ob unter vernünftigen Annahmen ein solches Gleichgewicht erreicht wird.

An dieser Stelle kommt nun der Preismechanismus ins Spiel. Nehmen wir zunächst an, der Markt befände sich in einem Ungleichgewicht und zwar genau genommen in einer Situation, in der das Güterangebot die nachgefragte Menge übersteigt. Eine solche Situation kann überhaupt nur eintreten, wenn der tatsächliche Marktpreis p_1 den Gleichgewichtspreis p^* übersteigt. Betrachtet sei also grafisch folgende Situation wie in Abbildung 1.2 gezeigt.

Beim Preis $p_1 > p^*$ ist die angebotene Menge $Q_S(p_1)$, die nachgefragte Menge ist hingegen nur $Q_D(p_1)$. Das Überschussangebot beträgt $Q_S(p_1) - Q_D(p_1)$. Kann eine solche Situation des Überschussangebots eine stabile Situation sein, also dauerhaft Bestand haben? Dies kann man nicht ernsthaft erwarten. Tatsächlich bleiben die Anbieter des Guts in dieser Situation auf einem Teil ihrer Produktion sitzen. Sie bilden ungeplante Lagerbestände. Für die Anbieter wäre es rational, mit ihren Preisforderungen etwas heruterzugehen. In einer Situation eines Überschussangebots würde also der Marktpreis allmählich beginnen zu sinken. Wenn er das tut, löst er aber eine Anpassungstendenz in Richtung des Gleichgewichts aus: Bei sinkenden Preisen sind die Nachfrager bereit, eine größere Menge als bisher nachzufragen. Gleichzeitig signalisieren sinkende Preise den Anbietern, dass sich

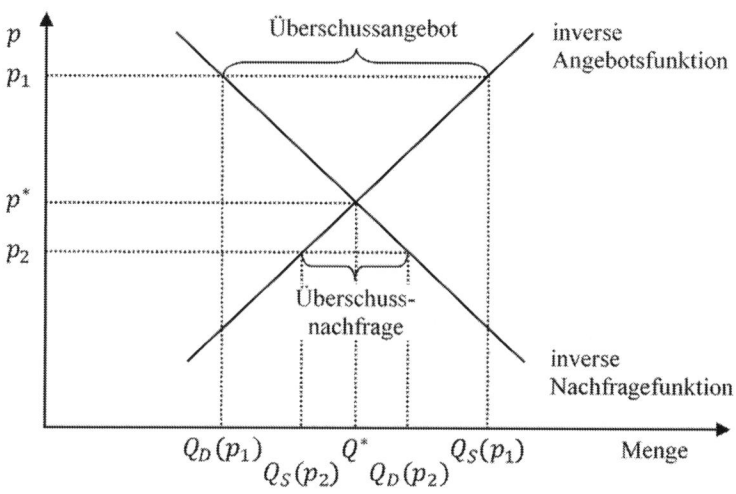

Abb. 1.2 Überschussangebot und Überschussnachfrage

die Produktion des Guts nicht mehr in dem Maße lohnt. Die Anbieter haben einen Anreiz, ihre Produktionsmenge zu senken. Der sinkende Marktpreis führt also dazu, dass sich die Wirtschaftssubjekte allmählich auf das Marktgleichgewicht $\{p^*, Q^*\}$ zu bewegen.

Betrachten wir umgekehrt eine Situation der Überschussnachfrage: Liegt der Marktpreis p_2 unterhalb des Gleichgewichtspreises p^*, dann übersteigt die nachgefragte Menge offenbar die Angebotsmenge. Beim Preis $p_2 < p^*$ ist die angebotene Menge nur $Q_S(p_2)$, die nachgefragte Menge beträgt hingegen $Q_D(p_2)$. Die Überschussnachfrage beträgt demnach $Q_D(p_2) - Q_S(p_2)$. Die Nachfrager konkurrieren also um das knappe Gut. Man kann sich leicht vorstellen, dass Anbieter in dieser Situation in der Lage sind, einen höheren Preis am Markt zu erzielen. Man denke etwa an den Markt für Mietwohnraum: Übersteigt die Nachfrage das Angebot – existiert also eine Überschussnachfrage – so sind die Vermieter in der Lage, einen höheren Mietpreis am Markt durchzusetzen. Der steigende Preis aber löst wiederum eine Anpassungstendenz zum Gleichgewicht aus: Ein steigender Marktpreis lässt die Konsumenten eine nun geringere Menge nachfragen. Für die Anbieter wird es lukrativer, das betrachtete Gut bereitzustellen, sie werden also (im Falle von Wohnraum: mittel- bis langfristig) das Güterangebot ausdehnen.

Soweit unsere Rekapitulation elementarer Erkenntnisse der Mikroökonomik. Wir halten als Fazit fest: Es ist der *Preismechanismus*, der letztlich in einem marktwirtschaftlichen System für den Ausgleich von Angebot und Nachfrage sorgt und damit die einzelwirtschaftlichen Pläne miteinander koordiniert. Ein marktwirtschaftliches System benötigt keine zentrale Planungsinstanz, um die gewünschte Kompatibilität von einzelwirtschaftlichen Plänen herzustellen. Es gibt vielmehr einen eingebauten Selbststeuerungsmechanismus, der diese Funktion übernimmt, und das ist der Preis: Indem der Marktpreis auf Ungleichgewichtssituationen reagiert, sendet er an die Marktteilnehmer die erforderliche Information, sich an die ungleichgewichtige Situation in der genau richtigen Weise anzupassen.

1.1.2 Effizienz von Wettbewerbsmärkten

Die Einsicht, dass Märkte die beschriebene Tendenz zur Selbstregulierung aufweisen, zählt sicherlich zu den wichtigeren Erkenntnissen der Wirtschaftswissenschaft. So wichtig diese Erkenntnis auch sein mag, mit ihr ist natürlich die Gretchenfrage der Ökonomik noch nicht beantwortet: Wenn wir also nun wissen, dass Märkte aufgrund ihrer Fähigkeit zur Selbststeuerung zumindest eine *Tendenz zum Gleichgewicht* aufweisen, so ist damit zunächst einmal noch gar nichts über die Frage der *Effizienz* ausgesagt. Wir haben aber eingangs festgestellt, dass die effiziente Verwendung von Ressourcen ja letztlich das Kardinalproblem menschlichen Handelns darstellt. Es verwundert darum auch nicht, dass die Wirtschaftswissenschaft sich recht schnell dieses Problems angenommen hat.

Letzten Endes geht es um die Frage, wie denn ein solches Marktgleichgewicht zu bewerten ist. Denn mit der Feststellung, dass Märkte zu Gleichgewichtszuständen tendieren, ist noch keinerlei Aussage verbunden, ob ein solcher Zustand wünschenswert ist oder nicht. Damit aber betreten wir in *methodischer Hinsicht* Neuland. Beschäftigen wir uns, wie bisher, mit der Frage der Existenz von Marktgleichgewichten und ihrer Stabilität, dann handelt es sich um eine Fragestellung, die letztlich mit rein wissenschaftlichen Methoden entschieden werden kann. Es ist hier nicht der Ort, um in die Untiefen der Wissenschaftstheorie abzutauchen. So viel aber sei festgehalten: Kennzeichen wissenschaftlicher Betätigung ist die Formulierung von Theorien, die dann einer empirischen Überprüfung unterzogen werden. Unser bisheriger Typ von Fragestellung lässt sich deshalb rein wissenschaftlich angehen: Man formuliert ein theoretisches Modell (etwa unser Angebot-Nachfrage-Modell) und testet anschließend, ob die Prognosen, die dieses Modell liefert, in der Realität zu beobachten sind. Stimmen die Beobachtungen im Wesentlichen mit den theoretischen Prognosen überein, dann gilt nach der Methodologie des kritischen Rationalismus das Modell als vorläufig bestätigt.[7]

Bei der Frage, was von Marktergebnissen zu halten ist, geht es aber um die *Bewertung* eines Zustands. Hier gehen offenbar notwendigerweise sogenannte *Werturteile* ein. Ein Werturteil ist eine Aussage, deren Wahrheitsgehalt sich rein wissenschaftlich nicht eindeutig klären lässt. Wir wollen hier die methodologische Diskussion nicht allzu sehr vertiefen, sondern es lediglich bei diesem Hinweis belassen: Werturteile mag man teilen oder auch nicht. Ob man ein Werturteil also für richtig oder falsch hält (beispielsweise die Aussage: Die herrschende Einkommensverteilung ist ungerecht), ist eine rein subjektive Angelegenheit des jeweiligen Betrachters. Man kann über ein Werturteil letztlich keine verbindliche Klärung herbeiführen, da sich sein Wahrheitsgehalt nicht intersubjektiv überprüfen lässt.

Bei der Bewertung von Marktergebnissen gehen nun genau solche fundamentalen Werturteile in die Analyse ein. Beispielsweise benötigt man einen Maßstab, anhand dessen Marktergebnisse beurteilt werden können. Die Ökonomen haben sich (zumindest in ihrer überwiegenden Mehrheit) darauf verständigt, die *menschliche Wohlfahrt* zum Maßstab zu machen. Für einen Ökonomen ist dies geradezu selbstverständlich. Ein Blick über den Tellerrand der eigenen Disziplin zeigt aber, dass dieser Maßstab keineswegs der einzig denkbare (und legitime) ist. Für einen Ökonomen wäre der Erhalt einer Tierart nur dann zu rechtfertigen, wenn sich daraus eine Steigerung der menschlichen Wohlfahrt ableiten lässt. Für einen Naturschützer könnte die Tierart einen „intrinsischen Wert", also einen Wert an sich, unabhängig von einem menschlichen Subjekt besitzen.[8] Wie gesagt: Hier ist nicht der Ort, die grundlegenden methodologischen Probleme zu diskutieren. Die Funktion dieser wenigen Ausführungen besteht eher darin, ein gewisses Problembewusstsein beim Leser dieser Zeilen zu wecken.

---

[7] Präziser wäre zu formulieren: Das Modell gilt als vorläufig nicht falsifiziert, also nicht widerlegt. Tatsächlich ist es rein logisch nicht möglich, eine Theorie zu bestätigen, sondern lediglich, sie zu falsifizieren. Diese Einsicht geht auf Karl R. Popper (Popper 2005) zurück und wird ausführlich in seinem erstmals 1934 erschienenen erkenntnistheoretischen Hauptwerk „Die Logik der Forschung" entwickelt.

[8] Wer an einer ausführlicheren Diskussion dieser eher philosophischen Probleme interessiert ist, der sei an Weimann (1995) verwiesen.

Wir verbleiben im Folgenden, wie nicht anders zu erwarten, im Rahmen der üblichen beiden Werturteile, die Ökonomen ihren Betrachtungen zugrunde legen, und das heißt, wir werden Marktergebnisse tatsächlich nach den Kriterien der *menschlichen Wohlfahrt* und der *Effizienz* beurteilen. Hat man sich auf diese grundsätzliche Position verständigt, so bleibt aber mindestens ein zweites wichtiges Problem zu lösen, nämlich wie Wohlfahrt eigentlich zu messen sei. Auch hier werden wir nicht in die Untiefen der entsprechenden Diskussion eintauchen, sondern uns des Standardansatzes der Wohlfahrtstheorie bedienen, nämlich der Konzepte der Konsumenten- und Produzentenrente. Was ist damit gemeint?

Fangen wir mit der *Konsumentenrente* an. Um das Konzept der Konsumentenrente zu verstehen, muss man sich eine wichtige Eigenschaft der inversen Nachfragefunktion verdeutlichen: Diese Funktion gibt uns nämlich die marginalen Zahlungsbereitschaften der Nachfrager für ein Gut an. Unter der marginalen Zahlungsbereitschaft versteht man die Zahlungsbereitschaft für die nächste Einheit eines Gutes. Am oberen Ende der inversen Nachfragefunktion befinden sich die Konsumenten, die für eine Einheit des Guts bereit sind, einen sehr hohen Preis zu bezahlen, am unteren Ende die Konsumenten, die lediglich bereit sind, sehr niedrige Preise zu entrichten. Angenommen, wir beobachten nun einen bestimmten Preis, der sich im Markt gebildet hat. Dieser Preis könnte beispielsweise der Gleichgewichtspreis p^* sein (siehe Abbildung 1.3).

Offensichtlich gibt es einige Nachfrager, die für eine Einheit des Guts bereit sind, mehr als den herrschenden Marktpreis zu bezahlen: Ihre marginale Zahlungsbereitschaft ist größer als der Marktpreis. Diese Konsumenten ziehen einen ökonomischen Vorteil aus der Tatsache, dass der tatsächliche Marktpreis bei p^* liegt. Ein naheliegendes Maß für

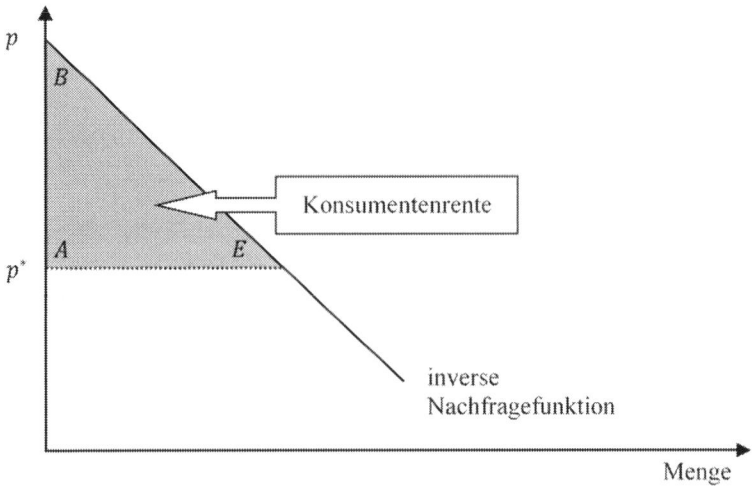

Abb. 1.3 Konsumentenrente

diesen Vorteil ist die Differenz zwischen der marginalen Zahlungsbereitschaft und dem herrschenden Marktpreis p^*. Grafisch ist dies die vertikale Distanz zwischen dem entsprechenden Punkt auf der inversen Nachfragefunktion und dem herrschenden Marktpreis. Will man nun ein Maß für den Gesamtvorteil aller Konsumenten ermitteln, so muss man all diese individuellen Differenzen aufaddieren. Man erhält dann grafisch die Fläche ABE (also die Fläche, die von den Punkten A, B und E eingeschlossen ist) unterhalb der inversen Nachfragefunktion und oberhalb des herrschenden Marktpreises. Diese Fläche wird als „Konsumentenrente" bezeichnet. Die Konsumentenrente misst den ökonomischen Vorteil, den die Konsumenten aus dem herrschenden Marktpreis ziehen.

Völlig analog kann das Maß der *Produzentenrente* definiert werden. Betrachten wir hierzu die inverse Angebotsfunktion und ihre Interpretation: Die inverse Angebotsfunktion gibt den Marktpreis an, den ein Produzent mindestens erzielen muss, damit er bereit ist, das Gut anzubieten. Nehmen wir auch hier (vgl. Abbildung 1.4) wieder an, der herrschende Marktpreis liege bei p^*.

Offensichtlich ziehen auch etliche Anbieter einen Vorteil aus der Tatsache, dass der Marktpreis bei p^* liegt. Einige Anbieter wären nämlich bereit, das Gut auch zu einem niedrigeren Preis anzubieten. Tatsächlich aber erzielen sie den höheren Preis p^*. Alle Anbieter, die also bereit sind, das Gut auch zu niedrigeren Preisen als p^* auf den Markt zu bringen, ziehen einen Vorteil aus der Tatsache, dass der tatsächlich herrschende Marktpreis höher liegt. Wiederum kann als Maß für den Vorteil die vertikale Distanz zwischen den entsprechenden Punkten auf der inversen Angebotsfunktion und dem tatsächlichen Preis herangezogen werden. Addiert man all diese individuellen Vorteile auf, so erhält man die Fläche CAE oberhalb der inversen Angebotsfunktion und unterhalb des Marktpreises.

Abb. 1.4 Produzentenrente

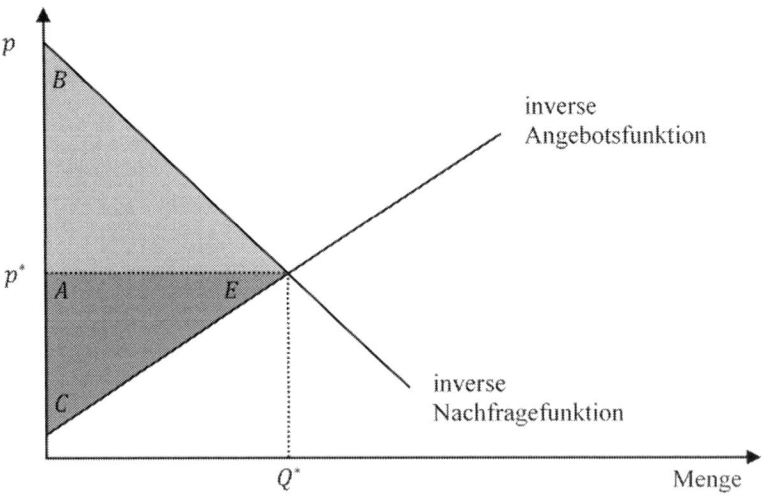

Abb. 1.5 Gesellschaftliche Wohlfahrt im Marktgleichgewicht

Diese Fläche wird als Produzentenrente bezeichnet. Sie ist ein Maß für den Vorteil, den die Produzenten aus dem herrschenden Marktpreis p^* ziehen.

Ausgestattet mit diesen Messkonzepten können wir uns nun erneut der Frage zuwenden, wie Marktergebnisse, genau gesprochen Marktgleichgewichte, zu bewerten sind. Nehmen wir also an, der Markt befindet sich im Gleichgewicht und es herrscht der Gleichgewichtspreis p^*. Diese Situation ist in Abbildung 1.5 dargestellt.

Wir betrachten als Maß für die gesamtgesellschaftliche – oder auch soziale – Wohlfahrt die Summe aus Produzenten- und Konsumentenrente.[9] Grafisch ergibt sich die soziale Wohlfahrt damit als Fläche unterhalb der inversen Nachfrage- und oberhalb der inversen Angebotsfunktion. Offenbar besitzt ein Marktgleichgewicht eine ganz bestimmte, höchst wünschenswerte Eigenschaft: In einem Marktgleichgewicht wird nämlich die *soziale Wohlfahrt maximiert*. Man kann sich dies leicht klar machen, wenn man einen Preis betrachtet, der vom Gleichgewichtspreis abweicht. Nehmen wir z.B. wie in Abbildung 1.6 dargestellt an, der tatsächliche Marktpreis liege oberhalb des Gleichgewichtsniveaus bei $p_1 > p^*$.

Offenbar ist die Fläche CBDF, die die soziale Wohlfahrt beim Preis p_1 misst, kleiner als die soziale Wohlfahrt, die sich im Marktgleichgewicht ergibt (Fläche CBE). Ebenso könnte man leicht zeigen, dass die soziale Wohlfahrt geringer ist, wenn der tatsächliche Marktpreis unterhalb des Gleichgewichtspreises liegt. Damit ist klar: Bei jedem anderen Preis als dem Gleichgewichtspreis fällt die soziale Wohlfahrt geringer aus. Dies impliziert, dass die soziale Wohlfahrt beim Gleichgewichtspreis tatsächlich maximal wird.

---

[9] Die Produzentenrente kann dabei grafisch leicht gemessen werden als die Dreiecksfläche ABE, die Konsumentenrente entspricht der Dreiecksfläche CAE.

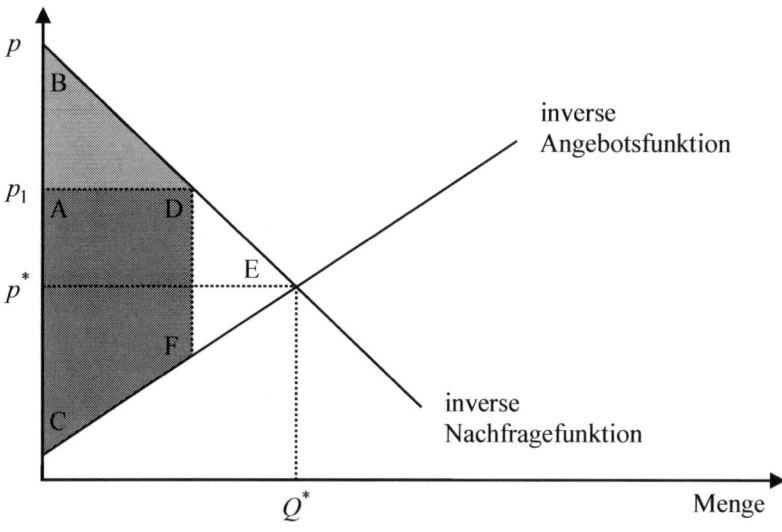

Abb. 1.6 Gesellschaftliche Wohlfahrt bei Überschussnachfrage

Dies ist ein berühmtes Resultat der Wohlfahrtstheorie. Es ist so berühmt, dass man es in die Form des sogenannten *ersten Hauptsatzes der Wohlfahrtstheorie* gegossen hat. Etwas unscharf formuliert besagt dieser erste Hauptsatz, dass Marktgleichgewichte auf perfekten Wettbewerbsmärkten stets die soziale Wohlfahrt maximieren. Ein Marktgleichgewicht erfüllt damit offenbar unsere zentrale Forderung nach Effizienz: *Bei gegebenen Präferenzen der Nachfrager und gegebenem Mitteleinsatz (Arbeit, Kapital) des Unternehmenssektors nimmt die Zielgröße der sozialen Wohlfahrt ihren Maximalwert an.*

Die enorme Bedeutung dieser Erkenntnis dürfte auf der Hand liegen: Der erste Hauptsatz der Wohlfahrtstheorie liefert damit nicht weniger als die theoretische Legitimationsbasis für ein marktwirtschaftlich organisiertes Wirtschaftssystem. Zwar haben wir im Rahmen unserer bisherigen Ausführungen hier nur einen einzelnen Markt betrachtet. Reale Volkswirtschaften bestehen jedoch aus einer Vielzahl von miteinander gekoppelten Märkten. Der geneigte Leser kann aber beruhigt sein: Es ist der Wirtschaftstheorie längst gelungen, den Nachweis zu erbringen, dass auch ein System von interdependenten Märkten zu einem allgemeinen Gleichgewichtszustand tendiert, und natürlich weist auch ein solches „allgemeines Gleichgewicht" die wünschenswerte Eigenschaft einer maximalen sozialen Wohlfahrt auf.

Die wirtschaftspolitischen Implikationen sind weitreichend: Wenn ein Marktsystem aus sich selbst heraus zu einem Zustand maximaler Wohlfahrt tendiert, dann ist es schwer, staatliche Eingriffe in das Wirtschaftssystem zu rechtfertigen. Der erste Hauptsatz der Wohlfahrtstheorie erklärt damit zugleich, warum Ökonomen regelmäßig sehr skeptisch sind in der Beurteilung der Möglichkeiten des Staats, die Ergebnisse von Marktprozessen zu verbessern. Letztlich liefert der erste Hauptsatz die theoretische Basis für die wirtschaftspolitische Konzeption des laisser-faire.[10] Gemäß dieser Konzeption sollte der Staat sich aus dem Marktgeschehen komplett heraushalten und insbesondere nicht in die Preisbildung auf freien Märkten eingreifen. Die logisch unvermeidbare Konsequenz solcher Eingriffe ist eine Einbuße an sozialer Wohlfahrt.

Schauen wir uns aber zunächst noch einmal genauer an, was eigentlich ursächlich ist für die Effizienzeigenschaft von Marktsystemen. Warum ist ein allgemeines Gleichgewicht effizient, warum muss im Gleichgewicht die soziale Wohlfahrt maximal werden? Man kann sich die Intuition sehr leicht klar machen. Stellen wir uns die Frage, bis zu welchem Punkt es eigentlich gesellschaftlich erwünscht ist, ein Gut zu produzieren. Im Rahmen einer wirtschaftswissenschaftlichen und damit effizienzorientierten Betrachtung ist die Antwort klar: Die Produktion eines Guts lohnt sich aus gesellschaftlicher Sicht, so lange der daraus entstehende Nutzen größer ist, als die Kosten, die mit der Bereitstellung des Guts verbunden sind. Den gesellschaftlichen Nutzen können wir leicht ermitteln, wir können ihn nämlich direkt aus der inversen Nachfragefunktion ablesen. Die inverse Nachfragefunktion gibt uns ja die *Zahlungsbereitschaften* der Nachfrager für eine weitere Einheit des Guts an. Die Zahlungsbereitschaft aber ist ein Maß für den Nutzen und die damit einhergehende Wohlfahrt, die die Nachfrager aus dem Gut ziehen. Auch die Kosten der Produktion lassen sich relativ einfach ermitteln. Wir wissen aus der Mikroökonomik, dass die inverse Angebotsfunktion identisch ist zur *Grenzkostenfunktion*.[11] Die inverse Angebotsfunktion gibt uns damit an, wie viel die Produktion und Bereitstellung der nächsten Einheit des Guts kostet.

Wir haben eben argumentiert, dass die Bereitstellung des Guts sich so lange lohnt, wie der Nutzen die entstehenden Kosten übersteigt. Übersetzt in unser grafisches Modell von Angebot und Nachfrage bedeutet dies: Solange die inverse Nachfragefunktion oberhalb der inversen Angebotsfunktion verläuft, lässt sich die gesellschaftliche Wohlfahrt durch die Ausbringung einer weiteren Einheit des Guts steigern. Eine Wohlfahrtssteigerung ist also möglich genau bis zu dem Punkt, in dem inverse Angebots- und Nachfragefunktion sich schneiden. Damit ist also klar, warum Marktgleichgewichte effizient sein müssen: In einem Marktgleichgewicht wird genau bis zu der Grenze produziert, bis zu der sich die Produktion aus *gesellschaftlicher* Sicht lohnt. Ein Marktgleichgewicht erzwingt also, dass alle Einheiten eines Guts produziert werden, deren Produktion einen positiven gesellschaftlichen Nettonutzen erbringt.

Was aber haben diese Ausführungen nun eigentlich mit dem Umweltproblem zu tun, das ja schließlich der Ausgangspunkt unserer Betrachtungen war? Nehmen wir einmal an, der erste Hauptsatz der Wohlfahrtstheorie würde die Realität zutreffend beschreiben. Wir könnten dann sicher sein, dass alle Ressourcen effizient eingesetzt werden. Wir wüssten

---

[10] Französisch: „machen lassen".
[11] Dies ist ein bekanntes Resultat aus der Mikroökonomik, das sich für Unternehmen in der Marktform vollkommener Konkurrenz ergibt: Gewinnmaximierer produzieren immer bis zur Grenze, bei der „Preis gleich Grenzkosten" gilt.

dann, dass reale Volkswirtschaften mit ihrem gegebenen Bestand an Produktionsfaktoren – also Kapital, Arbeit, aber auch natürlichen Ressourcen – ein Maximum an gesellschaftlicher Wohlfahrt erzielen würden. Würden wir gleichzeitig beobachten, dass dabei die Umwelt ruiniert würde, so gäbe es dennoch aus Sicht des Ökonomen kein ernsthaftes Problem: So lange wir die Welt effizient zugrunde richten, so wäre das aus ökonomischer Sicht nicht zu beanstanden. Dies ist selbstverständlich eine sehr pointierte Sicht der Dinge, aber sie macht den Kern des ökonomischen Weltbildes sehr deutlich und sie erklärt auch, warum andere Disziplinen manchmal mit der ökonomischen Sicht der Dinge erhebliche Probleme haben. Mit anderen Worten: Wenn die reale Welt effizient wäre, dann gäbe es aus ökonomischer Sicht überhaupt kein Umweltproblem.

Wenn dies alles wäre, dann könnten wir an dieser Stelle unsere Vorlesung in Umweltökonomik beenden. Wir wüssten, dass alle Ressourcen effizient eingesetzt werden, und damit wäre das ökonomische Kardinalproblem gelöst. Der Ökonom hätte seine Arbeit getan.

Glücklicherweise ist das aber nicht alles, was Ökonomen zum Umweltproblem und seiner Lösung beizutragen haben. Kehren wir nochmals zum ersten Hauptsatz der Wohlfahrtstheorie zurück: Marktgleichgewichte erzeugen ein Maximum an sozialer Wohlfahrt. Diese Erkenntnis wurde abgeleitet unter einer ganzen Reihe von Annahmen, die bisher nicht sonderlich thematisiert wurden. Es wird also Zeit, dass wir uns im nächsten Kapitel näher mit der Frage beschäftigen, *unter welchen Bedingungen* der erste Hauptsatz Geltung beanspruchen kann.

Literatur

Jensen, R. T., und N. H. Miller. 2008. Giffen Behavior and Subsistence Consumption. *American Economic Review* 98 (4):1553–1577.
Langworth, R. M. 2008. *Churchill by Himself: The Definitive Collection of Quotations.* New York: Public Affairs.
Marx, K. 1976. *Das Kapital. Kritik der politischen Ökonomie.* Bd. 1. Frankfurt a. M.: Verlag Marxistische Blätter.
Popper, K. R. 2005. *Die Logik der Forschung.* 10. Auflage. Tübingen: Mohr Siebeck.
Sturm, B., und C. Vogt. 2014. *Mikroökonomik – Eine anwendungsorientierte Einführung.* Stuttgart: Kohlhammer.
Weimann, J. 1995. *Umweltökonomik.* 3. Auflage. Berlin u. a.: Springer.

Marktversagen durch externe Effekte 2

Eine Annahme, die wir unausgesprochen die ganze Zeit über zugrunde gelegt haben, ist die, dass wir es mit Wettbewerbsmärkten zu tun haben. Es gibt eine ganze Reihe von Kriterien, die herangezogen werden, um Wettbewerbsmärkte zu charakterisieren. Das zentrale Kriterium ist jedoch, dass Unternehmen auf Märkten als Preisnehmer agieren, d.h., Unternehmen dürfen keine Möglichkeit besitzen, den Marktpreis zu beeinflussen. Typischerweise ist dies nur in der Marktform atomistischer Konkurrenz gewährleistet, wenn sich also viele sehr kleine Anbieter in einem Markt tummeln. Die Mikroökonomik weiß seit langem, dass in abweichenden Marktformen wie etwa dem Monopol oder dem Oligopol die Effizienzeigenschaft des Markts zerstört wird.[1] Der Monopolist etwa verfügt über ein Maximum an möglicher Marktmacht: Er kann durch seine Ausbringungsmenge bestimmen, welchen Preis er von den Nachfragern verlangen kann. Im Standard-Monopolmodell der Mikroökonomik kann man leicht zeigen, dass ein Monopol mit Wohlfahrtsverlusten einhergeht. Marktmacht auf Unternehmensseite kann also ein Grund sein, weshalb reale Märkte nicht effizient funktionieren.

In unserem Kontext aber interessiert eine andere, ebenso unausgesprochene Voraussetzung: Der erste Hauptsatz der Wohlfahrtstheorie gilt nämlich nur, solange *keine externen Effekte* vorliegen. Bevor wir erklären, was ein externer Effekt eigentlich genau ist, sollten wir uns noch einmal verdeutlichen, worauf sich die Effizienzeigenschaft von Wettbewerbsmärkten gründet: Die zentrale Koordinierungsleistung des Markts wird durch den sich bildenden Marktpreis erbracht. Es ist der Preis, so haben wir in Kapitel 1 festgestellt, der dafür sorgt, dass Anbieter- und Nachfragerpläne in der bestmöglichen Weise koordiniert werden. Machen wir uns noch etwas genauer klar, wie der Marktpreis diese erstaunliche Leistung eigentlich zustande bringt: In einem Marktgleichgewicht stimmen Angebots- und Nachfragemenge offenbar überein. Außerdem gilt beim Gleichgewichtspreis aber auch, dass *der gesellschaftliche Nutzen* der zuletzt produzierten Einheit genau

---

[1] Vgl. z.B. Sturm und Vogt (2014).

den *gesellschaftlichen Kosten* der Produktion dieser letzten Einheit entspricht. Der Preis, der sich am Markt bildet, spiegelt im Idealfall also zwei wichtige Informationen wider: Er reflektiert den gesellschaftlichen Nutzen eines Guts, er reflektiert zweitens aber auch die Kosten der Produktion. Dadurch, dass der Gleichgewichtspreis letztlich diese Informationen reflektiert, führt er die dezentral entscheidenden Individuen dazu, sich in einem gesamtgesellschaftlichen Sinn effizient zu verhalten. Güter werden sinnvollerweise nur dann produziert, wenn der durch das Gut gestiftete Nutzen mindestens so hoch ist wie die Produktionskosten des Guts. Diese Eigenschaft von Gleichgewichtspreisen ist die tiefere Erklärung für das Funktionieren von marktwirtschaftlichen Systemen. Es ist die Erklärung für die berühmte „unsichtbare Hand" von Adam Smith. Bereits Smith hatte festgestellt, dass der Markt die Wirtschaftssubjekte „wie von einer unsichtbaren Hand geleitet" zu einem gesellschaftlichen Optimum führt.[2] Die zentrale Voraussetzung aber dafür, dass der Markt diese Koordinierungsleistung in bestmöglicher Weise zustande bringt, ist, dass der sich bildende Marktpreis tatsächlich die entscheidenden, die relevanten Informationen enthält: Er muss den gesellschaftlichen Nutzen einerseits und die gesellschaftlichen Kosten andererseits beinhalten. Die Reichweite des ersten Hauptsatzes der Wohlfahrtstheorie bemisst sich deshalb vor allem danach, inwieweit diese Voraussetzung auf realen Märkten erfüllt ist. Wir werden sehen, dass diese Bedingung in der Realität im Regelfall eher verletzt ist.

2.1 Externe Effekte: Eine erste Betrachtung

Der erste Hauptsatz der Wohlfahrtstheorie gilt nur, wenn keine externen Effekte vorliegen. Wir müssen uns also etwas näher mit der Frage beschäftigen, was externe Effekte sind und warum sie eine effizienzschädigende Wirkung entfalten.

2.1.1 Arten von externen Effekten

Externe Effekte können in ganz unterschiedlichen Formen auftreten. Sie können existieren innerhalb der Gruppe der Produzenten, sie können lediglich Konsumenten betreffen oder es können sowohl Konsumenten als auch Produzenten beteiligt sein. Treten externe Effekte nur zwischen Konsumenten auf, so spricht man von einer Konsumexternalität,

---

[2] Im vierten Buch, 2. Kapitel von Smiths 1776 erstmals erschienenen Hauptwerk „An Inquiry into the Nature and Causes of the Wealth of Nations" findet sich folgende Formulierung: „[every individual] generally, indeed, neither intends to promote the public interest, nor knows how much he is promoting it. By preferring the support of domestic to that of foreign industry, he intends only his own security; and by directing that industry in such a manner as its produce may be of the greatest value, he intends only his own gain; and he is in this, as in many other cases, led by an invisible hand to promote an end which was no part of his intention […]. By pursuing his own interest, he frequently promotes that of the society more effectually than when he really intends to promote it." (Smith, 1937, S. 423).

analog – wenn nur Produzenten beteiligt sind – von einer Produktionsexternalität. Ein Beispiel für eine Konsumexternalität ist etwa das folgende: Ihr Zimmernachbar im Studentenwohnheim hört laut Musik und hindert Sie an einer effektiven Prüfungsvorbereitung. Ein Beispiel für eine Produktionsexternalität: Eine Stahlfabrik entnimmt aus einem Fluss Wasser zu Kühlungszwecken und leitet das verunreinigte Abwasser wieder in den Fluss ein. Andere Produzenten wie z.B. Fischzüchter sind von dieser produktiven Aktivität negativ betroffen, weil sich ihre Erträge reduzieren.

Man unterscheidet externe Effekte außerdem in *negative* und *positive* externe Effekte. Die Stahlfabrik übt auf den Fischzüchter offenbar einen negativen externen Effekt aus, denn sie schädigt ihn. Es gibt jedoch auch positive externe Effekte: Ein Imker, der Bienen züchtet, übt auf seinen Nachbarn, der eine Obstplantage unterhält, einen positiven externen Effekt aus, da die Bienen zur Bestäubung der Obstbäume notwendig sind. Ein anderes Beispiel: Der Besitzer eines historischen Gebäudes, der eine Fassade renovieren lässt, übt auf Anwohner und Passanten einen positiven externen Effekt aus. Aber auch in der Forschung fallen offenbar positive externe Effekte an: Gelingt einem Wissenschaftler – zumindest in der *Grundlagenforschung* – eine neue Erkenntnis, so profitieren alle Fachkollegen davon, nachdem das Forschungsergebnis veröffentlicht wurde.

2.1.2 Eine genauere Charakterisierung

Charakteristisch für die Existenz von externen Effekten ist also, dass die Handlungen eines Individuums (Unternehmens) den Nutzen (Gewinn) eines anderen Individuums (Unternehmens) *direkt* beeinflussen. Dabei ist es wichtig, sich klar zu machen, was hier unter einem direkten Einfluss zu verstehen ist. Entscheidend ist, dass hier ein Einfluss vorliegt, der sich *nicht in den Marktpreisen* widerspiegelt. Der Effekt wird außerhalb des Preismechanismus wirksam, daher auch die Bezeichnung „externer" Effekt. Wenn die Stahlfabrik ihre Abwässer ungeklärt in den Fluss einleitet und dadurch den Ertrag des Fischzüchters schmälert, dann spiegelt sich dieser Ertragsverlust nicht in dem Stahlpreis wider, den der Stahlproduzent am Stahlmarkt erzielen kann. Externe Effekte liegen also nur dann vor, wenn *Marktpreise nicht reagieren*. Am Beispiel des Stahlmarkts kann man sich den Unterschied zwischen einem externen Effekt und normalen Preiseffekten auf funktionierenden Märkten verdeutlichen: Wenn beispielsweise Südkorea seine Stahlproduktion massiv ausweitet und größere Mengen an Stahl auf den Weltmarkt bringt, dann hat dies selbstverständlich Auswirkungen auch auf deutsche Stahlproduzenten. Infolge des vergrößerten Stahlangebots wird der Weltmarktpreis für Stahl sinken und deutsche Stahlproduzenten werden vielleicht geringere Gewinne erzielen können. Der Unterschied zu einem externen Effekt ist, dass dieser Einfluss vermittelt wird durch den Marktpreis. Es ist völlig selbstverständlich und unvermeidlich, dass in Marktwirtschaften das Handeln von Unternehmen Auswirkungen auf Konkurrenzunternehmen hat. Üblicherweise wird dieser Einfluss transportiert durch eine Reaktion des Marktpreises. Man kann sogar sagen, dass diese Form der wechselseitigen Beeinflussung in Marktwirtschaften nicht nur typisch, sondern sogar *höchst erwünscht* ist. Beeinflussungen über sich ändernde Preise sind erforderlich, damit Anbieter- und Nachfragerpläne in optimaler Weise aufeinander abgestimmt werden können. Der Preis – und dies ist seine zentrale Funktion in einem marktwirtschaftlichen System – spiegelt die veränderte Knappheit eines Guts wider. Wenn Südkorea sein Stahlangebot ausweitet, dann führt dies ceteris-paribus zum Sinken des Weltmarktpreises. Die Preissenkung reflektiert, dass Stahl nun ein weniger knappes Gut ist. Nachfrager sind daher bereit, zu niedrigeren Preisen eine größere Menge Stahl zu kaufen, für die Anbieter signalisiert der gesunkene Weltmarktpreis, dass die Produktion von Stahl nicht mehr so lukrativ ist wie zuvor. Sie werden daher künftig ihre Stahlproduktion einschränken. Dadurch erreicht der Markt letztlich ein neues Gleichgewicht und nur indem der Preis auf veränderte Knappheiten reagiert, werden Anbieter- und Nachfragerpläne so koordiniert, dass der Markt erneut zu einem Zustand der Räumung tendiert.

Charakteristisch bei externen Effekten ist jedoch, dass genau diese Preisreaktion nicht stattfindet! Der Preismechanismus, der normalerweise in einer Marktwirtschaft wirkt, ist hier *außer Kraft* gesetzt.

2.2 Warum externe Effekte die Effizienz schädigen

Schauen wir uns das Problem externer Effekte am Beispiel der Stahlfabrik etwas genauer an. Eine Stahlfabrik entnimmt aus einem Fluss Wasser zu Kühlungszwecken und leitet erwärmtes und verunreinigtes Wasser danach in den Fluss wieder ein. Ein Fischzüchter, flussabwärts gelegen, erleidet dadurch einen Ertragsverlust. Betrachten wir die Situation zunächst aus dem Blickwinkel eines einzelnen Unternehmens, also hier einer einzelnen Stahlfabrik. Vereinfachend sei angenommen, dass der Stahlmarkt ein *Wettbewerbsmarkt* ist. Das impliziert, dass der Stahlpreis aus Sicht der einzelnen Unternehmung eine gegebene Größe ist. Wie würde ein gewinnmaximierendes Unternehmen seine Ausbringungsentscheidung treffen? Man kann sich anhand von Abbildung 2.1 leicht klar machen: Der Gewinn wird dort maximal, wo die *Grenzkosten* der Stahlproduktion mit dem herrschenden *Marktpreis* übereinstimmen. Das Unternehmen produziert also Q_{Markt}, die Menge bei der die Grenzkosten gleich dem Marktpreis p^* sind.

Aus Sicht des einzelnen Unternehmens ist dies die effiziente Lösung. Das Problem ist, dass infolge der Stahlproduktion *Kosten* entstehen, die der Stahlproduzent in seinem Entscheidungsverhalten *nicht berücksichtigt* – das sind in unserem Beispiel genau die entgangenen Erträge in der Fischzucht, die negativ von dem verunreinigten Wasser betroffen ist. Das bedeutet, dass die Grenzkostenfunktion des Stahlunternehmens nicht sämtliche Kosten der Produktion widerspiegelt. Genau das wäre aber erforderlich, damit aus gesamtwirtschaftlicher Sicht eine effiziente Lösung realisiert wird. Die über die privaten Kosten der Produktion hinausgehenden Kosten werden häufig auch als *externe Kosten* der Produktion bezeichnet. Es handelt sich hierbei um Kosten, die zwar entstehen, jedoch nicht dem Verursacher einer schädigenden Aktivität angelastet werden. In unserem Beispiel ist das Stahlunternehmen Verursacher von Abwasseremissionen, der daraus entstehende

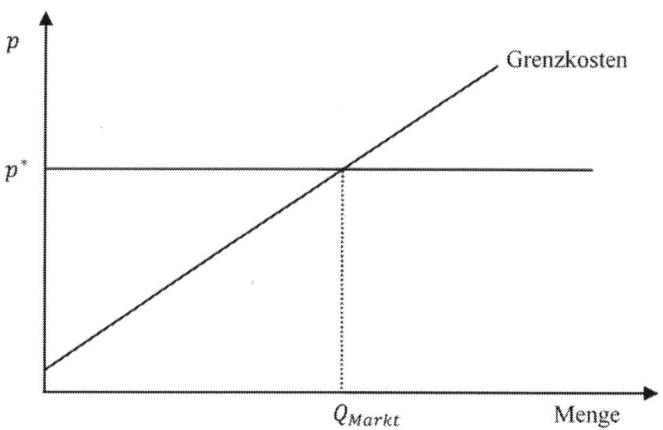

Abb. 2.1 Gewinnmaximale Outputmenge

Schaden schlägt sich jedoch nicht in den Erträgen und Gewinnen des verursachenden Stahlunternehmens nieder, sondern bei einem zunächst unbeteiligten Außenstehenden, in diesem Fall dem Fischzüchter. Es handelt sich hier also um externalisierte, also auf Dritte abgewälzte Kosten. Träger solcher externen Kosten kann – wie im Beispiel – ein anderer Produzent sein. Häufig werden diese externen Kosten jedoch von „der Allgemeinheit" getragen. Beispiele sind etwa die Luftverschmutzung durch Dieselfahrzeuge, das Entstehen von „saurem Regen" durch Schwefeldioxid-Emissionen aus Braunkohlekraftwerken und die Verstärkung des Treibhauseffekts durch die Verbrennung fossiler Brennstoffe, wobei Kohlendioxid freigesetzt wird.

Was ist nun aus ökonomischer Sicht das Problem bei externen Effekten? Das Problem ist, dass die *sozialen Grenzkosten* der Stahlproduktion höher sind als die privaten. Die sozialen Grenzkosten, GK_{soz}, sind die privaten Grenzkosten, GK_{priv}, zuzüglich der externen Grenzkosten, GK_{ext}. Es gilt damit $GK_{soz} = GK_{priv} + GK_{ext}$. Jedes Ausbringungsniveau des Stahlproduzenten ist also mit gewissen sozialen Kosten der Produktion verbunden. Wir müssen uns nicht allzu genau überlegen, wie genau die sozialen Grenzkosten, GK_{soz}, in Abhängigkeit der Ausbringungsmenge verlaufen (in Abbildung 2.2 sind z.B. die externen Grenzkosten für die Menge Q_{Markt} angegeben). Entscheidend ist zunächst nur, dass man erkennt, dass die sozialen Grenzkosten der Produktion komplett oberhalb der privaten Grenzkostenfunktion verlaufen, d.h. $GK_{soz} > GK_{priv}$. Was ist natürlich der Effekt?

Aus gesellschaftlicher Sicht produziert die Stahlunternehmung einen zu hohen Output, d.h. $Q_{Markt} > Q_{Opt}$. Der *effiziente Output* wäre dort gegeben, wo die *sozialen Grenzkosten* der Produktion mit dem Preis übereinstimmen. Wie man aus Abbildung 2.2 ersieht, ist dies natürlich bei einer kleineren Ausbringungsmenge der Fall. Warum wäre dies die effiziente Lösung? Effizienz erfordert, grob gesagt, dass letztlich alle Nutzen und Kosten in einer Entscheidung zu berücksichtigen sind. Effizient ist es daher lediglich den Output

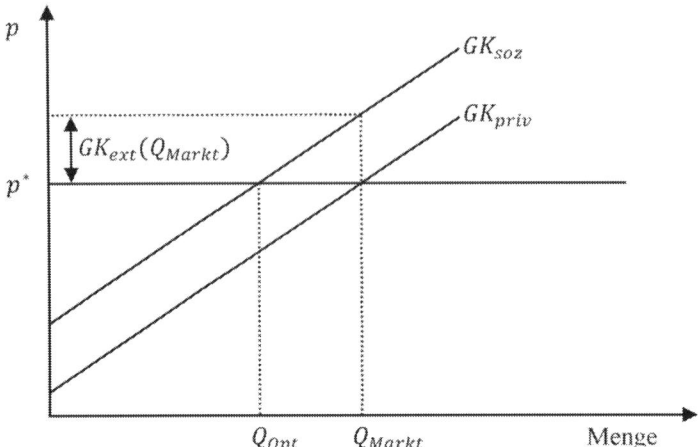

Abb. 2.2 Gesellschaftlich optimale Outputmenge für das Stahlunternehmen

zu produzieren, bei dem der Erlös der letzten produzierten Einheit genau die gesamten Grenzkosten der Produktion deckt – und die schließen eben den negativen Grenzerlös beim Fischzüchter mit ein, der aus der Abwasseremission einen Ertragsverlust erleidet. Stellen wir uns einmal vor, wir hätten es mit einem fusionierten Unternehmen zu tun – die Stahlfabrik unterhält außerdem nebenbei noch die Fischzucht. In diesem Fall würde das Gesamtunternehmen sehr wohl den aus der Ausweitung der Stahlproduktion resultierenden Ertragsverlust in der Fischzucht berücksichtigen.

Die Ineffizienz, die durch externe Effekte entsteht, wird besonders deutlich, wenn man nicht nur ein einzelnes Unternehmen betrachtet, sondern die *Stahlbranche* insgesamt. Betrachten wir das Problem externer Effekte also nochmals aus der Sicht des Gesamtmarkts (vgl. Abbildung 2.3). Angenommen, alle Stahlunternehmen produzieren mehr oder weniger ähnliche externe Effekte (man denke z.B. an bestimmte Schadstoffemissionen in die Luft). Klar ist, dass dann auch für die gesamte Stahlbranche die sozialen Grenzkosten der Produktion oberhalb der privaten Grenzkosten liegen. Die private Grenzkostenfunktion gibt dabei zugleich das inverse Angebot der Stahlbranche an. Neben der inversen Angebotsfunktion kommt nun natürlich auch noch eine inverse Nachfragefunktion hinzu. Die inverse Stahlnachfrage gibt im Grunde die marginalen Zahlungsbereitschaften der Nachfrager an. Was wäre aus gesellschaftlicher Sicht hier die effiziente Lösung? Nun: Es sollte so lange produziert werden, wie die Zahlungsbereitschaft für die nächste produzierte Einheit höher ist als die gesamten Grenzkosten, die durch die Ausbringung dieser Einheit entstehen. Dies ist der Fall bis zum Schnittpunkt der sozialen Grenzkosten der Produktion mit der inversen Nachfragekurve. Welches Marktgleichgewicht stellt sich jedoch ein? Die Stahlbranche insgesamt produziert bis zu der Menge Q_{Markt}, zu der ihre privaten Grenzkosten der Produktion mit der Grenzzahlungsbereitschaft der Nachfrager übereinstimmen.

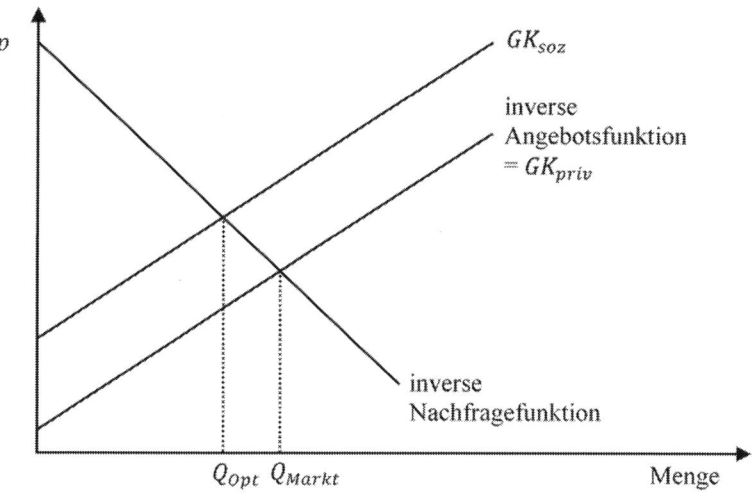

Abb. 2.3 Gesellschaftlich optimale Lösung in der Stahlbranche

Dies ist offenbar bei einem höheren als dem effizienten Outputniveau Q_{Opt} der Fall. Im Endergebnis wird – verglichen mit dem Optimum – zu viel produziert.

Was ist die Ursache für das Marktversagen? Die Ursache ist, dass der Preis, der sich im Marktgleichgewicht bildet, *nicht alle Kosten* der Produktion widerspiegelt. Er enthält lediglich die privaten Grenzkosten der Produktion, nicht aber die externen Kosten, die anderen Wirtschaftssubjekten aufgebürdet werden. Warum enthält der Marktpreis diese Information nicht? Die Antwort ist relativ einfach: Bei der Produktion von Stahl werden Ressourcen in Anspruch genommen, für die kein Preis gezahlt werden muss. Umweltressourcen wie Wasser oder Luft haben eben zunächst einmal keinen Preis. Wenn ein Unternehmen Schadstoffe in die Luft bläst, wie beispielsweise Kohlendioxid oder Schwefeldioxid, dann entstehen zwar Kosten aus dieser Emission (insbesondere durch den Klimawandel und den „sauren Regen"), aber die Inanspruchnahme der Luft ist für das betreffende Unternehmen nicht mit Kosten verbunden. Es kann diese Umweltmedien letztlich *kostenlos in Anspruch* nehmen. Im Grunde ist Umwelt aus ökonomischer Sicht ein Produktionsfaktor wie Arbeit und Kapital auch – nur, dass Umweltgüter eben nicht auf Märkten gehandelt werden. Deshalb können auch keine Marktpreise für Umweltgüter entstehen, und daher werden die Kosten, die aus der Inanspruchnahme der Umwelt entstehen, vom einzelnen Entscheider in seinem Kalkül nicht berücksichtigt.[3]

---

[3] Vgl. zur genaueren Charakterisierung von Umweltgütern auch Kapitel 4.

2.3 Externe Effekte: Eine vertiefte Betrachtung

Im Folgenden soll das Problem externer Effekte noch einmal im Rahmen einer kleinen modelltheoretischen Betrachtung untersucht werden. Der Grund hierfür ist, dass wir damit in der Lage sein werden, die Ursache für das Auftreten externer Effekte und damit die Ursache für das Auftreten der Ineffizienz im Marktsystem genauer zu verstehen. Die folgende Darstellung lehnt sich stark an Weimann (1995) an.

Betrachtet sei der Fall einer Produktionsexternalität. Folgende Situation sei gegeben: An einem Fluss befinden sich zwei Produzenten, eine Stahlfabrik und eine Fischzucht. Die Stahlfabrik liegt stromaufwärts. Sie entnimmt Wasser zur Stahlproduktion und leitet das verunreinigte Abwasser ungeklärt in den Fluss. Stromabwärts werden die Bemühungen des Fischzüchters bei der Herstellung von Fisch beeinträchtigt: Sein Ertrag wird durch das Abwasser der Stahlfabrik reduziert. Es liegt also ein einseitiger negativer externer Effekt vor.

Wir verwenden im Folgenden das übliche mikroökonomische Instrumentarium, um die Situation zu analysieren. Die Produktion der Stahlfabrik kann durch eine sogenannte Produktionsfunktion abgebildet werden. Eine Produktionsfunktion stellt den Zusammenhang zwischen Inputs und Output dar, d.h., sie bildet die Transformation von Inputfaktoren (z.B. Arbeit und Kapital) in Output (z.B. Stahl) ab. Wir nehmen hier den einfachst denkbaren Fall an, nämlich dass Stahl lediglich unter Einsatz des Faktors Arbeit produziert wird.[4]

Die Produktionsfunktion unseres Stahlproduzenten hätte dann folgende Gestalt:

$$Q_S = Q_S(L_S) \qquad (2.1).$$

Wir nehmen also an, dass der erzeugte Output an Stahl, Q_S, funktional vom Arbeitseinsatz, L_S, abhängt.

Bei der Produktion von Stahl entsteht nun aber verunreinigtes Abwasser, a.[5] Es scheint plausibel, dass die Menge an Abwasser ihrerseits funktional abhängt von der insgesamt produzierten Menge Stahl: Je höher der Stahloutput, desto größer auch die Menge an insgesamt emittiertem Abwasser. Formal:

$$a = a(Q_S) \text{ wobei } \frac{\partial a(Q_S)}{\partial Q_S} > 0 \qquad (2.2).$$

---

[4] Es wäre ohne Weiteres möglich, das Modell realitätsnäher zu formulieren und etwa auch den Einsatz der Faktoren Kapital und Rohstoffe abzubilden. Dies würde allerdings lediglich die mathematische Komplexität steigern, ohne einen zusätzlichen Erkenntnisgewinn zu generieren.

[5] Wir betrachten hier verunreinigtes Abwasser als ein Beispiel einer Schadstoffemission. In anderen Kontexten kann es sich also durchaus auch etwa um Luftschadstoffe wie Kohlenstoffdioxid handeln.

Externe Effekte: Eine vertiefte Betrachtung

Wie sieht nun die Produktionsfunktion der Fischzucht aus? Auch dort wollen wir vereinfachend annehmen, dass lediglich Arbeit, L_F, für die Produktion von Fischen erforderlich ist. Allerdings hängt der Output der Fischzucht, Q_F, offenbar auch noch (negativ) von der Abwasserbelastung des Flusses ab. Formal können wir die Situation der Fischzucht wie folgt abbilden:

$$Q_F = Q_F(L_F, a(Q_S)) \tag{2.3}$$

An dieser Darstellung wird sofort der externe Effekt deutlich: Die Produktionsmöglichkeiten des Fischzüchters werden hier direkt – am Preissystem vorbei – von der Produktionsentscheidung der Stahlfabrik beeinflusst.

Wie üblich unterstellen wir den Produzenten gewinnmaximierendes Verhalten. Die Gewinnfunktion der Stahlfabrik, π_S, kann leicht wie folgt ermittelt werden:

$$\pi_S = p_S Q_S(L_S) - w L_S \tag{2.4}$$

Dabei bezeichnet p_S den Absatzpreis für eine Einheit (z.B. eine Tonne) Stahl und w bezeichnet den durchschnittlichen Nominallohnsatz, der für eine Einheit Arbeit in der Stahlproduktion gezahlt werden muss. $p_S Q_S(L_S)$ ist damit nichts anderes als der Erlös der Stahlfabrik, $w L_S$ sind die Produktionskosten. Die Lösung des Gewinnmaximierungsproblems erhält man, wenn man die Gewinnfunktion der Stahlfabrik nach dem Arbeitseinsatz L_S ableitet[6] und die so gewonnene erste Ableitung Null setzt:

$$\frac{\partial \pi_S}{\partial L_S} = p_S \frac{\partial Q_S(L_S)}{\partial L_S} - w = 0 \Leftrightarrow p_S \frac{\partial Q_S(L_S)}{\partial L_S} = w \tag{2.5}$$

Diese Bedingung enthält ein wohlbekanntes Resultat aus der Mikroökonomik: Ein gewinnmaximierendes Unternehmen wird den Arbeitseinsatz in der Produktion so lange ausdehnen, bis bei der letzten produzierten Einheit das Wertgrenzprodukt (der Ausdruck auf der linken Seite der letzten Gleichung in Bedingung 2.5) dem Nominallohnsatz, w, entspricht.

Analog löst der Fischzüchter sein Maximierungsproblem. Die Gewinnfunktion der Fischzucht, π_F, lautet:

$$\pi_F = p_F Q_F(L_F, a(Q_S)) - w L_F \tag{2.6}$$

---

[6] Damit gehen wir implizit davon aus, dass die Stahlfabrik ihre Produktion auf einem Wettbewerbsmarkt absetzt. Sie kann daher den Outputpreis im Markt nicht beeinflussen, sondern muss ihn als gegebenes Datum hinnehmen. Wir gehen also davon aus, dass die Stahlfabrik sich als Preisnehmer verhalten muss.

Ableiten der Funktion nach dem Faktor Arbeit und Nullsetzen liefert:

$$\frac{\partial \pi_F}{\partial L_F} = p_F \frac{\partial Q_F(L_F, a(Q_S(L_S)))}{\partial L_F} - w = 0 \Leftrightarrow p_F \frac{\partial Q_F(L_F, a(Q_S(L_S)))}{\partial L_F} = w \quad (2.7).$$

Wir erhalten also für den optimalen Produktionsplan des Fischzüchters eine prinzipiell identische Bedingung: Auch der Fischzüchter wird den Faktor Arbeit (der Nominallohnsatz sei für beide Unternehmen w) so lange in der Produktion einsetzen, wie sein Wertgrenzprodukt mindestens dem Nominallohnsatz entspricht. Allerdings taucht in der notwendigen Bedingung für ein Gewinnmaximum die Abwasserbelastung durch die Stahlfabrik, $a(Q_S)$, auf.

Wir wollen nun zeigen, dass der so charakterisierte Produktionsplan der Stahlfabrik nicht effizient ist. Die Ineffizienz entsteht dadurch, dass der Stahlproduzent einen externen Effekt auf den Fischzüchter ausübt. Dieser externe Effekt würde in einem fusionierten Unternehmen natürlich berücksichtigt werden: Würde die Stahlfabrik die Fischzucht aufkaufen, so würde sie sehr wohl die Ertragsminderung aus der Stahlproduktion berücksichtigen. Ein fusioniertes Unternehmen würde offenbar den Gesamtgewinn aus beiden Unternehmensteilen maximieren. Die Gewinnfunktion, π_{ges}, sieht wie folgt aus:

$$\pi_{ges} = p_S Q_S(L_S) - w L_S + p_F Q_F(L_F, a(Q_S(L_S))) - w L_F \quad (2.8).$$

Das Gesamtunternehmen versucht nun den Gesamtgewinn durch die optimale Wahl der Faktoreinsatzmengen L_S und L_F zu maximieren. Wir konzentrieren uns auf die Stahlproduktion im Gesamtunternehmen. Ableiten der Gewinnfunktion nach L_S und Nullsetzen liefert:

$$\frac{\partial \pi_{ges}}{\partial L_S} = p_S \frac{\partial Q_S(L_S)}{\partial L_S} - w + p_F \frac{\partial Q_F(L_F, a(Q_S(L_S)))}{\partial a} \frac{\partial a(Q_S(L_S))}{\partial Q_S} \frac{\partial Q_S(L_S)}{\partial L_S} = 0 \quad (2.9).$$

Diese etwas kompliziert erscheinende Bedingung können wir etwas kompakter wie folgt schreiben:

$$\frac{\partial Q_S(L_S)}{\partial L_S} \left[p_S + p_F \frac{\partial Q_F(L_F, a(Q_S(L_S)))}{\partial a} \frac{\partial a(Q_S(L_S))}{\partial Q_S} \right] = w \quad (2.10).$$

Was ist damit nun gewonnen? Man kann sich zunächst folgendes klarmachen: Die Wasserverschmutzung durch die Stahlfabrik ist für die Fischzucht eine Beeinträchtigung, der Output der Fischzucht nimmt mit steigender Abwasseremission ab. Formal äußert sich dies darin, dass die partielle Ableitung

$$\frac{\partial Q_F(L_F, a(Q_S(L_S)))}{\partial a}$$

Externe Effekte: Eine vertiefte Betrachtung

negativ ist, d.h., mehr Abwasser reduziert den Ertrag der Fischzucht. Vergleichen wir nun Bedingung 2.10:

$$\frac{\partial Q_S(L_S)}{\partial L_S}\left[p_S + p_F \frac{\partial Q_F(L_F, a(Q_S(L_S)))}{\partial a}\frac{\partial a(Q_S(L_S))}{\partial Q_S}\right] = w,$$

die den effizienten Faktoreinsatz charakterisiert, mit Bedingung 2.5:

$$p_S \frac{\partial Q_S(L_S)}{\partial L_S} = w,$$

die die Bedingung für einen optimalen Produktionsplan aus Sicht der Stahlfabrik definiert. Wenn

$$\frac{\partial Q_F(L_F, a(Q_S(L_S)))}{\partial a}$$

negativ ist, dann ist auch der gesamte zweite Summand in der eckigen Klammer negativ. Die linke Seite von 2.10 ist damit kleiner als die linke Seite von 2.5. Was bedeutet das? Um diese Beobachtung richtig zu interpretieren, muss man sich an eine fundamentale produktionstheoretische Gesetzmäßigkeit, nämlich das Ertragsgesetz, erinnern: Bei steigendem Faktoreinsatz nimmt ceteris-paribus der Grenzertrag des Faktors (z.B. Arbeit) ab. Bedingung 2.10 sagt damit aus, dass bei effizientem Faktoreinsatz der Faktor Arbeit in der Stahlproduktion ein höheres Grenzprodukt erzielen muss. Dies ist bei Gültigkeit des Gesetzes vom abnehmenden Grenzprodukt des Faktors Arbeit aber nur möglich, wenn der Faktor in geringerem Maße eingesetzt wird. Mit anderen Worten: Ein effizienter Produktionsplan würde erfordern, dass die Stahlfabrik ihre Produktionsmenge reduziert. Berücksichtigt die Stahlfabrik den externen Effekt nicht, dann realisiert sie eine zu hohe Ausbringungsmenge und damit auch eine ineffizient hohe Abwasserbelastung für den Fischzüchter.

Man sieht an dieser formalen Darstellung der Dinge eine wichtige Ursache für das Entstehen externer Effekte: Eine effiziente Produktion würde erfordern, dass tatsächlich alle Kosten der Produktion bei den Produktionsentscheidungen Berücksichtigung finden. Die Stahlfabrik berücksichtigt bei der Wahl ihrer optimalen Menge selbstverständlich die Kosten, die ihr durch den Einsatz des Produktionsfaktors Arbeit entstehen. Sie denkt aber nicht an die externen Kosten, die der Fischzucht aufgebürdet werden: Im Grunde wird hier Umwelt genau wie andere Produktionsfaktoren auch zur Herstellung von Stahl eingesetzt. Da Umwelt (hier: sauberes Wasser) aber keinen Preis hat, wird die Stahlfabrik die Inanspruchnahme des Flusswassers auch nicht berücksichtigen. Das tiefere Problem für die Entstehung von externen Effekten ist also eigentlich, dass Umweltgüter nicht auf Märkten gehandelt werden und sich deshalb auch keine Preise für diese knappen Güter bilden.

2.4 Fallstudie: Die externen Kosten des Straßenverkehrs

Bei Vorliegen externer Effekte stimmen Marktlösung und optimale Lösung nicht mehr überein. Externe Effekte führen also zu einem Marktversagen. Die ökonomische Ursache für das Marktversagen besteht darin, dass bestimmte Kosten in den Entscheidungen von Wirtschaftssubjekten nicht berücksichtigt werden. Natürlich stellt sich nach dieser Diagnose die Frage der Therapie: Wie kann ein solches Marktversagen geheilt werden? Ausführliche Antworten auf diese Frage finden sich in Kapitel 5 dieses Buchs. Eins dürfte aber jetzt schon klar sein: Eine sehr einfache Möglichkeit, die Ineffizienz zu beseitigen, besteht darin, die externen Kosten dem physischen Verursacher eines externen Effekts anzulasten. Dies könnte beispielsweise durch eine Ökosteuer erfolgen. Theoretisch handelt es sich dabei um ein einfach strukturiertes Problem: Der Staat müsste nur dem Verursacher einer negativen Externalität die damit verbundenen Kosten aufbürden. Dann würde dieser sie in seinen Entscheidungen berücksichtigen und die schädigende Aktivität würde auf ihr optimales Niveau zurückgeführt. Was in der Theorie aber außerordentlich einfach erscheint, erweist sich in der Praxis als recht schwierig. Die verursachungsgemäße Anlastung würde nämlich voraussetzen, dass der Staat die externen Kosten der Art und vor allem der Höhe nach kennt. Anhand des Beispiels des Straßenverkehrs soll im Folgenden verdeutlicht werden, dass die Messung von externen Kosten tatsächlich mit erheblichen Problemen verbunden ist.

Zunächst muss man sich klar machen, welche Arten von externen Effekten durch den Straßenverkehr ausgelöst werden. In der Literatur ist es üblich, die externen Effekte des Verkehrs danach zu unterscheiden, ob sie durch die *Erstellung* der erforderlichen Infrastruktur (Straßen) verursacht werden oder durch den *Betrieb* auf einer existierenden Infrastruktur. Der Bau von Verkehrswegen ist vor allem mit zwei Arten von externen Effekten verbunden: Einerseits führt der Straßenbau zu einer zusätzlichen Bodenversiegelung. Dies kann Auswirkungen auf den Grundwasserspiegel und damit auf lokale Ökosysteme haben. Andererseits kommt es zu einer Trennung bestehender Kulturflächen und Siedlungen – man spricht hier von den sogenannten *Trenneffekten*. Beispielsweise könnte es sein, dass eine Straße eine bestehende Siedlung zerschneidet und Bewohner nun mehr Zeit aufwenden müssen, um von einem in den anderen Siedlungsteil zu gelangen. Im Zentrum der verkehrspolitischen Diskussion stehen aber eher die externen Kosten der zweiten Kategorie, nämlich jener, die durch die Nutzung der Verkehrswege entstehen. Hier lassen sich im Wesentlichen fünf Arten negativer externer Effekte identifizieren:

- Folgekosten durch Verkehrsunfälle
- Kosten aus den verkehrsbedingten Schadstoffemissionen
- Kosten des verkehrsbedingten Kohlendioxid-Ausstoßes
- Kosten durch die verkehrsbedingten Lärmemissionen
- Kosten durch Staus.

Wir wollen uns im Folgenden zunächst einen Überblick über die quantitative Bedeutsamkeit externer Kosten des Straßenverkehrs verschaffen, bevor wir dann auf die methodischen Probleme ihrer Messung eingehen. Zwei weithin beachtete und häufig zitierte Studien sind die UNITE-Studie (Nash et al. 2003) sowie die Studie des INFRAS-Instituts (Schreyer et al. 2007). Beide versuchen, die externen Kosten des Straßenverkehrs für Deutschland zu quantifizieren.[7] Beim Vergleich der beiden Studien stößt man zunächst auf einen bemerkenswerten Umstand: Während INFRAS zu eher hohen Kosten gelangt und die externen Kosten für Deutschland mit 76,9 Mrd. € veranschlagt, kommen die Autoren der UNITE-Studie zu weit geringeren Kosten von knapp 40 Mrd. €. Natürlich stellt sich unverzüglich die Frage, wie es zu dieser erheblichen Diskrepanz überhaupt kommen kann. Puls (2009) hat beide Studien systematisch miteinander verglichen und versucht, die Ursachen zu identifizieren. Wir orientieren uns im Folgenden an seiner Analyse. Schauen wir uns dazu die Kostenkategorien im Einzelnen an.

Unfallkosten

Die Unfallkosten werden für das Jahr 2005 von INFRAS mit 41,7 Mrd. € beziffert. Sie stellen damit den größten Einzelposten aller externen Kosten dar. Bei dieser Kostenkategorie unterscheiden sich INFRAS und UNITE von der Größenordnung her sehr deutlich. In der UNITE-Studie werden die Unfallkosten auf lediglich etwa 17 Mrd. € geschätzt.[8] Um die unterschiedlichen Ergebnisse verstehen zu können, muss man sich erst einmal klarmachen, wie sich die Unfallkosten eigentlich zusammensetzen. Es sind fünf Kostenarten, die in die Berechnung der Unfallkosten eingehen: (i) Behandlungskosten, (ii) Produktionsverluste, (iii) Sachschäden, (iv) Verwaltungskosten sowie (v) der sogenannte Risk-Value.[9] Die ersten vier Kostenarten sind einigermaßen verlässlich abschätzbar. Kosten in Gestalt von Produktionsausfällen ergeben sich etwa infolge von Todesfällen und den zeitlichen Verzögerungen, die eintreten, um eine Stelle adäquat wiederzubesetzen. Behandlungskosten lassen sich wahrscheinlich am besten quantitativ messen, da sie im Gesundheitswesen recht gut dokumentiert sind. Schließlich entstehen aufgrund von Verkehrsunfällen bei Polizei, Justiz und Versicherungsunternehmen für die Fallbearbeitung Verwaltungskosten. Auch diese Kostenart dürfte sich noch relativ gut ermitteln lassen. Grundsätzlich muss berücksichtigt werden, dass der Teil der Unfallkosten natürlich nicht extern ist, der durch Versicherungen, wie etwa die Kfz-Haftpflichtversicherung erstattet wird. Bei der Berechnung der externen Unfallkosten werden daher die versicherten Schäden von den gesamten Unfallkosten abgezogen.[10] Die wahren Probleme treten beim Risk-Value auf. Was ist zunächst darunter zu verstehen? Mit dem Risk-Value wird versucht, den Wert

---

[7] Die UNITE-Studie ermittelt externe Kosten des Verkehrs für die EU-15.
[8] In einer neueren Untersuchung des Instituts der deutschen Wirtschaft (IW) Köln werden die externen Unfallkosten für Deutschland im Jahr 2010 auf etwa 13 Mrd. Euro geschätzt (vgl. Puls, 2013, S. 11), was vor allem auf gesunkene Unfallopferzahlen zurückzuführen ist.
[9] Vgl. Update of the Handbook On External Costs of Transport (2014), S. 19.
[10] Vgl. ebd., S. 19.

eines menschlichen Lebens anzugeben. Hauptkomponente des Risk Value sind die gesellschaftlichen Kosten, die sich infolge eines unfallbedingten Todesfalls ergeben. Diese Kosten werden auch als „value of a statistical life" (VSL) bezeichnet. Natürlich tauchen hier sofort die üblichen Einwände auf, einem Menschenleben überhaupt einen ökonomischen Wert zuzuweisen. Ist schließlich das Leben nicht das höchste Gut überhaupt und daher der Wert eines Menschenlebens „unendlich"? So nachvollziehbar derartige Einwände sind – sie helfen nicht weiter. Würde man einem Menschenleben tatsächlich einen unendlichen Wert beimessen, so müssten sämtliche Ressourcen einer Volkswirtschaft sofort aufgewendet werden, sobald noch ein weiteres Leben gerettet werden könnte. Eine solche Sicht der Dinge führt zu keinen operationalen Politikempfehlungen.

Grundsätzlich existieren zwei Ansätze, den Wert eines Menschenlebens zu ermitteln:[11] Man kann zum einen die durch einen Todesfall entstehenden Einkommensverluste diskontieren und so also den Gegenwartswert unfallbedingter Einkommensverluste bestimmen. Diese Methode (Humankapitalmethode) war früher gebräuchlich, wird heute aber kaum noch angewendet (insbesondere auch, weil sich der Wert des Lebens nicht ausschließlich nach der Einkunftserzielung bemessen lässt). Die zweite Möglichkeit besteht darin, die gesellschaftliche Zahlungsbereitschaft (englisch: Willingness to Pay (WTP)) für die Rettung eines Menschenlebens zu ermitteln. Da sich diese WTP meistens nicht beobachten lässt, muss man letztlich durch Befragungen diesen Wert ermitteln.[12]

Schaut man sich Ergebnisse derartiger Studien an, so ergibt sich im Falle Deutschlands[13] für den VSL ein Median von 1 Mio. € während sich ein Durchschnittswert von 2 Mio. € ergibt. Im Kontext von Verkehrsunfällen ist a priori nicht klar, welcher Wert zugrunde zu legen wäre. INFRAS hat sich daher pragmatisch für das Mittel von 1,5 Mio. € für ein verlorenes Menschenleben entschieden. In der neueren Studie von 2007 wurde dieser Wert aufgrund von Kaufkraftanpassungen dann noch auf etwa 1,6 Mio. € nach oben korrigiert. Der gesamte Risk Value ergibt sich dann, indem man zu den todesbedingten Kosten noch Kosten aus schweren und leichten Verletzungen addiert. Dabei werden für schwere Verletzungen üblicherweise 13 %, für leichte Verletzungen 1 % des VSL angesetzt.

Das Instrument der Zahlungsbereitschaftsanalyse selbst kann unter methodischen Aspekten durchaus kritisiert werden. Aber selbst wenn man die methodischen Probleme ignoriert, so bleibt beim Risk-Value noch ein weiteres gravierendes Problem, das es zu lösen gilt. Es taucht nämlich die keineswegs triviale Frage auf, ob es sich bei dem so ermittelten Risk-Value auch tatsächlich um *externe* Kosten handelt. Das Wesen externer Kosten besteht darin, dass der Verursacher der Externalität diese Kosten in seinem Entscheidungsverhalten nicht berücksichtigt. Kann man im Falle des Straßenverkehrs tatsächlich davon ausgehen? INFRAS jedenfalls geht davon aus, dass der Risk-Value komplett zu den externen Kosten zu rechnen sei. Wovon hängt die Zuordnung letzten Endes aber ab? Wesentlich ist zunächst die Frage, ob der Verunglückte sich der Risiken bewusst war, als

---

[11] Vgl. hierzu Schleiniger (2006).
[12] Vgl. Update of the Handbook On External Costs of Transport (2014), S. 21.
[13] Die Ergebnisse solcher WTP-Studien differieren im internationalen Vergleich erheblich!

er sich zur Teilnahme am Straßenverkehr entschied. Die zwei Extrempositionen sind klar: Einerseits kann argumentiert werden, dass sich die Menschen über die möglichen Folgen der Verkehrsteilnahme nicht im Klaren sind und die Risiken systematisch unterschätzen. Auf der anderen Seite aber kann ebenso plausibel ins Feld geführt werden, dass die meisten Verkehrsteilnehmer zumindest gelegentlich in den Nachrichten mit Verkehrsunfallstatistiken in Berührung kommen. Insbesondere die Zahl der jährlich im Straßenverkehr Getöteten genießt in den Medien durchaus eine gewisse Beachtung. Im Extremfall könnte man so weit gehen zu behaupten, dass die Verkehrsteilnehmer damit prinzipiell über das wahre Risiko im Bilde sind. Letztlich ist es eine empirische Frage, inwieweit Verkehrsteilnehmer das Risiko der Teilnahme am Straßenverkehr korrekt einschätzen und in ihrem Entscheidungsverhalten berücksichtigen. Sie ist unseres Wissens bislang noch nicht geklärt worden. Man kann sich aber klarmachen, dass die vollständige Zuordnung des Risk-Value zu den externen Kosten nicht ganz unproblematisch ist. Das würde nämlich implizit unterstellen, dass die Menschen den Straßenverkehr für einen absolut sicheren Ort halten. Diese Position ist offenbar unhaltbar.[14]

In welchem Umfang berücksichtigen Verkehrsteilnehmer also bereits das Unfallrisiko, dem sie sich und andere aussetzen? Technisch geht es um die Ermittlung des sogenannten Internalisierungsgrades. Lindberg (2001) schlägt zur empirischen Abschätzung vor, die Anzahl der Verkehrstoten in Fahrzeugen eines bestimmten Fahrzeugtyps V_i ins Verhältnis zu setzen zur Zahl der gesamten Verkehrstoten aus Unfällen, in die Fahrzeuge des Typs V_i involviert waren (darin enthalten sind also auch Unfallopfer, die in Fahrzeugen anderer Typklassen aufgetreten sind). Für Pkw ermitteln Link et al. (2007) so beispielsweise einen durchschnittlichen Internalisierungsgrad in Europa (Zeitraum 2002-2003) von 0,73.[15]

Für unsere Zwecke ist es hier nicht von Interesse, dieses methodische Problem zu vertiefen. Aber: Wir haben damit die Ursache für den enormen Unterschied in der Größenordnung der externen Unfallkosten gefunden: Während INFRAS davon ausgeht, dass der Risk-Value zu 100% zu den externen Kosten zu rechnen sei, arbeitet die UNITE-Studie – je nach betrachtetem Land – mit weit geringeren Werten. Dort geht man davon aus, dass zwischen 59% bis 76% des Risk-Value bereits internalisiert sind.

Kosten des Klimawandels
Zwar ließen sich die Folgen des CO_2-Ausstoßes auch unter die Rubrik Schadstoffemissionen subsumieren. Aufgrund der erheblichen Bedeutung, die dem Problem des Klimawandels aber zugemessen wird, werden diese Kosten gesondert diskutiert.

Der globale Klimawandel wird uns an späterer Stelle in diesem Buch (vgl. Kapitel 6) noch sehr ausführlich beschäftigen, daher fassen wir uns hier kurz. Es wird von

---

[14] Wie Puls (2009) zutreffend feststellt, alleine schon deshalb, weil offensichtlich eine positive Zahlungsbereitschaft für zusätzliche Sicherheitstechnologie existiert. Die Sicherheitsstandards von Pkw sind in den letzten Jahren (Stichworte „Airbag" und ABS) massiv verbessert worden. Existierte auf Konsumentenseite keine entsprechende Zahlungsbereitschaft, hätten sich derartige Produktinnovationen kaum am Markt gehalten.
[15] Vgl. Update of the Handbook On External Costs of Transport (2014), S. 21.

naturwissenschaftlicher Seite nicht mehr ernsthaft bestritten, dass es einen anthropogenen Treibhauseffekt gibt. Strittig ist allenfalls noch das Ausmaß der globalen Temperaturveränderung, mit der in den nächsten Jahrzehnten zu rechnen sein wird. Unabhängig davon, ob die globale Durchschnittstemperatur aber nun um 1 °C oder 5 °C steigen wird, steht fest, dass Treibhausgase einen Beitrag zur Erwärmung des Erdklimas leisten. In der Diskussion befindet sich vor allem Kohlendioxid (CO_2), das bei der Verbrennung fossiler Energieträger wie Kohle, Öl und Gas freigesetzt wird. Damit ist klar, dass durch den Einsatz von Benzin und Diesel in Verbrennungsmotoren durch den Straßenverkehr ein Beitrag zur globalen Erwärmung geleistet wird. Da nicht damit zu rechnen ist, dass sich die Verkehrsteilnehmer bei ihrer Tankentscheidung über den Meeresspiegelanstieg im Jahr 2050 allzu ernsthaft den Kopf zerbrechen werden, muss man davon ausgehen, dass also externe Kosten durch den Straßenverkehr entstehen. Aber wie zuvor bei den Unfallkosten stellt sich die schwierige Frage, in welcher Höhe.

Auch hier soll gar nicht erst der Versuch unternommen werden, die „wahre Höhe" der Kosten des Klimawandels ermitteln zu wollen. Stattdessen sei wieder auf die grundlegenden Unsicherheiten und methodischen Probleme hingewiesen. Prinzipiell gibt es zunächst zwei Methoden, die Kosten des Klimawandels zu messen: Erstens über den Schadenskostenansatz und zweitens über den Vermeidungskostenansatz (Weinreich 2004). Im ersten Verfahren wird versucht, direkt die Klimaschäden aus CO_2-Emissionen zu quantifizieren. Angesichts der Komplexität des Klimasystems kann man sich vorstellen, dass dieser Ansatz mit großen Unsicherheiten verbunden ist. Machen wir uns zunächst grundsätzlich klar, wie man von der Emission zu einem Schaden gelangt. Im Prinzip in zwei Schritten: Erst einmal müssen die physischen Auswirkungen des CO_2-Ausstoßes abgeschätzt werden. Zweitens müssen die so ermittelten Effekte dann monetär bewertet werden. Schon der erste Schritt sieht sich massiven Problemen gegenüber: Das Ausmaß der physischen Effekte selbst unterliegt bereits großer Unsicherheit. Schon eine oberflächliche Betrachtung entsprechender klimatologischer Literatur, wie sie in den Berichten des Intergovernmental Panel on Climate Change (IPCC) etwa zusammengefasst sind, liefert eine erhebliche Bandbreite: So könnte der Meeresspiegel bis 2100 um nur 44 cm, möglicherweise aber auch um 74 cm steigen. Es dürfte klar sein, dass je nachdem, welches Szenario sich letzten Endes einstellen wird, das Schadensausmaß ein ganz anderes sein wird. Sobald die physischen Effekte des Klimawandels ermittelt sind, muss dann eine monetäre Bewertung vorgenommen werden. Das Ausmaß der Schäden hängt aber nicht nur von der künftigen Entwicklung des Klimasystems, sondern auch von der wirtschaftlichen Entwicklung der betroffenen Länder ab. Beispielsweise hängt vom künftigen Bevölkerungswachstum ab, wie viele Menschen von Klimaschäden betroffen sein werden. Ganz offenbar hat dies einen Effekt auf die zu erwartenden Klimaschäden. Zur naturwissenschaftlichen Unsicherheit tritt also die Unsicherheit über die ökonomische, demografische und gesellschaftliche Entwicklung hinzu. Beide Arten von Unsicherheit multiplizieren sich in entsprechenden Modellrechnungen, so dass der Korridor für die möglichen Schäden sehr groß wird.

Da das Ausmaß der Schäden nur sehr schwer abschätzbar ist, behilft man sich oft mit der zweiten Möglichkeit des Vermeidungskostenansatzes.[16] Als Bewertungsmaßstab werden demzufolge die sogenannten Vermeidungskosten herangezogen: Was nämlich die Vermeidung einer Tonne CO_2 kostet, ist weit eher bekannt, als die Höhe der Schäden, die sich aus der Emission einer Tonne CO_2 ergeben. Aber dennoch: Auch hier existiert eine erhebliche Bandbreite von Werten. Immerhin: Die Vermeidungskosten sind stark technologisch determiniert. Was technisch machbar ist, ist bekannt und auch ungefähr zu welchen Kosten. Aber: Offenbar macht es einen Unterschied, wo eine Tonne CO_2 vermieden wird. Dies gilt sowohl geografisch als auch hinsichtlich der Frage, welcher Sektor einer Volkswirtschaft Vermeidung realisieren soll. Die Möglichkeiten, bei Pkw etwa zusätzlich CO_2 einzusparen, sind weit kostspieliger als die Möglichkeiten in Kohlekraftwerken (vgl. Abschnitt 5.7). Betrachtet man das Problem geografisch, dann eröffnen sich außerhalb Deutschlands ausgesprochen günstige Vermeidungsoptionen: Die Steigerung des Effizienzgrads eines indischen Kohlekraftwerks ist viel einfacher und zu geringeren Kosten zu haben, als dies in Deutschland möglich wäre. Die Höhe der anzusetzenden Vermeidungskosten hängt damit also davon ab, welche Vermeidungsoptionen man überhaupt in die Betrachtung einbezieht. Schließlich kommt noch hinzu, wie eng oder weit man den Vermeidungsbegriff definieren will: Zählen Aufforstungsmaßnahmen etwa zu Vermeidung? Biomasse bindet CO_2 und durch Wiederaufforstung kann CO_2 der Atmosphäre kostengünstiger entzogen werden, als durch die Steigerung des Effizienzgrads von Kraftwerken oder Automobilen.

Diese Ausführungen sollen lediglich andeuten, dass auch im Falle der Vermeidungskosten erheblicher Spielraum existiert und deren Höhe keinesfalls von vornherein feststeht. Die neuere INFRAS-Studie arbeitet mit einem Wert von 70€ pro Tonne vermiedenen CO_2. In einer älteren Studie von INFRAS wurde hingegen noch mit dem weit höheren Wert von 140€ pro Tonne CO_2 gearbeitet. Es verwundert daher nicht, dass der entsprechende Wert für die Klimakosten des Straßenverkehrs entsprechend variiert: Betrugen diese Kosten des Straßenverkehrs laut Schreyer et al. (2007) 10,7 Mrd. €, so wurden sie in der Vorgängerstudie noch 15 Mrd. € höher eingeschätzt – ein ganz erheblicher Unterschied. Im Vergleich zu INFRAS arbeitet die UNITE-Studie mit einem Vermeidungskostensatz von 20€ pro Tonne CO_2, was in der Konsequenz zu bedeutend niedrigeren Kosten des Klimawandels führt. Der Wert von 20€ scheint sich dabei an den CO_2-Preisen zu orientieren, die zwischen 2005 und 2007 von der Größenordnung her am europäischen Zertifikatmarkt für CO_2 zu beobachten waren (vgl. Abschnitt 5.5). Der INFRAS-Wert von 70€ wird dadurch gerechtfertigt, dass er mit dem politischen Ziel einer Begrenzung der globalen Erwärmung auf 2°C gegenüber dem vorindustriellen Niveau vereinbar sei.[17]

---

[16] Der Vermeidungskostenansatz basiert auf der Vorgabe eines bestimmten Standards, z.B. einer bestimmten zu vermeidenden Emissionsmenge. Da die Grenzvermeidungskosten mit der vermiedenen Menge steigen, können erst dann die totalen Vermeidungskosten berechnet werden.

[17] Mit einem relativ niedrigen Vermeidungskostensatz von 23,5 € pro Tonne CO_2 berechnet Puls Klimakosten des Verkehrs in 2010 von lediglich 3,4 Mrd. € (vgl. Puls, 2013, S. 23).

Gesundheitskosten

Durch den Straßenverkehr werden erhebliche Mengen einer Reihe weiterer Schadstoffe emittiert. Im Wesentlichen handelt es sich hierbei um Stickoxide (NO_x), Schwefeldioxid (SO_2), Feinstaubpartikel sowie Ozon (O_3). Die Schäden, die von diesen Schadstoffen ausgelöst werden, lassen sich drei Kategorien zuordnen: (i) Gesundheitsschäden, (ii) Gebäudeschäden und (iii) landwirtschaftliche Produktionsausfälle. Schauen wir uns die Schadstoffe kurz etwas genauer an. Stickoxide entstehen bei Verbrennungsprozessen, manche von ihnen sind Reizgase. NO_x ist vor allem aber auch an der Entstehung von Ozon (unter Einfluss von UV-Strahlung) sowie der Entstehung von Feinstaubpartikeln und der Entstehung von SO_2 beteiligt und kann so indirekt zu Gesundheitsschäden und saurem Regen führen.

Feinstaubpartikel spielen insbesondere eine Rolle bei Atemwegserkrankungen. Schwefeldioxid hat mehrere Effekte: Einerseits kann es in höheren Konzentrationen zur Schädigung von Atemwegen und Lunge beitragen. Andererseits trägt SO_2 maßgeblich zum sauren Regen bei und damit zu Gebäudeschäden, aber auch durch die Versauerung der Böden zu landwirtschaftlichen Ertragsminderungen. Bodennahes Ozon hat starke Reizwirkungen auf die Atemwege und kann zu Atemwegserkrankungen führen.

Im Folgenden sollen lediglich die Gesundheitskosten der verkehrsbedingten Emissionen einer näheren Betrachtung unterzogen werden, da sie Anlass geben, auf einige weitere methodische Probleme bei der Berechnung externer Kosten einzugehen.

Es ist tatsächlich ein langer Weg, bis aus einer Schadstoffemission im Straßenverkehr eine Kostengröße geworden ist. Zunächst muss man sich klarmachen, dass nicht die *Emission* das eigentliche Problem darstellt, sondern die sogenannte *Immission*. Darunter versteht man die Schadstoffmenge, die bei der Untersuchungseinheit – dies kann ein menschlicher Organismus, aber auch ein tierischer Organismus oder eine Pflanze sein – ankommt. Im Folgenden wird es dabei lediglich um die Messung menschlicher Gesundheitsschäden gehen. Erforderlich ist also zunächst einmal, die *räumliche Ausbreitung* von Schadstoffen zu erfassen. Es kann nämlich durchaus sein, dass ein Schadstoff, der in Freiburg im Breisgau emittiert wurde, erst an der deutschen Ostseeküste seine Wirkung entfaltet. Um die geografische Verteilung von Emissionen abzubilden, werden sogenannte räumliche Ausbreitungsmodelle herangezogen, mit denen sich die Immission an einem bestimmten Ort berechnen lässt. In derartige Modelle gehen zahllose Informationen ein, insbesondere meteorologischer Natur. Wo ein Schadstoff letzten Endes ankommt, hängt u.a. stark von der vorherrschenden Windrichtung ab.

Dies ist aber tatsächlich erst der erste – und vielleicht noch harmloseste – Schritt auf dem Weg zur monetären Größe. Ein errechneter Immissionswert ist immer noch eine bloß physikalische Größe. Im zweiten Schritt muss aus der Immission die Gesundheitsschädigung bestimmt werden. An dieser Stelle begibt man sich auf das weite und schwierige Feld der Epidemiologie, einem Teilgebiet der Medizin, zu dessen Aufgaben auch die Erforschung der Wirkung von Umwelteinflüssen auf den Gesundheitszustand einer ganzen Population gehört. Welche Krankheiten werden durch welche Schadstoffe ausgelöst oder befördert und vor allem: ab welcher Schadstoffkonzentration? Dies sind meist ausgesprochen schwierige Fragen, die nicht einfach zu beantworten sind. Dies liegt daran, dass viele Krankheitsbilder nicht auf eine einzige Ursache zurückgeführt werden können, sondern oft mehrere Faktoren einen Einfluss auf Entstehung und Verlauf haben. Daher ist es erforderlich, den Anteil der verschiedenen Faktoren zu quantifizieren – ein Problem, das im Übrigen empirisch arbeitenden Ökonomen durchaus vertraut ist. Letztlich braucht man dann kontrollierte empirische Studien, aus denen sich im besten Fall statistisch signifikante Zusammenhänge ableiten lassen, die dann in sogenannte „Dosis-Wirkungs-Funktionen" münden. Angesichts der Komplexität der Zusammenhänge verwundert es wenig, dass unterschiedliche epidemiologische Studien durchaus zu recht unterschiedlichen Ergebnissen kommen. Während der Zusammenhang zwischen Emission und Immission noch einigermaßen verlässlich berechnet werden kann, eröffnet sich an dieser Stelle erstmals ein erhebliches Fenster der Unsicherheit. Diese Unsicherheit bezüglich beispielsweise der Erkrankungswahrscheinlichkeit wälzt sich dann natürlich auf die nächste Stufe unseres Prozesses weiter, wenn es nämlich um die Bewertung der gesundheitlichen Schädigung geht. Selbst wenn Epidemiologen also einen Zusammenhang der Art „Exposition mit dem Schadstoff X über den Zeitraum T führt mit der Wahrscheinlichkeit p zum Auftreten des Krankheitsbildes Z" identifiziert haben, liefert uns das immer noch keine monetäre Größe.

Der letzte Schritt besteht dann darin, die gesundheitlichen Schädigungen in Geldeinheiten zu bewerten. Dabei geht man wie folgt vor: Zunächst werden die gesundheitlichen Effekte ausgedrückt in „verlorenen Lebensjahren" (LYL – life years lost), da Krankheitsbilder wie etwa schwere Atemwegserkrankungen auch die Lebenserwartung verkürzen können. Hierfür werden die bereits erwähnten Dosis-Wirkungs-Funktionen herangezogen, die auch eine Aussage über den Effekt einer Schadstoffexposition auf die Mortalität erlauben. Sodann werden die LYL mit dem Risk-Value monetär bewertet.

In früheren Studien wurde der Risk-Value von 1,5 Mio. € angesetzt. In der neueren INFRAS-Studie wurde ein niedrigerer Wert in Höhe von 1 Mio. € verwendet. Als Begründung wird auf die Notwendigkeit einer Alterskorrektur verwiesen: Viele gesundheitliche Schädigungen aus verkehrsbedingten Immissionen treten nämlich erst in fortgeschrittenem Alter auf.

Wenn nun all die erwähnten schwierigen Fragen gelöst wurden, also: Der Zusammenhang zwischen Emission und Immission bekannt ist, aus der Immission zuverlässig auf gesundheitliche Schädigungen geschlossen werden konnte und eine befriedigende Lösung für den statistischen Wert eines Lebens gefunden wurde – dann steht als krönender Abschluss am Ende dieser langen Kette eine monetäre Größe, die die Gesundheitskosten des Straßenverkehrs angibt. INFRAS beziffert sie für das Jahr 2005 auf insgesamt rund 7 Mrd. €. Diese Zahl erscheint relativ zu den Unfallfolgekosten überraschend klein. Es sei allerdings drauf hingewiesen, dass sie noch für das Jahr 2000 weit höher veranschlagt wurden, nämlich mit ca. 32 Mrd. €. Diese Diskrepanz lässt sich laut Puls (2009) auf verschiedene Ursachen zurückführen – einerseits die Tatsache, dass die Schadstoffemissionen im fraglichen Zeitraum im Straßenverkehr aufgrund massiven technischen Fortschritts deutlich gesunken sind, andererseits verbesserte Datenquellen, aber auch Änderungen in der verwendeten Methodik. Immerhin: Im Falle der Gesundheitskosten kommt auch das Team der UNITE-Studie zu ganz ähnlichen Ergebnissen.[18]

Zusammenfassend lässt sich wohl festhalten, dass die verkehrsbedingten Gesundheitskosten ein vorzügliches Beispiel sind, um darzustellen, mit welchen erheblichen Problemen die Ermittlung externer Kosten sich in der Praxis konfrontiert sieht.

Lärmkosten

Ein kaum weniger vorzügliches Beispiel stellen die verkehrsbedingten Lärmkosten dar. Verkehrslärm wird als unangenehm empfunden. Lärm kann, zumindest ab gewissen Schallpegeln, möglicherweise auch krank machen. Lärmemissionen werden u.a. folgende Wirkungen zugeschrieben (Kloepfer et al. 2006): (i) Sogenannte Primärreaktionen: Störungen der Kommunikation und Störungen des Schlafs; (ii) Sekundärreaktionen: Das subjektive Gefühl der Lärmbelästigung, subjektiv empfundene Beeinträchtigung der Schlafqualität sowie Beeinträchtigung der kognitiven Leistungsfähigkeit; (iii) Tertiärreaktionen: klinisch relevante Gesundheitsschäden. Kandidaten hierfür sind Herzkreislauferkrankungen einerseits sowie Krankheitsbilder, die sich aus einer lärmbedingten Beeinflussung des Hormonsystems des Menschen ergeben können. Allerdings ist der Nachweis von klaren Ursache-Wirkungs-Beziehungen im Fall des Lärms extrem schwierig. Chronischer Lärm steht beispielsweise im Verdacht, ein Risikofaktor für die Entstehung von Bluthochdruck zu sein, der empirische Nachweis steht aber bislang noch aus. Bluthochdruck wiederum ist ein Risikofaktor für die Wahrscheinlichkeit eines Herzinfarktes. Die Schwierigkeit besteht, wie so oft in der Epidemiologie darin, dass Bluthochdruck durch sehr viele Faktoren beeinflusst wird. Man muss sich einmal klarmachen: Das Risiko einer Bluthochdruckerkrankung wird u.a. sowohl von weiteren Umweltfaktoren (Stress am Arbeitsplatz etc.) als auch Parametern der eigenen Lebensführung (Ernährung, Bewegung, Sport) mit beeinflusst. Eine „saubere" empirische Studie müsste selbstverständlich all diese Parameter umfassend und zuverlässig erfassen. Der medizinische Forschungsstand im Kontext der Entstehung der INFRAS-Studie ließ seinerzeit keine eindeutigen kausalen Schlussfolgerungen zu. So resümieren Kloepfer et al. (2006, S. 165): „*Die Ergebnisse der bisher vorliegenden epidemiologischen Arbeiten sind daher uneinheitlich oder sogar widersprüchlich.*"

Man sieht also: Bereits auf der Ebene der Ermittlung der gesundheitlichen Schädigung tauchen wiederum erhebliche Messprobleme und Unsicherheiten auf. Trotz der bereits erwähnten Schwierigkeiten, eine Kausalität zwischen Lärmexposition, Bluthochdruck und Herzinfarkt nachzuweisen, unterstellt die INFRAS-Studie, dass das Risiko, einen Herzinfarkt zu erleiden, ab einer Schallexposition von 65 db(A) um 20% steigt, ab 70 db(A) um 30%. Man kann unter dieser Annahme dann die lärminduzierte erhöhte Mortalität bestimmen, also unsere bereits bekannten Life Years Lost (LYL) und diese schlussendlich mit dem Risk-Value bewerten.

Die gesundheitlichen Auswirkungen von Verkehrslärm waren seither Gegenstand zahlreicher weiterer wissenschaftlicher Untersuchungen. Die großangelegte NORAH-Studie

---

[18] Puls beziffert die Luftschadstoffkosten für 2010 auf knapp 8,8 Mrd. Euro (vgl. Puls, 2013, S. 21).

(NORAH 2015) findet ebenfalls keinen statistisch signifikanten Zusammenhang zwischen Straßenverkehrslärm und Bluthochdruck.

Neben einer möglichen erhöhten Infarktzahl bleiben noch die Kosten, die vor allem durch die subjektive Beeinträchtigung infolge von Lärmeinwirkung entstehen. Hier bieten sich im Grunde zwei Verfahren an: Zum einen können die Betroffenen direkt befragt werden. Dies ist der Weg, den etwa die INFRAS-Studie beschreitet. Man ermittelt dort, was den betroffenen Menschen das Erreichen eines Dauerschallpegels unterhalb von 55 db(A) wert wäre. Der ermittelte Wert liegt bei 56 € pro Befragtem und Jahr. Eine alternative Methode existiert in Gestalt der sogenannten hedonischen Preise. Das Grundprinzip ist sehr einfach: Man vergleicht (im Idealfall) weitgehend identische Immobilien in unterschiedlichen Wohnlagen, die mit unterschiedlichen Lärmbelastungen einhergehen. Aus der Immobilienpreisdifferenz (oder Mietpreisdifferenz) lässt sich dann implizit der monetäre Wert einer Lärmreduktion schlussfolgern. Wie gesagt: Die INFRAS-Studie arbeitet nicht mit den verfügbaren Marktinformationen, sondern zieht es vor, sich auf Befragungswerte zu verlassen. Insgesamt weist INFRAS Lärmkosten des Straßenverkehrs für Deutschland im Jahr 2005 in Höhe von 8,7 Mrd. € aus.[19] Auch die UNITE-Studie kommt von der Größenordnung her zu einem ähnlichen Ergebnis, die Lärmkosten fallen dort 12% niedriger aus.

Staukosten

Staukosten existieren ohne Zweifel – Staus verursachen Zeitkosten, von den psychischen Belastungen, die genervte Autofahrer im Stau erleiden, einmal ganz zu schweigen. Aber können Staukosten tatsächlich als *extern* angesehen werden? Gelegentlich wird argumentiert, auf der Ebene des *Kollektivs*, also aller, die sich in einem Stau befinden, entstünden keine externen *Kosten*, da das Kollektiv der Stauverursacher weitgehend identisch ist mit denen, die die Kosten zu tragen haben (Eckey und Stock 2000). Kann man aber aus der weitgehenden Identität von Verursachern und Geschädigten schließen, dass im Falle von Staus kein politischer Handlungsbedarf besteht, weil ja die externen Effekte bereits internalisiert seien?

Diese Schlussfolgerung wäre falsch. Im Gegenteil: Ein Stau ist eine hochgradig ineffiziente Angelegenheit, die letztlich dadurch zustande kommt, dass der private Akteur lediglich die bei ihm anfallenden Kosten, nicht aber die bei anderen anfallenden Kosten (verlängerte Fahrzeit etc.) in seinem Entscheidungskalkül berücksichtigt. Daher kommt es zu einer Übernutzung einer gegebenen Infrastruktur, die selbstverständlich ineffizient ist. Der Stau, so könnte man sagen, stellt zwar *eine* Form der Internalisierung des externen Effekts dar, allerdings ist er sicherlich *keine effiziente*, d.h. kostenminimale, Lösung. Effizient wäre, von jedem Verkehrsteilnehmer eine Nutzungsgebühr (d.h. eine Maut) zu

---

[19] Für 2010 kommt das IW zu einem deutlich geringeren Wert der Lärmkosten von knapp 1,2 Mrd. €, was Puls (2013) vor allem mit der Verfügbarkeit deutlich genauerer Datenquellen hinsichtlich der Lärmbetroffenheit erklärt (vgl. Puls, 2013, S. 15).

verlangen, die den externen Effekt, den der einzelne verursacht, berücksichtigt.[20] Eine effizient kalkulierte Maut würde den Stau vermeiden und zu gesellschaftlich weit geringeren Kosten führen. Man sollte sich klarmachen, dass Staukosten eine nicht zu unterschätzende Größe darstellen: Sinn (2003) beziffert sie auf sage und schreibe fast 120 Mrd. € pro Jahr in Deutschland.[21] Allerdings ist bei dieser Zahl zu berücksichtigen, dass längst nicht alle Staukosten extern sind. Auch in einer Situation effizienter Mautgestaltung würde es immer noch zu einer gewissen Anzahl von Staus kommen – mit anderen Worten: Eine gewissen Menge an Staus wäre also durchaus wohlfahrtsoptimal. Um tatsächlich die externen Staukosten berechnen zu können, muss man daher die unregulierte Situation in einem Transportnetzwerkmodell mit der Situation effizienter Bepreisung vergleichen. Die Differenz gibt dann die externen Staukosten an. Für die EU-27 wird ein Korridor der stauinduzierten Wohlfahrtsverluste im Jahr 2008 von 23,6 bis 39,2 Mrd. € berechnet, oder 0,2 bis 0,3% des europäischen Bruttoinlandproduktes – eine sicherlich nicht vernachlässigbare Größenordnung.[22]

Was der Verkehr bereits trägt

Wenn man dann schlussendlich trotz aller Widrigkeiten der empirischen Ermittlung einen Wert für die externen Kosten des Straßenverkehrs ermittelt hat, gilt es noch folgendes zu berücksichtigen: Der Straßenverkehr ist bereits mit erheblichen Abgaben belastet. Tatsächlich generiert der Straßenverkehr für den Fiskus erhebliche Einnahmen, die wenigstens partiell als Internalisierungsbeitrag anzusetzen sind. Dies betrifft insbesondere die Abgaben, die abhängig vom Treibstoffverbrauch sind. Abbildung 2.4 gibt einen Überblick über die verschiedenen Einnahmequellen. Neben die Mineralölsteuer treten als wichtige weitere Posten die 1999 eingeführte Ökosteuer auf Kraftstoffe (vgl. Abschnitt 5.3), die Kfz-Steuer sowie die Mehrwertsteuer, die selbstverständlich bei allen Tankvorfällen anfällt.

Lediglich ein kleiner Teil des Mineralölsteueraufkommens ist für den Straßenwegebau zweckgebunden (lt. Fernstraßenfinanzierungsbaugesetz aus dem Jahre 1965). Für die Ökosteuer besteht zwar eine Zweckbindung: Der Gesetzgeber hat vorgesehen, dass diese Einnahmen zur Stabilisierung des Rentenversicherungsbeitrags an die gesetzliche Rentenversicherung überwiesen werden. Dennoch stellt die Ökosteuer zweifelsfrei eine *Umweltabgabe* dar. Gehen wir davon aus, dass die Mehrwertsteuer der allgemeinen Staatsfinanzierung dient, so bleiben dennoch immerhin 34,2 Mrd. € aus dem Aufkommen

---

[20] Idealerweise müsst eine solche Maut zeitlich differenziert sein, also die im Tagesverlauf variierende Verkehrsdichte berücksichtigen.

[21] Die Rechnung ist einfach. Der ADAC schätzt, dass Menschen jährlich 4,7 Mrd. Stunden im Stau verbringen. Sinn unterstellt, dass davon zu 80% Erwerbstätige betroffen sind, deren durchschnittliche Wertschöpfung mit 28 € pro Stunde angesetzt wird. Dies allein ergibt Kosten in Höhe von 105 Mrd. €. Hinzu kommt der staubedingte Mehrverbrauch an Kraftstoffen, der ca. 12 Mrd. € ausmacht.

[22] Vgl. CE Delft (2011), S. 92.

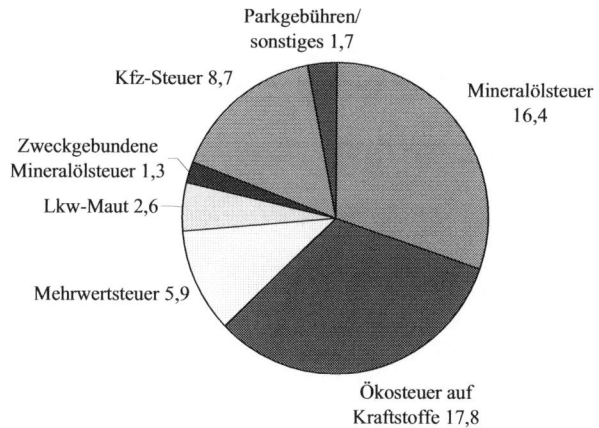

Abb. 2.4 Einnahmen des Staats aus dem Straßenverkehr (2005, in Mrd. €)
[Quelle: Puls (2009, S. 13)]

von Mineralöl- und Ökosteuer, die bereits als Internalisierungsbeitrag der Autofahrer interpretiert werden können. Dies entspricht der Höhe nach fast den gesamten Unfallfolgekosten, die in der INFRAS-Studie ausgewiesen werden.

Am Ende dieser Fallstudie soll ausdrücklich darauf hingewiesen werden, dass die vielfältigen Probleme bei der Messung externer Kosten, die in dieser Fallstudie angeführt wurden, nicht zu dem Fehlschluss verleiten sollten, es sei besser, von vornherein auf die Monetarisierung externer Effekte zu verzichten. Eine rationale, effizienzorientierte Verkehrspolitik darf die externen Kosten des Verkehrs nicht ignorieren, sondern muss sie trotz aller Unsicherheit in ihre Kosten-Nutzen-Abwägungen einbeziehen. Entscheidungen ohne Informationen über die externen Kosten des Verkehrssektors können zu erheblichen Ineffizienzen und damit Wohlfahrtsverlusten führen.

Literatur

CE Delft. 2011. *External Costs of Transport in Europe, Update Study for 2008.* Delft, Infras, Fraunhofer ISI.

Eckey, H.-F., und W. Stock. 2000. *Verkehrsökonomie. Eine empirisch orientierte Einführung in die Verkehrswissenschaften.* Wiesbaden: Gabler.

Kloepfer, M., B. Griefahn, A. M. Kaniowski, G. Klepper, S. Lingner, G. Steinebach, H.B. Weyer, und P. Wysk. 2006. *Leben mit Lärm? Risikobeurteilung und Regulation des Umgebungslärms im Verkehrsbereich.* Berlin u. a.: Springer.

Lindberg, G. 2001. Traffic Insurance and Accident Externality Charges. *Journal of Transport Economics and Policy* 35 (3):399–416.

Link, H., A. Becker, B. Matthews, P. Wheat, R. Enei, C. Sessa, F. Meszaros, S. Suter, P. Bickel, K. Ohlau, R. de Jong, M. Bak, und G. Lindberg. 2007. Generalisation of Research on Accounts and Cost Estimation (GRACE), Deliverable D 5. Monitoring Pricing Policy Using Transport Accounts. Funded by Sixth Framework Programme. ITS, University of Leeds. http://www.isis-it.net/grace/public/D5%20Final%20080607.pdf. Zugegriffen: 22. Februar 2018.

Noise-Related Annoyance, Cognition and Health (NORAH). 2015. Blutdruckmonitoring, Endbericht, Wirkung chronischer Lärmbelastung auf den Blutdruck bei Erwachsenen. Band 5. http://www.laermstudie.de/fileadmin/files/ Laermstudie/Blutdruck_Wiss_Ergebnisbericht.pdf. Zugegriffen: 22. Februar 2018.

Puls, T. 2013. *Externe Kosten des Straßenverkehrs in Deutschland, Aufdatierung für 2010.* Köln: Institut der deutschen Wirtschaft.

Puls, T. 2009. *Externe Kosten am Beispiel des deutschen Straßenverkehrs.* IW Analysen Nr. 53. Köln.

Schleiniger, R. 2006. *Der Wert des Lebens aus ökonomischer Sicht: Methoden, Empirie, Anwendungen.* Winterthur.

Schreyer, C., M. Maibach, D. Sutter, C. Doll, und P. Bickel. 2007. *Externe Kosten des Verkehrs in Deutschland.* INFRAS. Zürich.

Sinn, H.-W. 2003. *Wider den Autobahn-Kommunismus.* Ifo-Standpunkt Nr. 44. München.

Smith, A. 1937. *An Inquiry into the Nature and Causes of the Wealth of Nations.* New York: Modern Library.

Sturm, B., und C. Vogt. 2014. *Mikroökonomik. Eine anwendungsorientierte Einführung.* Stuttgart: Kohlhammer.

Unification of Accounts and Marginal Costs for Transport Efficiency (UNITE). 2003. *Final report for publication.* Leeds: IST, University of Leeds.

Ricardo-AEA. 2014. Update of the Handbook On External Costs of Transport. Report for the European Commission. DG Move, DIW econ, CAU, RICARDO-AEA. https://ec.europa.eu/transport/sites/transport/files/handbook_on_external_costs_of_transport_2014_0.pdf. Zugegriffen: 22. Februar 2018.

Weimann, J. 1995. *Umweltökonomik.* 3. Auflage. Berlin u. a.: Springer.

Weinreich, S. 2004. *Nachhaltige Entwicklung im Personenverkehr. Eine quantitative Analyse unter Einbezug externer Kosten.* Heidelberg: Springer.

Das Coase-Theorem 3

Wenn Märkte versagen, dann zieht das in der Regel den Ruf nach dem Staat nach sich. Die laisser-faire Konzeption der Wirtschaftspolitik basiert auf der Annahme, dass Märkte aus sich selbst heraus ein optimales Ergebnis hervorbringen. Wir haben gesehen, dass Märkte prinzipiell tatsächlich in der Lage sind, ein Maximum an sozialer Wohlfahrt zu generieren, allerdings war dieses Resultat an eine Reihe von sehr restriktiven Voraussetzungen geknüpft. Wir haben uns ausführlich klar gemacht, dass bei Vorliegen von externen Effekten Marktgleichgewichte ihre Effizienzeigenschaft einbüßen. Während auf perfekten Wettbewerbsmärkten individuell rationales und eigennütziges Verhalten zu einem kollektiv rationalen Ergebnis führt, wird diese Harmonie zwischen individuellem und gesellschaftlichem Interesse bei externen Effekten zerstört: Die ökonomisch rationale und eigennützige Verfolgung der eigenen Interessen führt dann nicht mehr zu einem Maximum an gesellschaftlicher Wohlfahrt.

Um die Bedeutung dieser Erkenntnis richtig einzuschätzen, muss man sich klarmachen, dass externe Effekte keineswegs ein seltenes Phänomen sind. Im Gegenteil: Kaum eine Produktions- oder Konsumaktivität geht ohne externe Effekte einher. Produktion ist fast immer mit der Emission von irgendwelchen Schadstoffen verbunden. Beispielsweise basiert unsere industrielle Produktionsweise nach wie vor stark auf der Verwendung fossiler Energieträger. Dabei entstehen aber – zumindest bis jetzt – unweigerlich CO_2-Emissionen, die zur Aufheizung der Erdatmosphäre beitragen – mit zum Teil dramatischen negativen externen Effekten, denkt man etwa nur an das Verschwinden tiefliegender Inselstaaten infolge des Meeresspiegelanstiegs. Aber auch der tägliche Konsum trägt zu negativen externen Effekten bei: Nutzen wir den Pkw oder drehen wir im Winter das Heizungsthermostat auf, dann tragen wir alle zum globalen Problem des Treibhauseffekts bei.

Wenn aber externe Effekte eine so weit verbreitete Erscheinung in der Realität sind, dann würde dies eine sehr weitreichende Legitimation für staatliches Handeln darstellen. Angesichts der bei Ökonomen doch eher verbreiteten Skepsis gegenüber staatlichem Handeln kann es kaum verwundern, dass nach einer Möglichkeit gesucht wurde, diese unangenehme Konsequenz zu vermeiden. Fündig wurde man bei dieser Suche an der University of Chicago. Im Jahre 1960 publizierte ein gewisser Ronald H. Coase eine bahnbrechende Arbeit mit dem Titel „The Problem of Social Costs", in der der Autor behauptete, eine Lösung für das Externalitäten-Problem gefunden zu haben, die nicht auf einem staatlichen Eingriff in das Marktgeschehen basiert. Diese Arbeit sollte Coase 1991 den Nobelpreis einbringen.[1] Letztlich behauptet er, dass die Beteiligten an einem externen Effekt einen Anreiz haben, den externen Effekt im Zuge bilateraler Verhandlungen zu berücksichtigen. Mehr noch: Coase behauptet sogar, dass Verursacher und Geschädigter das Marktversagen selbst vollständig „heilen" werden, dass also der externe Effekt in *effizienter* Weise internalisiert wird. Und die vielleicht noch erstaunlichere Erkenntnis von Coase lautet: Die effiziente Berücksichtigung des externen Effekts erfolgt völlig *unabhängig* davon, wem das Eigentumsrecht an einer Ressource zugesprochen wird. Dies sind allerdings einige sehr starke Behauptungen, deren Begründung wir uns im Folgenden etwas genauer ansehen müssen.

3.1 Wann das Coase-Theorem funktioniert …

Versetzen wir uns zurück in unser Beispiel mit der Stahlfabrik und dem Fischzüchter.[2] Bei unserer bisherigen Betrachtung sind wir implizit davon ausgegangen, dass das Eigentumsrecht an der Ressource sauberes Flusswasser bei der Stahlfabrik liegt. Die Stahlfabrik kann das Flusswasser ungehindert entnehmen und verunreinigt in den Fluss ableiten, ohne dem Fischzüchter für den entstandenen Schaden in irgendeiner Weise haftbar zu sein. Wir wollen zunächst an dieser institutionellen Ausgestaltung des Rechtssystems festhalten.

Der Grundgedanke von Coase ist denkbar einfach: In dieser Situation hätte der Fischzüchter einen Anreiz, mit der Stahlfabrik in Verhandlungen zu treten. Der Fischzüchter könnte versuchen, der Stahlfabrik das „Recht auf Verschmutzung" abzukaufen – er könnte der Stahlfabrik zum Beispiel einen Preis dafür bieten, dass die Stahlfabrik eine Einheit weniger Abwasser in den Fluss leitet.

So weit, so gut. Aber: Wann würde ein solches Geschäft überhaupt zustande kommen? Die zentrale Bedingung dafür ist natürlich, dass sich beide Parteien durch einen solchen Deal verbessern könnten. Wann aber ist das der Fall? Um diese Frage beantworten zu

---

[1] Coase erhielt den Preis außerdem für seine grundlegenden Arbeiten zur Transaktionskostentheorie. Um genau zu sein: Coase erhielt den „Preis der Schwedischen Reichsbank für Wirtschaftswissenschaften in Erinnerung an Alfred Nobel", denn einen „Ökonomie-Nobelpreis", wie er in der Öffentlichkeit üblicherweise bezeichnet wird, gibt es streng genommen nicht. Aus Gründen der sprachlichen Vereinfachung werden wir diese Auszeichnung im Folgenden als „Nobelpreis für Wirtschaftswissenschaften" bezeichnen. Die Begründungen für die Preisträger finden sich auf der Homepage des Nobelpreis-Komitees (http://nobelprize.org) und sind äußerst lesenswert.

[2] Dabei ist zu beachten, dass es bei der bisherigen Betrachtung darum ging, prinzipiell den Zusammenhang zwischen externen Effekten und Produktion zu erörtern. Jetzt geht es darum, zunächst unabhängig von der Produktionsmenge durch Verhandlungen den externen Effekt zu internalisieren.

können, müssen wir zwei Größen in die Betrachtung einführen, die uns auch später noch beschäftigen werden, nämlich den sogenannten „Grenzschaden" sowie die „Grenzvermeidungskosten". Unter dem Grenzschaden (GS) versteht man den zusätzlichen Schaden, der durch die Emission einer zusätzlichen Schadstoffeinheit entsteht. Im konkreten Fall also: Der Grenzschaden des Fischzüchters aus der Einleitung einer weiteren Einheit Abwasser besteht in der Abnahme seines Ertrags, also der zum Marktpreis bewerteten geringeren Zahl gesunder und vermarktbarer Fische. Die Grenzvermeidungskosten (GVK) hingegen sind die Kosten, die durch die Vermeidung einer weiteren Einheit Schadstoff entstehen. Die Stahlfabrik könnte beispielsweise Kläranlagen bauen, um das Abwasser vor der Einleitung in den Fluss zu reinigen. Die Grenzvermeidungskosten sind dann die zusätzlichen Kosten, die entstehen, wenn eine weitere Einheit (z.B. 1000 Liter) Abwasser geklärt (also von Schadstoffen befreit) werden soll. Wie sieht nun der Zusammenhang zwischen Emissionen und diesen beiden Größen genau aus? Betrachten wir zunächst die Grenzvermeidungskosten. In vielen Fällen dürfte es plausibel sein anzunehmen, dass die Grenzvermeidungskosten in der Vermeidungsmenge zunehmen, d.h., die Vermeidung einer zusätzlichen Einheit Schadstoff wird umso kostspieliger, je mehr bereits vermieden wird. Mit zunehmender Vermeidung nimmt nämlich die Schadstoffkonzentration ab, und deshalb wird weitere Vermeidung nur zu höheren Kosten möglich sein, weil beispielsweise ein weitaus größerer technischer Aufwand betrieben werden muss, um die gewünschte zusätzliche Vermeidung zu realisieren. Man stelle sich etwa die Entschwefelung von Rauchgas in einem Braunkohlekraftwerk vor: Wird keinerlei Entschwefelung betrieben, dürfte es durch die Installation von einfachen Filteranlagen relativ leicht möglich sein, die erste Tonne Schwefel abzuscheiden. Ist das Rauchgas aber bereits weitgehend entschwefelt (zu 98%, wie bei heutigen Braunkohlekraftwerken durchaus üblich), dann dürfte die Abscheidung einer weiteren Tonne Schwefel nur zu erheblich höheren Kosten möglich sein. Wir gehen davon aus, dass Vermeidung nur dann zustande kommt, wenn die Emissionen, E, unter den Business-As-Usual-Emissionen, $\bar{E}$, liegen. Damit ist klar, dass die Grenzvermeidungskosten fallend mit den Emissionen verlaufen (und steigend in Vermeidung), wenn $E < \bar{E}$ oder mathematisch: $\partial GVK/\partial E < 0$.

Bezüglich des Grenzschadens scheint es plausibel zu sein, dass er mit der Emissionsmenge zunimmt, d.h., in der Regel wird die jeweils nächste emittierte Einheit des Schadstoffs noch einen positiven zusätzlichen Umweltschaden anrichten, der den der vorhergehenden Einheit übersteigt. Es gilt also $\partial GS/\partial E > 0$. Denkbar ist allerdings auch der Fall, dass irgendwann eine maximale Schadstoffkonzentration erreicht wird, bei der der maximal mögliche Schaden eintritt (z.B. wenn ein Gewässer biologisch tot ist). Eine weitere Schadstoffemission über dieses Niveau hinaus hätte dann keinen weiteren schädigenden Effekt. Der Grenzschaden wäre Null, oder anders gesagt, der Schaden bliebe ab dieser kritischen Grenze konstant.

Wir können uns die Situation damit grafisch wie in Abbildung 3.1 dargestellt veranschaulichen.

Bei der Form der Darstellung in Abbildung 3.1 ist – wie bereits erläutert – zu beachten, dass wir auf der Abszisse die Emissionsmenge und nicht die Vermeidungsmenge abtragen.

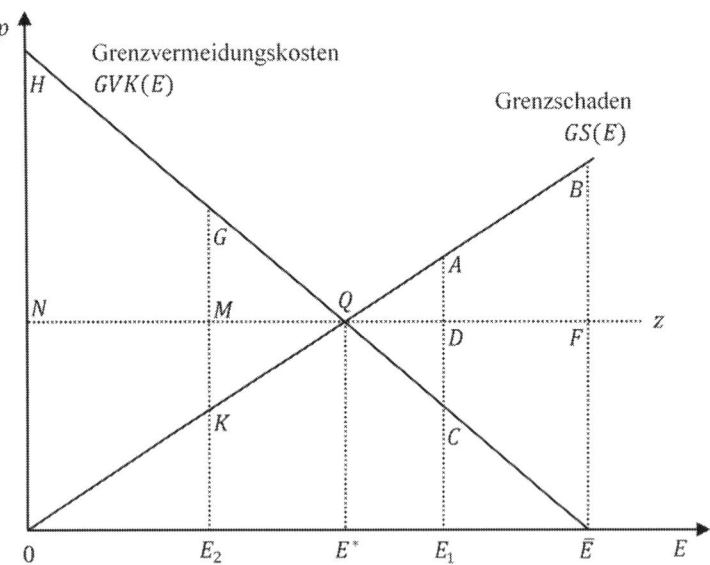

Abb. 3.1 Grenzvermeidungskosten und Grenzschaden

Daher hat die Grenzvermeidungskostenfunktion hier einen fallenden Verlauf (hätten wir stattdessen die vermiedene Schadstoffmenge verwendet, dann würde die GVK-Kurve einen steigenden Verlauf aufweisen).

Offensichtlich besitzen beide Funktionen einen Schnittpunkt – rechts von E^* ist der Grenzschaden größer als die Grenzvermeidungskosten, links von E^* herrscht genau der umgekehrte Fall. Angenommen, wir befinden uns in der zunächst unterstellten Konstellation – die Stahlfabrik hat das Recht auf Verschmutzung zugesprochen bekommen. Coase nennt diesen Fall die „Laisser-faire-Regel". In diesem Fall wird die Stahlfabrik keinerlei Vermeidung betreiben (ihre korrespondierenden Grenzvermeidungskosten sind also Null) und die maximale Emissionsmenge, $\bar{E}$, in den Fluss abgeben. In dieser Situation existiert Spielraum für eine freiwillige Verhandlungslösung, die beide Beteiligten besser stellt: Der Fischzüchter könnte dem Stahlfabrikanten vorschlagen, seine Emission z.B. auf das Niveau E_1 zu reduzieren. Im Gegenzug erhält der Stahlfabrikant für jede vermiedene Einheit Abwasser eine Kompensationszahlung z oberhalb seiner Grenzvermeidungskosten. Der Stahlfabrikant müsste sich, wenn er sich einigermaßen rational verhält, auf diesen Vorschlag einlassen, denn er erhält für die vermiedene Menge an Schadstoff mehr, als ihn die Vermeidung kostet: Die Vermeidungskosten der Stahlfabrik nehmen (ausgehend von Null) um das Dreieck $E_1 C\bar{E}$ zu, die Kompensationszahlung wird durch die Fläche $E_1 DF\bar{E}$ gemessen – offenbar für die Stahlfabrik ein gutes Geschäft, denn die Kompensationszahlung übersteigt die Zunahme der Vermeidungskosten. Aber auch der Fischzüchter wird sich besserstellen: Sein Schaden nimmt um die Fläche $E_1 AB\bar{E}$ ab. Er gewinnt durch den vermiedenen Schaden also mehr, als ihn die Kompensationszahlung kostet. Solange nun der Grenzschaden oberhalb der Grenzvermeidungskostenkurve verläuft, ist es möglich eine Kompensationszahlung zu finden, bei der sich *beide verbessern*. Erst wenn der Grenzschaden mit den Grenzvermeidungskosten übereinstimmt, also in E^*, ist es nicht weiter möglich, einen Handel zum beiderseitigen Vorteil abzuschließen: Links vom Schnittpunkt der GS- und GVK-Funktion existiert keine Kompensationszahlung z mehr, die die Bedingung $GS > z > GVK$ erfüllt. Also werden rationale Individuen letztendlich die effiziente Lösung realisieren, bei der Grenzschaden und Grenzvermeidungskosten übereinstimmen.

Die Erklärung für dieses auf den ersten Blick überraschende Resultat ist simpel: Durch den externen Effekt wird eine Ineffizienz erzeugt. Die Beseitigung dieser Ineffizienz erlaubt einen Wohlfahrtsgewinn – und dieser kann so auf die beiden Beteiligten verteilt werden, dass beide sich dadurch verbessern.

Soweit haben wir gezeigt, dass wenn das Verschmutzungsrecht bei dem physischen Verursacher des externen Effekts liegt, es zu einer effizienten Internalisierung des externen Effekts kommen müsste. Betrachten wir als nächstes den umgekehrten Fall, dass nämlich das Recht auf sauberes (unverschmutztes) Wasser bei dem Fischzüchter liegt. Coase nennt diesen Fall die „Haftungsregel", denn in diesem Fall würde der physische Verursacher des externen Effekts für eventuelle Schäden haften. Was würde sich dann ergeben? In dieser Situation wäre in der Ausgangssituation die Stahlfabrik gezwungen, maximale Vermeidung von Schadstoffemissionen zu sehr hohen Kosten zu betreiben. Wir befänden uns also im Nullpunkt der Abbildung 3.1. Die Stahlfabrik hätte daher einen massiven Anreiz, der Fischzucht das Recht auf sauberes Wasser abzukaufen. Machen wir uns auch hier kurz klar, ob sich ein solches Geschäft für beide Beteiligten lohnen würde. Die Stahlfabrik könnte dem Fischzüchter folgenden Vorschlag unterbreiten: Die Fabrik weitet ihre Abwassermenge auf das Niveau E_2 aus und zahlt dem Fischzüchter für jede Einheit Abwasser eine Kompensation z. Wie wird der Fischzüchter auf diesen Vorschlag reagieren? Sein zusätzlicher Schaden lässt sich durch die Fläche $0KE_2$ messen, er erhält die Kompensation $0NME_2$. Offenbar übersteigt die Kompensationszahlung den erlittenen Schaden: Der Fischzüchter sollte das Angebot daher akzeptieren. Der Handel lohnt aber auch aus Sicht des Stahlfabrikanten: Er zahlt der Fischzucht die Kompensationszahlung $0NME_2$, die Vermeidungskosten der Stahlfabrik sinken aber um die Fläche $0HGE_2$. Der Vertrag ist auch für den Stahlfabrikanten von Vorteil.

Liegt die Kompensationszahlung also oberhalb des Grenzschadens der Fischzucht, wird der Fischzüchter die Kompensationszahlung akzeptieren: Der wirtschaftliche Schaden, den er erleidet, wenn er die zusätzliche Emission zulässt, ist geringer als die Entschädigungszahlung, die er dafür erhält. Solange außerdem die Kompensationszahlung geringer ist als die Grenzvermeidungskosten, realisiert die Stahlfabrik einen ökonomischen Nettovorteil. Man sieht leicht: Solange die Grenzvermeidungskosten oberhalb des Grenzschadens verlaufen, lässt sich immer leicht eine Kompensationszahlung finden, bei der sich beide Parteien besser stellen. In diesem Fall werden sich beide also „von links" an die effiziente Lösung heranpirschen – aber klar ist, dass auch in diesem Fall letzten Endes die effiziente Lösung realisiert werden muss.

Damit ist die (verbale) Beweisführung zum Coase-Theorem abgeschlossen. Wir haben folgendes gezeigt: Unabhängig davon, wem das Eigentumsrecht an der Umweltressource zugesprochen wird, kommt es zu einer effizienten Internalisierung des externen Effekts im Zuge bilateraler Verhandlungen. Das Marktversagen wird von den Beteiligten selbst geheilt – ein staatlicher Eingriff erübrigt sich.[3]

3.2   … und wann nicht: Die Grenzen des Coase-Theorems

Wäre dieses Buch ein Hörbuch, so wäre an dieser Stelle vermutlich ein erleichtertes Aufatmen der Ökonomenwelt zu vernehmen – Coase sei Dank gibt es in der Geschichte mit den externen Effekten doch noch ein Happy End – beide Marktseiten kriegen sich und leben bis ans Ende ihrer Tage glücklich, weil effizient. Doch ist die Geschichte damit wirklich so einfach erledigt?

Zunächst muss man an dieser Stelle erst einmal die enorme intellektuelle Leistung von Coase würdigen. Kennt man seine Lösung des Problems, so erscheint alles mehr als sonnenklar. Doch wie so oft gilt auch hier: Hinterher sind wir alle klüger. Eigentlich hätte man ja schon viel früher darauf kommen müssen, weil alles so furchtbar einfach ist – tatsächlich jedoch hat es knapp 40 Jahre gebraucht[4], bevor Ökonomen diese nur scheinbar einfache Lösung entdeckt haben. Die erwähnte große Leistung von Coase besteht nämlich darin, sich unseren gewohnten Denkkategorien zu entziehen und das Problem externer Effekte aus einem ganz andersartigen Blickwinkel zu analysieren. Tatsächlich ist unser Alltagsdenken und -empfinden geneigt, das Problem eher in moralischen Kategorien wahrzunehmen und zu bewerten: Die Stahlfabrik ist der Verursacher eines Schadens, daher scheint es mehr als klar zu sein, dass die Stahlfabrik die Fischzucht für den erlittenen Schaden zu entschädigen hat. Der Fischzüchter hat gewissermaßen einen moralischen Anspruch auf Entschädigung.

Tatsächlich verstellt uns unser Alltagsdenken dabei aber den Blick auf den eigentlichen ökonomischen Kern des Problems: Letzten Endes erheben beide Produzenten – Stahlfabrik wie auch Fischzucht – einen Anspruch auf die Nutzung einer Ressource. Wir haben es schlicht mit konkurrierenden Nutzungsansprüchen zu tun, und es ist überhaupt nicht klar, warum der Anspruch des Fischzüchters a priori höher gewichtet werden sollte, als der der Stahlfabrik. Beide benötigen zur Herstellung ihrer jeweiligen Produkte Wasser – so klar, so einfach.[5]

---

[3]   Eine wichtige Rolle kommt dem Staat allerdings auch in der Coaseschen Welt zu: Er muss die Eigentumsrechte definieren und durchsetzen.

[4]   Das Problem externer Effekte wurde der wissenschaftlichen Gemeinschaft von Arthur C. Pigou in seinem 1920 erstmals erschienenen Werk „The Economics of Welfare" ins Bewusstsein gerückt. Vgl. hierzu auch Abschnitt 5.2.

[5]   Daher ist auch unser alltäglicher Sprachgebrauch etwas irreführend: Wer der Verursacher des externen Effekts ist, ist keineswegs so klar, wie wir üblicherweise geneigt sind zu denken. Die Entstehung externer Effekte ist immer reziproker, also wechselseitiger Natur. Kurz gesagt: Gäbe es keine Fischzucht, dann gäbe es auch keinen externen Effekt!

Wie aber steht es um die Übertragbarkeit der Coaseschen Ergebnisse auf die ökonomische Realität? Unser gewähltes Beispiel ist von ausgesucht einfacher Struktur: Wir haben es mit einem Schädiger und nur einem Geschädigten zu tun. Das entspricht im Übrigen auch dem von Coase selbst gewählten Beispiel, anhand dessen er seine Argumentation entwickelt – allerdings verwendet er nicht Stahlfabrik und Fischzucht, sondern Farmer und Viehzüchter. Die im Beispiel unterstellten Bedingungen sind in gewisser Weise ideal gewählt – bei nur zwei an einem externen Effekt Beteiligten kann man sich noch am ehesten vorstellen, dass es zu direkten Verhandlungen kommt. Wie aber steht es um Externalitäten in der realen Welt? Machen wir uns an zwei realen Fällen klar, ob wirklich mit einer Verhandlungslösung gerechnet werden kann. Beispiel Nummer eins betrifft den motorisierten Individualverkehr. In der Bundesrepublik Deutschland kurven etwa 46 Mio. Pkw herum. Bei der Nutzung von Pkw entstehen zahlreiche schädliche Emissionen, mit vielfältigen negativen Begleiterscheinungen (vgl. Abschnitt 2.3). Aggressive Autoabgase schädigen beispielsweise die menschliche Gesundheit – sie tragen zum vermehrten Auftreten von Atemwegserkrankungen bei und verursachen individuell wie auch gesellschaftlich hohe Zusatzkosten. Kann man hier ernsthaft mit einer spontanen, freiwilligen Verhandlungslösung rechnen? Darf man erwarten, dass sich Millionen Verursacher mit Millionen Geschädigten an einen (sehr großen) runden Tisch setzen, um über die Internalisierung dieser externen Effekte zu reden? Die Antwort erübrigt sich wohl. Auch das zweite Beispiel ist nicht dazu angetan, den Glauben in die Praktikabilität der Coase-Lösung zu stärken, es handelt sich nämlich um das Problem der globalen Erwärmung. Bekanntlich emittieren Menschen bei unzähligen ihrer wirtschaftlichen Aktivitäten Treibhausgase wie u.a. CO_2. Mittlerweile wird nicht mehr ernsthaft bestritten, dass die Emission von CO_2 zur Erwärmung des Erdklimas beiträgt – hierzu später noch mehr. Im Moment müssen wir uns lediglich klar machen, dass an der Entstehung dieses Problems – in mehr oder weniger ausgeprägter Weise – ca. 7,5 Milliarden Menschen beteiligt sind. Es ist schwer vorstellbar, dass die globale Erderwärmung – offenbar ein Umweltproblem mit massiven negativen externen Effekten – Gegenstand direkter Verhandlungen zwischen physischen Verursachern und Geschädigten sein könnte. Man kann allerdings in der Realität durchaus den Versuch beobachten, zu einer Coaseschen Lösung zu kommen – die internationale Staatengemeinschaft verhandelt nämlich seit geraumer Zeit über eine Lösung des Treibhausproblems. Aber selbst wenn „nur" um die 190 Staaten diesen Versuch starten, kann man sehr schnell beobachten, mit welchen enormen Schwierigkeiten sich die Akteure konfrontiert sehen (vgl. hierzu Abschnitt 6.6).

Was ist das Problem? An realen externen Effekten sind oft sehr viele Verursacher beteiligt, und das lässt Verhandlungen schnell sehr kostspielig werden – die Verhandlungskosten sind in der Realität oft ausgesprochen hoch. Statt des Begriffs der Verhandlungskosten verwendet die Literatur gerne den umfassenderen Begriff der *Transaktionskosten*. Die beinhalten nicht nur die unmittelbaren Kosten der Verhandlung[6], sondern auch alle Kosten, die

---

[6] Auch die können schon erheblich sein, betrachtet man nur etwa die internationalen Klimakonferenzen, die teils monströse Ausmaße angenommen haben: An der Aushandlung des Kyoto-Protokolls 1997 waren einschließlich der Medienvertreter 10.000 Menschen beteiligt!

mit der Anbahnung von Verhandlungen verbunden sein können und der Durchsetzung und Kontrolle von Verhandlungsergebnissen. Spätestens jetzt wird klar, dass die Coase-Lösung in der Realität an den oft zu hohen Transaktionskosten scheitert.

Heißt das aber nun, dass Verhandlungslösungen durch zentrale Regulierung zu ersetzen sind? Diese Frage stellt sich vor allem auf nationaler Ebene, wo somit staatliches Handeln gerechtfertigt wäre, um umweltrelevantes Marktversagen zu korrigieren. Zur Beantwortung wollen wir das Problem etwas gründlicher als bisher erörtern. Aus der Höhe der Transaktionskosten allein lässt sich ein Eingreifen des Staats noch nicht zwingend begründen. Coase selbst hat in seinem Aufsatz auf die Bedeutung der Transaktionskosten hingewiesen und bei der Ableitung seines berühmten Resultats zunächst die Abwesenheit solcher Kosten unterstellt. Rufen wir uns noch einmal in Erinnerung, was letztlich Ziel der Coase-Lösung war, nämlich die effiziente Internalisierung eines externen Effekts. Effizienz erfordert aber immer die Berücksichtigung sämtlicher anfallender Kosten – damit also auch der Transaktionskosten. Entstehen nun bei der Verhandlungslösung Transaktionskosten, so müssen diese den Effizienzgewinnen aus der Verhandlung gegenüber gestellt werden. Wann würde es in Anwesenheit von Transaktionskosten überhaupt noch zu einer Verhandlungslösung kommen? Offenbar nur dann, wenn die Effizienzgewinne die Transaktionskosten übersteigen. Sind hingegen die Transaktionskosten höher, dann lässt sich unter Berücksichtigung der Transaktionskosten kein gesellschaftlicher Nettovorteil erzielen – Verhandlungen wären dann aus ökonomischer Sicht nicht erwünscht und es wäre nur folgerichtig, dass sie unterbleiben. Etwas pointiert könnte man diese Sichtweise wie folgt zusammenfassen: So wie die Dinge sind, müssen sie effizient sein, weil wären sie es nicht, könnten ökonomisch rationale Individuen ja einen Effizienzgewinn realisieren. Beobachten wir also in der Realität nicht, dass über die Internalisierung externer Effekte verhandelt wird, so ist dies schlicht und ergreifend der Tatsache geschuldet, dass Verhandlungen nicht effizient wären. Auch der Staat kann – so scheint es – hier nicht helfen.

Aber ist diese Sicht der Dinge absolut zwingend? Sie ist es nicht. Sie wäre es allerdings, wenn die Transaktionskosten eine unveränderbare, exogen gegebene Größe wäre, die insbesondere unabhängig von der institutionellen Ausgestaltung ist. Das ist sie aber gerade nicht. Wenn die Internalisierung externer Effekte durch freiwillige Verhandlungen nicht effizient und damit nicht erwünscht ist, so heißt das noch lange nicht, dass der Staat diese Internalisierung nicht herbeiführen könnte. Der Staat ist nämlich, zumindest prinzipiell, in der Lage, die Internalisierung zu geringeren Transaktionskosten herbeizuführen.[7] Damit eröffnet sich also doch eine begründbare Rolle für staatliches Handeln: Sind nämlich die durch die erzwungene Internalisierung des externen Effekts erzielbaren Effizienzgewinne größer als die Transaktionskosten staatlichen Handelns, dann ist letzteres ökonomisch begründbar und sogar geboten.

---

[7] In unserem Beispiel: Den motorisierten Individualverkehr mit einer Umweltabgabe zu belasten dürfte zu wesentlich geringeren Transaktionskosten führen als multilaterale Verhandlungen zwischen physischen Verursachern und Geschädigten.

Abschließend sei erwähnt, dass sich die Coase-Lösung noch aus zwei weiteren Gründen fundamentaler Kritik ausgesetzt sieht. Der erste Kritikpunkt ist aus ökonomischer Sicht relevant. Unausgesprochen geht in die Coasesche Argumentation die Annahme vollständiger Information über Kosten und Nutzen der Schadensvermeidung ein. Versetzen wir uns noch einmal in die Situation unter der Haftungsregel: Die Stahlfabrik hatte hier einen Anreiz, dem Fischzüchter das Recht auf sauberes Wasser abzukaufen. Um nun ein Vertragsangebot (die Kompensationszahlung z) kalkulieren zu können, muss die Stahlfabrik den Grenzschaden der Fischzucht kennen. Dieser ist aber private Information. Den Grenzschaden kennt zuverlässig nur der Geschädigte. Die Stahlfabrik wäre also darauf angewiesen, dass der Fischzüchter seinen Schaden wahrheitsgemäß offenbart. Damit kann aber, ökonomisch rationales Verhalten unterstellt, nicht gerechnet werden. Der Fischzüchter hat einen Anreiz, seinen Schaden zu übertreiben, weil er dadurch eine höhere Kompensationszahlung erlangen kann. Kommt es aber zu solch einem strategischen Verhalten, dann geht die Effizienzeigenschaft der Coase-Lösung verloren.[8] Entsprechendes kann für die Laisser-faire-Regel gezeigt werden.

Der zweite Kritikpunkt an der Coase-Lösung könnte Ökonomen relativ kalt lassen, die an einer Verhandlung Beteiligten aber wohl kaum. Coase äußert sich in keiner Weise zu der Frage, wie die Eigentumsrechte an der knappen Ressource *vor* den Verhandlungen aufgeteilt werden sollten. Unter Effizienzgesichtspunkten spielt dieser Punkt keine Rolle – wir hatten schließlich gezeigt, dass beide Aufteilungsregeln – die Laisser-faire-Regel und die Haftungsregel – zum effizienten Ergebnis führen. Die Verteilungswirkungen sind aber höchst unterschiedlich. Um dies zu zeigen, betrachten wir dazu noch einmal unser Beispiel in Abbildung 3.1. Wie verteilen sich die Kosten *nach* den Verhandlungen in der Laisser-faire-Regel? Die Fischzucht trägt Kosten in Höhe von $0QE^*$, die Schadenskosten in der Verhandlungslösung, und $(\bar{E} - E^*)z$, die Kosten aus der Kompensationszahlung an die Stahlfabrik. Man beachte, dass diese Kosten niedriger sind als im Fall ohne Verhandlungen (hier würden Schadenskosten in Höhe von $0B\bar{E}$ anfallen). Die Stahlfabrik hat Vermeidungskosten in Höhe von $E^*Q\bar{E}$ zu tragen, erhält aber die Kompensationszahlung $(\bar{E} - E^*)z$, so dass ihre Kosten $-QF\bar{E}$ sind. Die Stahlfabrik hat also negative Kosten, erzielt somit einen Gewinn! Wie sehen dagegen die Kosten *nach* den Verhandlungen in der Haftungsregel aus? Hier muss die Stahlfabrik Vermeidungskosten in Höhe von $E^*Q\bar{E}$ tragen und dazu noch die Kompensationszahlung E^*z erbringen. Auch hier gilt: Trotz dieser Kosten stellt sich die Stahlfabrik besser als in der Situation ohne Verhandlungen (Kosten: $0H\bar{E}$). Die Fischzucht ist der Gewinner dieser Regel: Es sind Schadenskosten in Höhe von $0QE^*$ zu tragen, dafür gibt es aber auch die Kompensationszahlung E^*z, so dass letztlich negative Kosten in Höhe von $-0NQ$ verbleiben, d.h., die Fischzucht erzielt einen Gewinn. Damit ist klar: Die Stahlfabrik würde die Laisser-faire-Regel bevorzugen, die Fischzucht dagegen die Haftungsregel. Beide Regeln der Anfangsausstattung an Eigentumsrechten führen jedoch zum effizienten Emissionsniveau E^*.

---

[8] Dieses Problem wurde erstaunlicherweise erst relativ spät erkannt. Für eine rigorose spieltheoretische Behandlung der Problematik vgl. Schweizer (1988).

Literatur

Coase, R. H. 1960. The Problem of Social Cost. *Journal of Law and Economics* 3:1–44.
Pigou, A. C. 1920. *The Economics of Welfare*. 4. Auflage. London: Macmillan & Co. http://www.econlib.org/library/NPDBooks/Pigou/pgEW.html. Zugegriffen: 22. Februar 2018.
Schweizer, U. 1988. Externalities and the Coase Theorem: Hypothesis or Result?. *Journal of Institutional and Theoretical Economics (Zeitschrift für die gesamte Staatswissenschaft)* 144:245–266.

Die Charakteristika von Umweltgütern

4

4.1 Eigenschaften von Gütern

Wir sind bislang nicht weiter auf die ökonomisch relevanten Eigenschaften von Gütern eingegangen. In den folgenden Abschnitten zeigen wir, wie sich Güter hinsichtlich ihrer aus ökonomischer Sicht relevanten Eigenschaften charakterisieren lassen und was das Besondere an Umweltgütern ist. Wie wir sehen werden, geht es dabei insbesondere darum, ob der Preismechanismus zur Bereitstellung eines Guts angewendet werden kann und ob dies wünschenswert ist.

Üblicherweise werden Güter in der Wirtschaftswissenschaft nach zwei Kriterien klassifiziert: dem Ausschlusskriterium und dem Rivalitätskriterium. Beim *Ausschlusskriterium* steht die Frage im Vordergrund, ob Konsumenten von der Nutzung eines Guts ausgeschlossen werden können. Das Kriterium ist erfüllt, wenn der Nutzungsausschluss möglich und praktikabel ist. Ausschluss muss also nicht nur technologisch möglich sein, sondern die Kosten des Ausschlusses dürfen den Nutzen aus dem Konsum des Guts nicht übersteigen. Warum ist das Ausschlusskriterium wichtig? Letztlich geht es hier um die Anwendbarkeit des *Preismechanismus*: Um den Konsum eines Guts mit einem Preis zu versehen und damit den Preismechanismus zu nutzen, muss man in der Lage sein, den Zugriff auf das Eigentumsrecht am Gut zu verweigern, wenn der entsprechende Preis nicht gezahlt wird. Ohne dieses Prinzip würde ein Markt nicht funktionieren. Zum Beispiel ist für einen Hamburger das Ausschlusskriterium erfüllt. Die Kosten des Ausschlusses sind hierbei (z.B. für einen Restaurantbesitzer) relativ gering, und das Ergebnis ist bekannt: Ohne Bezahlung gibt es keinen Hamburger. Dagegen ist der Konsumausschluss für saubere Luft in einem Park praktisch nicht durchführbar. Jeder kann die Luft atmen, ohne dafür einen Preis zahlen zu müssen. An dieser Stelle wird klar, dass ohne Nutzungsausschluss keine positive Zahlungsbereitschaft und damit keine Nachfrage für ein Gut existieren wird – man kann das Gut in diesem Fall nutzen, auch ohne einen Preis zu zahlen.

Von *Rivalität* im Konsum spricht man, wenn die Nutzung eines Guts durch einen Konsumenten die Nutzungsmöglichkeiten eines anderen Konsumenten mindert. Oder anders formuliert: Konsumrivalität für ein Gut liegt dann vor, wenn der Konsum des Guts die verfügbaren Konsummöglichkeiten von anderen Konsumenten für dieses Gut reduziert. Durch den Konsum des Guts entstehen also Kosten für andere Akteure. Perfekte Rivalität liegt vor, wenn ein Gut nur durch einen einzigen Konsumenten genutzt werden kann. Für Verbrauchsgüter wie Hamburger ist offensichtlich perfekte Konsumrivalität gegeben: Ein Hamburger kann nur von einem Konsumenten gegessen werden. Die entstehenden Kosten für andere Konsumenten, die auch einen Hamburger haben wollen, sind offensichtlich gleich dem Preis des Hamburgers. Im Unterschied zu Hamburgern gibt es für die Nutzung der sauberen Luft im Park keine Konsumrivalität: Jeder Nutzer kann die Luft atmen (und genießen), unabhängig davon, wie viele andere Nutzer es gibt. Warum ist Rivalität wichtig? Letztlich geht es hier um die *Effizienz*. Für ein nicht rivales Gut sind bei jedem beliebigen Produktionsniveau die Grenzkosten der Bereitstellung für einen zusätzlichen Konsumenten gleich Null. Wenn der Preis gleich den Grenzkosten ist, sollte der effiziente Preis also Null sein.

Demzufolge ergeben sich aus ökonomischer Sicht vier Arten von Gütern, die in Tabelle 4.1 überblicksartig zusammengestellt sind.

Wir werden nun die vier Arten von Gütern näher betrachten und uns dabei auf die Güter ohne Konsumausschluss konzentrieren. Der Grund dafür ist, dass Umweltgüter – wie wir zeigen werden – letztlich öffentliche Güter oder Common Pool Resources sind.

4.1.1 Private Güter

Private Güter sind durch Rivalität im Konsum und durch Konsumausschluss charakterisiert (vgl. Tabelle 4.1). Beide Eigenschaften liegen zum Beispiel bei einem Hamburger vor: Den Hamburger bekommt nur derjenige, der in einem Restaurant den entsprechenden Preis zu zahlen bereit ist. Darüber hinaus kann ein Hamburger nur von einem Konsumenten verspeist werden. Es besteht perfekte Rivalität. Die entstehenden Kosten bei anderen potentiellen Konsumenten sind gleich dem Marktpreis. Die Eigenschaft des Konsumausschlusses ermöglicht es, den *Preismechanismus* bei der Bereitstellung von privaten Gütern zu nutzen. Wie wir in Kapitel 1 gesehen haben, ist der Preismechanismus in Wettbewerbsmärkten in der Lage, private Güter effizient bereitzustellen. Im Optimum zahlen die Konsumenten einen Preis in Höhe der Grenzkosten der Produktion. Ohne Konsumausschluss wäre es nicht möglich, diesen Preis zu setzen.

Tab. 4.1 Eigenschaften von Gütern

		Konsumausschluss	
		Ja	Nein
Rivalität	Ja	Private Güter	Common Pool Resources
	Nein	Club-Güter	Öffentliche Güter

4.1.2 Club-Güter

Club-Güter weisen die Eigenschaften Nichtrivalität im Konsum und Konsumausschluss auf.[1] Eines der klassischen Beispiele ist Kabelfernsehen. Ein weiterer Nutzer mit einem Decoder wird das Programm des Anbieters von Kabelfernsehen empfangen und nutzen können, ohne dass dadurch der Nutzen des Programms für einen anderen (zahlenden) Nutzer eingeschränkt ist. Ein nicht zahlender Fernsehzuschauer ist hingegen von der Nutzung des Club-Guts Kabelfernsehen ausgeschlossen. Wie bei privaten Gütern ist also auch hier die Nutzung des Preismechanismus möglich.

4.1.3 Öffentliche Güter

Öffentliche Güter sind charakterisiert durch Nichtrivalität und fehlenden Konsumausschluss (vgl. Tabelle 4.1). Ein in älteren Lehrbüchern beliebtes Beispiel zur Illustration ist der Leuchtturm: Von der Nutzung eines Leuchtturms als Navigationshilfe kann praktisch kein Schiff ausgeschlossen werden. Außerdem beeinträchtigt die Nutzung des Leuchtturms durch ein Schiff die Nutzung durch andere Schiffe, die ebenfalls mit Hilfe des Leuchtturms navigieren, nicht.

Nun mag man einwenden, dass der Leuchtturm ein Beispiel ist, das niemanden wirklich von der Bedeutung öffentlicher Güter zu überzeugen vermag – schon gar nicht im Zeitalter von Satellitennavigation mit GPS. Allerdings hat sich mit dem fortschreitenden Klimawandel in jüngster Zeit ein globales Umweltproblem entwickelt, welches die Eigenschaften eines öffentlichen Guts mehr oder weniger perfekt erfüllt. Auf Grund seiner Bedeutung haben wir dem *Klimaschutz* in dieser Einführung in die Umweltökonomik ein eigenes Kapitel gewidmet (vgl. Kapitel 6), dennoch sollen an dieser Stelle bereits die beiden Eigenschaften von Klimaschutz als ein globales öffentliches Gut skizziert werden. Aus Sicht eines einzelnen Akteurs, sei es ein Individuum oder ein Nationalstaat, besteht beim Klimaschutz keine Rivalität im Konsum. Ein stabiles Klima kann von allen konsumiert werden, genauso wie die gesamte Menschheit von den negativen Folgen des Klimawandels betroffen ist. Zugleich kann niemand vom Konsum des Guts Klimaschutz ausgeschlossen werden. Leistet ein Akteur einen Beitrag zum Klimaschutz, z.B. indem er weniger CO_2 in die Atmosphäre emittiert, so profitieren alle Akteure davon. Konsumausschluss ist nicht vorstellbar.

---

[1] Genauer gesagt gilt dies nur bis zur Kapazitätsgrenze des Club-Guts. Wollen mehr Konsumenten das Gut konsumieren, wird die Nutzung rival, d.h., aus dem Club-Gut wird ein privates Gut. Ein Beispiel ist eine Vorlesung in einem Hörsaal. Bis zur Kapazitätsgrenze von n Plätzen ist Rivalität praktisch nicht gegeben, abgesehen vom steigenden Geräuschpegel bei zunehmendem Publikum. Wollen mehr als n Studierende die Vorlesung hören, ist das Gut offensichtlich rival. In diesem Fall sind besondere Bemühungen notwendig, um einen Platz zu erhalten, z.B. muss man früher aufstehen, um einen Sitzplatz im Hörsaal zu bekommen.

Im Folgenden werden wir erläutern, warum die Eigenschaften öffentlicher Güter letztlich dazu führen werden, dass bei individuell rationalem Verhalten öffentliche Güter nicht oder zumindest nicht ausreichend bereitgestellt werden. Doch zunächst müssen wir unser methodisches Instrumentarium etwas erweitern, denn wir wollen im Folgenden *strategische* Entscheidungssituationen betrachten. Dabei bedeutet „strategisch", dass der Nutzen eines Spielers von seinem Verhalten und dem Verhalten der anderen Akteure abhängig ist. Zur Analyse strategischer Entscheidungssituationen verwendet man in der Wirtschaftswissenschaft die *Spieltheorie*. In der Spieltheorie wird versucht, eine Entscheidungssituation als „Spiel" zu formulieren und das Spiel durch die Angabe von Spielregeln präzise zu beschreiben. Ist man in der Lage, ein Spiel exakt zu beschreiben, so sollte es möglich sein, Prognosen hinsichtlich des Verhaltens der einzelnen Spieler abzuleiten. Doch zunächst zu den Spielregeln.[2]

Die Spielregeln enthalten die folgenden Angaben:

- Zunächst ist anzugeben, wer *Spieler* in einem Spiel ist. Spieler sind alle die Akteure, die Entscheidungen treffen. Zum Beispiel gibt es beim Schach zwei Spieler, die sich mit weißen und schwarzen Figuren gegenübersitzen.
- Die nächste Regel legt fest, welche *Aktionen* die Spieler wählen können. In Analogie zum Schach kann man sich darunter die Züge vorstellen, die im Spiel zugelassen sind. Angenommen, an einem Spiel sind n Spieler beteiligt und A_i sei die Menge der Aktionen, die dem i-ten Spieler ($i = 1, ..., n$) zur Verfügung steht und $a_i^j \in A_i$ sei eine bestimmte Aktion aus dieser Menge. Dann ist $a = (a_1^j, ..., a_n^j)$ eine Aktionenkombination der n Spieler. Zum Beispiel stehen bei der Eröffnung einer Schachpartie einem Spieler genau 20 Aktionen zur Verfügung. Einen Plan zur Auswahl einer bestimmten Aktion bezeichnet man als Strategie. Analog zur Aktionenkombination kann eine Strategiekombination $s = (s_1^j, ..., s_n^j)$ definiert werden. Dabei sind die s_i^j Elemente aus den individuellen Strategiemengen S_i, die angeben, welche Strategien einem Spieler zur Verfügung stehen. Der Unterschied zwischen Aktion und Strategie ist der folgende: Eine Strategie s_i^j sagt dem Spieler i, an welcher Stelle des Spiels er welche Aktion wählen soll, oder mit anderen Worten: Welche Aktion er in Abhängigkeit von den Aktionen der anderen Spieler ausführen soll. Die Strategie ist also der Plan, die Aktion ist die Ausführung des Plans. Beim Schach gibt es sehr viele unterschiedliche Strategien. Eine (offensichtlich nicht sehr erfolgreiche) Strategie ist zum Beispiel „Schlage, wenn möglich, immer die Figuren des Gegners".

---

[2] Die kurze Einführung in die Spieltheorie in diesem Abschnitt basiert auf Weimann (2004). Für den interessierten Leser sei das Lehrbuch von Riechmann (2010) empfohlen.

- Um die Spielregeln zu vervollständigen, muss man schließlich angeben, was es in dem Spiel zu gewinnen gibt. Dies geschieht in Form einer sogenannten *Payoff-* oder *Auszahlungsfunktion*:[3] Die Funktion $\pi_i(s_1, ..., s_i, ..., s_n)$ ordnet jeder der möglichen Strategiekombinationen eine Auszahlung zu, die Spieler i erhält, wenn genau diese Strategiekombination von allen Spielern gewählt wird.

Um eine Prognose hinsichtlich des Spielausgangs treffen zu können, reicht es allerdings nicht aus, nur die Spielregeln anzugeben. Wir benötigen darüber hinaus eine Charakterisierung dessen, was wir als erwarteten Ausgang des Spiels ansehen wollen. Von zentraler Bedeutung ist hierbei der Begriff des *Gleichgewichts*. Bei einem Gleichgewicht handelt es sich um eine Ruhelage, um eine Situation, in der mit keiner Verhaltensänderung mehr zu rechnen ist. Das Gleichgewichtskonzept, welches wir im Folgenden nutzen werden, wurde 1950 von John F. Nash in seiner Dissertation entwickelt und trägt seinen Namen.[4] Was versteht man nun spieltheoretisch unter einem Nash-Gleichgewicht? Es sei $\pi_i(s_i, s_{-i})$ die Auszahlung, die Spieler i erhält, wenn er Strategie s_j wählt und alle anderen Spieler die Strategie s_{-i} spielen. Dann gilt:

Eine Strategiekombination s^* ist ein *Nash-Gleichgewicht*, wenn für alle $i = 1, ..., n$ Spieler gilt:

$$\pi_i(s_i^*, s_{-i}^*) \geq \pi_i(s_i', s_{-i}^*) \text{ für alle } s_i' \tag{4.1}$$

Ein Nash-Gleichgewicht liegt also dann vor, wenn es eine Strategiekombination gibt, für die gilt, dass keiner der Spieler seine Auszahlung durch einen Wechsel der Strategie erhöhen kann, gegeben, dass die Mitspieler ihre gleichgewichtige Strategie beibehalten. In einer solchen Situation hat tatsächlich kein Spieler einen Anreiz, sein Verhalten zu ändern. Anders formuliert: Jeder Spieler wählt seine „*beste Antwort*" gegeben das Verhalten der anderen. Ein Nash-Gleichgewicht ist also eine Kombination gegenseitig bester Antworten und beschreibt daher tatsächlich eine Ruhelage des Spiels. In vielen Fällen ist allerdings die Ruhelage nicht eindeutig. Ein großes Problem spieltheoretischer Analysen ist häufig die Existenz vieler Gleichgewichte. Das Problem ist, welches Gleichgewicht auszuwählen ist, schließlich war unser Ziel, eine Prognose hinsichtlich des individuellen Verhaltens aufzustellen. An dieser Stelle ist dieses Problem allerdings eher unwichtig, denn das spezielle Spiel, welches wir in diesem Abschnitt betrachten, hat nur ein Gleichgewicht.

Im Folgenden betrachten wir eine sehr einfache Entscheidungssituation, bei der es um die Bereitstellung eines öffentlichen Guts geht. Jeder Akteur i, $i = 1, ..., N$, ist im Umfang von z_i mit einem privaten Gut ausgestattet. Es ist $q_i = z_i - x_i$ der Beitrag, den i zur Erstellung

---

[3] Um die Notation zu vereinfachen wird im Folgenden auf den Index j verzichtet. s_i steht dann für eine Strategie des Spielers i.

[4] Nash erhielt 1994 zusammen mit John Harsanyi und Reinhard Selten den Nobelpreis für Wirtschaftswissenschaften. In der Begründung der Preisverleihung heißt es „[The prize was awarded] for their pioneering analysis of equilibria in the theory of non-cooperative games" (http://nobelprize.org).

des öffentlichen Guts leistet, wobei $Q = \sum_{i=1}^{N} q_i$ der Gesamtbeitrag aller Akteure ist. Beim Akteur i verbleibt also privates Gut im Umfang von x_i. Das öffentliche Gut, y, wird aus dem privaten Gut mit der Produktionsfunktion $y = g(Q)$ produziert. Die Nutzenfunktion[5] für alle Akteure ist $U_i(x_i, y)$, d.h., der Nutzen ergibt sich aus dem Konsum des privaten und des öffentlichen Guts. Es sei $g(Q) = aQ/N$ und $U_i(x_i, y) = xp + y$, wobei p die marginalen Opportunitätskosten des Beitrags zum öffentlichen Gut bezeichnet. Mit anderen Worten: Wenn man eine Einheit privates Gut mehr in das öffentliche Gut investiert, verzichtet man auf p. Für die Parameter wird die Annahme $a > p > a/N$ getroffen.

Damit ist der Nutzen für einen Akteur

$$U_i = (z_i - q_i)p + \frac{a}{N}\sum_{i=1}^{N} q_i \qquad (4.2).$$

Es sollte klar sein, dass die Nutzenfunktion 4.2 tatsächlich ein privates und ein öffentliches Gut beinhaltet. Behält Akteur i eine Einheit an privatem Gut mehr und investiert damit eine Einheit weniger in das öffentliche Gut, so erhöht diese Entscheidung alleine den Nutzen von i und zwar um den Betrag p. Investiert i dagegen eine Einheit an privatem Gut mehr in das öffentliche Gut, so kann niemand vom Konsum ausgeschlossen werden und es gibt auch keine Rivalität – *alle* Akteure haben einen Zusatznutzen in Höhe von a/N. Dieser Zusatznutzen wird nur zum Teil internalisiert. Der positive externe Effekt beträgt $a/N (N – 1)$. Trägt ein Akteur zum öffentlichen Gut bei, entsteht somit insgesamt ein positiver externer Effekt in Höhe von $q_i(N – 1)a/N$ (wir werden darauf zurückkommen).

Kommen wir aber nun zur eigentlich spannenden Frage: Welches Beitragsniveau wird ein Akteur wählen, wenn wir individuell rationales und nutzenmaximierendes Verhalten annehmen? Jedes Individuum steht vor folgendem Entscheidungsproblem: Die Investition einer weiteren Einheit privaten Guts in das öffentliche Gut bringt einen zusätzlichen Erlös in Höhe von a/N, verursacht jedoch Kosten in Höhe von p (man verzichtet auf Nutzen aus dem privaten Gut in dieser Höhe). Das Verhältnis von Erlös zu Kosten aus der Investition einer weiteren Einheit privaten Guts in das öffentliche Gut ist damit a/pN. Dieser Wert wird auch als „Marginal Per Capita Return" (MPCR) bezeichnet. Für die hier gewählten Parameter gilt MPCR < 1.

Um das Nutzenmaximum zu bestimmen, müssen wir die erste Ableitung der Nutzenfunktion ermitteln. Der individuelle Grenznutzen des Beitragens ist $\partial U_i/\partial q_i = -p + a/N < 0$. Der Grenznutzen ist negativ! Unabhängig vom Verhalten der anderen Akteure ist es also immer nutzenmaximierend – oder mit anderen Worten „beste Antwort" – nicht zur Erstellung des öffentlichen Guts beizutragen. Spieltheoretisch formuliert: Nichtbeitragen ist *dominante Strategie*.[6] Individuell rationales Verhalten impliziert damit $q_i = 0$. Da die

---

[5] Wir verwenden hier den Begriff der „Nutzenfunktion". Die Bezeichnung „Gewinnfunktion" oder „Auszahlungsfunktion" wäre äquivalent.

[6] Die Definition für Dominanz lautet folgendermaßen: Eine Strategie s_i^* ist streng dominant gegenüber s_i, wenn sie für jede denkbare Strategie $s_{-i} \in S_{-i}$ der Mitspieler zu einer höheren Auszahlung führt als s_i.

Akteure identisch sind, können wir davon ausgehen, dass dies für alle Akteure der Fall ist. Das Nash-Gleichgewicht („NE") in dominanten Strategien ist damit $q_i^{NE} = 0, \forall i$.

Wir wissen nun, was individuell rational ist: Es lohnt sich immer, von den Beiträgen der anderen zu profitieren (egal, wie viel diese beitragen) und selbst nichts beizutragen. Was aber ist kollektiv, also im Sinne der Gruppe, rational? Der kollektive Nutzen für N identische Akteure (d.h., z_i ist eine Konstante) ist

$$\sum_{i=1}^{N} U_i = (Nz_i - Q)p + aQ \qquad (4.3).$$

Der kollektive Grenznutzen einer weiteren (kollektiven) Investition in das öffentliche Gut ist positiv. Aus der Nutzenfunktion 4.3 folgt

$$\partial \sum_{i=1}^{N} \frac{U_i}{\partial Q} = -p + a > 0.$$

Durch eine weitere Investition in das öffentliche Gut lässt sich also immer eine weitere Steigerung des kollektiven Nutzens erreichen. Damit ist klar, dass ein maximaler kollektiver Nutzen erst dann erreicht ist, wenn alle Mitglieder der Gruppe ihre gesamte Anfangsausstattung in das öffentliche Gut investieren. Kollektiv rationales Verhalten („Opt") impliziert also $Q^{Opt} = Nz_i$. Jeder Akteur investiert also seine gesamte Ausstattung mit privatem Gut in das öffentliche Gut, d.h. $q_i^{opt} = z_i$. Dies ist ein erstes wichtiges Ergebnis: Bei der Bereitstellung öffentlicher Güter gibt es einen Unterschied zwischen individueller Rationalität, der Nutzenmaximierung des einzelnen Akteurs, und kollektiver Rationalität, der Nutzenmaximierung der Gruppe.

Bei individuell rationalem Verhalten (im Nash-Gleichgewicht) erzielt Akteur i im Nutzenmaximum einen Nutzen $U_i^{NE} = pz_i$. Der individuelle Nutzen bei kollektiv rationalem Verhalten im symmetrischen Optimum ist dagegen $U_i^{Opt} = az_i$. Auf Grund der getroffenen Annahmen gilt $U_i^{Opt} > U_i^{NE}$. Der Nutzen im Nash-Gleichgewicht ist also geringer als in einer Situation, in der sich alle Akteure kollektiv rational verhalten würden. Die Akteure befinden sich offensichtlich in einem „sozialen Dilemma": Individuell rationales Verhalten führt zu einem ineffizienten, kollektiv irrationalen Ergebnis.

Interpretieren wir das Ergebnis mit unserem Wissen aus den Kapiteln 2 und 3 über externe Effekte. Dort haben wir festgestellt, dass bei negativen (positiven) externen Effekten zu viel (zu wenig) von dem betreffenden Gut bereitgestellt wird. Dieses Ergebnis ist konsistent mit den Ergebnissen aus dem öffentlichen-Gut-Spiel in diesem Abschnitt. Tatsächlich kann man zeigen, dass wenn in der Nutzenfunktion 4.2 der positive externe Effekt $q_i(N-1)a/N$ internalisiert wird, individuell rationales Verhalten mit kollektiv rationalem Verhalten übereinstimmt.[7] Mit anderen Worten: Die Bereitstellung eines öffentlichen Guts ist ein Spezialfall positiver externer Effekte.

---

[7] Um dies zu zeigen, addiert man den positiven externen Effekt $q_i(a/N)(N-1)$ in der Nutzenfunktion 4.2 hinzu und bildet die erste Ableitung nach q_i. Diese ergibt $-p + a$. Wegen $a > p$ steigt die Funktion U_i ständig an. Sie erreicht ihr Maximum bei $q_i = z_i$.

Auf Grund der Bedeutung dieser Entscheidungssituation zur Bereitstellung eines öffentlichen Guts wollen wir uns einmal die Anreize der Beitragsentscheidung ganz konkret anhand eines Beispiels verdeutlichen. Angenommen, die Zahl der Akteure sei $N = 10$, und es seien $a = 6$ und $p = 1$. Der MPCR ist damit 0,6. Die Ausstattung an privatem Gut sei $z_i = 10€$. Versetzen wir uns in die Lage eines Akteurs, nehmen wir an, es ist Akteur 1. Was wird er tun? Nun, zunächst wird Akteur 1 überlegen, was die anderen neun Akteure tun, denn schließlich ist sein Gewinn abhängig vom eigenen Beitrag zum öffentlichen Gut und den Beiträgen aller anderen. Gehen wir zunächst davon aus, dass Akteur 1 erwartet, alle anderen Akteure tragen voll, d.h. jeweils 10 Einheiten des privaten Guts, zum öffentlichen Gut bei. Wenn Akteur 1 seinen Gewinn maximieren möchte – und davon gehen wir aus – wird er schnell erkennen, dass es in diesem Fall nicht sinnvoll ist, selbst in das öffentliche Gut zu investieren. Wählt er $q_i = 10$, ist sein Gewinn $\pi_i = 60€$, wählt er dagegen $q_i = 0$ ist sein Gewinn $\pi_i = 64€$. Wie sieht das Kalkül aus, wenn Akteur 1 erwartet, dass die anderen Akteure nichts beitragen? In diesem Fall ist sein Gewinn $\pi_i = 6€$, wenn er voll beiträgt. Wählt er dagegen $q_i = 0$, ist sein Gewinn $\pi_i = 10€$. Dieses Ergebnis lässt sich verallgemeinern: Unabhängig davon, was die anderen Akteure beitragen, ist es immer am besten für Akteur 1, d.h. gewinnmaximierend, nichts beizutragen, also $q_1 = 0$ zu wählen. Diese Überlegungen gelten für alle Spieler. Jeder Akteur wird also $q_i = 0$ wählen und damit wird jeder Akteur einen Gewinn von 10€ erzielen. Dieses Ergebnis ist aber nicht effizient. Wenn alle voll beitragen zum öffentlichen Gut, wäre der individuelle Gewinn 60€. Diese Situation ist aber kein Nash-Gleichgewicht, d.h., es lohnt sich für jeden Akteur, einseitig abzuweichen und stattdessen den Beitrag $q_i = 0$ zu wählen. In diesem Fall würde man auf Kosten der Beiträge der anderen Akteure „freifahren" und einen noch höheren Gewinn realisieren.

Abbildung 4.1 verdeutlicht den Anreiz zum „Freifahrerverhalten" grafisch. Auf der Abszisse ist das Beitragsniveau aller anderen neun Akteure abgetragen, auf der Ordinate der Gewinn von Akteur 1. Die eingezeichneten Geraden sind die Gewinne von Akteur 1 in Abhängigkeit der Beitragsniveaus der anderen Akteure und des eigenen Beitrags bei $q_1 = 0$, $q_1 = 5$ und $q_1 = 10$ (die Abbildung ließe sich auch auf die übrigen Beitragsniveaus erweitern). Wie man sieht, liegt die Gewinnkurve für $q_1 = 0$ immer oberhalb der beiden anderen Kurven. Es ist also tatsächlich immer beste Antwort nichts beizutragen.

4.1.4 Common Pool Resources

Common Pool Resources (CPRs)[8] sind charakterisiert durch Rivalität im Ressourcenertrag und Nichtausschluss (vgl. Tabelle 4.1). Beispiele für CPRs sind frei zugängliche Fischgründe (z.B. in internationalen Gewässern) oder Grundwasservorkommen. Die Nutzer einer solchen CPR agieren in einem Umfeld, in dem die Nutzung der Ressource mit einem

---

[8] In der deutschsprachigen Literatur werden Common Pool Resources häufig auch als „Allmendegüter" bezeichnet. Der (heute nicht mehr gebräuchliche) Begriff „Allmende" bezeichnet ein gemeinsam genutztes Gemeindegut wie z.B. eine Hochgebirgsalm.

Eigenschaften von Gütern

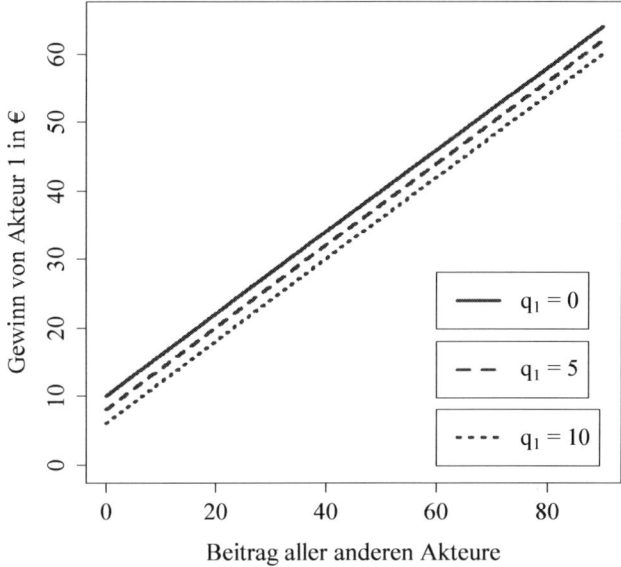

Abb. 4.1 Gewinn von Akteur 1 im öffentlichen-Gut-Spiel

negativen externen Effekt für die anderen Nutzer verbunden ist. Beispielsweise kann eine Tonne Fisch nur von einem Fischer gefangen werden. Da die Ressource Fisch begrenzt verfügbar ist, verringert sich durch den Fang einer weiteren Tonne der durchschnittliche Ertrag aller anderen Fischer bei gleichem Arbeitseinsatz. Ein Akteur, der die Ressource nutzt, beachtet jedoch nur den privaten Ertrag seiner Ressourcennutzung. Die Ertragsminderung, die durch die private Ressourcennutzung allen anderen Akteuren entsteht, bleibt unberücksichtigt. Wie im Kapitel 2 haben wir es hier mit einem negativen externen Effekt zu tun, da die sozialen Kosten der Nutzung über den privaten Kosten liegen. Die Prognose der ökonomischen Theorie über das Nutzungsniveau der Akteure ist daher eindeutig: Der negative externe Effekt führt bei einer begrenzten Zahl von Nutzern zu einer Übernutzung der Ressource, d.h. zu einem ineffizient hohen Nutzungsniveau. Individuell rationales Verhalten führt damit auch hier zu kollektiver Irrationalität. Die folgenden Ausführungen verdeutlichen diese Hypothese. Dabei nutzen wir das zentrale Modell einer erneuerbaren Ressource, welches in der Literatur für die Darstellung des CPR-Problems verwendet wird. Die Darstellung folgt im Wesentlichen Dasgupta und Heal (1979).

Jeder der identischen Nutzer i, $i = 1, ..., N$, verfügt über eine Ressourcenausstattung e_i. Es existieren zwei Märkte, in die Nutzer i investieren kann: (i) Markt 1 (die private Alternative, etwa eine Anlage auf dem Kapitalmarkt) mit einem konstanten Grenzertrag w und (ii) Markt 2 (die CPR) mit einer Produktionsfunktion $F(X)$. Der Grenzertrag der privaten Alternative, w, stellt damit die Opportunitätskosten der marginalen Investition in die CPR dar. Die individuelle Investition von i in die CPR ist x_i mit $0 \leq x_i \leq e_i$, und die Gesamtinvestition ist $X = \sum_{i=1}^{N} x_i$. Der Ertrag für Akteur i aus Markt 2 ist gleich dem Ertrag der

CPR multipliziert mit dem Anteil von *i* an der Gesamtinvestition in die CPR, d.h., jeder Nutzer erhält

$$\frac{x_i}{X} F(X)$$

aus der CPR. Der Preis für das Gut aus der CPR sei Eins.

Die Gewinnfunktion für Akteur *i*, h_i, hat dann für $X > 0$ folgende Form:

$$h_i(x_1, ..., x_i, ..., x_N) = (e_i - x_i)w + \frac{x_i}{X} F(X) \qquad (4.4).$$

Dabei ist zu beachten, dass der Gewinn von *i* abhängig ist von *i*'s Investition und der Investition aller anderen Nutzer. Folgende Eigenschaften der Produktionsfunktion der CPR, $F(X)$, werden angenommen: $F(X)$ ist eine konkave Funktion mit $F(0) = 0$, $F'(0) > w$ und $F'(Ne_i) < 0$. Für eine kleine Gesamtinvestition ist also eine Investition in die CPR lohnender als eine Investition in die private Alternative. Wenn aber alle Nutzer ihre verfügbaren Ressourcen in die CPR investieren, ist der Grenzertrag aus der CPR negativ. Der Ertrag aus der CPR erreicht demnach sein Maximum, wenn die Individuen einen Teil, aber nicht die gesamte Ausstattung in die CPR investieren. Tatsächlich sind reale CPRs typischerweise durch eine solche Produktionsfunktion gekennzeichnet. Nehmen wir als Beispiel einen See mit einem Fischbestand. Die ersten Investitionen in Fanggeräte (Boote, Netze, Arbeitszeit usw.) bringen einen relativ hohen Ertrag, weitere Investitionen erhöhen zwar noch den Ertrag, der Zuwachs nimmt aber ab. Schließlich wird ein Investitionsniveau erreicht, bei dem keine zusätzlichen Fische mehr gefangen werden. Bei noch stärkerer Nutzung kann der Gesamtertrag aus der CPR sogar sinken, d.h., der Grenzertrag wird negativ. Abbildung 4.2 zeigt den Verlauf der Produktionsfunktion $F(X)$. Das Maximum der Funktion ist mit $F(\hat{X})$ bezeichnet. Auf Grund des konkaven Verlaufs liegt der Durchschnittsertrag aus der CPR, $F(X)/X$, immer über dem Grenzertrag, $F'(X)$. Wenn zum Beispiel die Investition X_1 ist, so gilt $F(X_1)/X_1 > F'(X_1)$. In der Abbildung 4.2 zeigt sich dies in der Steigung der eingezeichneten Geraden.

Referenzpunkt für die Bewertung des individuellen Verhaltens bei der Nutzung der CPR ist die sozial optimale, d.h. effiziente, Allokation der Ressource. Die notwendige Bedingung für ein Optimum ist

$$F'(X^{Opt}) = w \qquad (4.5).$$

Im Optimum (X^{Opt}) muss der Grenzertrag aus einer kollektiven Investition in die CPR gerade gleich den Opportunitätskosten sein. Die Opportunitätskosten sind gleich *w*, dem Ertrag aus der Investition in die private Alternative.

Welches Investitionsniveau würden wir erwarten, wenn jeder einzelne Nutzer seinen Gewinn maximiert? Um diese Frage zu beantworten, ist folgendermaßen vorzugehen: Aus Sicht eines Nutzers *i* lässt sich die gesamte Investition in die CPR, *X*, aufteilen in die eigene Investition, x_i, und die Investition aller anderen Nutzer, X_{-i}. Es ist also $X = x_i + X_{-i}$. Gegeben die Investition aller anderen Nutzer, X_{-i}, maximiert nun Nutzer *i* seinen Gewinn, d.h.

Eigenschaften von Gütern

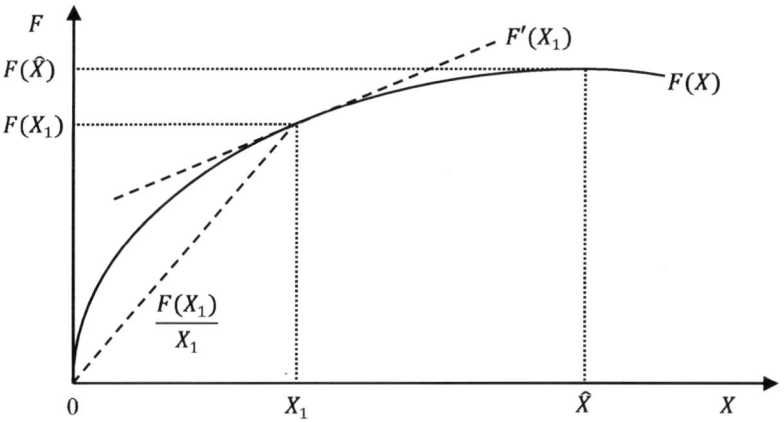

Abb. 4.2 CPR-Produktionsfunktion

$$\frac{\partial h_i(x_i, X_{-i})}{\partial x_i} = -w + \frac{F(x_i + X_{-i})}{x_i + X_{-i}} + \frac{x_i F'(x_i + X_{-i})}{x_i + X_{-i}} + \frac{x_i F(x_i + X_{-i})}{(x_i + X_{-i})^2} = 0$$

⇔

$$w = \frac{F(X)}{X} + \frac{x_i}{X}\left[F'(X) - \frac{F(X)}{X}\right] \tag{4.6}.$$

Bedingung 4.6 charakterisiert die „beste Antwort" von Nutzer i auf die Investitionsentscheidungen aller anderen Nutzer. Betrachten wir diese Bedingung etwas näher: Auf der linken Seite stehen die individuellen Grenzkosten der Investition in die CPR, w. Auf der rechten Seite steht der individuelle Grenzertrag. Der erste Term ist der Durchschnittsertrag, $F(X)/X$. Wir erinnern uns: Jeder Nutzer bekommt pro marginale Investition den Durchschnittsertrag aus der CPR. Der zweite Term auf der rechten Seite von 4.6,

$$\frac{x_i}{X}\left[F'(X) - \frac{F(X)}{X}\right],$$

ist für die konkave Funktion $(F(X)/X > F'(X))$ negativ, d.h., der individuelle Grenzertrag ist kleiner als der Durchschnittsertrag. Dieser negative Effekt auf den Durchschnittsertrag, verursacht durch den konkaven Verlauf der Produktionsfunktion, betrifft aber *alle Nutzer*, d.h., es entsteht ein *negativer externer Effekt* durch die marginale Investition von Nutzer i.

Bei N identischen Nutzern der CPR gilt 4.6 für jeden Nutzer i, $i = 1, ..., N$. Wir können damit von symmetrischen Investitionsentscheidungen im Nash-Gleichgewicht ausgehen, d.h. es gilt

$$Nx_i^{NE} = X^{NE}.$$

Wenn wir diese Annahme in 4.6 einsetzen, erhalten wir als Bedingung für ein Nash-Gleichgewicht

$$\frac{N-1}{N}\left[\frac{F(X^{NE})}{X^{NE}} - F'(X^{NE})\right] = w - F'(X^{NE}) \qquad (4.7).$$

Dabei ist $X^{NE} = Nx_i^{NE}$ die aggregierte Investition im Nash-Gleichgewicht, wenn alle Nutzer, gegeben das Verhalten der anderen Nutzer, ihren Gewinn maximieren.

Da $F(X)$ eine konkave Funktion ist, gilt $F(X)/X > F'(X)$ und damit ist in Bedingung 4.7 $w > F'(X^{NE})$. Das Gewinnmaximum bei individuell rationalem Verhalten ist also nicht effizient, da Bedingung 4.5 nicht erfüllt ist. Die Ressource wird übernutzt, d.h., es gilt $X^{NE} > X^{Opt}$.

Betrachten wir das CPR-Problem nochmals aus Sicht der Theorie externer Effekte. Die gleichgewichtige Nutzung der CPR ist ineffizient, weil jeder Nutzer bei seiner Investition in die CPR nur auf seine eigenen Erträge und Kosten achtet, aber nicht darauf, dass durch seine Nutzung der Ertrag aller anderen sinkt. Wie beim öffentlichen-Gut-Spiel im Abschnitt zuvor kann man zeigen, dass wenn der externe Effekt vollständig internalisiert wird, die effiziente Nutzung individuell rational ist.[9]

Bedingung 4.7 lässt sich folgendermaßen umformulieren:

$$\frac{F(X^{NE})}{X^{NE}} - \frac{1}{N}\left[\frac{F(X^{NE})}{X^{NE}} - F'(X^{NE})\right] = w \qquad (4.8).$$

Bislang sind wir davon ausgegangen, dass die Zahl der Nutzer begrenzt ist. Dabei haben wir festgestellt, dass die CPR übernutzt wird. Dennoch realisieren die Nutzer einen Gewinn, denn – wie man in Bedingung 4.8 sieht – ist für eine begrenzte Zahl der Nutzer der Durchschnittsertrag aus der CPR größer als die Opportunitätskosten, d.h. $F(X)/X > w$. Was passiert aber, wenn die Zahl der Nutzer immer größer wird und gegen unendlich strebt? Für große N (die aggregierte Investition sei $\overline{X}$) wird die Ressource bei $F(\overline{X})/\overline{X} = w$ genutzt, d.h., die Gewinne aus der Ressource werden völlig aufgezehrt.

Abbildung 4.3 verdeutlicht diese Zusammenhänge für lineare Grenz- und Durchschnittserträge grafisch. Das optimale Investitionsniveau, X^{Opt}, ergibt sich über den Schnittpunkt von Grenzertrag, $F'(X)$, und Grenzkosten, w. Das Investitionsniveau bei freiem Zugang zur Ressource, $\overline{X}$, ergibt sich über den Schnittpunkt von Durchschnittsertrag, $F(X)/X$, und Grenzkosten, w. Das Nash-Gleichgewicht bei beschränktem Zugang, X^{NE}, liegt zwischen diesen beiden Werten. Die Fläche ABCD stellt den CPR-Gewinn im Optimum und die

---

[9] Zu diesem Zweck muss man in Bedingung 4.6 die externen Kosten, d.h. den Betrag
$\frac{N-1}{N}\left(\frac{F(X)}{X} - F'(X)\right)$,
auf die marginalen Kosten der Investition in die CPR, w, aufschlagen. In diesem Fall wählt Akteur i genau das sozial optimale Investitionsniveau $w = F'(X)$.

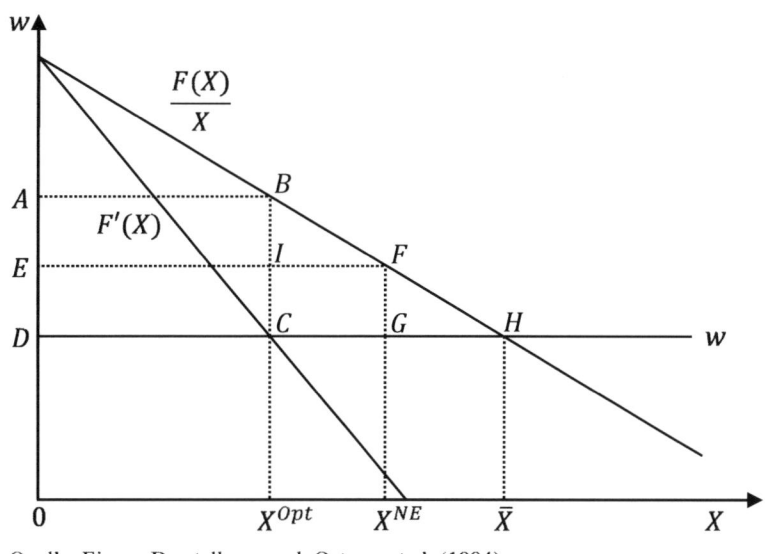

Quelle: Eigene Darstellung nach Ostrom et al. (1994)

Abb. 4.3 CPR-Nutzung

Fläche EFGD den CPR-Gewinn bei individueller Gewinnmaximierung und begrenztem Zugang dar. Der Wohlfahrtsverlust für die individuelle Gewinnmaximierung im Nash-Gleichgewicht bei begrenztem Zugang im Vergleich zum Optimum ist die Differenz der Flächen ABIE und IFGC.

Fassen wir kurz zusammen. Bei der Bereitstellung von öffentlichen Gütern und bei der Nutzung von Common Pool Resources gibt es einen Widerspruch zwischen individueller und kollektiver Rationalität. Individuelle Nutzenmaximierung führt zu einem Nutzenniveau, das kleiner ist als das, welches sich bei kollektiver Nutzenmaximierung ergibt. Wir sprechen daher von einem *sozialen Dilemma*. Was unterscheidet das soziale Dilemma bei CPRs von dem bei öffentlichen Gütern? Zunächst natürlich die Tatsache, dass der *externe Effekt* beim Beitrag zum öffentlichen Gut *positiv* ist, während der externe Effekt bei der Nutzung der CPR *negativ* ist. Allerdings könnte man die Interpretation der Effekte leicht umkehren, allein durch eine Umdefinition der Entscheidungsvariablen. So ließe sich das CPR-Problem auch mit der Entscheidungsvariable „Reduzierung der Investition" abbilden (z.B. beim Fischen kleinere Netze benutzen oder weniger Zeit für das Fischen verwenden), die in diesem Fall einen positiven externen Effekt generieren würde. Ein zweiter Unterschied besteht darin, dass beim öffentlichen Gut die Produktionsfunktion *konstante Grenzerträge* aufweist, während die CPR-Produktionsfunktion *abnehmende Grenzerträge* aufweist. Die Ursache hierfür liegt in der Eigenschaft der Rivalität begründet. Bei öffentlichen Gütern besteht keine spürbare Rivalität, bei der CPR ist hingegen Rivalität mit der Nutzung zunehmend gegeben.

Die Frage, wie Common Pool Resources genutzt werden, hat große Bedeutung für reale Umweltgüter. Klassische Beispiele für CPRs sind Fischressourcen in internationalen Gewässern, Grundwasservorkommen und Hochgebirgsalmen für die Nutzung als Viehweide. Das hier vorgestellte ökonomische Standardmodell einer CPR trifft eine sehr pessimistische Hypothese hinsichtlich des individuellen Nutzungsverhaltens. Die CPR wird übernutzt, die Individuen sind nicht in der Lage, das soziale Dilemma zu lösen. Die Lösungsmöglichkeiten der Standardtheorie (wir werden diese im Kapitel 5 ausführlich darstellen) sind daher die folgenden: (i) Die CPR wird privatisiert. In diesem Fall gibt es nur noch einen Nutzer, d.h., individuell rationales und kollektiv rationales Verhalten fallen zusammen. (ii) Die Investition in die CPR wird besteuert und zwar idealerweise mit einem Steuersatz in Höhe des negativen externen Effekts im Optimum. In Abbildung 4.3 müsste der Steuersatz der Strecke BC entsprechen. In diesem Fall kann bei beliebig vielen Nutzern ein optimales Nutzungsniveau erreicht werden. (iii) Es werden exklusive und handelbare Nutzungsrechte an der CPR verteilt. Zugang zur CPR hat nur derjenige Nutzer, der ein solches Recht vorweisen kann. Ist die Summe aller Nutzungsrechte gleich der Investition im Optimum (X^{Opt}), wird das effiziente Nutzungsniveau erreicht.

Alle diese Lösungsvorschläge basieren auf der Existenz einer *zentralen Instanz*, üblicherweise dem Staat, der über die entsprechende Autorität verfügt, um solche Regeln durchzusetzen. In der Realität beobachtet man aber auch *dezentrale Lösungen* für CPR-Nutzungsprobleme. Unter bestimmten Bedingungen sind die Nutzer einer CPR also in der Lage, sich zu koordinieren und ihr Nutzungsniveau so abzusenken, dass die Übernutzung der CPR verhindert wird. Welche Bedingungen hierfür vorliegen müssen, ist Gegenstand aktueller Forschung, aber offensichtlich spielen Kommunikations- und Sanktionsmechanismen eine große Rolle. Schließlich geht es darum, dass die Individuen, die ihre Nutzung reduzieren, darauf vertrauen können, dass auch andere Nutzer ihre Nutzung zurückfahren. Der interessierte Leser sei an dieser Stelle auf Ostrom et al. (1994) verwiesen.[10]

4.2 Optimale Bereitstellung von Gütern

In Kapitel 1 haben wir gezeigt, dass die effiziente Bereitstellung privater Güter Grenzkostenpreise verlangt. Mit anderen Worten: Es sollte diejenige Menge des privaten Guts produziert werden, für die der Preis, d.h. die marginale Zahlungsbereitschaft, gleich den Grenzkosten ist. Der sich so auf einem Wettbewerbsmarkt einstellende Preis führt dazu, dass die angebotene Menge gleich der nachgefragten Menge ist.

---

[10] Für die Erforschung der Nutzung von CPRs hat Elinor Ostrom im Jahr 2009 den Nobelpreis für Wirtschaftswissenschaften erhalten. In der Begründung zur Preisverleihung heißt es „[Elinor Ostrom] challenged the conventional wisdom by demonstrating how local property can be successfully managed by local commons without any regulation by central authorities or privatization" (http://nobelprize.org). Neben Ostrom wurde 2009 Oliver Williamson für seine Arbeiten zur Transaktionskostentheorie ausgezeichnet.

Wie aber entsteht aus individuellen Nachfragekurven eine Marktnachfrage? Abbildung 4.4 verdeutlicht das Prinzip der Ermittlung von Marktnachfragekurven. Abbildung 4.4 (a) zeigt die inversen Nachfragekurven von Akteur 1 und 2 für ein Gut. Wir nehmen an, dass die Gesellschaft nur aus diesen beiden Akteuren besteht. Auf der horizontalen Achse ist die Menge und auf der vertikalen Achse ist der Preis abgezeichnet. Die inverse individuelle Nachfrage zeigt die marginale Zahlungsbereitschaft eines Akteurs für das Gut. Analog lässt sich aus ihr die nachgefragte Menge für einen gegebenen Preis ablesen. Bei der Ermittlung der inversen aggregierten Nachfragekurve, d.h. der gesellschaftlichen marginalen Zahlungsbereitschaft, müssen nun zwei Fälle unterschieden werden. Wenn das Gut *rival* ist, dann muss die aggregierte Nachfrage durch *horizontale Aggregation* ermittelt werden. Dieses Prinzip ist in Abbildung 4.4 (b) dargestellt. Für jeden gegebenen Preis muss die Gesamtnachfrage der Konsumenten ermittelt werden (man muss also Mengen aggregieren). Wenn z.B. Akteur 1 für ein privates Gut 5 Einheiten zum kleinstmöglichen Preis nachfragt und Akteur 2 fragt 7 Einheiten nach, ist die gesamte Marktnachfrage zu

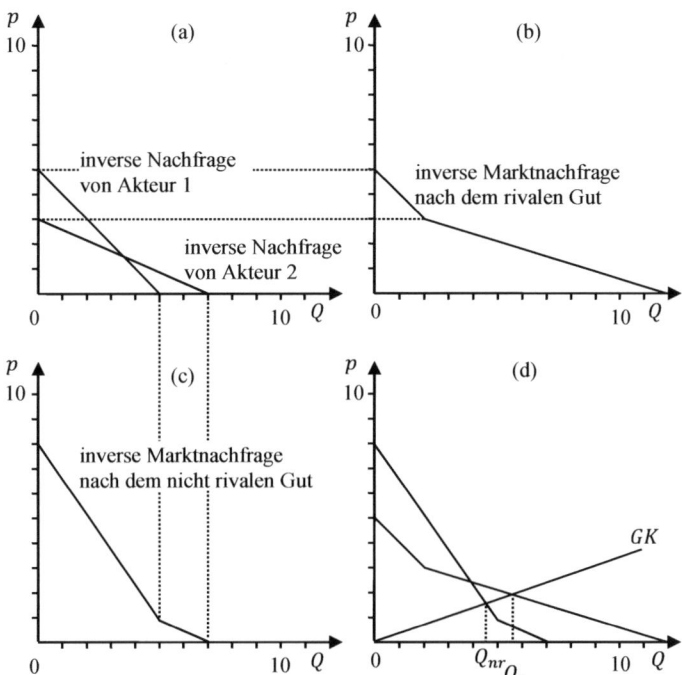

Erläuterungen: Abbildung (a) zeigt die individuellen inversen Nachfragekurven für ein rivales oder ein nicht rivales Gut, (b) zeigt die aggregierte inverse Nachfrage für das rivale Gut, (c) zeigt die aggregierte inverse Nachfrage für das nicht rivale Gut, (d) zeigt die effiziente Bereitstellung des rivalen Guts (Q_r) und des nicht rivalen Guts (Q_{nr}). Vgl. Kolstad (2000).

Abb. 4.4 Optimale Bereitstellung rivaler und nicht rivaler Güter diesem Preis 12 Einheiten. Wenn das Gut *nicht rival* ist, muss man anders vorgehen, um die inverse aggregierte Nachfrage zu bestimmen. Jeder Konsument kann hier das gleiche Gut konsumieren, denn es existiert ja keine Rivalität. Also können wir die marginalen Zahlungsbereitschaften für jede Einheit des Guts aufsummieren. Der Preis, der für das Gut gezahlt wird, ist damit gleich der Summe der Preise, die von allen Akteuren gezahlt werden. Man spricht hier von *vertikaler Aggregation* der inversen Nachfragekurven (man muss also Preise aggregieren). Dieses Prinzip ist in Abbildung 4.4 (c) verdeutlicht. Wenn z.B. Akteur 1 für die erste, marginale Einheit des nicht rivalen Guts (z.B. ein Park) 5€ zu zahlen bereit ist und Akteur 2 ist 3€ zu zahlen bereit, dann ist die Summe der Zahlungsbereitschaften für diese erste Einheit des Guts gleich 8€.

Die Produktion eines Guts ist unabhängig von der Frage, ob es rival oder nicht rival konsumiert wird. Wir wissen aus Kapitel 1, dass die inverse Angebotskurve gleich den Grenzkosten (GK) ist. Der Umfang der effizienten Produktion ermittelt sich dann folgendermaßen: Für jedes Gut muss ermittelt werden, bis zu welcher Menge die aggregierte inverse Nachfrage, also die aggregierte marginale Zahlungsbereitschaft, gerade noch gleich den Grenzkosten der Produktion ist. Damit erhalten wir als effiziente Menge des rivalen Guts Q_r und als effiziente Menge des nicht rivalen Guts Q_{nr}. Man beachte, dass in diesem Beispiel $Q_r > Q_{nr}$, was aber nicht immer der Fall sein muss. Ein weiterer Unterschied zwischen rivalen und nicht rivalen Gütern zeigt sich in Abbildung 4.4. Für ein rivales Gut können wir aus dem Schnittpunkt der Grenzkosten und der aggregierten inversen Nachfragekurve den Marktpreis und damit die individuellen marginalen Zahlungsbereitschaften sowie die individuellen Nachfragemengen ableiten. Für das nicht rivale Gut ist dies nicht möglich. Für den Preis, bei dem sich Grenzkosten und aggregierte inverse Nachfragekurve schneiden, ist die individuelle Nachfrage üblicherweise gering, denn die aggregierte marginale Zahlungsbereitschaft ist die Summe der einzelnen marginalen Zahlungsbereitschaften, die wiederum jeweils sehr klein sein können.[11]

---

[11] Dieser Ansatz wird zur Ermittlung der effizienten Menge eines öffentlichen Guts, für das Nichtrivalität und Nichtausschluss gilt, genutzt und ist nach Paul Samuelson benannt. Nach der Samuelson-Bedingung (Samuelson 1954) wird die effiziente Menge eines öffentlichen Guts dann bereitgestellt, wenn die Summe der marginalen Zahlungsbereitschaften gleich den Grenzkosten der Produktion ist.

Literatur

Dasgupta, P. S., und G. M. Heal. 1979. *Economic Theory and Exhaustible Resources.* Cambridge: Cambridge University Press.

Kolstad, C. D. 2000. *Environmental Economics.* New York: Oxford University Press.

Ostrom, E., R. Gardner, und J. M. Walker. 1994. *Rules, Games, and Common Pool Resources.* Ann Arbor: University of Michigan Press.

Riechmann, T. 2010. *Spieltheorie.* 3. Auflage. München: Vahlen.

Samuelson, P. 1954. The pure theory of public expenditure. *Review of Economics and Statistics* 36:387–389.

Weimann, J. 2004. *Wirtschaftspolitik. Allokation und kollektive Entscheidung.* 3. Auflage. Berlin u. a.: Springer.

5 Instrumente der Umweltpolitik

5.1 Einführung

Wir haben in Kapitel 3 gesehen, dass das Coase-Theorem nur unter recht einschränkenden Bedingungen gültig ist. Insbesondere bei Umweltproblemen, an denen viele Akteure beteiligt sind, steigen die Transaktionskosten direkter Verhandlungen sehr schnell an, was kaum hoffen lässt, dass reale Probleme negativer externer Effekte auf dem Wege direkter Verhandlungen internalisiert werden könnten. Letzten Endes wird also doch ein staatlicher Eingriff benötigt, um das Marktversagen zu korrigieren. Die Frage ist: Wie kann der Staat eine Internalisierung externer Kosten erzwingen, und: Ist er in der Lage, eine effiziente Lösung herbeizuführen?

Grundsätzlich stehen dem Staat drei Möglichkeiten offen, das Marktversagen infolge negativer externer Effekte zu heilen: Er kann zu dem klassischen Instrument der Umweltpolitik greifen, nämlich *Auflagen* verhängen (z.B. in Form von Emissionshöchstwerten).[1] Dies war lange Zeit die gängige Methode, Umweltpolitik zu betreiben. Neben dem althergebrachten Instrumentarium der Auflagenpolitik haben sich mittlerweile aber zwei genuin ökonomische Instrumente etabliert (und zwar auch in der Praxis!), die gegenüber Auflagen eine Reihe von bedeutsamen Vorteilen aufweisen. Die Rede ist von der *Pigou-Steuer* einerseits – ökonomischen Laien besser bekannt unter dem Etikett der „Ökosteuer" – sowie dem *Emissionshandel* andererseits. Bei beiden Konzepten handelt es sich um marktbasierte Instrumente. Beginnen wir unsere Betrachtung mit dem theoriegeschichtlich älteren Konzept der Pigou-Steuer.

---

[1] Auflagen werden häufig auch als „Standards" bezeichnet.

5.2 Pigou-Steuer

Was ist die Ursache für das Marktversagen bei negativen externen Effekten? Die Ursache ist, dass der Preis, der sich im Marktgleichgewicht bildet, nicht alle Kosten der Produktion widerspiegelt. Er enthält lediglich die privaten Grenzkosten der Produktion, nicht aber die externen Kosten, die anderen Wirtschaftssubjekten aufgebürdet werden. Mit anderen Worten: Die sozialen Grenzkosten liegen über den privaten Grenzkosten. Warum enthält der Marktpreis in dieser Situation nicht mehr die komplette Information über die Produktionskosten? Die Antwort ist relativ einfach: Bei der Produktion werden Ressourcen in Anspruch genommen, für die kein Preis gezahlt werden muss. Umweltressourcen wie Wasser oder Luft haben eben zunächst einmal keinen Preis, denn für sie gilt das Ausschlusskriterium nicht. Wenn ein Unternehmen Schadstoffe wie Kohlendioxid oder Schwefeldioxid in die Luft emittiert, dann entstehen zwar außerhalb des Unternehmens Kosten aus diesen Emissionen, aber die Inanspruchnahme der Luft ist für das betreffende Unternehmen nicht mit Kosten verbunden. Es kann diese knappen Umweltmedien letztlich kostenlos in Anspruch nehmen. Im Grunde ist aber Umwelt aus ökonomischer Sicht ein Produktionsfaktor wie Arbeit und Kapital auch – nur, dass Umweltgüter eben nicht auf Märkten gehandelt werden. Deshalb können auch keine Marktpreise für Umweltgüter entstehen und daher werden die Kosten, die aus der Inanspruchnahme der Umwelt entstehen, vom einzelnen Entscheider in seinem Kalkül nicht berücksichtigt.

Wie wir oben gezeigt haben, führt dies zu einer insgesamt ineffizienten Situation. Die Gesamtwohlfahrt in der Marktlösung ist nicht mehr maximal: Würde die Produktionsmenge ausgehend vom Marktgleichgewicht reduziert werden, dann könnte dadurch die Gesamtwohlfahrt gesteigert werden. Daher ergibt sich beim Vorliegen negativer externer Effekte zunächst einmal grundsätzlich ein Bedarf nach staatlichem Handeln, nach einer Korrektur dieses Marktversagens durch die Wirtschaftspolitik. Wie könnte eine solche Korrektur aussehen? Nun: Wir haben eben festgestellt, dass das zentrale Problem bei negativen externen Effekten darin besteht, dass Umwelt auf Grund des fehlenden Nutzungsausschlusses nicht auf Märkten gehandelt wird und daher für „die Umwelt" auch kein Preis entsteht. Was liegt näher, als dann einfach einen Preis für die Umwelt zu „simulieren"? Es mag ja sein, dass keine Marktpreise für Umweltgüter entstehen – aber der Staat kann Preise für die Inanspruchnahme von Umweltgütern verlangen und damit das Ausschlusskriterium durchsetzen. Dies ist der Kerngedanke der sogenannten Pigou-Steuer, benannt nach dem britischen Ökonomen Arthur Pigou, der diese Art des Staatseingriffs bereits 1920 in seinem Werk „The Economics of Welfare" vorschlug. Man erhebt auf den Verbrauch oder die Inanspruchnahme von Umweltgütern einfach eine Steuer. Die Steuer simuliert einen Preis für Umwelt. Dadurch wird erreicht, dass die einzelwirtschaftlichen Entscheidungsträger die Kosten des Umweltverbrauchs in ihren Entscheidungen berücksichtigen.

Bevor wir die Wirkungen einer Pigou-Steuer[2] betrachten, wollen wir zunächst analysieren, was aus gesellschaftlicher Sicht die optimale Lösung für die Nutzung der Umwelt wäre. Optimal wäre eine Situation, in der die gesamtwirtschaftlichen Kosten, die durch Emissionen verursacht werden, minimal sind. Grundsätzlich entstehen zwei Arten von Kosten durch Emissionen. Zunächst gibt es gesamtwirtschaftliche Schadenskosten, $S(E)$, wie Gesundheitsschäden oder Verschmutzungen von Flora und Fauna. Wir können davon ausgehen, dass mit zunehmenden Emissionen eine zusätzliche Schadstoffeinheit immer größere Schäden verursacht, d.h., die Grenzschäden (GS) sind positiv und steigend oder formal ausgedrückt $S'(E) = GS(E) > 0$ und $S''(E) = GS'(E) > 0$. Neben den Schadenskosten entstehen aber auch gesamtwirtschaftliche Kosten durch die Vermeidung von Emissionen, $VK(E)$, nämlich immer dann, wenn die Emissionen kleiner sind als im sogenannten „Business As Usual" (BAU). Im BAU, im Folgenden mit $\bar{E}$ bezeichnet, wird keinerlei Vermeidung betrieben. Die gesamtwirtschaftlichen Vermeidungskosten steigen, wenn man weniger emittiert oder – was äquivalent dazu ist – mehr Vermeidung betreibt, d.h. $VK'(E) < 0$ oder $-VK'(E) = GVK(E) > 0$.[3] Mit dieser Schreibweise wird erreicht, dass die Grenzvermeidungskosten (GVK) eine positive Größe darstellen. Darüber hinaus wird Vermeidung immer teurer, d.h., die Grenzvermeidungskosten sinken bei steigenden Emissionen oder $-VK''(E) = GVK'(E) < 0$.

Ziel ist es nun, die Emissionen so zu wählen, dass die Gesamtkosten $TK(E)$, die Summe aus gesamtwirtschaftlichen Vermeidungs- und Schadenskosten, minimiert werden, d.h.

$$min_E TK(E) = VK(E) + S(E) \tag{5.1}$$

Um die Gesamtkosten zu minimieren, müssen wir die erste Ableitung der TK-Funktion ermitteln und gleich Null setzen. Wir erhalten

$$TK'(E) = VK'(E) + S'(E) = 0 \Leftrightarrow -VK'(E) = S'(E) \Leftrightarrow GVK(E^*) = GS(E^*) \tag{5.2}$$

Im Optimum (auch als „first-best-Situation" bezeichnet) müssen also die Emissionen E^* so gewählt sein, dass die Grenzvermeidungskosten genau gleich den Grenzschäden sind.

Nach dieser grundsätzlichen Einsicht in die Wahl des optimalen Emissionsniveaus wollen wir das Problem grafisch analysieren. Gesellschaftlich optimal wäre, dass Vermeidung solange betrieben wird, wie die daraus resultierenden Nutzengewinne in Form geringerer Schäden größer sind als die mit Vermeidung verbundenen Kosten.[4] Der Nutzengewinn

---

[2] Es sei nur am Rande erwähnt, dass es grundsätzlich auch möglich ist, erwünschtes umweltschonendes Verhalten durch eine Pigou-Subvention zu belohnen.

[3] Die Vermeidungskosten eines Unternehmens i stellen die Kosten dar, die durch die Reduzierung der Emissionen vom Business As Usual $\bar{E}_i$ auf ein niedrigeres Niveau $E_i < \bar{E}_i$ entstehen. Dabei wird angenommen, dass die Kostenfunktion folgende Eigenschaften erfüllt: $VK_i(E_i) > 0$, $-VK_i'(E_i) = GVK_i(E_i) > 0$, $VK_i''(E_i) > 0$ für $E_i < \bar{E}_i$ und $VK_i(E_i) = 0$ für $E_i \geq \bar{E}_i$. Durch horizontale Aggregation der Grenzvermeidungskosten aller Unternehmen erhält man die gesamtwirtschaftlichen Grenzvermeidungskosten, d.h. $\sum -VK_i'(E_i) = -VK'(E) = GVK(E)$.

[4] Im Folgenden werden Nutzengewinne und Kosteneinsparungen als Synonyme verwendet.

aus Vermeidung für die Gesellschaft kann aus der Grenzschadensfunktion ermittelt werden. Betreiben wir zusätzliche Vermeidung, bewegen wir uns also auf der Emissionsachse nach links Richtung Ursprung, dann reduziert sich der Grenzschaden. Der Nutzengewinn aus zusätzlicher Vermeidung kann als Fläche unter der Grenzschadensfunktion gemessen werden. In Abbildung 5.1 ist der Nutzengewinn aus zusätzlicher Vermeidung von E_1 zu E_2 gleich der Fläche A + B. Zusätzliche Vermeidung verursacht aber auch Kosten: Die Kostenzunahme aus zusätzlicher Vermeidung kann einfach ermittelt werden als die Fläche B unter der Grenzvermeidungskostenkurve. Wie man sich sofort klar macht, ist in diesem Fall die Fläche der Nutzengewinne größer als die Fläche der zusätzlichen Kosten. Also lässt sich ein gesellschaftlicher Nettovorteil (A) realisieren, wenn man die Vermeidung von E_1 auf E_2 erhöht. Wie lange lassen sich derartige Nettovorteile realisieren? Offensichtlich solange, wie die Grenzschadensfunktion oberhalb der Grenzvermeidungskostenkurve verläuft. Eine weitere Verbesserung ist erst dann nicht mehr möglich, wenn wir im Schnittpunkt der beiden Funktionen angelangt sind. Wie sieht die Situation nun links vom Schnittpunkt aus? Nun, genau spiegelbildlich. Da hier die Grenzvermeidungskosten oberhalb der Grenzschadensfunktion verlaufen, sind die Nutzengewinne aus zusätzlicher Vermeidung immer geringer als die zusätzlichen Kosten. Zusätzliche Vermeidung lohnt sich also nicht. Im Gegenteil: Die Gesellschaft würde sich verbessern, wenn die Emissionsmenge ausgedehnt wird. Steigen in Abbildung 5.1 die Emissionen von E_3 auf E_4 spart man Kosten durch weniger Vermeidung in Höhe von C + D. Die zusätzlichen Schadenskosten durch die höheren Emissionen sind dagegen relativ gering (D) – es verbleibt netto ein Nutzengewinn (C), wenn die Emissionen steigen.

Wir halten fest: Links vom Schnittpunkt in Abbildung 5.1 können Nettovorteile aus zusätzlichen Emissionen realisiert werden, rechts vom Schnittpunkt aus zusätzlicher Vermeidung. Der wohlfahrtsoptimale Punkt, E^*, liegt damit exakt im Schnittpunkt beider

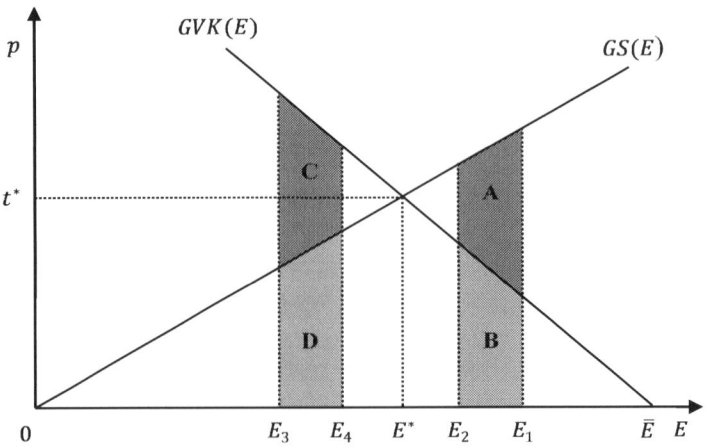

Abb. 5.1 Soziales Optimum

Funktionen. Man sieht: Damit gibt es offenbar so etwas wie ein volkswirtschaftlich *optimales Verschmutzungsniveau*, denn im Schnittpunkt der beiden Funktionen werden natürlich weiterhin gewisse Emissionen getätigt. Es ist in der Regel volkswirtschaftlich nicht effizient, das Emissionsniveau auf Null zurückzufahren. Dies ist intuitiv auch völlig plausibel: Ursächlich hierfür ist, dass die Vermeidungskosten in diesem Fall sehr hoch sein würden. Gleichzeitig leuchtet es ein, dass bei Business-As-Usual-Emissionen hohe Kosten durch Schäden entstehen. Das Optimum liegt dort, wo die Summe aus Vermeidungs- und Schadenskosten minimal ist oder – äquivalent dazu – der Grenzschaden gleich den Grenzvermeidungskosten ist.

Wie kann der Staat nun erreichen, dass diese optimale Lösung implementiert wird? Er kann eine sogenannte Pigou-Steuer auf die Emissionen erheben. Angenommen der Staat kennt den Schnittpunkt der Grenzvermeidungskosten mit dem Grenzschaden. Wenn er den Steuersatz t^* einer Emissionssteuer (in € pro Emissionseinheit) in dieser Höhe festsetzt, werden sich die Marktakteure daran genau so anpassen, dass im Gleichgewicht die optimale Lösung realisiert wird. Warum ist dies der Fall? Betrachten wir die Emissionsentscheidung eines Unternehmens i, welches von einer Pigou-Steuer betroffen ist. Abbildung 5.2 stellt die Grenzvermeidungskosten von i dar.

Wie würde sich ein rational handelndes Unternehmen an diese Steuer mit Steuersatz t^* anpassen? Das Entscheidungskalkül von Unternehmen i ist denkbar einfach: Rechts von der optimalen Vermeidungsmenge $E_i^*(t^*)$ liegen die Grenzvermeidungskosten unterhalb der Emissionssteuer ($GVK_i < t^*$). Vor die Wahl gestellt, den Steuersatz auf jede Emissionseinheit zu bezahlen oder Emissionen zu vermeiden, wird das Unternehmen sehr schnell zu der Erkenntnis kommen, dass Vermeidung kostengünstiger ist als t^* zu zahlen. Es wird solange in Vermeidung investieren, bis die Grenzvermeidungskosten genau dem Steuersatz entsprechen. Links von der optimalen Menge $E_i^*(t^*)$ hingegen ist es natürlich günstiger,

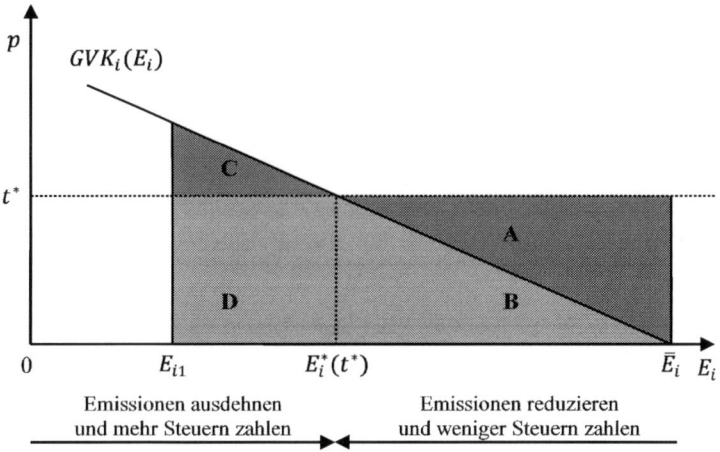

Abb. 5.2 Individuelle Anpassung an die Pigou-Steuer

die Emissionssteuer zu entrichten, denn die Grenzvermeidungskosten liegen oberhalb des Steuersatzes ($GVK_i > t^*$). Dort wird also die Steuer bezahlt und die Emissionen werden erhöht. In Abbildung 5.2 lassen sich diese Überlegungen auch durch einfache Flächenbetrachtungen verdeutlichen. Angenommen, es existiert keine Emissionsregulierung vor Einführung der Steuer. Im Business As Usual emittiert das Unternehmen $\bar{E}_i$. Wird die Steuer t^* eingeführt, ist es offensichtlich bis $E_i^*(t^*)$ günstiger für das Unternehmen, selbst Vermeidung zu betreiben, wobei Kosten (für Steuerzahlung und Vermeidung) in Höhe von $t^*E_i^*(t^*) + B$ anfallen, als die Steuer auf seine BAU-Emissionen zu zahlen. In diesem Fall entstehen Kosten (für Steuerzahlung) in Höhe von $t^*E_i^*(t^*) + A + B$. Man spart Kosten in Höhe von A, wenn man nicht $\bar{E}_i$, sondern nur $E_i^*(t^*)$ emittiert und entsprechend Steuern zahlt. Das Unternehmen hat also einen Anreiz, die optimale Emissionsmenge $E_i^*(t^*)$ zu wählen. Analog können wir leicht zeigen, dass ein Unternehmen, welches relativ viel Vermeidung zu hohen Grenzvermeidungskosten betreibt, einen Anreiz hat, die Steuer zu zahlen und die Emissionen auszudehnen, d.h. weniger Vermeidung zu betreiben.[5] Sind vor der Einführung der Steuer die Emissionen E_{i1}, muss das Unternehmen bei einer Erhöhung der Emissionen auf $E_i^*(t^*)$ zwar die zusätzliche Steuer in Höhe von D zahlen, es spart aber Vermeidungskosten in Höhe von C + D ein und stellt sich damit besser als in der Ausgangssituation. Man beachte, dass unabhängig der Ausgangssituation das Unternehmen im Optimum eine Steuer in Höhe von $t^*E_i^*(t^*)$ zahlt und Vermeidungskosten in Höhe von B in Kauf nimmt.

Angenommen, der soziale Planer hat t^* bestimmt. Wie aber teilt sich nun für die Pigou-Steuer t^* die Gesamtemission auf die individuellen Emissionsentscheidungen der Unternehmen auf? Die Antwort ist einfach: Die Unternehmen sorgen selbst dafür, dass sie die optimalen Emissionen realisieren. Betrachten wir ein Beispiel zur Illustration. In Abbildung 5.3 gibt es zwei Unternehmen, i und j, mit den Grenzvermeidungskosten $GVK_i(E_i)$ und $GVK_j(E_j)$. Die Grenzvermeidungskosten der Unternehmen sind nichts anderes als deren individuelle Zahlungsbereitschaft für eine weitere Einheit Emissionen. Jedes Unternehmen ist bereit, für eine zusätzliche Einheit Emissionen maximal einen Betrag in Höhe seiner Grenzvermeidungskosten zu zahlen. Mit anderen Worten, die GVK-Kurve von Unternehmen i (j) ist die inverse Nachfrage von Unternehmen i (j) nach Emissionen. Da Emissionen im Fall staatlicher Regulierung ein privates Gut darstellen – es liegt Rivalität vor (eine Einheit des Schadstoffs kann nur von einem Unternehmen emittiert werden) und es gilt das Ausschlussprinzip (man darf nicht emittieren, wenn keine Steuer gezahlt wird) – müssen die individuellen Nachfragemengen aggregiert werden. Mit anderen Worten: In Abbildung 5.3 müssen wir die GVK-Kurven von Unternehmen i und j horizontal aggregieren, um die aggregierte GVK-Kurve zu erhalten.[6] Über den

---

[5] Eine solche Situation könnte vorliegen, wenn das Unternehmen bislang durch eine Auflage gezwungen war, ein relativ hohes Vermeidungsniveau zu realisieren. Wenn die Auflage durch die Steuer t^* ersetzt wird und die Grenzvermeidungskosten des Unternehmens oberhalb des Steuersatzes liegen, hat das Unternehmen einen Anreiz, die Emissionen zu erhöhen.

[6] Wir haben das Prinzip der horizontalen Aggregation bei rivalen Gütern in Abschnitt 4.2 behandelt.

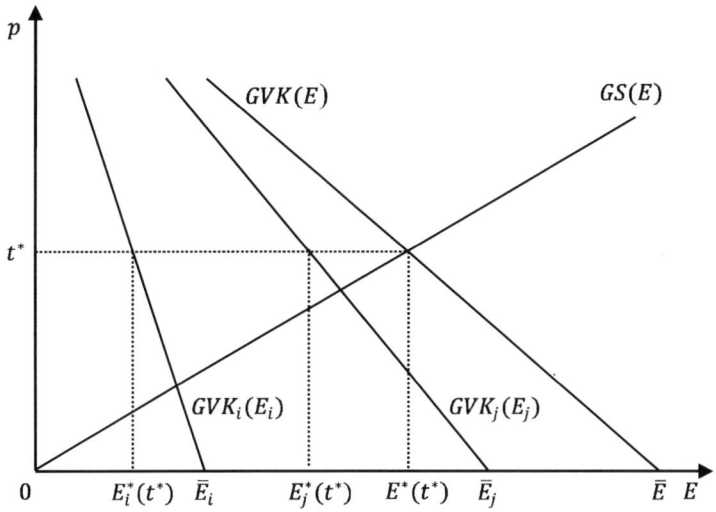

Abb. 5.3 Horizontale Aggregation von Grenzvermeidungskosten

Schnittpunkt der aggregierten GVK-Kurve mit der GS-Kurve kann dann der optimale Pigou-Steuersatz t^* bestimmt werden. An diesen Steuersatz t^* passen sich wiederum Unternehmen i und j so an, dass gilt $GVK_i(E_i^*(t^*)) = t^*$ und $GVK_j(E_j^*(t^*)) = t^*$. Die Summe der optimalen individuellen Emissionen ergibt dann das optimale aggregierte Emissionsniveau, d.h. $E_i^*(t^*) + E_j^*(t^*) = E^*(t^*)$.

Was ist also das Endergebnis unserer Betrachtungen zur Pigou-Steuer? Ein kostenminimierendes Unternehmen wird genau die sozial optimale Vermeidungsmenge wählen, d.h., es gilt $t^* = GVK_i(E_i^*(t^*))$, $\forall i$. Damit ist gezeigt, dass der Staat grundsätzlich durch die Erhebung einer Emissionssteuer das Marktversagen aus negativen externen Effekten korrigieren kann und zwar so, dass letztlich die effiziente Lösung erreicht wird.

Das hier abgeleitete Ergebnis basiert allerdings auf einer ausgesprochen optimistischen Annahme: Wir haben nämlich unterstellt, dass der Planer die erforderliche Information besitzt, den optimalen Steuersatz zu bestimmen. Er benötigt sowohl Kenntnis über die Grenzschadensfunktion als auch über den Verlauf der Grenzvermeidungskosten. Der Steuersatz muss nämlich so bemessen werden, dass er genau dem Grenzschaden und den Grenzvermeidungskosten im Optimum entspricht, d.h., es muss gelten $t^* = GS(E^*) = GVK(E^*(t^*))$ (vgl. Abbildung 5.1).[7] Darf man aber wirklich erwarten, dass der Planer die erforderliche Information bekommt? Nicht unbedingt. Sowohl der Grenzschaden

---

[7] Die Informationsprobleme, die bei einer Steuer auftreten, stellen sich in prinzipiell gleicher Weise auch bei einer Pigou-Subvention: Um den gesellschaftlichen Zusatznutzen des Unterlassens einer umweltschädigenden Aktivität zu berechnen, wäre natürlich insbesondere wieder die Kenntnis der Grenzschäden erforderlich. Um eine first-best-Subvention zu berechnen, müsste der Planer darüber hinaus auch die Grenzvermeidungskosten kennen.

als auch die Grenzvermeidungskosten sind prinzipiell private Information, die der Staat a priori nicht kennt. Er wäre darauf angewiesen, dass die beteiligten Akteure, Verursacher und Geschädigter, ihm diese Information wahrheitsgemäß mitteilen. Kann man dies, ökonomisch rationales Verhalten vorausgesetzt, tatsächlich erwarten? Versetzen wir uns in die Lage des Geschädigten: Er weiß, dass von der offenbarten Information die Höhe des später auferlegten Steuersatzes abhängt und damit auch die nach der Steuereinführung realisierten Emissionen. Aus der Sicht des Geschädigten wäre es natürlich besser, seinen Schaden zu übertreiben, denn dann würde der Verursacher mit einem höheren Steuersatz belegt und würde seine Emissionen stärker reduzieren, als dies bei wahrheitsgemäßer Offenbarung der Fall wäre – ein Ergebnis, das der Geschädigte sehr begrüßen dürfte. Die Effizienz der Steuerlösung ginge dabei allerdings verloren.[8] Auch die Emittenten haben einen Anreiz ihre Grenzvermeidungskosten nicht korrekt anzugeben. In diesem Fall lohnt es sich die Grenzvermeidungskosten zu untertreiben. Der Steuersatz wäre dann niedriger und die Unternehmen hätten höhere Emissionen und geringere Kosten.

Wie hoch ist der Wohlfahrtsverlust, wenn der Staat nicht den optimalen Steuersatz findet? Abbildung 5.4 zeigt die Auswirkungen, wobei zwei Situationen denkbar sind. Der Staat kann den Steuersatz zu hoch wählen ($t_2 > t^*$) oder zu niedrig ($t_1 < t^*$). Im ersten Fall wird offensichtlich zu viel Emissionsvermeidung betrieben: $E_2(t_2) < E^*(t^*)$. Verglichen mit dem Optimum werden zwar weniger Schäden durch den Schadstoff verursacht (Fläche C), aber dafür entstehen auch höhere Vermeidungskosten (C + B). Es verbleibt ein Wohlfahrtsverlust durch ein zu hoch gewähltes Vermeidungsniveau (B). Im zweiten Fall wird zu viel emittiert: $E_1(t_1) > E^*(t^*)$. Dies sorgt dafür, dass die Vermeidungskosten ausgehend vom Optimum zurückgehen (D). Aber die zusätzlichen Schäden (A + D) führen dazu, dass sich netto ein Wohlfahrtsverlust ergibt (A).

Bedeutet das aber nun, dass der Staat nichts tun sollte, d.h. Emissionen nicht besteuern sollte, wenn er den Verlauf von Grenzschadenskosten und Grenzvermeidungskosten nicht kennt und demnach den optimalen Steuersatz t^* nicht bestimmen kann? Die Antwort ist eindeutig „nein" und Abbildung 5.4 zeigt warum. Wenn der Staat ausgehend vom Business As Usual ($\bar{E}$) die Emissionen mit einem niedrigen aber positiven Steuersatz t besteuert, kann man sicher sein, dass sich ein Wohlfahrtsgewinn ergibt. Wenn der Steuersatz t_1 gewählt wird, ergeben sich die Emissionen $E_1(t_1)$ und im Vergleich zum Business As Usual ein Wohlfahrtsgewinn in Höhe von E. Der Steuersatz ist nicht effizient ($t_1 < t^*$), aber im Vergleich zum „Nichtstun" stellt die Besteuerung mit t_1 offensichtlich eine Verbesserung dar. Darüber hinaus hat eine solche Emissionssteuer[9] eine wichtige Eigenschaft: Das zum Steuersatz t_1 korrespondierende Emissionsniveau $E_1(t_1)$ wird zu geringstmöglichen

---

[8] Im Grunde begegnet uns hier ein grundsätzliches Problem staatlichen Handelns: Der staatliche Planer benötigt sehr oft Informationen, die lediglich bei den privaten Wirtschaftssubjekten vorliegen. Diese haben aber einen strategischen Anreiz, die Informationen nicht wahrheitsgetreu preiszugeben – ein Problem, mit dem in massiver Weise etwa staatliche Plankommissionen in Zentralverwaltungswirtschaften zu kämpfen hatten.

[9] Die Emissionssteuer wird häufig auch als „Preis-Standard-Ansatz" bezeichnet, da aus dem Steuersatz (dem „Preis" für Emissionen) eine bestimmte Emissionsmenge resultiert.

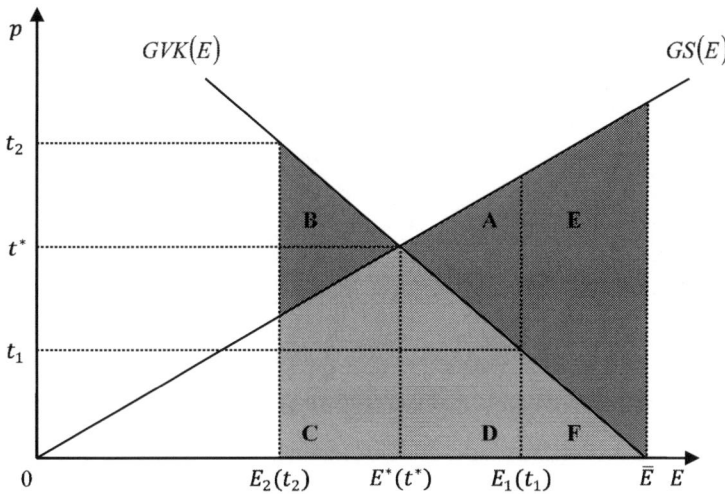

Abb. 5.4 Wohlfahrtsverlust durch suboptimalen Steuersatz

Kosten erreicht. Man spricht auch von der „*Kosteneffizienz*" der Emissionssteuer oder allgemeiner von einer „second-best-Situation".[10] Warum ist das so? In Abbildung 5.2 haben wir gezeigt, dass bei einer Pigou-Steuer nur diejenigen Vermeidung betreiben, deren Grenzvermeidungskosten kleiner sind als der Steuersatz. Vermeidung wird also nur dort betrieben, wo sie besonders billig zu haben ist. Das gleiche Prinzip gilt für einen beliebigen Steuersatz der Emissionssteuer. Alle Unternehmen passen sich so an den Steuersatz an, dass schließlich $t = GVK_i(E_i(t))$ gilt, d.h., die Grenzvermeidungskosten aller Unternehmen sind gleich und Kosteneffizienz wird erreicht.

Es gibt also einen wichtigen Unterschied zwischen der *effizienten* Pigou-Steuer (first best), bei der für alle Unternehmen gilt

$$t^* = GVK(E^*(t^*)) = GS(E^*) = GVK_i(E_i^*(t^*)) \qquad (5.3)$$

und der *kosteneffizienten* Emissionssteuer (second best), bei der für alle Unternehmen gilt

$$t = GVK(E(t)) = GS(E^*) = GVK_i(E_i(t)) \qquad (5.4).$$

Die Pigou-Steuer t^* minimiert die Summe aus Vermeidungskosten und Schadenskosten und erreicht das effiziente Emissionsniveau $E^*(t^*)$. Die Emissionssteuer t minimiert „nur" die Vermeidungskosten und erreicht ein beliebiges Emissionsniveau $E(t)$.

---

[10] Genauer gesagt spricht man von „statischer Kosteneffizienz", da es sich hierbei um ein statisches Kostenminimierungsproblem (also ohne Zeitbezug) handelt. Die Bezeichnung „statisch" wird relevant, wenn wir in Abschnitt 5.9 die dynamische Anreizwirkung von umweltpolitischen Instrumenten betrachten.

5.3 Fallstudie: Die Ökologische Steuerreform in der BRD

1999 verabschiedete der Deutsche Bundestag das Gesetz über die „Ökologische Steuerreform" (ÖSR). Die ÖSR kann als Versuch angesehen werden, das Instrument einer Emissionssteuer in der Praxis zu implementieren. Sie eignet sich daher hervorragend, um zu studieren, wie eher theoretische Lehrbuchkonstrukte vom politischen Prozess in der Realität umgesetzt werden und mit welchen (erheblichen) Abstrichen vom theoretischen Ideal nach den unvermeidlichen politischen Kompromissen und den Einflussnahmeversuchen von Interessengruppen zu rechnen ist. Die ÖSR ist auch noch aus einem weiteren Grund interessant: Tatsächlich wurde seinerzeit von ihren Befürwortern die ÖSR nicht nur mit umweltökonomischen Argumenten propagiert und vorangetrieben. Auf den ersten Blick überraschend spielten beschäftigungspolitische Überlegungen eine dominante Rolle. Die Argumentation im politischen Raum lautete etwas schlaglichtartig verkürzt folgendermaßen: Bekanntlich lasten auf dem Faktor Arbeit in Deutschland hohe Lohnzusatzkosten (z.B. Sozialbeiträge), die Arbeit zu einem vergleichsweise teuren Produktionsfaktor machen. Auf der anderen Seite wird Umwelt als knapper Produktionsfaktor ohne Preis in Anspruch genommen, was aus Sicht der Theorie externer Effekte nicht wünschenswert sein kann. Warum also nicht den Verbrauch des knappen Produktionsfaktors Umwelt verteuern und mit dem Steueraufkommen die Lasten auf dem Produktionsfaktor Arbeit reduzieren? So müsste doch der Einsatz des dann verbilligten Faktors Arbeit wieder lohnenswerter werden. Die Befürworter argumentierten also, dass sich durch die Besteuerung des Faktors Umwelt nicht nur eine Internalisierung externer Effekte erzielen ließe, sondern – quasi als Nebenprodukt – auch noch positive Beschäftigungseffekte auf dem Arbeitsmarkt erzielen ließen – was doch angesichts der anhaltend hohen Massenarbeitslosigkeit[11] nur zu begrüßen wäre. Tatsächlich waren die angeblichen Beschäftigungseffekte ein wichtiges politisches Verkaufsargument für die ÖSR. Ökosteuern erfreuen sich nämlich – dies zeigen Wählerbefragungen immer wieder – keiner allzu großen Beliebtheit im Wahlvolk. Im akademischen Raum wurde die Debatte etwas differenzierter und „technischer" geführt und sie hatte auch einen anderen Namen: Es handelt sich um die bis heute in der Fachwelt anhaltende Debatte um die Möglichkeit einer sogenannten doppelten Dividende.[12] Was darunter genau zu verstehen ist, wird im Verlauf dieser Fallstudie erläutert. Wir gehen dabei im Einzelnen wie folgt vor: Zunächst werden wir die wesentlichen Regelungen der ÖSR erläutern, insbesondere die Steuersätze auf unterschiedliche Energieträger. Dann werden wir uns mit der Frage auseinandersetzen, ob eine ÖSR tatsächlich zu einer zweiten Dividende auf dem Arbeitsmarkt führt. Wir werden sehen, dass das Urteil der Wissenschaft weit skeptischer ausfällt als das der Politik. Drittens werden wir abschließend die ÖSR unter rein umweltpolitischen Aspekten einer kritischen Würdigung unterziehen: Entfaltet die ÖSR überhaupt die aus Sicht der Theorie erforderliche ökologische Lenkungswirkung – oder ist sie vielleicht doch nur ein weiterer willkommener Vorwand gewesen,

---

[11] Zur Erinnerung: 1997 etwa lag die Arbeitslosenquote in Deutschland bei 11,4%.
[12] Für einen Überblick vgl. Schöb (2005).

Fallstudie: Die Ökologische Steuerreform in der BRD

dem Fiskus eine weitere Finanzierungsquelle zu erschließen? Wir werden sehen, dass einiges für letzteres spricht.

Die ÖSR von 1999

Am 1. April 1999 trat das Gesetz über die Ökologische Steuerreform in Kraft. Es sieht die Verteuerung des Verbrauchs von Energie vor. Besteuert werden Kraftstoffe (Benzin und Diesel), schweres und leichtes Heizöl, Erdgas sowie der Stromverbrauch. Tabelle 5.1 enthält die Erhöhungssätze der insgesamt fünf Stufen der ÖSR. Die letzte Stufe trat im Januar 2003 in Kraft.

Berücksichtigt man die Tatsache, dass die Energieträger teilweise schon der Mineralölsteuer unterliegen, ergibt sich die in Tabelle 5.2 ausgewiesene Gesamtsteuerbelastung. Der Großteil des Aufkommens aus der Ökosteuer wird als Bundeszuschuss an die Gesetzliche Rentenversicherung (GRV) überwiesen und dient dort der Stabilisierung des Beitragssatzes in der GRV.

Tab. 5.1 Erhöhungssätze im Rahmen der Ökologischen Steuerreform

Energieträger (Einheit)	1. Stufe 01/1999	2. Stufe 01/2000	3. Stufe 01/2001	4. Stufe 01/2002	5. Stufe 01/2003
Kraftstoffe (Cent/L)	3,07	3,07	3,07	3,07	3,07
Leichtes Heizöl (Cent/L)	2,05	–	–	–	–
Schweres Heizöl (Cent/kg)	–	0,26	–	–	0,71
Erdgas (Cent/kWh)	0,16	–	–	–	0,20
Strom (Cent/kWh)	1,02	0,26	0,26	0,26	0,26

Quelle: Umweltbundesamt (2002), S. 9. Angaben gerundet.

Tab. 5.2 Gesamtsteuerbelastung auf Energieträger

Energieträger (Einheit)	Steuersätze nach Mineralöl-StG bis 03/1999	Mineralöl-StG plus Ökosteuer in 2003	Ökosteuer in 2003
Diesel (Cent/L)	31,70	47,04	15,34
Benzin (Cent/L)	50,11	65,45	15,34
Leichtes Heizöl (Cent/L)	4,09	6,14	2,05
Schweres Heizöl (Cent/kg)	1,53	2,50	0,97
Erdgas (Cent/kWh)	0,18	0,55	0,37
Strom (Cent/kWh)	–	2,05	2,05

Quelle: Umweltbundesamt (2002), S. 10. Angaben gerundet.

Es gibt einige Ausnahmeregelungen, die in unserem Zusammenhang von erheblicher Bedeutung sind: Zum einen gilt für das Produzierende Gewerbe sowie die Land- und Forstwirtschaft ein ermäßigter Steuersatz. Diese Sektoren zahlten zunächst lediglich 20% des Regelsteuersatzes. Der ermäßigte Steuersatz wurde 2003 auf 60% des Regelsatzes angehoben. Zum anderen können Unternehmen sich einen Teil ihrer Steuerschuld rückerstatten lassen. Die fatale Wirkung dieser Erstattung wird uns im letzten Abschnitt dieser Fallstudie beschäftigen.

Die Theorie der doppelten Dividende

Emissionssteuern werden in erster Linie zur Internalisierung externer Effekte gefordert. Wir haben uns bereits ausführlich klar gemacht, dass das zentrale Problem aus Sicht der Wirtschaftswissenschaft die effizienzschädigende Wirkung von externen Effekten ist. Emissionssteuern sind – im Idealfall – geeignete Instrumente, um den gesamtwirtschaftlichen Wohlfahrtsverlust, der durch einen negativen externen Effekt eintritt, zu vermeiden. Die zentrale Idee war sehr einfach: Als tiefere Ursache für das Marktversagen haben wir ausgemacht, dass der physische Verursacher der Externalität bestimmte, damit verbundene (externe) Kosten nicht selbst trägt und daher bei seinen Entscheidungen nicht berücksichtigt. Wenn die Steuer den physischen Verursacher nun genau mit diesen externen Kosten belastet, so wird er dadurch zur Berücksichtigung gezwungen und sein Verhalten in der gewünschten optimalen Weise anpassen. Das Marktversagen ist dann geheilt. Dies ist die rein umweltökonomische Betrachtungsweise von Pigou-Steuern.

Um die Debatte über die doppelte Dividende zu verstehen, muss man sich zunächst noch mit einer anderen Betrachtungsweise von Steuern vertraut machen. Steuern sind in der Volkswirtschaftslehre das Kernthema der Finanzwissenschaft. Aus finanzwissenschaftlicher Sicht sind Steuern grundsätzlich problematisch, weil sie i.d.R. mit Effizienzverlusten einhergehen.[13] Die Ursache für den Effizienzverlust ist einfach einzusehen: Jede Besteuerung – sei es die Besteuerung eines bestimmten Guts durch eine spezielle Verbrauchssteuer oder die Besteuerung des Faktors Arbeit durch die Einkommensteuer – verändert das Preissignal am Markt. Eine Besteuerung des Faktors Arbeit etwa verteuert diesen in Relation zu anderen Produktionsfaktoren und reduziert damit die am Arbeitsmarkt resultierende Beschäftigung. Wir werden uns diesen Effekt weiter unten grafisch genauer klar machen.

Die Pigou-Steuer macht von dieser grundlegenden Eigenschaft von Steuern keine Ausnahme: Auch sie provoziert Effizienzverluste, die wir allerdings in unserer bisherigen Darstellung noch nicht thematisiert haben. Das gilt es jetzt nachzuholen. Schauen wir uns also noch einmal ganz genau die Wohlfahrtswirkungen einer Pigou-Steuer an.

---

[13] Effizienzverluste treten auf, wenn es sich um sogenannte verzerrende Steuern handelt – eine Ausnahme bilden Kopf- oder englisch „lump-sum"-Steuern, bei denen ein fixer Betrag pro Steuerbürger erhoben wird, völlig unabhängig von irgendeiner zugrundeliegenden Bemessungsgrundlage wie Einkommen oder Umsatz. Kopfsteuern weisen keinerlei verzerrende Effekte auf, da sie zu keinen Verhaltensänderungen führen. Bedauerlicherweise kommt man aber in der Realität kaum um den Einsatz verzerrender Steuern herum.

Fallstudie: Die Ökologische Steuerreform in der BRD

Ausgangspunkt unserer Überlegungen ist ein Markt, auf dem ein „schmutziges Gut" gehandelt wird. Das heißt ein Gut, dessen Produktion mit negativen externen Effekten und damit externen Kosten verbunden ist. Zur Vereinfachung nehmen wir an, dass die privaten Grenzkosten der Produktion (GK_{priv}) konstant seien und die externen Kosten proportional zur Ausbringungsmenge wachsen. Ohne staatliche Regulierung wird der Markt zur Wettbewerbslösung (wir unterstellen vollkommene Konkurrenz) tendieren: Im Gleichgewicht entspricht die marginale Zahlungsbereitschaft der Nachfrager (abgebildet durch die inverse Marktnachfragekurve) den privaten Grenzkosten der Produktion. Da die Produzenten den externen Effekt nicht berücksichtigen, fällt die Gleichgewichtsmenge zu hoch aus. Der Markt bringt die Menge Q_{Markt} hervor, effizient wäre aber, nur bis zu Q_{Opt} zu produzieren. Diese sozial optimale Produktionsmenge ergibt sich aus dem Schnittpunkt der inversen Nachfragekurve mit der sozialen Grenzkostenkurve (GK_{soz}) – da diese oberhalb der privaten Grenzkosten verläuft, muss das gesellschaftliche Optimum links von der Marktlösung liegen. Abbildung 5.5 liefert eine grafische Darstellung dieser Überlegungen.

Ein geschickt gewählter Pigou-Steuersatz t_p kann bekanntlich das Problem lösen (allerdings auch nur unter der Bedingung vollständiger Information). Wählt der soziale Planer den Steuersatz so, dass dieser der Differenz aus privaten und sozialen Grenzkosten *im Optimum* entspricht, werden sich kostenminimierende Produzenten so an den Steuersatz anpassen, dass der Markt letztlich doch die sozial optimale Menge hervorbringt. Dies wurde in Abschnitt 5.2 gezeigt. Machen wir uns nun die Wohlfahrtseffekte genauer klar. Hierzu betrachten wir wieder Abbildung 5.5.

Da wir vereinfachend konstante private Grenzkosten angenommen haben, spielt zunächst einmal die Produzentenrente keine Rolle in der folgenden Betrachtung. Die Pigou-Steuer mit Steuersatz t_p und in der Folge das Absinken der Menge auf den sozial

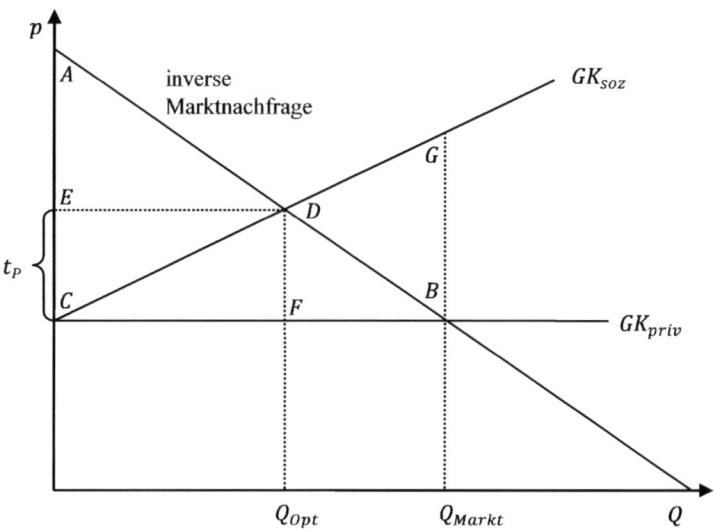

Abb. 5.5 Wohlfahrtseffekte der Pigou-Steuer

erwünschten Wert Q_{Opt} haben offenbar einen Verlust an Konsumentenrente zur Folge. In der unregulierten Situation – also ohne Staatseingriff – entspricht die Konsumentenrente dem Dreieck ABC. Durch die Erhebung der Pigou-Steuer reduziert sich die Konsumentenrente auf das kleinere Dreieck ADE. Es entsteht also ein Verlust an Konsumentenrente in Höhe der Fläche EDBC. Der Verlust an Konsumentenrente wird teilweise durch die Entstehung eines positiven Steueraufkommens aufgewogen. Das Steueraufkommen aus der Pigou-Steuer kann leicht abgelesen werden als das Rechteck EDFC (auf jede Einheit des schmutzigen Guts im Optimum ist ja schließlich der Pigou-Steuersatz t_p zu entrichten). Wie man aber sieht, gleicht die Entstehung des Steueraufkommens den Verlust an Konsumentenrente nicht komplett aus. Es entsteht vielmehr ein Nettowohlfahrtsverlust der dem Dreieck DBF entspricht. Dies ist Wohlfahrt, die unwiederbringlich verloren ist und der kein Steueraufkommen gegenübersteht. Man spricht von der sogenannten Zusatzlast der Besteuerung, im Englischen auch etwas drastischer vom sogenannten „deadweight loss" (toter Verlust). Es ist der unvermeidbare Preis fast jeder Steuer. Die Ursache der Entstehung der Zusatzlast ist darin zu sehen, dass Steuern die relativen Preise und damit das Verhalten der Besteuerten ändern: Wird beispielsweise Arbeitseinkommen besteuert, dann reduziert die Steuer den Nettolohn, den die Beschäftigten nach Steuerabzug behalten und dies mindert die Anreize, Arbeit anzubieten. Eine Steuer auf Arbeitseinkommen reduziert daher tendenziell das Arbeitsangebot – ein Effekt, der uns weiter unten wieder begegnen wird.

Natürlich entsteht durch die Pigou-Steuer aber auch ein positiver Wohlfahrtseffekt: Wir haben festgestellt, dass aus gesellschaftlicher Sicht in der Marktlösung letztlich ein zu hohes Aktivitätsniveau in der Produktion gewählt wird. Durch die Pigou-Steuer wird dieses Aktivitäts- und damit Schädigungsniveau auf das sozial optimale Maß reduziert. Das Problem negativer externer Effekte war, kurz gesagt, dass die sozialen Grenzkosten die privaten Grenzkosten der Produktion übersteigen. Da infolge der Erhebung von t_p das Produktionsniveau auf Q_{Opt} abgesenkt wird, entsteht ein Wohlfahrtsgewinn in Form von internalisierten externen Kosten. Er kann in Abbildung 5.5 abgelesen werden als die Fläche DGBF. Saldieren wir diesen Wohlfahrtsgewinn mit dem Rückgang an Konsumentenrente, so stellen wir fest, dass die Pigou-Steuer netto zu einem Wohlfahrtsgewinn in Höhe des Dreiecks DGB führt. Diese Fläche wird in der Literatur üblicherweise als *Nettoumweltdividende* bezeichnet. Die Fläche DGBF stellt demgegenüber die sogenannte *Bruttoumweltdividende* dar. Soweit reproduziert unsere Analyse weitgehend unseren bisherigen Kenntnisstand. Einzig neu in der Untersuchung ist, dass die Pigou-Steuer, wie jede andere verzerrende Steuer auch, eine Zusatzlast hervorruft. Der Wohlfahrtseffekt aus dem Rückgang der schädigenden Aktivität überkompensiert jedoch die Zusatzlast, so dass per Saldo ein gesellschaftlicher Zusatznutzen entsteht.

Ein paar wenige Worte sind noch über das Steueraufkommen zu verlieren. In ihrer ursprünglichen Form intendiert die Pigou-Steuer nicht die Entstehung von Steuereinnahmen. Sie ist eine sogenannte Lenkungssteuer, sie will das Verhalten der Wirtschaftssubjekte beeinflussen. Bezüglich der Verwendung der Steuereinnahmen tun sich verschiedene Möglichkeiten auf. Eine Möglichkeit bestünde darin, das Steueraufkommen einfach in

Form gleicher Pro-Kopf-Erstattungsbeträge (sog. lump-sum-Transfers) an die Steuerbürger zurückzuschleusen. Dies würde die Anreizwirkung der Pigou-Steuer unberührt lassen: Der verhaltenslenkende Effekt stellte sich trotzdem ein. Im Zuge der Diskussion um die ökologische Steuerreform tauchte nun ein auf den ersten Blick verführerischer Gedanke auf: Man könnte das Pigou-Steueraufkommen auch dazu verwenden, die verzerrende Wirkung anderer Steuern zu mindern – etwa die verzerrende Wirkung der Besteuerung von Arbeitseinkommen.

Abbildung 5.6 zeigt das neoklassische Grundmodell des Arbeitsmarkts. Es ist an dieser Stelle vernachlässigbar, dass reale Arbeitsmärkte – zumindest in Europa – etwas anders funktionieren. Für didaktische Zwecke reicht das neoklassische Modell völlig aus. Das Diagramm enthält die übliche steigende inverse Arbeitsangebotsfunktion (L_S) sowie die übliche fallende inverse Arbeitsnachfragefunktion (L_D). Arbeitskräfte sind in der Regel bereit, bei höheren Lohnsätzen mehr Arbeitskraft anzubieten; Unternehmen sind umgekehrt bei fallenden Lohnsätzen bereit, mehr Arbeitskräfte zu beschäftigen. Die Ware Arbeitskraft unterscheidet sich also in diesem Modell zunächst einmal nicht von anderen Gütern. Angenommen nun, die Erzielung von Arbeitseinkommen unterliegt der Besteuerung mit dem Steuersatz t_L^1. Die Erhebung einer Steuer auf Arbeitseinkommen treibt nun einen – jedem Beschäftigten aus seiner Gehaltsabrechnung nur zu vertrauten – Keil zwischen Bruttolohn und Nettolohn: Während die Unternehmen in Abbildung 5.6 den Beschäftigten den Bruttolohn w_B auszahlen, bleibt in deren Portemonnaie jedoch lediglich der Lohnsatz w_N übrig. Die Differenz zwischen beiden Größen ist exakt der Steuersatz, der auf Arbeitseinkommen zu entrichten ist, d.h. $w_B - w_N = t_L^1$. Offenbar reduziert die Besteuerung die Anreize für die Arbeitnehmer, ihre Arbeitskraft anzubieten: Die Erhebung einer Steuer wirkt wie eine Lohnsenkung, und dies mindert bekanntlich die Arbeitsanreize. Das Arbeitsangebot geht

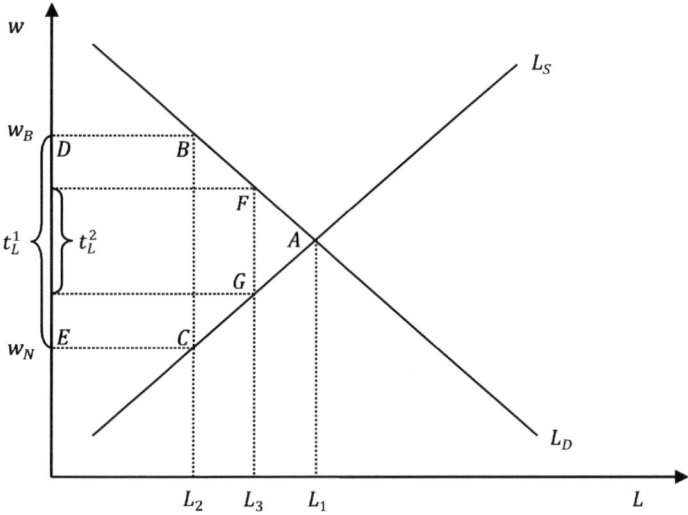

Abb. 5.6 Reduzierte Zusatzlasten auf dem Arbeitsmarkt

also zurück auf den Wert $L_2 < L_1$. Es entsteht ein Steueraufkommen in Höhe der Fläche des Rechtecks DBCE. Wie man sieht, entsteht aber auch hier – wie nicht anders zu erwarten – eine Zusatzlast der Besteuerung. Sie kann abgelesen werden als das Dreieck BAC.

Der Traum von der doppelten Dividende ist nun ein verlockend einfacher: Man nimmt das Aufkommen aus der Pigou-Steuer und finanziert damit eine steuerliche Entlastung des Faktors Arbeit, d.h.: Das Steueraufkommen aus der Arbeitseinkommensteuer wird nun genau um den Betrag des Aufkommens aus der Umweltsteuer reduziert. Der Steuersatz auf Arbeitseinkommen kann demzufolge abgesenkt werden (von t_L^1 auf t_L^2), und die Zusatzlast der Besteuerung im Arbeitsmarkt kann reduziert werden (auf das kleinere Dreieck FAG). Die negativen Leistungsanreize aus der Besteuerung von Arbeit werden ebenfalls reduziert und die Beschäftigung steigt (von L_2 auf L_3).

Damit wäre zunächst einmal die Grundidee von der doppelten Dividende im Kern erläutert. Die Literatur verwendet den Begriff der doppelten Dividende nicht ganz einheitlich. Während bei der Umweltdividende keine Unterschiede in der Terminologie existieren, wird als zweite oder doppelte Dividende manchmal die Beschäftigungszunahme am Arbeitsmarkt verstanden, oft aber auch die Abnahme von Zusatzlasten des gesamten Steuersystems. Wir schließen uns letzterer Lesart an. Von einer doppelten Dividende spricht man demzufolge genau dann, wenn die Einführung der Pigou-Steuer die *gesamte Zusatzlast des Steuersystems* vermindert. Neben diesen terminologischen Feinheiten taucht natürlich aber die Frage auf, was von der doppelten Dividende tatsächlich zu halten ist. Was ist dran an der Behauptung, man könne durch die Erhebung einer Umweltsteuer neben der Umweltdividende auch noch eine Arbeitsmarktdividende einfahren in Form geringerer Verzerrungen bei der Besteuerung des Faktors Arbeit?

Bei der Beantwortung dieser Frage muss man sich klar machen, dass wir uns bislang im Rahmen einer Partialanalyse bewegen. Der geneigte Leser wird die Partialanalyse zur Genüge aus seinen einführenden Vorlesungen in die Volkswirtschaftslehre kennen. Wird etwa in der Mikro-Vorlesung das Grundmodell von Angebot und Nachfrage eingeführt, dann geschieht dies in der Regel dadurch, dass man einen isolierten Markt betrachtet unter Aussparung aller übrigen Märkte, die in einer Volkswirtschaft außerdem noch von Bedeutung sein mögen. Im Rahmen solcher *partialanalytischen* Betrachtungen kann man bereits bedeutsame Einsichten gewinnen. Die Ableitung der Theorie der doppelten Dividende geschah bisher genau in einem solchen partialanalytischen Rahmen. Kann dieses Vorgehen im vorliegenden Fall aber gerechtfertigt werden? Eine Beschränkung auf die Partialanalyse wäre dann und nur dann zu rechtfertigen, wenn zwischen dem Markt für das schmutzige Gut und dem Arbeitsmarkt keinerlei Wechselbeziehungen bestünden. Damit ist aber nicht zu rechnen! Machen wir uns kurz klar, warum.

Gottfried und Wiegard (1995) haben im Rahmen einer numerischen allgemeinen Gleichgewichtsanalyse die Effekte von ökologischen Steuerreformen untersucht. Sie gehen dabei von folgender Situation aus: Konsumenten haben die Wahl zwischen zwei Konsumgütern – einem „sauberen Gut" und einem „schmutzigen Gut". Das schmutzige Gut geht in der Produktion mit negativen externen Effekten einher. Vom Produktionsniveau des schmutzigen Guts hängt der Arbeitseinsatz ab: Wird weniger vom schmutzigen Gut produziert (z.B. infolge der Einführung einer Ökosteuer), dann reduziert dies den Arbeitskräftebedarf. Bereits hier wird deutlich, dass Güter- und Arbeitsmarkt interdependent sind und eine Partialanalyse deshalb nicht angebracht ist. Außerdem wird durch den Staat ein öffentliches Gut (z.B. Landesverteidigung) bereitgestellt. In der Referenzsituation wird das öffentliche Gut komplett aus dem Aufkommen einer Kopfsteuer finanziert (Szenario 1). Es existiert in diesem hypothetischen Vergleichsfall weder eine Einkommensteuer noch eine Pigou-Steuer. Aus der Optimalsteuertheorie ist bekannt, dass Kopfsteuern effizient sind – allerdings nur, falls keinerlei externe Effekte existieren. Gottfried und Wiegard betrachten dann verschiedene Szenarien:

Szenario 2: Das *first-best-Optimum*. Das öffentliche Gut wird über Kopfsteuern finanziert. Es wird eine Pigou-Steuer auf das schmutzige Gut eingeführt. Das daraus erzielte Steueraufkommen wird zur Finanzierung des öffentlichen Gutes verwendet. Was dann eventuell noch fehlt, wird durch Kopfsteuern erhoben. Insofern stellt auch Szenario 2 immer noch eine Nirwanawelt dar. Das Szenario verfolgt hauptsächlich den Zweck, die wesentlichen Wirkungen der Pigou-Steuer im Totalmodell zu identifizieren. Es zeigen sich folgende Effekte: Der Konsum des schmutzigen Guts geht massiv zurück; dadurch entsteht eine erhebliche Bruttoumweltdividende. Allerdings verursacht die Pigou-Steuer negative Beschäftigungseffekte: Die Pigou-Steuer wirkt wie eine Reallohnsenkung[14], weil sie das verfügbare Einkommen reduziert. Bei positiver Arbeitsangebotselastizität nimmt die gleichgewichtige Beschäftigung ab, die Wirtschaftssubjekte substituieren aggregierten Konsum und Freizeit: Die Freizeitnachfrage steigt, der aggregierte Konsum geht zurück. Dadurch entsteht eine Zusatzlast der Besteuerung aus der Pigou-Steuer. Per Saldo entsteht jedoch ein beträchtlicher Nettowohlfahrtsgewinn, d.h., die Bruttoumweltdividende ist sehr viel größer als die induzierten Zusatzlasten. Zusammenfassend lässt sich festhalten: Eine Pigou-Steuer führt zu einer positiven Bruttoumweltdividende einerseits, zu steigenden Zusatzlasten des Steuersystems andererseits. Per Saldo nimmt die gesellschaftliche Wohlfahrt zu.

Szenario 3: Die Verfügbarkeit von lump-sum-Steuern wird jetzt fallen gelassen. Stattdessen wird angenommen, dass das öffentliche Gut komplett über eine verzerrende Einkommensteuer[15] finanziert wird. Von einer Pigou-Steuer auf das schmutzige Gut wird zunächst abgesehen. Im Ergebnis gehen von der *Einkommensteuer positive ökologische Effekte* aus, denn die Einkommensteuer reduziert den Reallohnsatz und damit sinkt das Arbeitsangebot. Wegen des geringeren verfügbaren Einkommens nimmt auch der Konsum ab – sowohl des sauberen, wie auch des schmutzigen Guts. Es wird aber nicht zwischen dem sauberen und dem schmutzigen Gut substituiert, d.h., es liegt ein reiner Einkommenseffekt, jedoch kein Substitutionseffekt vor. Deshalb ist auch die Bruttoumweltdividende unter der Einkommensteuer geringer als unter der Pigou-Steuer in Szenario 2. Dies liegt

---

[14] Unter dem Reallohn versteht man den Quotienten aus Nominallohn, w, und Preisniveau, p, also w/p.

[15] Im Modell ist die einzige Einkommensquelle Arbeitseinkommen. Damit handelt es sich also um eine Lohnsteuer.

offensichtlich an der fehlenden Lenkungswirkung der Einkommensteuer. Außerdem entstehen natürlich durch die *Verzerrung auf dem Arbeitsmarkt Zusatzlasten*. Diese sind jedoch geringer als unter der Pigou-Steuer. Man kann damit festhalten: Die Pigou-Steuer ist unter ökologischen Aspekten einer Einkommensteuer überlegen (größere Bruttoumweltdividende), aber unter finanzwissenschaftlichen Gesichtspunkten unterlegen (größere Zusatzlast der Besteuerung). Interessant ist, dass auch unter einer Einkommensteuer per Saldo ein positiver Wohlfahrtseffekt resultiert, d.h., die Bruttoumweltdividende übersteigt die Zusatzlast der Besteuerung.

Szenario 4: Im dritten Szenario wird mit der Einkommensteuer lediglich das öffentliche Gut finanziert. Man könnte nun versuchen, mit einer Erhöhung des Einkommensteuersatzes Umweltpolitik zu betreiben (das überschüssige Einkommensteueraufkommen wird an die Besteuerten zurückgeschleust). Im Modell von Gottfried und Wiegard zeigt sich tatsächlich, dass durch eine Anhebung des Einkommensteuersatzes weitere Nettowohlfahrtsgewinne verbucht werden können (die Bruttoumweltdividende steigt stärker als die Zusatzlasten). Das kann, muss aber nicht zwingend der Fall sein.

Szenario 5: In diesem Szenario werden nun Einkommensteuer und Pigou-Steuer erstmals simultan eingesetzt. Es wird angenommen, dass die Einkommensteuer zur Finanzierung des öffentlichen Guts verwendet wird, das Pigou-Steueraufkommen hingegen wird pauschal an die Besteuerten zurück geschleust. Der Sinn dieses Szenarios ist vor allem didaktischer Natur: Mit ihm soll der sogenannte „tax interaction effect" seziert werden. Außerdem kann Szenario 5 auch interpretiert werden als eine effiziente Auflagenpolitik des Staates: Bei vollständiger Information könnte die Regierung das gewünschte Umweltniveau auch durch eine effiziente Auflage dekretieren. Folgende Effekte lassen sich identifizieren: Zunächst einmal ergibt sich eine erhebliche Bruttoumweltdividende. Dies kann kaum verwundern: Die Besteuerung des Konsums des schmutzigen Konsumguts reduziert die Nachfrage nach diesem Gut beträchtlich und führt dort zur Internalisierung des externen Effekts. Es gibt aber einen negativen Effekt auf Beschäftigung und steuerliche Zusatzlast: Die Pigou-Steuer erhöht die Konsumentenpreise, senkt damit den Reallohn und somit auch das Arbeitsangebot. Damit ergeben sich bei der Einkommensteuer aber Einnahmeausfälle. Wenn das Angebot öffentlicher Güter als konstant gegeben ist, muss daher zur Finanzierung des öffentlichen Guts der Steuersatz der Einkommensteuer angehoben werden. Dies ist der von Goulder (1995) identifizierte „tax interaction effect". Die Ökosteuer vermindert das Einkommensteuer*aufkommen*, deshalb muss der Einkommensteuer*satz* angehoben werden. Dies steigert die Zusatzlast auf dem Arbeitsmarkt. Damit ist klar: Es kann leicht der Fall sein, dass die gesamten direkten und indirekten Zusatzlasten aus der Pigou-Steuer die Bruttoumweltdividende übersteigen. Eine ÖSR lässt sich dann ökonomisch nicht rechtfertigen. Zwei wichtige Einflussfaktoren auf die Zusatzlast sind die Arbeitsangebotselastizität und der Ausgangssteuersatz. Je elastischer das Arbeitsangebot einerseits, desto höher die Zusatzlast; und je höher andererseits der Einkommensteuersatz bereits in der Ausgangslage, desto größer fällt die Zusatzlast aus. Damit ist klar: Ob eine doppelte Dividende existiert, wird zu einer empirischen Frage. Der Faktor Arbeit ist aber in der Realität bereits steuerlich hoch belastet. Es erscheint aus empirischer Sicht daher mehr als fraglich, ob sich durch die Einführung einer Ökosteuer eine doppelte Dividende realisieren lässt.

Szenario 6: Wir interpretieren Szenario 5 nun als effiziente Auflagenpolitik. Jedoch wird nun das Pigou-Steueraufkommen in Szenario 6 nicht mehr rückgeschleust, sondern zur Absenkung des Lohnsteuersatzes verwendet. Bei identischer Bruttoumweltdividende ergeben sich nun natürlich geringere Zusatzlasten des Steuersystems. Wird also eine Umweltauflage (Szenario 5) durch eine optimale Pigou-Steuer ersetzt und außerdem die Lohnsteuer entsprechend abgesenkt, so könnte man von einer „schwachen doppelten Dividende" sprechen.

Szenario 7: Schließlich gehen Gottfried und Wiegard der eigentlich interessierenden Frage nach, nämlich wie eine aufkommensneutrale ÖSR wirkt. D.h., zusätzlich zu einer bereits existierenden verzerrenden Einkommensteuer wird nun eine optimale Pigou-Steuer eingeführt. Das Aufkommen aus der Ökosteuer wird zur Absenkung des Einkommensteuersatzes verwendet. Außerdem wird die Beschränkung aus den Szenarien 5 und 6 aufgegeben, wonach ein bestimmtes Umweltziel zu implementieren ist. Gesucht ist in Szenario 7 also mit anderen Worten die second-best[16] optimale Kombination aus Lohn- und Pigou-Steuer. Was sind die Ergebnisse? Verglichen mit der Situation, in der nur eine verzerrende Einkommensteuer erhoben wird (vgl. Szenario 3) ergeben sich höhere Zusatzlasten des Steuersystems insgesamt – d.h.: Eine doppelte Dividende existiert, zumindest für die von Gottfried und Wiegard gewählte Parametrisierung des Modells, nicht. Die Bruttoumweltdividende allerdings fällt, wie zu erwarten, unter der aufkommensneutralen ÖSR höher aus. Tatsächlich übersteigt die Bruttoumweltdividende die von der Pigou-Steuer insgesamt verursachten Zusatzlasten, so dass sich unter Gesichtspunkten der Gesamtwohlfahrt eine ÖSR rechtfertigen lässt (die Nettowohlfahrt der Gesellschaft ist positiv). Es bleibt aber festzuhalten, dass die ersehnte doppelte Dividende hier nicht existiert! Mehr noch: Die Beschäftigung geht, wenn auch nur leicht, zurück!

Damit soll nun keineswegs der Stab über ökologische Steuerreformen gebrochen werden. Um es noch einmal deutlich zu sagen: Eine ökologische Steuerreform kann ökonomisch gerechtfertigt werden, auch wenn keine doppelte Dividende existieren sollte. Aber: Die Beurteilung der Vorteilhaftigkeit einer Ökosteuer wird dann etwas komplizierter. Man muss dann letztlich die erzielbare Bruttoumweltdividende vergleichen mit den Zusatzlasten, die die Ökosteuer zusammen auf dem Güter- sowie dem Arbeitsmarkt hervorruft. Nur wenn die Bruttoumweltdividende die gesamten Zusatzlasten übersteigt, ist die Einführung einer Ökosteuer ökonomisch gerechtfertigt. Die einfache (partialanalytische) Version der doppelten Dividende suggeriert, man könne den Zielkonflikt zwischen Ökonomie und Ökologie auflösen. Die genauere Analyse im Rahmen eines Totalmodells zeigt jedoch, dass dies keineswegs immer der Fall ist. Unter realistischen Bedingungen muss eher damit gerechnet werden, dass die Verfolgung des Umweltziels nur um einen bestimmten Preis, nämlich die Inkaufnahme höherer Zusatzlasten auf dem Arbeitsmarkt, zu haben ist.

---

[16] „Second-best Optimalität" impliziert in unserem Kontext, dass ein Steuersystem ein bestimmtes, erforderliches Steueraufkommen zu geringsten Zusatzlasten generiert.

Man sollte also an die Einführung von Ökosteuern keine zu großen Erwartungen bezüglich ihrer Arbeitsmarkteffekte stellen: Ökosteuern sind kein probates Mittel, um die Beschäftigung spürbar zu steigern. Bei der Beurteilung der Sinnhaftigkeit ökologischer Steuerreformen sollten daher die umweltökonomischen Aspekte klar im Vordergrund stehen. Wenden wir uns daher nun schließlich noch der Beurteilung der ÖSR 1999 aus einem engeren, rein umweltökonomischen Blickwinkel zu.

Die ÖSR 1999 aus umweltökonomischer Sicht

Der primäre Zweck einer Pigou-Steuer besteht in der Internalisierung negativer externer Effekte. Eine ökologische Steuerreform muss daher vor allem nach dem Kriterium ihrer ökologischen Lenkungswirkung beurteilt werden. Leistet die Ökosteuer wirklich das, was sie intendiert, nämlich umweltschädigende Aktivitäten zu reduzieren?

Die ÖSR von 1999 belastet den Verbrauch von Energie, die aus der Verbrennung fossiler Energieträger erzeugt wird. Das erklärte Ziel im Vorfeld der Reform war es, so einen Beitrag zur Einsparung von CO_2-Emissionen zu leisten.

Aus umweltökonomischer Sicht muss zunächst einmal befremden, dass als Steuerbemessungsgrundlage der Energieverbrauch gewählt wurde. Wenn es tatsächlich der CO_2-Ausstoß ist, der reduziert werden soll, warum unterwirft man dann nicht die CO_2-Emissionen der Besteuerung? Messtechnische Argumente tragen hier nicht besonders weit: Die CO_2-Emissionen ließen sich ohne weiteres aus dem Brennstoffeinsatz berechnen. Schließlich existiert ein fixes Verhältnis aus Brennstoffmenge und resultierenden CO_2-Emissionen (vgl. hierzu auch Abschnitt 5.7).

Außerdem gibt es aus umweltökonomischer Sicht zunächst kein stichhaltiges Argument für eine differenzierende Besteuerung: Es ist kaum zu rechtfertigen, dass die unterschiedlichen Energieträger (Benzin, Diesel, schweres Heizöl, leichtes Heizöl, Strom) mit ganz unterschiedlichen Steuersätzen belegt worden sind.[17] Die umweltschädigende Wirkung einer Tonne CO_2 ist dieselbe, gänzlich unabhängig davon, ob sie durch die Verbrennung von Benzin, Diesel oder Heizöl verursacht wurde.

Sieht man von diesen Schwachpunkten einmal ab[18], dann sollte man aber wenigstens erwarten dürfen, dass von der Einführung der Ökosteuer Anreize zum Energiesparen ausgehen. Aber nicht einmal das ist gegeben, wie von Böhringer und Schwager (2003) am Beispiel der Stromsteuer gezeigt wurde. Um diese überraschende Wendung zu verstehen, muss man sich nochmals vergegenwärtigen, dass die ÖSR mit wichtigen Ausnahmeregelungen und Rückerstattungskonstruktionen umgesetzt wurde. Zum einen gilt für das Produzierende Gewerbe und die Land- und Forstwirtschaft ein ermäßigter Steuersatz von zunächst lediglich 20% des Regelsteuersatzes, sofern die zusätzliche Steuerbelastung

---

[17] So wurde eine Tonne CO_2 aus der Verbrennung von Benzin 2006 mit einer Steuer von 65,87€ belegt, bei der Verbrennung von Erdgas jedoch nur mit einem Steuersatz von 18,04€ (vgl. Bach 2009).
[18] Als weitere Merkwürdigkeit der ÖSR muss gelten, dass der Energieträger Kohle – trotz seines sehr hohen Kohlenstoffgehaltes – zunächst überhaupt nicht besteuert wurde. Seit der Energiesteuerreform von 2006 wird der Einsatz von Kohle für Heizzwecke aber ebenfalls der Besteuerung unterworfen. Damit kam die Bundesregierung einer Forderung aus der EU Energiesteuerrichtlinie nach.

des Unternehmens jährlich den Betrag von 511€ übersteigt. 2002 entsprach dieser Steuerbetrag einem jährlichen Stromverbrauch von 28,6 MWh. Zum anderen aber gibt es für Unternehmen die Möglichkeit, sich einen Teil der Stromsteuer zurückerstatten zu lassen (sog. Spitzenausgleich). Die ÖSR von 1999 sieht vor, dass Unternehmen sich die Differenz aus dem Steuerbetrag und dem 1,2-fachen der Senkung der Arbeitgeberbeiträge in der Rentenversicherung erstatten lassen können. Diese Regelung konnten Unternehmen in Anspruch nehmen, deren Steuern auf Strom und Heizstoffe mehr als 511€ im Jahr betrugen und außerdem mehr als das 1,2-fache der Entlastung durch die Senkung der GRV-Beitragssätze. Welche Effekte haben diese Regelungen auf den effektiven Steuertarifverlauf? Es ergeben sich drei Tarifbereiche, die zu unterscheiden sind: Unterhalb eines Jahresverbrauchs von 28,6 MWh greift der Regelsatz der Stromsteuer. Er lag 2002 bei 17,9 €/MWh. Danach schließt sich ein Tarifbereich an, in dem der ermäßigte Steuersatz (20% des Regelsteuersatzes, also 3,60 €/MWh) greift. Und dann folgt schließlich der dritte Tarifbereich, der unter Anreizgesichtspunkten eine faustdicke – allerdings unangenehme – Überraschung birgt. Hier zeigt die Rückerstattungsregelung fatale Auswirkungen. Die Unternehmen erhalten hier die Differenz aus dem Stromsteuerbetrag und dem 1,2-fachen der Entlastung bei den Rentenbeitragssätzen erstattet. Bezeichnen wir mit T den Stromsteuerbetrag und mit ΔGRV den Betrag, der sich aus der Senkung der Rentenbeitragssätze in der GRV ergibt. Die Vergütung beträgt dann offenbar $Vergütung = T - 1,2\, \Delta GRV$. Damit ergibt sich folgende effektive Steuerzahlung:

$$T_{eff} = T - Vergütung <=> T_{eff} = T - (T - 1,2\, \Delta GRV) = 1,2\, \Delta GRV \qquad (5.5).$$

Der Tarifverlauf wird in Abbildung 5.7 gezeigt.

Im dritten Tarifbereich (oberhalb einer bestimmten kritischen Verbrauchsmenge k_{2002})[19] bleibt der zu entrichtende Steuerbetrag – völlig unabhängig von der Stromverbrauchsmenge – konstant![20] Dies könnte man allerdings schon als einen ökologischen Schildbürgerstreich bezeichnen, heißt ein derartiger Tarifverlauf doch, dass es ab der kritischen Verbrauchsmenge keinerlei Anreiz mehr gibt, den Stromverbrauch zu senken. Ein Unternehmen kann unter diesem Tarif durch energiesparende Verhaltensweisen keinerlei Steuern sparen. Die Ökosteuer nimmt in diesem Verbrauchsbereich die Form einer

---

[19] Dieser Wert lässt sich leicht konkret berechnen, wenn die Entlastung des betreffenden Unternehmens bei den GRV-Zahlungen bekannt ist. Beträgt etwa die Entlastung 1.000€ pro Jahr, dann liegt der kritische Wert bei etwa 221 MWh. Dies lässt sich aus der Abbildung folgendermaßen bestimmen:

$$k_{2002} = \frac{1200€ - 511€}{0,2 \cdot 17,9€/MWh} + 28,6\, MWh = 221\, MWh.$$

[20] Und daran ändert sich auch nichts, wenn 60% des Regelsatzes zu entrichten sind. Im Gegenteil: Der Steuertarif verläuft dadurch im mittleren Tarifbereich steiler und erreicht die kritische Verbrauchsmenge, ab der der Steuerbetrag zu einer Konstanten wird, früher! Auch die Absenkung des Erstattungsfaktors von 1,2 auf 0,90 ändert an der grundsätzlichen Fehlkonstruktion der Stromsteuer nichts. Seit 2015 steht der Spitzenausgleich jedoch unter dem Vorbehalt einer Steigerung der Energieeffizienz von 1,3% jährlich (vgl. Deutscher Bundestag 2012).

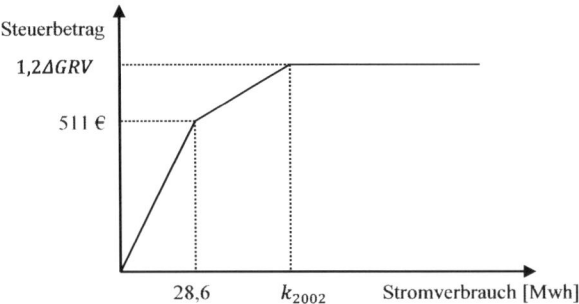

Quelle: Böhringer und Schwager (2003), S. 218.

Abb. 5.7 Der effektive Verlauf des Stromsteuertarifs 2002 [Quelle: Böhringer und Schwager (2003), S. 18]

Kopfsteuer an. Kopfsteuern haben aus finanzwissenschaftlicher Sicht interessante Eigenschaften: Wie schon erwähnt handelt es sich bei ihnen nämlich um die einzigen Steuern, die in der Lage sind, Steuereinnahmen zu generieren, ohne Ausweichhandlungen zu provozieren.[21] Was finanzwissenschaftlich höchst erwünscht wäre, ist aber aus ökologischer Sicht hier überhaupt nicht zielführend. Eine Ökosteuer als Kopfsteuer auszugestalten stellt einen kapitalen Konstruktionsfehler dar. Die Lenkungswirkung einer derart konstruierten Ökosteuer ist gleich Null. Die einzige Lenkungswirkung, die hier noch erkannt werden kann, ist rein fiskalischer Natur. Offenbar lenkt die Ökosteuer zusätzliche Mittel in den Bundeshaushalt – um per Bundeszuschuss letzten Endes die notorischen Finanzierungsprobleme der gesetzlichen Rentenversicherung zu lindern. Vom Einstieg in den „ökologischen Umbau der Marktwirtschaft", wie seinerzeit vollmundig von den Protagonisten der ÖSR versprochen, ist nicht allzu viel übrig geblieben.

5.4 Emissionshandel

Bei der Nutzung von Umweltgütern kommt es zu Ineffizienzen, weil diese Güter nicht auf Märkten gehandelt werden können. Deshalb entsteht kein Preis, der die Knappheit der Umwelt signalisiert und daher werden die externen Kosten nicht im Handeln der Wirtschaftssubjekte berücksichtigt. Die Pigou-Steuer versucht genau diesen fehlenden Preis für Umweltgüter zu simulieren. Eine andere Möglichkeit, das Marktversagen zu korrigieren, sind handelbare Emissionsrechte (auch „Zertifikate" genannt). Dieses Instrument setzt bei der Korrektur im Grunde noch eine Stufe früher an. Bei diesem Konzept wird versucht, den fehlenden Markt für Umweltgüter zu schaffen. Wie aber kann das funktionieren – immerhin gibt es gute Gründe dafür, dass solche Märkte nicht entstehen können, weil Umweltgüter sehr spezifische Charakteristika aufweisen. Insbesondere funktioniert

---

[21] Egal, was man tut: Man zahlt immer denselben Steuerbetrag.

bei ihnen das Ausschlussprinzip nicht und daher können keine exklusiven Eigentumsrechte an ihnen definiert und durchgesetzt werden.

Wie wir in Kapitel 4 gesehen haben, sind Umweltgüter tatsächlich öffentliche Güter oder Common Pool Resources und daran wird sich auch nichts ändern lassen. Die Erdatmosphäre etwa ist ein frei zugängliches Gut, niemand kann von ihrer Nutzung ausgeschlossen werden. Darüber hinaus ist der Nutzen, den dieses Gut stiftet, nicht rival. Wie aber sieht es mit Schadstoffemissionen aus? Bei ihnen könnte das Ausschlussprinzip folgendermaßen durchgesetzt werden: Wenn man eine bestimmte Menge des Schadstoffs emittieren möchte, muss man eine entsprechende Berechtigung, d.h. ein Emissionsrecht, vorweisen. Der Staat könnte solche Emissionsrechte definieren und das Ausschlussprinzip durchsetzen. Also müsste es doch möglich sein, solche Rechte für Emissionen auf Märkten zu handeln und so, zumindest indirekt, Märkte für Umweltgüter zu schaffen. Die Praxis gibt dieser Vermutung recht – in der Tat werden mittlerweile Emissionsrechte gehandelt, beispielsweise für Kohlendioxid (CO_2). So kostete das Recht, eine Tonne CO_2 zu emittieren, an der Leipziger Energiebörse EEX im September 2017 um die 5€ (vgl. Abschnitt 5.5). Wie aber genau bildet sich ein solcher Preis – wie funktioniert eigentlich ein solcher Markt für Verschmutzung? Schauen wir uns das Instrument also etwas genauer an.

Der erste Schritt, wenn es darum geht, einen solchen Markt zu installieren, besteht darin, dass der Staat festlegt, welche Schadstoffmenge insgesamt emittiert werden darf. Mit dieser Entscheidung wird also das ökologische Ziel eines Emissionshandelssystems festgelegt. In diesem Zusammenhang muss natürlich auch geklärt werden, in welchen räumlichen Grenzen und für welche Arten von Emittenten ein Emissionshandelssystem gelten soll. Soll ein nationaler Markt implementiert werden oder ein supranationaler, wie im Falle des EU-Emissionshandels etwa? Ist der räumliche Geltungsbereich festgelegt, so muss definiert werden, welche emittierenden Wirtschaftseinheiten unter das System fallen sollen. Dabei geht es darum, auf welcher Ebene der Wertschöpfungskette in einer Volkswirtschaft die Verpflichtung zum Nachweis von Emissionsrechten eingeführt wird. Dieses Problem ist alles andere als trivial, kann man doch bei einem Schadstoff wie CO_2, für den die Emissionen in einem festen Verhältnis zur Menge der eingesetzten fossilen Energieträger stehen, sowohl das Inverkehrbringen der fossilen Energieträger (z.B. der Import oder die Förderung von Kohle) als auch die eigentliche Emission (z.B. CO_2-Emissionen eines Kraftwerks) als Anknüpfungspunkt für den Nachweis wählen.[22] Sinnvollerweise wählt man die Ebene der Wertschöpfungskette, bei der die Kontrollkosten relativ gering sind und zugleich eine hinreichend große Zahl an verpflichteten Unternehmen existiert. Letzteres ist notwendig, um einen kompetitiven Zertifikatmarkt zu schaffen. Nach diesen Schritten muss die Schadstoffmenge den beteiligten Emittenten zugeteilt werden. Der Staat stückelt also die Gesamtmenge in kleinere Einheiten und teilt den Emittenten dann eine entsprechende Anzahl an Zertifikaten zu. Die Zuteilung ist in der Praxis natürlich eine

---

[22] Lässt sich dagegen der Schadstoff (z.B. SO_2) herausfiltern, muss der Emittent die Emissionsrechte für die getätigten Emissionen, die in diesem Fall auch tatsächlich gemessen werden müssen, nachweisen.

heftig umstrittene Angelegenheit, hängt von der Erstzuteilung doch ab, wie viele Emissionsrechte ein Unternehmen im anschließenden Handel möglicherweise zukaufen muss (oder verkaufen kann). Die Erstzuteilung der Zertifikate kann entweder kostenlos basierend auf historischen Emissionen erfolgen (sogenanntes „Grandfathering") oder im Zuge einer Versteigerung.[23] Die kostenlose Zuteilung kann sich dabei z.B. an den historischen Emissionen orientieren. So könnte man den Unternehmen etwa eine Zuteilung in Höhe von x% ihrer bisher realisierten Emissionen zugestehen. Eine Reduzierung der Gesamtemission ist natürlich nur zu erwarten, wenn x tatsächlich kleiner als 100 ist.

Entscheidend ist nun, dass ein Unternehmen, wenn es Schadstoffe emittieren möchte, dafür eine entsprechende Menge an Emissionsrechten einlösen muss. Eine staatliche Behörde kontrolliert, ob die Unternehmen für ihre realisierten Emissionen auch genau die erforderliche Menge an Zertifikaten abgeben. Diese Zertifikate werden dann gelöscht. Dies erfordert natürlich eine Erfassung und Kontrolle der tatsächlichen Emissionen. Im Falle eines Schadstoffs wie CO_2 ist dies relativ einfach zu bewerkstelligen, da – wie bereits erwähnt – zwischen dem Input an fossilen Brennstoffen (etwa Kohle, Mineralöl, Erdgas) und den freigesetzten CO_2-Emissionen eine proportionale Beziehung existiert.[24] Es reicht in diesem Fall also, die Faktoreinsatzmengen zu kennen. Existiert kein festes Verhältnis zwischen Input und Emissionen, müssen die Emissionen an der Quelle gemessen werden – was üblicherweise deutlich aufwändiger ist. Hat ein Unternehmen nicht ausreichend Emissionsrechte für die getätigten Emissionen eingelöst, wird eine Strafzahlung fällig. Diese Zahlung ist natürlich so zu bemessen, dass sie oberhalb des herrschenden Marktpreises für Zertifikate liegt. Nur in diesem Fall haben die Unternehmen auch tatsächlich einen Anreiz, die erforderlichen Emissionsrechte am Markt zu erwerben und einzulösen. Läge die Strafzahlung unterhalb des Marktpreises, dann würden sich die Unternehmen durch Zahlung der Strafe besser stellen. Ein Markt würde dann überhaupt gar nicht erst entstehen.

Angenommen nun, wir haben all diese institutionellen Fragen geklärt – der räumliche Geltungsbereich sowie der Kreis der Emittenten des Schadstoffs wurden definiert, die Gesamtemissionsmenge festgelegt und zugeteilt, eine Kontrollbehörde und ein Sanktionssystem eingerichtet – warum und wie sollte nun ein Handel mit Zertifikaten entstehen?

Um diese Frage zu beantworten, muss man sich klar machen, dass sich Unternehmen üblicherweise in ihren *Grenzvermeidungskosten* unterscheiden. Dies ist deshalb der Fall, weil Produktionsanlagen nicht alle denselben Stand der Technik aufweisen. Es gibt moderne und weniger moderne Anlagen – wobei die moderneren in der Regel die

---

[23] Daneben gibt es auch die Möglichkeit, Zertifikate über „Benchmarks" zu verteilen. Benchmarks sind Emissionen relativ zu einer In- oder Outputgröße, wobei oft die beste verfügbare Technik zugrunde gelegt wird. Jedes Unternehmen erhält dann für x% seines In- oder Outputs Zertifikate zugeteilt. Unternehmen mit älterer Technik, die höhere Emissionen pro Input- oder Outputeinheit verursachen, erhalten dann unter sonst gleichen Bedingungen weniger Zertifikate zugeteilt als Unternehmen mit der besten verfügbaren Technik.

[24] Zum Beispiel entstehen bei der Verbrennung von 1 Liter Benzin immer 2.333 gCO_2; 1 kg Steinkohle erzeugt bei der Verbrennung 2.762 gCO_2.

höheren Grenzvermeidungskosten aufweisen. Es ist einfacher mit alten, emissionsintensiven Anlagen Emissionen zu vermeiden als mit einem modernen, wenig emissionsintensiven Anlagenpark.[25] Angenommen nun, wir betrachten auf einem Wettbewerbsmarkt zwei Emittenten, i und j, mit unterschiedlichen Grenzvermeidungskosten im Markt – was wird geschehen?

Gehen wir davon aus, dass beide Unternehmen über eine Menge an Emissionsrechten verfügen, die lediglich einem bestimmten Prozentsatz ihrer bisherigen Emissionen entspricht. Emittent i verfügt über eine Anfangsausstattung („initial allocation", IA) in Höhe von E_i^{IA} und Emittent j über E_j^{IA}. Beide Emittenten erhalten die gleiche Menge an Emissionsrechten, wobei diese Menge unter ihren Emissionen im Business As Usual liegt ($E_i^{IA} = E_j^{IA} < \bar{E}_i = \bar{E}_j$). Eine wichtige Eigenschaft des Handels mit Emissionsrechten kann man sich bereits an dieser Stelle klar machen: Teilt der Staat insgesamt den beiden Emittenten nur Emissionsrechte in Höhe $E_i^{IA} + E_j^{IA}$ zu, dann muss es offenbar zu einer Reduktion der Gesamtemission um $(\bar{E}_i + \bar{E}_j) - (E_i^{IA} + E_j^{IA})$ kommen. Voraussetzung hierfür ist lediglich eine zutreffende Erfassung der tatsächlichen Emissionen sowie die Existenz einer wirksamen Sanktion. Ein Emissionshandel erreicht also die gewünschte Reduzierung der Emissionen auf jeden Fall – unabhängig davon, wer letztlich emittiert. Es stellt sich aber auch die Frage, wo die Reduktion eintritt und mit welchen Kosten diese verbunden ist.

Versetzen wir uns in die Lage des Unternehmens mit den hohen Grenzvermeidungskosten, angenommen es ist i. Unternehmen i verfügt über Rechte für einen Ausstoß von E_i^{IA}. Es muss zur Aufrechterhaltung seiner bisherigen Produktion Emissionen in Höhe von $\bar{E}_i - E_i^{IA}$ einsparen. Dabei hat es grundsätzlich zwei Möglichkeiten: (i) Entweder es investiert in zusätzliche Vermeidung oder (ii) es besorgt sich weitere Emissionsrechte am Markt. Wann wird Unternehmen i sich am Markt eindecken? Offenbar genau dann, wenn der Marktpreis p für eine Mengeneinheit geringer ist als die Vermeidungskosten dieser Mengeneinheit. Eine notwendige Bedingung dafür, dass es also zu einer Zertifikatnachfrage vonseiten des Unternehmens i kommt, ist $p < GVK_i$. Das Unternehmen vermeidet dagegen selbst, wenn $p > GVK_i$.

Betrachten wir nun Unternehmen j mit den niedrigen Grenzvermeidungskosten. Dieses Unternehmen würde im vorliegenden Fall zum Anbieter von Zertifikaten werden. Der Grund ist einfach einzusehen: Unternehmen j kann Zertifikate halten, um damit den eigenen Ausstoß gegenüber der Kontrollbehörde zu rechtfertigen. Es kann aber auch zusätzlich vermeiden und somit freiwerdende Zertifikate am Markt verkaufen. Wann wird es bereit sein, Zertifikate am Markt anzubieten? Genau dann, wenn der Zertifikatpreis oberhalb der

---

[25] So können zum Beispiel in einem Kohlekraftwerk die CO_2-Emissionen u.a. durch die Steigerung des Wirkungsgrads reduziert werden. Eine Steigerung des Wirkungsgrads führt bei konstanter Menge an produziertem Strom zu einem geringeren Verbrauch an Kohle und damit zu geringeren CO_2-Emissionen. Da die zusätzlichen Kosten, die bei der Steigerung des Wirkungsgrads um einen Prozentpunkt anfallen, mit steigendem Wirkungsgrad ansteigen, ist CO_2-Vermeidung über Wirkungsgradsteigerung in modernen Anlagen mit hohem Wirkungsgrad teurer als in alten Anlagen mit niedrigem Wirkungsgrad. Vgl. zu der Problematik Steinkohle und CO_2-Emissionen Löschel (2009).

Grenzvermeidungskosten liegt. Damit aber bietet sich offensichtlich die Möglichkeit eines vorteilhaften Geschäfts für beide beteiligten Unternehmen: Unternehmen j wäre bereit Zertifikate anzubieten, falls $p > GVK_j$, Unternehmen i hingegen wäre bereit Zertifikate nachzufragen, falls $p < GVK_i$. Da wir angenommen haben, dass $GVK_i > GVK_j$, existieren Preise im Intervall zwischen den Grenzvermeidungskosten beider Unternehmen, bei denen es zu einem Zertifikathandel kommt, von dem letztlich *beide Unternehmen profitieren*. Wie lange sind Tauschgeschäfte beider Beteiligter am Markt sinnvoll? Offenbar genau so lange, bis sich die Grenzvermeidungskosten beider Unternehmen exakt angeglichen haben. Erst dann sind alle Möglichkeiten für bilateral vorteilhafte Tauschvorgänge ausgeschöpft. Ein Gleichgewicht im Zertifikatmarkt muss daher durch folgende Bedingung charakterisiert sein: Der Marktpreis der Zertifikate stimmt im Gleichgewicht mit den Grenzvermeidungskosten beider Unternehmen überein. Formal muss also gelten $p = GVK_i(E_i(p)) = GVK_j(E_j(p))$. Dieses wichtige Ergebnis lässt sich verallgemeinern: Im Gleichgewicht sind die Grenzvermeidungskosten aller Unternehmen gleich dem Zertifikatpreis.

Diese Überlegungen lassen sich auch grafisch veranschaulichen.[26] In Abbildung 5.8 wird ein Marktpreis p angenommen. Zu diesem Preis wird das Unternehmen i Zertifikate kaufen und zwar die Menge $E_i(p) - E_i^{IA}$. Das Unternehmen spart dabei Vermeidungskosten in Höhe von A + B und zahlt für die Zertifikate B. Es verbleibt ein Nettogewinn von A. Unternehmen j wird zu p Zertifikate verkaufen und zwar die Menge $E_j^{IA} - E_j(p)$. Das Unternehmen hat dadurch höhere Vermeidungskosten in Höhe von D und erhält für die verkauften Zertifikate C + D. Es verbleibt ein Nettogewinn von C. Im Endergebnis stellen sich beide Unternehmen durch den Handel besser und die Grenzvermeidungskosten gleichen sich an.[27] Damit sich diese Effekte einstellen, müssen wir aber eine wichtige Annahme treffen. Es muss sich um einen *Wettbewerbsmarkt* handeln. In diesem Fall interagieren viele Unternehmen auf dem Zertifikatmarkt und keines kann den Preis für Zertifikate beeinflussen.

Was erreicht damit ein Emissionshandel? Unternehmen, die relativ hohe Grenzvermeidungskosten aufweisen, werden in diesem System zu Nachfragern von Verschmutzungsrechten, Unternehmen mit vergleichsweise niedrigen Grenzvermeidungskosten werden

---

[26] In Abbildung 5.8 ist die zum Marktpreis p von i nachgefragte Menge gleich der von j angebotenen Menge. Dies ist eine didaktische Vereinfachung. Allgemein gilt, dass im Marktgleichgewicht bei Angleichung der GVK aller Emittenten an den Marktpreis p die Nettonachfrager (wie i) jeweils $E_i(p) - E_i^{IA}$ kaufen, die Nettoanbieter (wie j) jeweils $E_j(p) - E_j^{IA}$ verkaufen und das aggregierte Angebot von Zertifikaten gleich der aggregierten Nachfrage ist.

[27] An dieser Stelle kann man sich auch klar machen, dass unter Wettbewerbsbedingungen jede andere Verteilung der Anfangsausstattung letztlich auch zur Angleichung der Grenzvermeidungskosten führt. Das Ergebnis $p = GVK_i(E_i(p)) = GVK_j(E_j(p))$ wird also unabhängig von der Anfangsausstattung erreicht. Allerdings wird natürlich die Verteilung der Handelsgewinne durch die Anfangsausstattung beeinflusst. Wenn zum Beispiel in Abbildung 5.8 bei konstanter Summe $E_i^{IA} + E_j^{IA}$ Unternehmen i mehr Zertifikate erhält und j weniger, dann sinken die Ausgaben von i für Zertifikate und die Verkaufserlöse von j gehen zurück. Offensichtlich würde i diese Anfangsausstattung gegenüber $E_i^{IA} = E_j^{IA}$ präferieren.

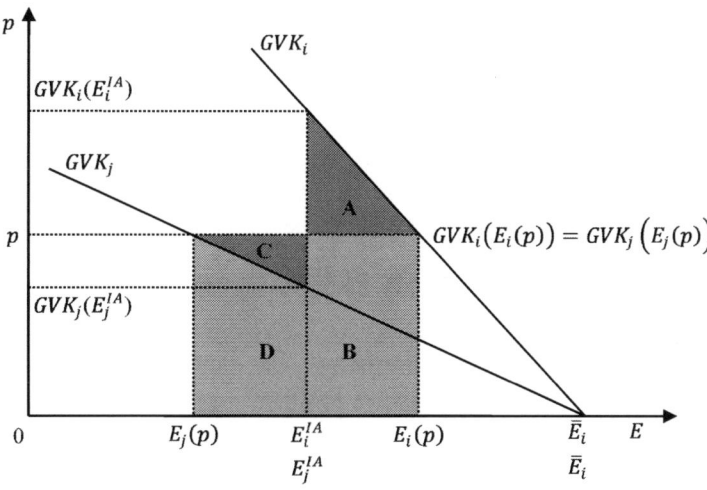

Abb. 5.8 Emissionshandel für zwei Unternehmen

zu Anbietern von Zertifikaten. Die Vermeidung erfolgt also dort, wo sie zu den niedrigsten Vermeidungskosten möglich ist. Das ist der entscheidende Vorteil eines Emissionshandels: Die Vermeidungsaktivitäten finden dort statt, wo sie die minimalen Kosten verursachen. Dies ist der Grund, warum der Emissionshandel das gegebene Umweltziel zu den geringstmöglichen gesamtwirtschaftlichen Kosten implementiert. Man spricht davon, dass ein System handelbarer Emissionsrechte *Kosteneffizienz* gewährleistet. Darüber hinaus erreicht das System das gesteckte ökologische Ziel, und zwar mit absoluter Sicherheit: Die gewünschte Vermeidungsmenge wird auf jeden Fall erreicht. Man spricht daher davon, dass ein Emissionshandel außerdem auch ökologisch treffsicher ist. Wird das Emissionsziel so gewählt, dass Grenzschaden gleich Grenzvermeidungskosten ist, erreicht der Emissionshandel Effizienz, d.h., die gesamtgesellschaftlichen Kosten aus Emissionsvermeidung werden minimiert. In diesem Fall gilt $p^* = GVK(E^*) = GS(E^*) = GVK_i(E_i^*(p^*))$ für alle Unternehmen und der Emissionshandel ist äquivalent zur Pigou-Steuer. Dann ist $t^* = p^*$. Wird dagegen das optimale Emissionsziel verfehlt, erreicht der Emissionshandel nicht mehr das Minimum der gesamtgesellschaftlichen Kosten – jedoch realisiert er das gegebene Emissionsniveau zu minimalen Kosten. Für ein beliebiges Emissionsniveau gilt dann $p = GVK(E) = GVK_i(E_i(p))$. Auf Grund der Schwierigkeiten, in der Praxis das optimale Emissionsniveau E^* zu bestimmen, gehen wir im Folgenden davon aus, dass der Emissionshandel nur „second best" ist, d.h., er minimiert die Vermeidungskosten für ein gegebenes Emissionsziel. Grundsätzlich ist es aber auch möglich, einen „first best" Emissionshandel zu installieren. In diesem Fall werden die Gesamtkosten, d.h. die Summe aus Vermeidungs- und Schadenskosten, minimiert. Allerdings steht man dann vor den gleichen Informationsproblemen wie bei der Pigou-Steuer.

Bislang sind wir davon ausgegangen, dass die Umweltbehörde vollständige Information über Kosten und Nutzen aus Emissionsvermeidung hat, d.h., sie kennt den Verlauf von Grenzvermeidungskosten und Grenzschäden. Pigou-Steuer und Emissionshandel sind in diesem Fall äquivalent. Aus der Effizienzperspektive spielt es in dieser Situation keine Rolle, ob man sich für die Preis- oder Mengenlösung entscheidet. Was passiert aber, wenn wir von der – zugegebenermaßen sehr unrealistischen – Annahme vollständiger Information abrücken? Gibt es dann aus der Effizienzperspektive eine Präferenz für eines der beiden Instrumente?

Wir gehen im Folgenden davon aus, dass sich die Umweltbehörde entweder auf eine Pigou-Steuer t^* oder auf die Emissionsmenge E^* mit anschließendem Emissionshandel auf einem Wettbewerbsmarkt festlegt. Bei *unvollständiger Information* über den Verlauf der Grenzschäden (GS) und der Grenzvermeidungskosten (GVK) ist es sehr wahrscheinlich, dass die Behörde bei der Festlegung von t^* oder E^* einen Fehler macht. Ein solcher Fehler verursacht unvermeidlich einen Wohlfahrtsverlust, da die Grenzvermeidungskosten nicht mehr gleich den Grenzschäden sind. Die Frage ist aber, bei welchem Instrument – der Preissteuerung oder der Mengensteuerung – der Wohlfahrtsverlust höher ist. Sollte also die Behörde in einer Situation unvollständiger Information über GS und GVK eines der beiden Instrumente präferieren? Abbildung 5.9 stellt diese Situation dar. Die effiziente Pigou-Steuer t^* korrespondiert zum effizienten Emissionsniveau E^*. Bei vollständiger Information würde also entweder t^* oder E^* gewählt – sowohl Preissteuerung als auch Mengensteuerung führen zum gleichen, wohlfahrtsmaximalen Ergebnis. Gehen wir im Folgenden nun davon aus, dass die Behörde auf Grund der unvollständigen Information die Steuer (bezeichnet mit t_1) um ein Drittel zu niedrig ansetzt, d.h., es gilt $t_1 = 0{,}67\ t^*$. Das resultierende Emissionsniveau ist $E_1 > E^*$. Durch die ineffizient hohen Emissionen entsteht ein Wohlfahrtsverlust in Höhe der Fläche A. Was passiert nun, wenn die Behörde einen vergleichbaren relativen Fehler bei der Festlegung der Emissionsmenge macht? In diesem Fall wird die Emissionsmenge (bezeichnet mit E_2) um ein Drittel zu hoch angesetzt, d.h., es muss gelten $E_2 = 1{,}33\ E^*$. Das Ergebnis ist ein Wohlfahrtsverlust in Höhe der Flächen A + B. Wir können also feststellen, dass der gleiche relative Fehler unterschiedliche Wohlfahrtswirkungen in Abbildung 5.9 hat. Der Fehler bei der Preissteuerung hat einen geringeren Wohlfahrtsverlust zur Folge als der gleiche relative Fehler bei der Mengensteuerung. Was ist die Ursache hierfür? In Abbildung 5.9 verläuft die GVK-Kurve relativ steil im Vergleich zur GS-Kurve, d.h., ein bestimmter prozentualer Fehler bei der Steuer hat eine nur relativ geringe Ausdehnung der Emissionsmenge über das effiziente Niveau hinaus zur Folge. Damit entstehen auch nur relativ geringe zusätzliche Schadenskosten. Wird dagegen die Emissionsmenge in gleichem relativen Ausmaß verfehlt, sind die Einsparungen an Vermeidungskosten relativ gering, die zusätzlichen Schadenskosten aber relativ hoch. Genau umgekehrt verhält es sich für den Fall, dass die GVK-Kurve relativ flach im Vergleich zur GS-Kurve verläuft.

Dieses wichtige Ergebnis, welches auf einen Artikel von Martin Weitzman aus dem Jahr 1974 zurückgeht, lässt sich folgendermaßen verallgemeinern. Ist der betragsmäßige Anstieg der GVK größer als der Anstieg der GS, dann führt ein bestimmter prozentualer

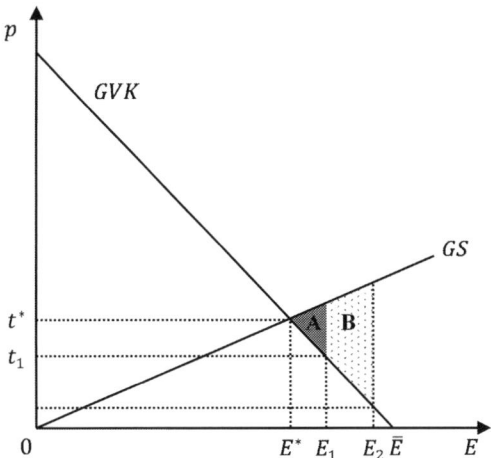

Abb. 5.9 Preis- und Mengensteuerung bei unvollständiger Information

Fehler bei der Festlegung der Emissionssteuer zu einem geringeren Wohlfahrtsverlust als der gleiche prozentuale Fehler bei der Emissionsmenge. Die Steuerlösung ist also in diesem Fall gegenüber der Mengenlösung zu präferieren. Ist dagegen der betragsmäßige Anstieg der GVK kleiner als der Anstieg der GS, dann führt ein bestimmter prozentualer Fehler bei der Festlegung der Emissionssteuer zu einem höheren Wohlfahrtsverlust als der gleiche prozentuale Fehler bei der Emissionsmenge. In diesem Fall ist also die Mengensteuerung gegenüber dem Preisinstrument zu präferieren.

5.5 Fallstudie: Der EU-Emissionshandel

Ein neues Zeitalter in der Umweltpolitik

Mit der Einführung des Emissionshandels (European Emission Trading System, EU ETS) im Jahr 2005 hat in Europa ein neues Zeitalter in der Umweltpolitik begonnen: Erstmals müssen die energieintensiven Industrien für den Ausstoß von CO_2, dem mit Abstand wichtigsten Treibhausgas, einen Preis zahlen. Das EU ETS ist das zentrale Instrument der Klimapolitik in Europa und funktioniert nach einem einfachen Prinzip. Für die Mitgliedstaaten der EU-28 (hinzu kommen Norwegen, Island und Liechtenstein) wird festgelegt, wie viele Treibhausgase[28] (THG) in den beteiligten Sektoren insgesamt emittiert werden dürfen. Neben CO_2 werden auch N_2O und PFCs erfasst (die Mengeneinheit für die

---

[28] Zu den Treibhausgasen, die den anthropogenen Klimawandel verursachen, zählen Kohlendioxid (CO_2), Methan (CH_4), Distickstoffoxid (N_2O), Fluorkohlenwasserstoffe (FKW), Perfluorierte Kohlenwasserstoffe (PFCs) und Schwefelhexafluorid (SF_6).

Emissionen ist daher Tonnen CO_2-Äquivalente, kurz tCO_2e). Diese Gesamtmenge, im Jahr 2013 ca. 2,084 $GtCO_2e$ und damit ca. 45% der gesamten THG-Emissionen der EU, wird in Form von sogenannten Zertifikaten an die Unternehmen verteilt. Für jede Tonne, die emittiert wird, muss ein solches Zertifikat an die jeweilige nationale Regulierungsbehörde abgegeben werden. Die Zertifikate sind handelbar. Besitzt ein Unternehmen überschüssige Zertifikate, so kann es diese am Markt verkaufen oder für spätere Verwendung zurücklegen. Verfügt ein Unternehmen über weniger Zertifikate als es eigentlich emittieren möchte, so kann es diese auf dem Markt erwerben oder aber selbst Emissionen vermeiden. Wie bereits in Abschnitt 5.4 gezeigt wurde, sorgt der Emissionshandel dafür, dass (i) das Emissionsziel eingehalten wird und (ii) sich die Grenzvermeidungskosten der Emittenten unter Wettbewerbsbedingungen angleichen und damit Kosteneffizienz erreicht wird.

In dieser Fallstudie soll zunächst die historische Entwicklung und die konkrete Ausgestaltung des EU ETS näher betrachtet werden. Dabei stellen wir sowohl den aktuellen Stand als auch geplante Änderungen für die nähere Zukunft dar. Im Anschluss daran analysieren wir die Preisentwicklung für Zertifikate und die Determinanten des Preises. Abschließend gehen wir auf das Problem der Regulierungsüberlagerung ein und diskutieren aktuelle Probleme des EU ETS.

Ausgestaltung des EU ETS
Wie bereits in Abschnitt 5.4 erläutert, müssen für die Einrichtung eines funktionierenden Emissionshandels vier Grundvoraussetzungen erfüllt sein: (i) Die Abgrenzung des Systems hinsichtlich der Schadstoffe und der Akteure, (ii) die Bestimmung der aggregierten Emissionen und die Ausgestaltung der Anfangsallokation (das „Cap"), (iii) die Sicherung der Existenz eines effizienten Markts und (iv) die Durchsetzung eines Regelwerks für die Messung der Emissionen und die Sanktionierung von Regelverletzungen.

Die rechtliche Grundlage für das EU ETS setzte die Richtlinie 2003/87/EG des Europäischen Parlaments und des Rats vom 13. Oktober 2003 (EU 2003).[29] Zur Einführung des EU ETS in 2005 wurde zunächst nur CO_2 reguliert. Dafür gab es im Wesentlichen zwei Gründe: (i) CO_2-Emissionen sind relativ leicht zu messen und (ii) dieses Treibhausgas hat den mit Abstand größten Anteil am anthropogenen Treibhauseffekt. Mittlerweile umfasst das EU ETS auch N_2O und PFCs. Wir konzentrieren uns im Folgenden jedoch nur auf CO_2.

Die CO_2-Emissionen folgender Sektoren und Tätigkeiten für unterschiedliche Kapazitätsgrenzen fallen unter das EU ETS:

- Energiewirtschaft: Verbrennungsanlagen mit einer Wärmenettozufuhr über 20 MW, Mineralölraffinerien und Kokereien.
- Eisen und Stahl: Röst- und Sinteranlagen für Metallerz und Herstellung von Roheisen oder Stahl.

---

[29] Diese Richtlinie wurde ergänzt durch Richtlinie 2009/29/EG (EU 2009). Wir beziehen uns hier auf beide Richtlinien und auf EU (2016).

- Mineralverarbeitende Industrie: Herstellung von Zement, Kalk, Glas- und Glasfasern und keramischen Erzeugnissen.
- Papierindustrie: Herstellung von Zellstoff und Erzeugnissen aus Papier und Pappe.
- Chemische Industrie: Herstellung von Grundchemikalien wie Ammoniak und Soda.
- Luftverkehr: Emissionen aller Luftfahrzeuge, die auf Flugplätzen des Europäischen Wirtschaftsraums (EWR) starten und landen. Für den Luftverkehr gibt es eine separate Emissionsobergrenze.

Anlagenbetreiber aus diesen Sektoren müssen in der EU für jede emittierte Tonne CO_2 (bzw. N_2O und PFCs gemessen als tCO_2e) ein Emissionsrecht einlösen. Insgesamt sind ca. 11.000 Anlagen betroffen.

Das EU ETS begann zunächst mit einer dreijährigen Pilotphase („Phase I", 2005 bis 2008). Nach Phase II (2008 bis 2012) befindet sich das EU ETS derzeit in Phase III (2012 bis 2020). Mittlerweile steht auch die Ausgestaltung der Phase IV (2021 bis 2030) fest.

Die Richtlinie 2003/87/EG vermied zunächst die für einen funktionierenden Emissionshandel nötige Festlegung der aggregierten Emissionen, die die Unternehmen nur noch ausstoßen dürfen (das „Cap"). Stattdessen wurde diese Aufgabe für die Phasen I und II den Mitgliedstaaten überlassen. Festgelegt wurde, dass jeder Mitgliedstaat mit einem Allokationsplan die nationalen Emissionen der unter das EU ETS fallenden Sektoren und Tätigkeiten festlegt. Dieser Allokationsplan musste bestimmten Kriterien entsprechen und konnte von der Kommission – bei Verletzung dieser Kriterien – abgelehnt werden. Hinsichtlich der Anfangsverteilung der Zertifikate auf die betroffenen Unternehmen legte die Richtlinie fest, dass für Phase I mindestens 95% und für Phase II mindestens 90% der Zertifikate kostenlos zuzuteilen sind. Die vorherrschende Methode der Zuteilung in Phase I und II war eine spezielle Version des Grandfatherings: Die Zertifikate wurden jährlich basierend auf historischen Emissionen kostenfrei an die Unternehmen vergeben. Die Zertifikate wurden also von den Mitgliedstaaten überwiegend verschenkt. Dies ist für die Kosteneffizienz des Emissionshandels unproblematisch, wenn man davon ausgeht, dass sich die Unternehmen im Laufe der Zeit auf die Verbesserung der angewandten Technologie beschränken, also nicht in neue Technologien investieren. Da die zugeteilte Menge an Zertifikaten geringer ist als die Nachfrage, entsteht eine Knappheit an Zertifikaten, durch die sich am Markt ein Preis bildet. Dieser Preis sorgt dafür, dass die Unternehmen sorgsam mit den ihnen zur Verfügung stehenden Zertifikaten umgehen. Denn wer günstig CO_2 einspart, kann die freiwerdenden Zertifikate am Markt verkaufen oder für eine spätere Verwendung zurücklegen. Das bedeutet also: Auch verschenkte Zertifikate haben einen Wert. Dies haben in Europa insbesondere die Stromkunden durch höhere Strompreise zu spüren bekommen, da die Stromerzeuger den Wert der verschenkten Zertifikate in ihre Erzeugungskosten eingepreist haben. Der Leser möge sich klarmachen, warum dieses Verhalten ökonomisch völlig korrekt ist: Auch bei einem geschenkten Zertifikat muss gewährleistet sein, dass die Nutzung des Zertifikats (z.B. bei der Stromproduktion mit Kohle) mindestens einen Ertrag generiert, der gleich den Opportunitätskosten ist. Die Opportunitätskosten, d.h. die Erträge aus der zweitbesten Verwendung einer Ressource, sind aber gleich dem Marktpreis für Zertifikate

– denn diesen Preis hätte man erzielen können, wenn man das Zertifikat nicht zur Stromproduktion nutzt, sondern verkauft. Die Unternehmen haben also die geschenkten Zertifikate so behandelt, als ob sie diese zum Marktpreis gekauft hätten. Die kostenlose Zuteilung hat damit „nur" zu einer entsprechenden Erhöhung der Gewinne der Unternehmen im EU ETS geführt. Dabei handelt es sich nicht um „peanuts". So betrug der Wert der verschenkten Zertifikate in Phase I insgesamt 27 Mrd. € pro Jahr.[30]

Unter der Annahme, dass Unternehmen in neue Technologien investieren, gibt es jedoch aus dynamischer Sicht starke Bedenken gegen das Verschenken der Zertifikate – zumindest so, wie es in Phase I und II in Deutschland und anderen EU-Ländern gehandhabt wurde. So erhielt beispielsweise in Deutschland ein neues Kohlekraftwerk im Rahmen des praktizierten Grandfatherings etwa doppelt so viele Zertifikate wie ein neues Gaskraftwerk, das die gleiche Leistung an Strom liefert. Damit wurden nicht die richtigen Anreize gesetzt, in CO_2-ärmere Technologien zu investieren. Müssten dagegen die Zertifikate von den Unternehmen erst einmal gekauft werden, so würde dies Anreize für den verstärkten Einsatz von Gas und gegen den von Kohle setzen, da Gas pro Energieeinheit etwa nur halb so viel CO_2 freisetzt wie Kohle.[31] Aber auch aus Gründen der Verteilungsgerechtigkeit lässt sich gegen das Verschenken der Zertifikate argumentieren. So kann man sich fragen, warum die zusätzlichen Gewinne durch die Preiserhöhung für Strom nur den Energieunternehmen und ihren Anteilseignern zukommen sollen. Würde dagegen der Staat die Zertifikate versteigern, blieben die Strompreise unverändert, da der Wert der Zertifikate bereits eingepreist wurde – jedoch würden die Versteigerungserlöse an den Staat gehen. Dieser könnte hiermit einkommensschwache Haushalte, die relativ viel Einkommen für teurer werdende Energie ausgeben müssen, entlasten und Steuern, die üblicherweise das Wirtschaftsgeschehen hemmen, reduzieren.[32]

Ein weiteres Problem ergibt sich beim Grandfathering: Auf Grund des immensen Wertes der kostenlos vergebenen Zertifikate haben die Unternehmen starke Anreize, die Politik bei der Festlegung der Regeln der Zuteilung so zu beeinflussen, dass sie möglichst viele Zertifikate bekommen. Die Aufwendungen, die dabei entstehen, sind gesellschaftlich betrachtet reine Verschwendung, denn es geht schließlich nur darum, dass die Zertifikate zu Gunsten eines Sektors oder eines Unternehmens anders verteilt werden – zusätzliche Werte werden nicht geschaffen. Ökonomen nennen diese ineffizienten Aktivitäten „Rent-Seeking". Es ist also nicht verwunderlich, dass im Zuge der kostenfreien Anfangszuteilung eine Vielzahl von Arbeitsgruppen und Gremien bei Ministerien entstanden sind, in denen die Unternehmen versucht haben, die Politik zu ihren Gunsten zu beeinflussen. Die immensen Kosten des Rent-Seekings sind zweifellos ein schwerwiegender Nachteil des

---

[30] Die Menge der kostenfrei vergebenen Zertifikate betrug 2.096 (2.072, 2.145) Mio. tCO_2 im Jahr 2005 (2006, 2007). Multipliziert man diese Mengen mit dem durchschnittlichen mengengewichteten Marktpreis (2005: 22,3 €/tCO_2, 2006: 15,1 €/tCO_2, 2007: 1,3 €/tCO_2) so erhält man den Wert der verschenkten Zertifikate für Phase I.

[31] Eine Alternative zur Versteigerung wäre ein brennstoff- und outputunabhängiges Grandfathering. Auch in diesem Fall würden Anreize gesetzt, verstärkt in CO_2-arme Technologien zu investieren.

[32] Vgl. hierzu Abschnitt 5.3.

Grandfatherings. Darüber hinaus entsteht ein erheblicher bürokratischer Aufwand bei der Erstellung der nationalen Allokationspläne.

Aus ökonomischer Sicht gibt es einen einfachen Weg, solche Probleme zu lösen: Die Zertifikate werden versteigert. Jedes Unternehmen, welches emittieren möchte, muss die benötigten Zertifikate in einer Auktion kaufen. Auch ohne tiefere Kenntnisse in Auktionstheorie sollte sich der Leser anhand Abbildung 5.8 klar machen können, dass eine Auktion von Zertifikaten unter Wettbewerbsbedingungen zum gleichen Resultat führt wie eine kostenfreie Zuteilung.[33] Entscheidend aus Sicht des Unternehmens i ist dabei wieder der Vergleich der individuellen Grenzvermeidungskosten (GVK_i) mit dem Auktionspreis für Zertifikate (p). Zertifikate zu kaufen reduziert die Kosten solange $GVK_i > p$. Wenn dagegen $GVK_i < p$ ist es kostengünstiger, selbst zu vermeiden. Auch bei einer Auktion werden sich also die Grenzvermeidungskosten aller Unternehmen an den Auktionspreis für Zertifikate angleichen. Sollte es tatsächlich Abweichungen geben – etwa, weil der tatsächliche Auktionspreis von den Unternehmen nicht korrekt antizipiert wurde – wird bei hinreichend vielen Emittenten nach der Auktion ein kompetitiver Sekundärmarkt entstehen, der für den Ausgleich der Grenzvermeidungskosten sorgt.

Die EU-Kommission hat 2008 eine solche Weichenstellung in Richtung Auktionierung für das EU ETS vorgeschlagen und schließlich auch umgesetzt.[34] Ziel war es, in der Phase III von 2013 bis 2020 die Versteigerung als vorherrschendes Prinzip zur Verteilung der Zertifikate an die Unternehmen einzusetzen.[35] Die Stromerzeuger, die bislang vom Verschenken der Zertifikate profitierten und zugleich kaum im Wettbewerb mit Anbietern außerhalb der EU stehen, müssen ab 2013 praktisch alle benötigten Zertifikate ersteigern. Unternehmen aus anderen energieintensiven Branchen werden bis 2020 ca. 70% der benötigten Zertifikate ersteigern müssen. Die kostenlose Vergabe wird über harmonisierte Benchmarks realisiert. Für bestimmte Sektoren, die vom Emissionshandel betroffen sind und zugleich im internationalen Wettbewerb stehen, werden jedoch die Zertifikate weiterhin kostenlos vergeben. Hintergrund sind Bedenken, dass diese Unternehmen durch höhere Preise auf Grund der Kosten für den Erwerb von Zertifikaten Marktanteile einbüßen. Als Folge würden dann Produktion und damit auch Emissionen verstärkt ins außereuropäische Ausland fließen, wo CO_2-Emissionen nicht bepreist werden. Letztlich wird aber auch ein Verschenken der Zertifikate auf lange Sicht nicht verhindern können, dass Unternehmen aus der EU im internationalen Wettbewerb Marktanteile verlieren oder eine geringere Rendite erwirtschaften. Da die Zertifikate einen Wiederverkaufswert haben, wird der Wert der verschenkten Zertifikate auf die Grenzkosten aufgeschlagen. Je nach Wettbewerbssituation wird dieser Grenzkostenaufschlag dann überwälzt, d.h. an die Nachfrage weitergegeben, wobei der Überwälzungsdruck mit steigendem Wettbewerb steigt. Der Effekt

---

[33] Die kostenfreie Zuteilung führt – wie in Abschnitt 5.4 erläutert – über den Handel von Zertifikaten auf einem Wettbewerbsmarkt zur Angleichung der Grenzvermeidungskosten.

[34] Vgl. Benz et al. (2010).

[35] Die EU-Kommission geht davon aus, dass in Phase III der Anteil der versteigerten Zertifikate an der gesamten zugeteilten Menge bei 57% liegt. Für Phase IV soll dieser Anteil unverändert bleiben.

des Emissionshandels auf die Grenzkosten und damit auch auf den Produktpreis ist also unabhängig davon, ob die Zertifikate verschenkt oder versteigert werden. Die kostenlose Vergabe führt allerdings zu einem Vermögenstransfer vom Staat an die Unternehmen.

Zurück zur Ausgestaltung des EU ETS in Phase III. Neben der Weichenstellung in Richtung Auktionierung wurde auch festgelegt, dass die Gesamtmenge an Zertifikaten, die in Phase III (also von 2013 bis 2020) jährlich vergeben werden, um einen linearen Faktor von 1,74% pro Jahr (ca. 38 $mtCO_2e$) reduziert wird. Mit der Festlegung auf einen Reduktionsfaktor ist damit auch das Cap des EU ETS bis 2020 festgelegt.[36] In 2020 wird dann das Cap um 21% geringer sein als in 2005. Die unbeschränkte Übertragung von nicht genutzten Zertifikaten von einer Phase zur nächsten ist ab Phase II zulässig („Banking"). Banking von Phase I zu Phase II war hingegen nicht gestattet.

Wie bereits zu Beginn des Kapitels erwähnt (Grundvoraussetzung (iii)), besteht ein wichtiger Schritt bei der Einrichtung eines Emissionshandels darin, die Existenz eines effizienten Markts zu sichern. Auch wenn unter der Annahme eines vollständigen Grandfathering nur die Differenz zwischen Anfangsausstattung und benötigter Menge an Zertifikaten je Unternehmen als Angebot (positive Differenz) oder Nachfrage (negative Differenz) am Markt aktiv wird, kann unter den gegebenen Bedingungen des EU ETS von einem relativ gut funktionierenden Markt ausgegangen werden. Die große Zahl an Marktteilnehmern (betroffene Unternehmen, Händler, Banken) sorgt dafür, dass kein Akteur den Marktpreis systematisch beeinflussen kann. Die Richtlinie trifft keine Festlegung hinsichtlich der Marktinstitutionen für einen Handel der Zertifikate, sondern geht von der Annahme aus, dass diese Mechanismen selbstständig im privaten Sektor entstehen werden. Wie die Praxis zeigt, ist diese Annahme völlig korrekt. Zertifikate des EU ETS werden mittlerweile auf vielen Börsen in Europa gehandelt.

Ein weiterer Punkt auf der „to-do-Liste" der Regulierer ist die Überwachung der Emissionen und die Sanktionierung von Fehlverhalten (Grundvoraussetzung (iv)). Die durch Verbrennung von fossilen Brennstoffen entstehenden CO_2-Emissionen sind relativ leicht zu kontrollieren, da wegen des Fehlens einer End-of-Pipe-Technologie[37] und des festen Koppelungsverhältnisses zwischen der Einsatzmenge fossiler Brennstoffe und den resultierenden Emissionen die Kontrolle unmittelbar über die Inputs und mit Hilfe brennstoffspezifischer Emissionsfaktoren erfolgen kann. CO_2-Prozessemissionen (z.B. bei der Kalkproduktion) werden dagegen entweder direkt gemessen oder indirekt mit Hilfe technologiespezifischer Emissionsfaktoren über den Output bestimmt. Jeder Mitgliedstaat hat ein Register eingerichtet, das in getrennte Konten der Inhaber von Zertifikaten aufgegliedert ist und die Verbuchung von Vergabe, Besitz, Übertragung und Löschung von

---

[36] Für Phase IV (2021-2030) ist ein höherer Reduktionsfaktor von 2,2% pro Jahr (ca. 48 $mtCO_2e$) vorgesehen.

[37] CO_2 kann – wie bereits erläutert – nicht wie andere Schadstoffe, z.B. SO_2 oder Ruß, aus den Abgasen herausgefiltert werden. Eine – allerdings noch nicht praxisreife – Methode hierfür wäre Carbon Capture and Storage (CCS). Unter CCS versteht man die Abscheidung von CO_2 aus Verbrennungsabgasen und deren Einlagerung (Sequestrierung), insbesondere in unterirdischen Speicherstätten.

Zertifikaten organisiert. Ein von der EU-Kommission benannter Zentralverwalter führt ein unabhängiges Transaktionsprotokoll zur Kontrolle von Buchungen zwischen den Registern. Betreiber einer Anlage müssen die Zertifikate für die Emissionen des Vorjahres bis zum 30. April des nachfolgenden Jahres abgeben. Bis zum 28. Februar jeden Jahres gibt die zuständige nationale Behörde die entsprechenden Zertifikate an die Betreiber aus (im Fall kostenloser Vergabe). Damit ist es möglich, die für ein bestimmtes Jahr ausgegebenen Zertifikate für Emissionen des Vorjahres zu verwenden („Borrowing"). Hat ein Betreiber bis zum 30. April eines Jahres nicht genügend Zertifikate für seine Vorjahresemissionen abgegeben, wird ihm eine Sanktion in Höhe von 100€ (zzgl. einem Inflationsaufschlag) je überschrittener Tonne CO_2e auferlegt. Zusätzlich zur Zahlung der Sanktion ist der Betreiber verpflichtet, im nächsten Kalenderjahr Zertifikate in Höhe der Emissionsüberschreitung abzugeben.

Preisentwicklung für Zertifikate

Der Emissionshandel ermöglicht den Handel von Eigentumsrechten an Emissionen eines Schadstoffs. Durch den Ausgleich von Angebot und Nachfrage an Zertifikaten bildet sich ein Marktpreis heraus. Die Nutzung des Preismechanismus unter Wettbewerbsbedingungen führt schließlich dazu, dass die Eigentumsrechte dort genutzt werden, wo sie den höchsten Wert stiften. Im Fall des EU ETS werden die Zertifikate also dort eingesetzt, wo die Grenzvermeidungskosten für CO_2 (als Indikator für die Kosten der CO_2-Vermeidung) am höchsten sind. Letztlich ist damit der Preis für Zertifikate der Knappheitsindikator für CO_2-Emissionen in den regulierten Sektoren.

Wie hat sich nun der Preis für Zertifikate entwickelt? Abbildung 5.10 zeigt die Preisentwicklung für die Phasen II und III. Wie erläutert, können Zertifikate von Phase II zu Phase III übertragen werden („Banking").[38] Die Entwicklung des Preises für Zertifikate in den Phasen II und III zeigt, dass die Zertifikate tatsächlich knapp sind. Zeitweilig (2008) lag der CO_2-Preis bei über 30 €/tCO_2e, dann im Bereich von 15€/tCO_2e (2009-2011). Mittlerweile (März 2018) liegt der Preis bei etwa 10 €/tCO_2e. Auf die Ursachen für den deutlichen Preisverfall werden wir noch näher eingehen.

Die Darstellung des Preises für Zertifikate führt uns zu der spannenden Frage, welche Faktoren eigentlich diesen Preis beeinflussen. Im Folgenden konzentrieren wir uns auf CO_2 und betrachten CO_2-Emissionen (oder äquivalent CO_2-Zertifikate) als das, was sie seit 2005 in der EU aus ökonomischer Sicht sind, nämlich ein knapper Inputfaktor bei der Produktion energieintensiver Güter. Um die Preisentwicklung zu verstehen, müssen wir

---

[38] Die Übertragung von Phase I zu Phase II war hingegen nicht möglich. Das Verbot des Bankings zwischen den ersten beiden Phasen des EU ETS hatte einen dramatischen Effekt auf den Zertifikatpreis der Phase I. Für Phase I gab es insgesamt gesehen eine Überausstattung an Zertifikaten, d.h., in der Summe der Jahre 2005 bis 2007 lag die Anfangsausstattung über den realisierten Emissionen. Diese Überausstattung war von den Marktteilnehmern nicht antizipiert worden und wurde erst im April 2006 bekannt. Die Folge war ein massiver Preissturz. Der Marktpreis für Zertifikate der Phase I sank schließlich bis zum Jahresende 2007 auf Null, da kein Banking nach Phase II möglich war und dementsprechend die Zertifikate aus Phase I im Dezember 2007 wertlos waren.

Abb. 5.10 Preise für Zertifikate im EU-Emissionshandel

daher Angebot und Nachfrage dieses Produktionsfaktors näher betrachten. Tabelle 5.3 gibt einen Überblick über ausgewählte Determinanten für den CO_2-Preis im EU ETS. Dabei ist dargestellt, ob der CO_2-Preis bei einer ceteris-paribus-Erhöhung des Faktors steigt (+) oder sinkt (−).

Das Angebot von Zertifikaten ergibt sich durch die von den Mitgliedstaaten bzw. der EU-Kommission festgelegte Menge an kostenlos zugeteilten oder versteigerten Emissionsrechten (das „Cap"). Werden mehr Zertifikate zugeteilt, sinkt langfristig der Preis für CO_2-Emissionen. Das Angebot kann durch Zertifikate aus den projektbasierten Maßnahmen des Kyoto-Protokolls (JI und CDM) ausgedehnt werden.[39] Die Menge dieser Zertifikate ist insbesondere in Phase II stark angestiegen – wir werden noch darauf zurückkommen. Darüber hinaus gibt es zwei weitere angebotsseitige Effekte auf den CO_2-Preis: In einem bestimmten Jahr sinkt das Angebot an Zertifikaten und der CO_2-Preis steigt, wenn Zertifikate später genutzt werden („Banking"). Den gegenteiligen Effekt hat das „Vorziehen" von Zertifikaten aus einem Jahr in das Vorjahr („Borrowing").

---

[39] Unter projektbasierten Mechanismen versteht man im Rahmen des Kyoto-Protokolls (vgl. Abschnitt 6.1) „Joint Implementation" (JI) und den „Clean Development Mechanism" (CDM). Bei einem JI-Projekt führt ein Unternehmen aus Industrieland A in einem anderen Industrieland B eine emissionsmindernde Maßnahme durch. Die Emissionsminderungen werden gutgeschrieben und können in das EU ETS eingebracht werden. Bei CDM-Projekten sind ein Industrie- sowie ein Entwicklungsland beteiligt.

Die Nachfrage nach Zertifikaten wird letztlich durch die erwarteten Emissionen bestimmt, die wiederum maßgeblich von den verfügbaren Vermeidungstechnologien abhängig sind. Langfristig sorgen neue Vermeidungstechnologien mit geringeren Vermeidungskosten dafür, dass die Nachfrage nach Zertifikaten zurückgeht. Da es – abgesehen von Carbon Capture and Storage – keine End-of-Pipe-Technologie für CO_2 gibt, kann CO_2 langfristig nur durch die Nutzung CO_2-armer und CO_2-freier Technologien sowie durch die Steigerung der Energieeffizienz vermieden werden. Wirtschaftswachstum wird mittelfristig dazu führen, dass sich die Nachfragefunktion für Zertifikate nach rechts verschiebt und der CO_2-Preis ansteigt. Man beachte, dass die Gesamtemissionen im EU ETS „gedeckelt" sind und daher auch bei Wirtschaftswachstum (oder einer Rezession) gleich bleiben. Auch ein Ausbau Erneuerbarer Energien führt (wie die Steigerung der Energieeffizienz) zu einer Reduzierung der Nachfrage nach Emissionsrechten und damit zu einer Preissenkung. Kurzfristig wird dagegen die Nachfrage nach Zertifikaten besonders von unerwarteten Schwankungen in der Stromnachfrage und den Preisen für fossile Energieträger beeinflusst. Dies liegt daran, dass (i) Strom- und Wärmeproduktion über 50% der tatsächlichen Emissionen im EU ETS ausmachen und (ii) die CO_2-Emissionen proportional zur Einsatzmenge fossiler Energieträger sind und die Nachfrage nach fossilen Energieträgern wiederum von deren absoluten und relativen Preisen abhängt. Von besonderer Bedeutung sind dabei die fossilen Energieträger Gas, Öl und Steinkohle, da diese im Stromsektor bei der Produktion von Mittel- und Spitzenlast eingesetzt werden.[40] Durch den erhöhten Einsatz von Gas oder Öl anstelle von Steinkohle kann der CO_2-Ausstoß reduziert werden, da Steinkohle etwa 25% mehr Kohlenstoff enthält als Öl und etwa 70% mehr als Gas. Daher ist zu erwarten, dass ceteris-paribus ein Anstieg des Gas- oder Ölpreises zu einem verstärkten Einsatz von Steinkohle führt. Da Steinkohle wiederum relativ kohlenstoffintensiv ist, steigen in diesem Fall die Nachfrage nach Zertifikaten und damit auch der CO_2-Preis. Umgekehrt verhält es sich bei einem Anstieg des Preises für Steinkohle. Allerdings sind nicht nur die absoluten Preise der Energieträger von Bedeutung. Auch die relativen Preise der Energieträger, insbesondere die Preise von Öl zu Steinkohle und von Gas zu Steinkohle, können den CO_2-Preis beeinflussen. Ein weiterer Faktor, der die Nachfrage nach CO_2-Zertifikaten erhöhen kann, sind unerwartete Temperaturen. Bei einer Hitzewelle muss mehr Strom zu Kühlzwecken bereitgestellt werden. Eine Kälteperiode erhöht den Heizbedarf. Darüber hinaus kann ein unerwartet hohes Angebot von Windenergie dazu führen, dass weniger Strom aus fossilen Energieträgern in das Netz eingespeist wird, daher sinkt die Nachfrage nach Zertifikaten. Analog verhält es sich bei einem unerwartet hohen Angebot an Wasserkraft, verursacht durch starke Regenfälle.

---

[40] Die Grundlast bei der Stromerzeugung bezeichnet den Bedarf an elektrischer Leistung, der während eines Zeitraums unabhängig von Lastschwankungen kontinuierlich besteht. Die Spitzenlast ist die maximale Leistung, die während einer Zeitspanne (z.B. Tag, Monat, Jahr) von einer Verbrauchseinrichtung bezogen wird oder über ein Versorgungsnetz aufzubringen ist. Die Mittellast bezeichnet den Lastbereich, der zwischen Grundlast- und Spitzenlastbereich liegt.

Tabelle 5.3 fasst die eben beschriebenen Preiseffekte zusammen. Allerdings können auch andere Ereignisse den Preis im EU ETS beeinflussen.[41] Ein anschauliches Beispiel dafür lieferte die Nuklearkatastrophe im japanischen AKW Fukushima vom 11. März 2011. Praktisch direkt nach dieser Katastrophe, am 14. März 2011, kündigte Bundeskanzlerin Angela Merkel eine dreimonatige Abschaltung von sieben älteren Atomreaktoren in Deutschland an. Darüber hinaus beschloss die Bundesregierung, zum Jahr 2022 endgültig aus der Atomkraft auszusteigen. Der Bundestag stimmte diesem Gesetzentwurf schließlich am 8. Juli 2011 zu. Welche Preiseffekte waren durch diese unvorhersehbaren Ereignisse zu erwarten? Letztlich kam es durch diese Maßnahmen zu einem unerwarteten Ausfall an grundlastfähigem und CO_2-freiem Atomstrom, welcher praktisch nur durch CO_2-intensiven Kohlestrom ersetzt werden konnte. Damit stieg zwangsläufig die Nachfrage nach Zertifikaten, was zu einem Preisanstieg von 1-2€ im März 2011 führte (in Abbildung 5.10 zu erkennen).

Natürlich bleibt die Frage offen, ob sich die Zusammenhänge aus Tabelle 5.3 tatsächlich auch empirisch nachweisen lassen. Hierzu gibt es mittlerweile eine ganze Reihe von Studien (z.B. Rickels et al. 2007, Hintermann 2010), die den Zusammenhang zwischen Preisentwicklung als abhängige Variable und den Einflussfaktoren als unabhängige Variablen versuchen zu schätzen. Einige der Einflussfaktoren – insbesondere die Effekte für Energieträgerpreise, Extremtemperaturen und Regen – können empirisch nachgewiesen werden. Allerdings ist die Erklärungskraft solcher Modelle häufig relativ gering. Andere Effekte wie für Wirtschaftswachstum und die institutionellen Details des EU ETS sind weitaus schwieriger nachzuweisen. Dies liegt unter anderem daran, dass der Emissionshandel nach wie vor ein recht „junger" Markt ist, auf dem noch immer eine erhebliche Unsicherheit über die Knappheit des gehandelten Guts existiert. Dabei muss man sich klar machen, dass der Emissionshandel einzig und allein auf Grund staatlicher Intervention existiert. Er ist also ein „künstlicher" Markt. Änderungen in der Regulierung oder Verstöße gegen die Regeln können die Marktteilnehmer verunsichern und die Knappheit beeinflussen. Dennoch ist zu erwarten, dass mit der Entwicklung stabiler Rahmenbedingungen – insbesondere langfristige Zuteilungsperioden und effektive Kontrollmechanismen – die o.g. Einflussfaktoren den Marktpreis für Zertifikate immer stärker bestimmen werden.

Kommen wir noch einmal auf die Preisentwicklung in Abbildung 5.10 zurück. Was waren die Ursachen für den relativ starken Preisverfall im EU ETS seit 2008? In der Literatur (z.B. Hepburn et al. 2016) werden drei Faktoren genannt. Erstens ist die Nachfrage nach Zertifikaten auf Grund der starken und langanhaltenden Wirtschaftskrise in der EU deutlich zurückgegangen. Zweitens haben nationale Klimapolitiken, insbesondere die Förderung und der Ausbau der Erneuerbaren Energien (z.B. in Deutschland das Erneuerbare-Energien-Gesetz, EEG) die Nachfrage nach Zertifikaten reduziert (vgl. hierzu auch weiter unten in diesem Abschnitt). Drittens hat sich das Angebot an Zertifikaten durch den Import von Zertifikaten aus projektbasierten Mechanismen des Kyoto-Protokolls erhöht.

---

[41] Vgl. Climate Brief (2011).

Tab. 5.3 Determinanten für den Preis im EU-Emissionshandel

Faktor	Zeithorizont*	Erwarteter Effekt auf den Preis**
Angebot		
Gesamtzuteilung („Cap")	langfristig	–
Angebot aus projektbasierten Maßnahmen	mittelfristig	–
Banking	langfristig	+
Borrowing	langfristig	–
Nachfrage		
Vermeidungskosten	langfristig	+
Wirtschaftwachstum	mittelfristig	+
Energieeffizienz	mittelfristig	–
Zubau Erneuerbarer Energien	mittelfristig	–
Preise für Öl und Gas	kurz- und langfristig	+
Preis für Steinkohle	kurz- und langfristig	–
Relative Preise für Öl/Steinkohle, Gas/Steinkohle	kurz- und langfristig	+
Extreme Temperaturen	kurzfristig	+
Regen und Wind	kurzfristig	–

* Kurzfristig (mittel-, langfristig): wirksam innerhalb einiger Tage (Monate, Jahre).
**Effekt, wenn der Faktor ceteris-paribus steigt.
Quelle: In Anlehnung an Rickels et al. (2007).

Durch diese Faktoren hat sich im EU ETS eine erhebliche Menge an Zertifikaten im Umlauf („Überangebot") gebildet. Dieses Überangebot wird berechnet als Differenz zwischen der kumulierten Menge an ausgegebenen Zertifikaten und Zertifikaten aus projektbezogenen Mechanismen seit 2008 auf der einen Seite und der Summe der Emissionen im EU ETS auf der anderen Seite. Trotz des Überangebots ist jedoch der Preis für Zertifikate positiv, was darauf hindeutet, dass die Marktteilnehmer mit einer geringeren Zuteilung und steigender Knappheit in der Zukunft rechnen.

Um den Preisrückgang im EU ETS zu stoppen, wurde eine Reihe von Maßnahmen getroffen. Zunächst wurde der Reduktionsfaktor für das Cap von Phase III zu Phase IV von 1,74% auf 2,2% pro Jahr erhöht. Die Reduzierung des Caps bleibt auch die zentrale „Stellschraube", um den CO_2-Preis im EU-ETS anzuheben (vgl. Abschnitt 6.5.2 für Berechnungen zum optimalen CO_2-Preis, der für 2020 bei ca. 30 €/tCO_2e liegt). Darüber hinaus dürfen ab Phase III nur noch Zertifikate aus projektbezogenen Maßnahmen, die in den ärmsten Entwicklungsländern (Least Developed Countries, LDC) gewonnen wurden, verwendet werden. Schließlich tritt Anfang 2019 die sogenannte Marktstabilitätsreserve (MSR) in Kraft. Die MSR regelt die Menge der im Umlauf befindlichen Zertifikate, wenn diese bestimmte Werte über- oder unterschreiten. Ist das Überangebot größer als 833 mtCO_2e, werden 12% der Gesamtmenge dem Markt entzogen, indem entsprechend weniger Zertifikate versteigert werden. Wenn das Überangebot hingegen unter 400 mtCO$_2$e fällt, werden 100 Mio. zusätzliche Zertifikate versteigert, sofern diese in der Reserve vorhanden sind.

Das Problem der Regulierungsüberlagerungen oder „weniger ist mehr"
Wie erläutert, ist die Einrichtung des Emissionshandels grundsätzlich aus ökologischer und ökonomischer Sicht sehr zu begrüßen. Das Cap sorgt dafür, dass die Emissionen unter den Business-As-Usual-Emissionen liegen, d.h., es findet Vermeidung statt. Der Handel von Zertifikaten führt zu Kosteneffizienz. In den vom Emissionshandel abgedeckten Sektoren gibt es damit das klimapolitische Instrument der 1. Wahl. So weit – so gut. Betrachten wir aber die aktuelle politische Diskussion, so hat man den Eindruck, dass sich das geforderte staatliche Engagement für den Klimaschutz nicht nur auf den Emissionshandel beschränkt, sondern sich zusätzliche, klimapolitisch motivierte Regulierung zunehmend auf viele andere Bereiche unseres Wirtschaftssystems ausdehnt.[42] Beispiele hierfür gibt es zur Genüge. Verbraucherschützer fordern ein Verbot der Stand-by-Funktion in elektronischen Geräten. Die EU-Kommission hat sich auf das „Aus" für die herkömmliche Glühlampe festgelegt. Bundesweit gibt es Initiativen, die sich aus Klimaschutzgründen gegen den Neubau von Kohlekraftwerken zur Wehr setzen.[43]

Hinter all diesen Ansätzen steht die berechtigte Sorge um das Klima. Der Verzicht auf die Stand-by-Funktion oder der Einsatz von Energiesparlampen führt zu geringerem Strombedarf und damit zu höherer Energieeffizienz. Kohlekraftwerke sind in der Stromerzeugung hauptverantwortlich für den CO_2-Ausstoß. Dagegen blasen Erdgaskraftwerke viel weniger und erneuerbare Energien überhaupt kein CO_2 in die Atmosphäre. Doch sind die o.g. Maßnahmen wirklich sinnvoll, wenn man mehr Klimaschutz möchte?

Leider lässt sich relativ leicht zeigen, dass durch all diese Verbote keine einzige Tonne an CO_2 eingespart wird. Der Grund dafür ist nicht technischer, sondern ökonomischer Natur. Bleiben wir beim mittlerweile durchgesetzten Glühlampenverbot. Die EU-Kommission macht Haushalten und Unternehmen Vorgaben, die sich an der Energieeffizienz elektrischer Geräte orientieren. Diese Standards werden schrittweise verschärft, mit der Folge, dass die klassische Glühlampe mittlerweile praktisch vom Markt verschwunden ist. Das Hauptargument für diese Maßnahme war der Klimaschutz: Mehr als 20 Mio. Tonnen CO_2 sollen pro Jahr durch den Verzicht auf die Glühlampe eingespart werden. Leider geht diese Rechnung aber nicht auf. Nehmen wir einmal an, dass wir ab sofort auf den Einsatz von klassischen Glühlampen verzichten. Dadurch würde die Nachfrage nach Strom in Deutschland zurückgehen und damit auch die Stromproduktion. Weniger Stromproduktion bedeutet auch, dass beim aktuellen Energieträger-Mix in Deutschland weniger CO_2

---

[42] Vgl. zum Problem der Regulierungsüberlagerung von EU ETS und Erneuerbare-Energien-Gesetz (EEG) sowie etwa auch dem Kraftwärmekopplungsgesetz (KWKG) Häder (2010).
[43] Wir heben damit allerdings nur einen zentralen Aspekt dieses Problems hervor. Die Argumentation der Bürgerinitiativen umfasst meist auch andere Folgen der Kohleverstromung, die i.d.R. regionaler Natur sind.

emittiert wird. Doch führt dies nicht dazu, dass insgesamt gesehen die CO_2-Emissionen sinken. Die Ursache hierfür liegt darin, dass die Energiewirtschaft zusammen mit anderen energieintensiven Industrien in Europa dem Emissionshandel unterliegt. Das festgelegte Emissionsziel fixiert die Gesamtmenge an Emissionen. Jede darüber hinausgehende Maßnahme zur Vermeidung von CO_2 in den betroffenen Sektoren ist vergeblich, da dies keinen Effekt auf das Cap hat. Wenn etwa auf Grund des Glühlampenverbots die Stromnachfrage zurückgeht, benötigen die Energieunternehmen weniger Zertifikate, weil sie weniger Strom produzieren und damit auch weniger CO_2 emittieren. Was aber passiert mit den nicht benötigten Zertifikaten? Diese Emissionsrechte werden am Markt verkauft, d.h., sie gehen an Unternehmen, die diese Zertifikate nutzen werden, um ihre Emissionen zu erhöhen. Mit anderen Worten: Emissionsrechte, die einmal ausgegeben wurden, werden auch genutzt. Die Gesamtmenge an Emissionen wird nach wie vor durch das Cap bestimmt – und durch nichts anderes.

Nun mag man einwenden: Das Cap könnte doch enger gesetzt werden, wenn der Rückgang der Stromnachfrage durch den „verordneten" Einsatz von Energiesparlampen vorausgesehen wird. Insofern würde das Glühlampenverbot doch etwas nützen. Doch dieses Argument greift zu kurz. Die Reduzierung des Caps könnte genau so gut auch ohne das Verbot durchgeführt werden – mit dem großen Vorteil, dass die Verbraucher dann selbst entscheiden könnten, wo sie Emissionen vermeiden. Ein engeres Cap hätte zur Folge, dass CO_2-Emissionen knapper und damit teurer würden. Dies würde zu einem Anstieg der Strompreise führen und damit auf der Nachfrageseite Anreize zum verstärkten Einsatz von energieeffizienteren Technologien setzen. Wie letztlich Strom eingespart wird, würde den Verbrauchern überlassen werden. Man kann getrost darauf vertrauen, dass diese dort auf Strom verzichten, wo es ihnen die geringsten Einbußen an Lebensqualität (und damit die geringsten Kosten) verursacht. Möglicherweise durch den Einsatz von Energiesparlampen, aber vielleicht auch durch andere Maßnahmen. Ein Zwang zum Einsatz einer bestimmten Stromspartechnologie oder das Verbot einer „alten" Technologie beschränkt dagegen die Verbraucher in ihrer Wahlfreiheit, ohne dass ein ökologischer Zusatznutzen in Form geringerer Emissionen erzielt wird. Aber auch auf der Angebotsseite von Strom wirkt der Emissionshandel und eröffnet Optionen für die CO_2-Vermeidung. Statt pauschal die produzierte Strommenge zu reduzieren, verteuert der Emissionshandel kohlenstoffintensive Energieträger und setzt damit Anreize verstärkt weniger kohlenstoffintensive Energieträger einzusetzen. Mit anderen Worten, durch die administrative Festlegung auf eine Vermeidungstechnologie – in diesem Fall eine höhere Energieeffizienz[44] durch den erzwungenen Einsatz von Energiesparlampen – gibt man die Kosteneffizienz auf, da andere günstigere Vermeidungsoptionen nicht mehr zur Verfügung stehen. Damit wird Klimaschutz unnötig teuer.

---

[44] Unter Energieeffizienz versteht man den Quotienten aus Output (z.B. gemessen in € oder einer Mengeneinheit wie Tonnen) und dem Energieinput (z.B. gemessen in Watt). Vgl. hierzu auch Abschnitt 6.3.1.

Bislang sind wir davon ausgegangen, dass die zusätzliche Regulierung (z.B. das Glühlampenverbot) keinen Effekt auf den Marktpreis für Zertifikate hat. Dies ist plausibel, wenn der Nachfragerückgang durch die Stromersparnis relativ klein ausfällt. Was passiert aber, wenn „gut gemeinte" Klimapolitik außerhalb des EU ETS dazu führt, dass deutlich weniger Strom aus fossilen Energieträgern benötigt wird? Würde dann nicht der Preis für Zertifikate sinken und demnach der Anreiz für die Energieversorger steigen, besonders „schmutzige" Energieträger wie Stein- und Braunkohle verstärkt einzusetzen? Genau das ist der Fall, wie Böhringer und Rosendahl (2010) in einem Artikel gezeigt haben, der mit den markigen Worten „Green Promotes the Dirtiest" überschrieben ist. Dieses Ergebnis ist gar nicht so überraschend, wie es auf den ersten Blick aussieht. Unterstellen wir die Existenz des EU ETS. Besonders kohlenstoffintensive Energieträger wie Braun- und Steinkohle werden durch den CO_2-Preis relativ zu „sauberen" Energieträgern wie Gas, Kernkraft oder erneuerbaren Energieträgern weniger attraktiv, da sie sich relativ stärker verteuern. Wird nun der Anteil erneuerbarer Energieträger – zum Beispiel durch hohe Einspeisevergütungen für diese Energieträger – deutlich erhöht, sinkt die Nachfrage nach CO_2-Zertifikaten, da weniger Strom aus fossilen Energieträgern benötigt wird. Da das Angebot an Zertifikaten aber fix ist, sinkt der CO_2-Preis und davon profitieren besonders stark die kohlenstoffintensiven, also „schmutzigen" Energieträger. Böhringer und Rosendahl zeigen das Resultat sowohl theoretisch als auch quantitativ mit Daten des deutschen Strommarkts. Letztlich wird durch diese Form der Regulierungsüberlagerung Klimaschutz wieder teurer gemacht als eigentlich nötig wäre. Ohne die massive Förderung der erneuerbaren Energien würden die CO_2-Emissionen unverändert bleiben, die Mittel aus der Förderung hingegen könnten alternativ verwendet werden. Gleichzeitig wird den CO_2-Emittenten signalisiert, dass CO_2-Emissionen ein weniger knappes Gut sind (der CO_2-Preis sinkt!). Damit sinken jedoch die Anreize für Emittenten, in neue Vermeidungstechnologien zu investieren – offensichtlich ein falsches Signal.

Was folgt daraus für die Klimapolitik? Zunächst ist es wichtig, die Stärken des Emissionshandels wirklich zu verstehen. Neben der Festlegung der Gesamtemissionen muss die Politik kaum weitere Vorschriften machen.[45] Insbesondere ist es nicht nötig, den Einsatz bestimmter Technologien zu verbieten. Die Politik kann sich darauf beschränken, die CO_2-Emissionen über die Festlegung des Caps zu steuern. Wenn sie dies tut, dann erreicht sie das Emissionsziel zu minimalen Kosten, d.h. kosteneffizient. Und wenn das Klimaziel kosteneffizient erreicht wird, kann man sich mehr Klimaschutz leisten als bei einer Politik, die nicht kosteneffizient ist.

Das heißt auch, dass – so lange der Zertifikatpreis positiv ist – jede nationale Politik zur Reduzierung von CO_2-Emissionen dazu führt, dass die Kosten der Emissionsvermeidung bei gleichen Emissionen steigen. Dies gilt z.B. auch für das EEG oder den

---

[45] Kennzeichnungspflichten können helfen, dass die Verbraucher „Stromfresser" von energieeffizienten Geräten besser unterscheiden können. Durch ein solches Labeling lässt sich die asymmetrische Informationsverteilung zwischen Verbrauchern und Produzenten reduzieren. Vgl. Sturm und Vogt (2014) zu adverser Selektion.

geplanten Ausstieg aus der Kohleverstromung in Deutschland. Die deutschen Alleingänge bedeuten, dass Vermeidung aus anderen EU-Staaten abgezogen und nach Deutschland verlagert wird, um sie dort zu deutlich höheren Kosten zu realisieren. So reduziert eine höhere Einspeisung von Erneuerbaren-Energien-Strom die Nachfrage nach Zertifikaten und senkt den Zertifikatpreis – die Emissionen im EU ETS bleiben aber gleich und wird mit insgesamt höheren Kosten erreicht. Legt Deutschland Kohlekraftwerke still, werden die Emissionsrechte (bei gesunkenen Preisen) an andere Länder im EU ETS veräußert, die daraufhin weniger vermeiden und mehr emittieren. Wieder ändert sich an den EU ETS Emissionen nichts. Man kann es auch so formulieren: Nationale Alleingänge zur Reduzierung der CO_2-Emissionen gefährden letztlich den kosteneffizienten Emissionshandel auf EU-Ebene.

Kosteneffizienz ist fraglos ein ökonomischer Begriff und mag deshalb in den Ohren von ökologisch motivierten Menschen verdächtig klingen. Aber Ökonomik und Ökologie sind nicht die Gegensätze als die man sie gerne ausgibt – im Gegenteil. Jede nicht kosteneffiziente Klimapolitik bleibt unter ihren ökologischen Möglichkeiten. Die Forderung an die Politik ist daher klar: Weniger Aktionismus, nationale Alleingänge und Verbote, dafür mehr intelligente, d.h. kosteneffiziente Klimapolitik.

Ungelöste Probleme des EU ETS
Zwei wichtige Probleme des EU ETS sind bislang nur angedeutet worden und sollen am Ende dieser Fallstudie diskutiert werden. Das EU ETS führt dazu, dass CO_2-Emissionen für Unternehmen der energieintensiven Sektoren in der EU einen knappen Produktionsfaktor darstellen. Gleichartige Unternehmen aus wichtigen Handelspartnern der EU wie den USA oder China müssen hingegen für ihre CO_2-Emissionen keinen Preis zahlen.[46] Offensichtlich können daraus bei einem hinreichend hohen CO_2-Preis für exportorientierte europäische Unternehmen aus energieintensiven Sektoren Kostennachteile resultieren. Mit anderen Worten, der Verlust von Marktanteilen, geringere Renditen und letztlich gar das Abwandern von Industrieunternehmen („Leakage") könnten die Folge des EU ETS sein. Eins ist klar: Dem Klima wäre bei einer Verlagerung von Emissionen aus der EU in Länder ohne CO_2-Preis nicht geholfen. Die Emissionen würden sogar steigen, denn das Cap des EU ETS ist fix und die praktisch nicht beschränkten Emissionen im Ausland würden zunehmen. Auch die wirtschaftlichen Nachteile für Konsumenten und Produzenten in der EU sind offensichtlich. Wie ist mit dieser Gefahr umzugehen? Zunächst muss man sich klar machen, dass für beide Probleme – sowohl für den Verlust an Wettbewerbsfähigkeit als auch für Leakage – nicht der Emissionshandel an sich die Ursache ist. Verursacht wird das Problem durch die „Insellösung" der EU-Klimapolitik: Während in anderen Industriestaaten kein CO_2-Preis existiert, ist CO_2 in der EU seit 2005 ein knapper Input. Bislang sind die Bedeutung von Leakage und der drohende Verlust an Wettbewerbsfähigkeit als relativ gering einzuschätzen. Studien, die solche klimapolitisch induzierten Verzerrungen

---

[46] Zwar gibt es in den USA und China erste Emissionshandelssysteme, aber diese sind regional begrenzt und zumeist noch im Erprobungsstadium.

analysieren, zeigen bislang nur geringe Effekte.[47] Allerdings muss man berücksichtigen, dass in der EU CO_2 erst relativ kurze Zeit mit einem Preis versehen ist und die Investitionszyklen in den betroffenen Industrien (z.B. Stahl- und Aluminiumerzeugung) relativ lang sind. Darüber hinaus ist der CO_2-Preis noch relativ niedrig. Man stelle sich vor, dass über ein Jahrzehnt oder länger der CO_2-Preis in der EU relativ hoch ist, andere Industriestaaten dagegen keinen CO_2-Preis setzen. Ist dann tatsächlich zu erwarten, dass exportorientierte Unternehmen auf den Rückgang ihrer Wettbewerbsfähigkeit nicht mit Abwanderung reagieren?[48]

Um diese negativen Effekte zu mildern, werden in der politischen Debatte derzeit zwei mögliche Politikmaßnahmen diskutiert: Umweltzölle („Border Tax Adjustments", BTA) und integrierter Emissionshandel („Integrated Emissions Trading", IET). BTA-Regulierung beinhaltet eine Mengensteuer auf importierte energieintensive Güter, die der heimischen Umweltsteuer (oder dem Zertifikatpreis) entspricht, sowie eine äquivalente mengenbasierte Kompensation für die Umweltsteuer auf exportierte Güter. Im Gegensatz dazu müssen Importeure unter IET-Regulierung Emissionszertifikate im EU ETS erwerben (entsprechend der mit den Importgütern verbundenen Emissionen im Herkunftsland), während Exporteure keine CO_2-Zertifikate erwerben müssen (oder diese erstattet bekommen). BTA ist also ein mengenorientiertes Instrument, während IET emissionsorientiert ist. Alexeeva-Talebi et al. (2008) analysieren und vergleichen beide Politikmaßnahmen in einem theoretischen und numerischen Modellrahmen für die von der EU avisierte einseitige Klimapolitik: Bis 2020 sollen die Treibhausgasemissionen um 20% gegenüber 1990 sinken – unabhängig davon, was andere Industriestaaten zum Klimaschutz beitragen. Der theoretische Modellrahmen ist ein stilisiertes Zwei-Länder-Modell, in dem die Produktions- und die Energieeffizienzentscheidung der inländischen und ausländischen Produzenten abgebildet werden. Die Autoren zeigen, dass beide Politiken sowohl das Problem der Wettbewerbsfähigkeit als auch der Emissionsverlagerung mildern. Dabei ist BTA beim Schutz der heimischen Produktion effektiver, während IET zu einer stärkeren Reduktion ausländischer Emissionen führt. Dies liegt daran, dass BTA den Import pro Mengeneinheit verteuert (unabhängig von der gewählten Technologie) und den Export pro Mengeneinheit verbilligt. Im Unterschied zu BTA können bei IET die Importeure durch eine Erhöhung der Energieeffizienz ihre Wettbewerbsfähigkeit verbessern. In einem multi-regionalen und multi-sektoralen allgemeinen Gleichgewichtsmodell untersuchen Alexeeva-Talebi et al. dann ökonomische und umweltpolitische Implikationen eines unilateralen Emissionsreduktionsziels für die EU. Die numerische Analyse bestätigt die theoretische Einsicht für die energieintensiven Sektoren (die dem BTA- und IET-Regime unterliegen), wohingegen der Effekt der Politiken auf die nicht-energieintensiven Sektoren (die an BTA und IET nicht teilnehmen) zu einer erheblichen Veränderung der Resultate auf der aggregierten

---

[47] Vgl. für einen Überblick Parker und Blodgett (2008).
[48] Wir werden uns in Kapitel 6 noch ausführlich mit den Problemen der internationalen Klimapolitik beschäftigen. Grundsätzlich gilt, dass eine erfolgreiche globale Klimapolitik CO_2 in möglichst vielen Regionen der Welt bepreisen sollte.

Ebene führt: Für die EU ist die Wahl zwischen BTA und IET eine Frage der Priorität von (i) dem Schutz der Wettbewerbsfähigkeit energieintensiver und exportorientierter Industrien in der EU und (ii) der Induzierung von Emissionsreduktion in den ausländischen energieintensiven Sektoren. BTA hat einen deutlich negativen Effekt auf das Produktionsniveau der nicht-energieintensiven Sektoren. Dieses Resultat kommt – bei gegebenem Gesamtreduktionsziel – durch eine Verlagerung der Emissionsreduktion von energieintensiven Sektoren (mit vergleichsweise niedrigen Reduktionskosten) zu nicht-energieintensiven Sektoren (mit vergleichsweise hohen Reduktionskosten) zustande. Das gleiche Phänomen tritt im Falle von IET auf, allerdings in geringerem Maße. Auf dem aggregierten Niveau führt dies zu negativen Auswirkungen beider Politiken auf die heimische Produktion im Vergleich zur unilateralen Klimapolitik. Dieses Ergebnis überrascht und sollte daher zu einer Überprüfung der Politikinstrumente führen. Die Modellergebnisse zeigen außerdem, dass die globale Effektivität von BTA und IET in Bezug auf die Reduktion der ausländischen Emissionen sehr ähnlich ist.

Ein weiteres Problem dieser Regulierung ist offensichtlich, dass beide Mechanismen in Widerspruch zu freier Handelspolitik stehen – schließlich werden neue Handelsbarrieren errichtet. Darüber hinaus wäre die Einrichtung von BTA oder IET mit einem erheblichen administrativen Aufwand verbunden. So muss zum Beispiel bei BTA jede Tonne importierter chinesischer Stahl mit einem Steuersatz belegt werden, der so bemessen ist, dass er im Durchschnitt den CO_2-Gehalt von in der EU produziertem Stahl abbildet. Bei IET muss im Herkunftsland ermittelt werden, welche Emissionsmenge durch die Produktion vor Ort entsteht. All diese Probleme machen es wenig wahrscheinlich, dass sich eine solche Regulierung durchsetzt. Es bleibt dabei: Die Lösung des Klimaproblems (vgl. Kapitel 6) muss letztlich global angegangen werden. Nationale Alleingänge sind wenig erfolgversprechend.

Ein zweites Problem betrifft die bislang zu kurzen Zuteilungsperioden des EU ETS und die daraus resultierende erhebliche Unsicherheit für die betroffenen Unternehmen hinsichtlich der zukünftigen CO_2-Knappheit. Versetzen wir uns in die Lage eines Stromproduzenten, der vor der Entscheidung steht, ein mittellastfähiges Steinkohlekraftwerk zu bauen. Ein solches Kraftwerk hat üblicherweise eine Anlagenlebensdauer von 40 Jahren. Bei der Berechnung der Rentabilität der Investitionen spielen natürlich auch die CO_2-Preise eine Rolle. Bis 2030 gibt es verlässliche Prognosen bezüglich des zu erwartenden CO_2-Preises, da das Cap des EU ETS bis dahin feststeht. Aber was ist nach 2030? Bezüglich der Knappheit von CO_2 nach 2030 herrscht extreme Unsicherheit, weil völlig unklar ist, ob und inwieweit sich andere wichtige Emittenten im Rahmen des Paris-Abkommens zu Emissionsreduktionen verpflichten. Ohne entsprechende Emissionsreduktionen anderer großer Emittenten wie China und USA machen jedoch einseitige und drastische Emissionsreduktionen in der EU wenig Sinn – der Effekt auf die globalen Emissionen ist klein, die Kosten werden jedoch immens sein. In einer solchen Situation wird die EU ihre klimapolitische Strategie überdenken müssen. Mit anderen Worten: Der Stromproduzent muss eine Entscheidung unter hoher Unsicherheit hinsichtlich der zu erwartenden klimapolitischen Regulierung treffen. Investiert er in das Steinkohlekraftwerk und der CO_2-Preis ist nach 2030 sehr hoch, kann es sein, dass der mit dem Kraftwerk erzeugte Strom nicht mehr wettbewerbsfähig ist. Ein Teil der Investitionssumme ist dann irreversibel verloren. Investiert er hingegen in ein Gaskraftwerk und nach 2030 ist die CO_2-Knappheit gering, hat er auch eine suboptimale Entscheidung getroffen, da die Grenzkosten der Steinkohleverstromung ohne CO_2-Regulierung geringer sind als die Grenzkosten eines Gaskraftwerks. Die Folge dieser „regulatorischen" Unsicherheit ist, dass Unternehmen ihre Investitionsentscheidungen aufschieben in der Hoffnung, genauere Informationen über die zukünftige Knappheit zu erhalten. Dies kann mittelfristig die Versorgungssicherheit bei Strom gefährden. Das Problem der Investitionszurückhaltung auf Grund von Unsicherheit bezüglich der CO_2-Knappheit lässt sich abmildern, indem man die Zuteilungsphasen des EU ETS verlängert. Die Verlängerung der Zuteilungsphasen für Phase III (acht Jahre) und für Phase IV (zehn Jahre) waren daher sinnvolle Schritte, allerdings ist der Zeithorizont bis 2030 noch zu kurz, um das Problem deutlich abzuschwächen. Die eigentliche Ursache der skizzierten regulatorischen Unsicherheit in der EU ist offensichtlich. Es ist unsicher, ob sich im Rahmen des Paris-Abkommens große Emittenten wie China und die USA zu weitreichenden Emissionsreduktionen verpflichten. Wieder stoßen wir auf das zugrundeliegende Problem der Notwendigkeit einer globalen Lösung für das globale öffentliche Gut Klimaschutz. Wir werden darauf in Kapitel 6 zurückkommen.

5.6   Auflagen

Bislang haben wir das klassische Instrument der Umweltpolitik – Auflagen oder auch „Standards" genannt – nicht betrachtet. Dies liegt insbesondere daran, dass Auflagen in vielen Situationen gegenüber den marktbasierten Instrumenten Emissionssteuer und Emissionshandel erhebliche Nachteile aufweisen. In unserer Einführung in die Umweltökonomik haben wir daher die vorzugswürdigen Instrumente zuerst behandelt. Da in der Praxis der Umweltpolitik Auflagen aber immer noch eine große Bedeutung haben, kommen wir nicht umhin, dieses Instrument hier zu behandeln. Bei einer Auflage legt der Staat fest, welche Höchstmenge eines Schadstoffs ein Unternehmen emittieren darf. Üblicherweise gibt es dabei eine einheitliche Auflage für alle Unternehmen. Von besonderer Bedeutung ist dabei die Tatsache, dass der Emittent keine oder nur sehr eingeschränkte Flexibilität bei der Wahl der Emissionen hat. Er muss die Auflage erfüllen – anderenfalls droht ein Bußgeld oder sogar die Betriebsschließung. Wie wir sehen werden, führt das Fehlen von Wahlmöglichkeiten für die Emittenten letztlich dazu, dass die Emissionsvermeidungskosten bei Auflagen höher sind als bei marktbasierten Instrumenten. Die Ausgestaltung von Auflagen kann dabei durchaus unterschiedlich sein, so gibt es relative Emissionsziele wie Schadstoffmenge je Outputeinheit oder je Zeiteinheit aber auch absolute Höchstgrenzen.

Vergleichen wir den Emissionshandel mit der klassischen Umweltpolitik. Im Zuge einer Auflagenpolitik würde der Gesetzgeber den Emissionsquellen Höchstwerte vorschreiben. In unserem Fall (vgl. Abbildung 5.8) könnte der Gesetzgeber die gewünschte Minderung von $(\bar{E}_i + \bar{E}_j) - (E_i^{IA} + E_j^{IA})$ auch dadurch erreichen, dass er beiden Quellen zur Auflage macht, jeweils $(\bar{E}_i - E_i^{IA})$ und $(\bar{E}_j - E_j^{IA})$ nach dem Stand der Technik zu vermeiden. Was ist der entscheidende Nachteil einer solchen Vorgehensweise? Das gewünschte Vermeidungsziel wird zwar auch in diesem Fall (entsprechende Kontrollen vorausgesetzt) erreicht, aber zu höheren Kosten im Vergleich zur Emissionssteuer und dem Emissionshandel. Es ist ökonomisch nicht wünschenswert, dass die Anlage mit den relativ hohen Grenzvermeidungskosten Vermeidung betreibt. Dazu wird sie aber unter einer Auflagenpolitik gezwungen. Im Regelfall erreicht daher die Auflagenpolitik ihr Ziel zu höheren Kosten, als erforderlich wäre. Der Emissionshandel erzwingt, dass Vermeidung dort durchgeführt wird, wo sie die geringsten Kosten verursacht, also bei den Anlagen mit den relativ niedrigen Grenzvermeidungskosten. Unter ökologischen Gesichtspunkten ist dies unproblematisch – jedenfalls so lange es sich um einen Globalschadstoff handelt, bei dem es egal ist, aus welcher Quelle er emittiert wird. Auch die Emissionssteuer erreicht Kosteneffizienz – somit schneidet die Auflagenlösung hinsichtlich der verursachten Kosten eindeutig schlechter ab als die beiden marktbasierten Instrumente.

Wir halten also fest. Bei einer Auflagenpolitik wird die Angleichung der Grenzvermeidungskosten verhindert. In Abbildung 5.8 sind bei gleichen aggregierten Emissionen die gesamtgesellschaftlichen Kosten um die Fläche C + A höher als im Fall des Emissionshandels, von dem wir wissen, dass er Kosteneffizienz erreicht. Denkbar wäre allerdings auch eine Situation, in der der Staat jedem Emittenten eine solche Auflage erteilt, so dass die Grenzvermeidungskosten aller Akteure angeglichen sind. In Abbildung 5.8 würde also Unternehmen i mit den hohen Grenzvermeidungskosten weniger Vermeidung erbringen müssen (in diesem Fall $E_i(p)$) und Unternehmen j mit den niedrigen Grenzvermeidungskosten mehr Vermeidung ($E_j(p)$). In der Tat wäre dann Kosteneffizienz erreicht und die Auflagenlösung wäre gleichwertig zum Emissionshandel. Aber können wir erwarten, dass eine solche Lösung eintritt? Der Staat muss hierfür den genauen Verlauf der Grenzvermeidungskosten *in jedem Unternehmen* kennen. Hierfür ist er auf private Informationen aus den Unternehmen angewiesen. Es stellt sich damit die Frage, ob die Unternehmen Anreize haben, Informationen über den Verlauf ihrer Grenzvermeidungskosten offenzulegen. Dies ist offensichtlich nicht der Fall, wie man bereits im Beispiel der Abbildung 5.8 erkennen kann. Beide Unternehmen können sich besser stellen, wenn sie höhere Grenzvermeidungskosten angibt. In diesem Fall würde das Unternehmen eine weniger strenge Vermeidungsauflage erhalten, könnte mehr emittieren und hätte geringere Vermeidungskosten. Damit steht fest: Auflagen erreichen *keine Kosteneffizienz*.

Bei aller berechtigten Kritik an der Auflagenlösung gibt es jedoch auch Situationen, in den Auflagen ein sinnvolles Instrument in der Umweltpolitik darstellen. Hierfür müssen aber zwei Bedingungen erfüllt sein. Erstens muss bei unvollständiger Information über das optimale Emissionsniveau der Anstieg der Grenzschadenskosten höher sein als der betragsmäßige Anstieg der Grenzvermeidungskosten. In diesem Fall – das haben wir in Abschnitt 5.4 (vgl. auch Abbildung 5.9) gezeigt – ist die Mengensteuerung gegenüber der Preissteuerung vorzuziehen. Dies liegt daran, dass ein Fehler bei der Festlegung der Pigou-Steuer bei relativ elastischen Grenzvermeidungskosten und relativ unelastischen Grenzschäden zu sehr hohen Wohlfahrtsverlusten führt. Die Wohlfahrtsverluste bei der Preissteuerung liegen in diesem Fall über denen bei der Mengensteuerung – wenn wir von einem prozentual gleichen Fehler bei der Emissionsmenge oder der Steuer ausgehen. Zweitens muss es sich um einen Schadstoff handeln, der bereits in geringen Konzentrationen zu erheblichen lokalen Schäden, sogenannten „hot spots", führt. In diesem Fall könnte der Handel von Emissionsrechten (als alternative Mengensteuerung neben Auflagen) zu einer räumlichen Konzentration der Emissionen führen und solche „hot spots" würden erhebliche lokale Schäden verursachen. Man könnte an dieser Stelle einwenden, dass man durch entsprechende Handelsrestriktionen das Entstehen von „hot spots" verhindern kann. In der Tat wurden und werden solche Beschränkungen für bestimmte Schadstoffe diskutiert. Aber dabei ist zu beachten, dass solche Restriktionen häufig dazu führen, dass die Annahme eines Wettbewerbsmarkts verletzt wird. Wir können dann nicht mehr davon ausgehen, dass der Zertifikatpreis exogen ist und sich durch den Handel von Emissionsrechten die Grenzvermeidungskosten angleichen werden. Diese Gefahr besteht üblicherweise dann, wenn es nur sehr wenige Emittenten gibt. Wenn diese beiden Bedingungen erfüllt sind, dann ist die Anwendung einer Auflagenlösung auch aus Wohlfahrtsperspektive die beste Wahl. Der Leser möge sich aber klar machen, für welche Schadstoffe diese Bedingungen als erfüllt anzusehen sind und für welche nicht. Insbesondere bei lokal wirkenden Giften wie Dioxin sind Auflagen das Instrument der ersten Wahl. Für Globalschadstoffe wie CO_2 oder selbst für regional wirksame Schadstoffe wie SO_2 sind Auflagen dagegen nicht sinnvoll, weil sie Umweltschutz nur zu unnötig hohen Kosten erreichen.

5.7 Fallstudie: Die CO_2-Standards für Pkw in der EU

CO_2-Emissionen des Transportsektors

Zu Beginn dieser Fallstudie ein paar Zahlen. Die CO_2-Emissionen des Transportsektors der EU sind von 782 $mtCO_2$ im Jahr 1990 auf 988 $mtCO_2$ im Jahr 2007 gestiegen. In 2014 wurden im EU-Transportsektor immer noch 892 $mtCO_2$ emittiert. Von 1990 zu 2014 ist das ein Anstieg um 14 % – und zwar gegen den Trend, denn die Gesamtemissionen der EU sind seit 1990 um 22 % gesunken. Wurden 1990 in der EU noch 4.470 $mtCO_2$ emittiert, waren es 2014 nur noch 3.468 $mtCO_2$. Der Anteil der CO_2-Emissionen im Transportsektor an den Gesamtemissionen beträgt mittlerweile 21 %. Insgesamt werden etwa 12 % aller CO_2-Emissionen in der EU von Pkw verursacht. Soweit die Fakten. Für die EU-Kommission ist die Entwicklung der Emissionen des Transportsektors besorgniserregend. Sie hat daher Maßnahmen vorgeschlagen, die CO_2-Emissionen im Transportsektor – insbesondere die Pkw-Emissionen – zu begrenzen. Mit Hilfe von CO_2-Standards, d.h. durch Auflagenpolitik, sollen die Emissionen reduziert werden. Konkret stellt die EU-Kommission (EU 2009b, S. 1) fest „…. *alle Mitgliedstaaten [müssen] die Emissionen von Personenkraftwagen erheblich verringern […]. Strategien und Maßnahmen sollten auf Ebene der Mitgliedstaaten und der Gemeinschaft in allen Wirtschaftssektoren der Gemeinschaft und nicht nur in den Sektoren der Industrie und Energie durchgeführt werden, um die notwendigen umfangreichen Reduktionen herbeizuführen.*" Es geht also darum, dass „endlich" auch der Transportsektor seinen Beitrag zum Klimaschutz leisten soll. Wir erinnern uns: Der

Transportsektor war nicht im EU ETS integriert. Aber bedeutet das, dass Pkw-Fahrer nicht zum Klimaschutz beitragen? In dieser Fallstudie zeigen wir, dass Pkw-Fahrer sehr wohl einen erheblichen Beitrag zum Klimaschutz in der EU leisten. Die Grenzvermeidungskosten im Pkw-Verkehr liegen sogar deutlich über den Grenzvermeidungskosten im EU ETS. Wir wissen aber aus Abschnitt 5.4: Eine kosteneffiziente Klimapolitik erfordert, dass die Grenzvermeidungskosten aller Emittenten gleich sind. Die CO_2-Standards für Pkw verletzen diesen Grundsatz und machen damit Klimaschutz teurer als nötig.

Die Auflagen der EU für die CO_2-Emissionen von Pkw

Welche gesetzlichen Regelungen wurden für den Pkw-Verkehr erlassen? Es wird per Gesetz vorgeschrieben, dass die durchschnittlichen Emissionen von in der EU verkauften Neuwagen ab 2020 das Emissionsziel von 95 gCO_2/km erfüllen müssen. Dies entspricht einem Kraftstoffverbrauch je 100 km von 3,6 Liter bei Dieselmotoren und 4,1 Litern bei Ottomotoren. Der Unterschied im angestrebten Verbrauch kommt dadurch zustande, dass pro Mengeneinheit Diesel etwas mehr CO_2 bei der Verbrennung entsteht als bei Benzin. Werden die Auflagen von den Herstellern nicht erfüllt, drohen Strafzahlungen.

Ziel der Auflagenpolitik ist es, die CO_2-Emissionen im Transportsektor zu reduzieren. In der Debatte um die Auflagen wird häufig argumentiert, dass nun endlich auch der Transportsektor, der nicht im EU ETS integriert ist, seinen Beitrag zum Klimaschutz leisten muss. Dabei wird regelmäßig übersehen, dass dieser Sektor bereits einen erheblichen Beitrag zum Klimaschutz leistet. Das klingt zunächst doch sehr überraschend, schließlich haben wir uns an die Debatte um den „Klimakiller Auto" schon gewöhnt, oder? Selbst die Bild-Zeitung – nicht unbedingt als Vorreiter beim Klimaschutz bekannt – titelt *„Deutsche Autos sind Klimakiller"* (Bild, 15. September 2009). Also, schauen wir uns das Problem etwas genauer an.

Mineralöl, für Pkw im Wesentlichen Benzin und Diesel, unterliegt in der EU einer relativ hohen Besteuerung. Dabei wird die Menge besteuert, d.h., pro Liter Mineralöl muss ein bestimmter Betrag in Euro an den Staat abgeführt werden. Der durchschnittliche Steuersatz in der EU auf Benzin (Super) beträgt derzeit ca. 0,548 €/Liter.[49] In Deutschland liegt der Steuersatz höher und zwar bei ca. 0,655 €/Liter (vgl. Abschnitt 5.3, Tabelle 5.2). Wie bereits erwähnt, existiert bei fossilen Energieträgern ein festes Verhältnis zwischen der eingesetzten Menge des Energieträgers und den CO_2-Emissionen. Dies liegt daran, dass es derzeit keine End-of-Pipe-Technologie für CO_2 gibt. Dieser Grundsatz gilt auch für Benzin. Egal, ob man einen Dacia Logan fährt oder einen Mercedes der S-Klasse: Aus der Verbrennung von einem Liter Benzin resultieren immer 2.333 gCO_2.[50] Es gibt also keine Möglichkeit, Einfluss auf die CO_2-Menge zu nehmen, die freigesetzt wird, wenn man einen

---

[49] Dieser Wert ist das ungewichtete arithmetische Mittel für die EU-28. Werte für das Konsumgewichtete arithmetische Mittel werden derzeit nur für die EU-15 ausgewiesen. Da Länder mit relativ geringem Konsum eher niedrigere Steuersätze haben, können wir davon ausgehen, dass das gewichtete arithmetische Mittel über dem ungewichteten Wert liegt. Daher ist diese Vereinfachung für uns unkritisch.

[50] Pro Liter Diesel entstehen 2.639 gCO_2. Wir konzentrieren uns im Folgenden aber auf Benzin.

Liter Benzin verbrennt. Auf Grund dieses festen Verhältnisses zwischen Benzinmenge und CO_2-Emission kann man die Mengensteuer auch in eine CO_2-Steuer umrechnen. Das geht ganz einfach:

$$\frac{0{,}548€ / Liter}{2{,}333 gCO_2 / Liter} = 0{,}0002348€/gCO_2 \qquad (5.6).$$

Dieser etwas unhandliche Betrag lässt sich umrechnen in Euro je Tonne CO_2, und wir erhalten 234,8 €/tCO_2. Das bedeutet: Der derzeit in der EU geltende Steuersatz auf jede Tonne CO_2, die durch Benzinverbrennung in Pkw entsteht, liegt bei etwa 235€.[51] Warum können wir die Mengensteuer auf Benzin einfach so als CO_2-Steuer uminterpretieren? Schließlich heißt die Steuer doch üblicherweise „Mineralölsteuer" (ab 2006 in „Energiesteuer" umbenannt) und nicht „Klimaschutzsteuer". Nun, an der Tankstelle fragt niemand nach dem Namen der Steuer. Was zählt ist der Bruttopreis, den die Konsumenten zu entrichten haben, und der Nettopreis, den die Anbieter erhalten. Ob die Politik die Energiesteuer aus Klimaschutzgründen eingeführt hat (wohl eher nicht) oder ob der Finanzminister hier die treibende Kraft war, spielt keine Rolle. Auch ob andere Externalitäten wie Stickoxide oder Staukosten internalisiert werden sollen, ist an dieser Stelle nicht von Bedeutung. Wichtig ist nur, dass das feste Verhältnis zwischen Benzinmenge und Emissionen existiert. Damit wirkt die Energiesteuer ökonomisch wie eine Steuer auf CO_2-Emissionen.

Die CO_2-Steuersätze in der EU sind sehr unterschiedlich. Das zeigt Abbildung 5.11. CO_2-Emissionen aus Benzin werden stärker besteuert als CO_2-Emissionen aus Diesel. Dies macht klimapolitisch wenig Sinn, denn jede Mengeneinheit CO_2 sollte gleich besteuert werden. Aber darauf kommt es an dieser Stelle nicht an. Wir konzentrieren uns im Folgenden auf die Benzinbesteuerung. Während CO_2-Emissionen aus Benzin in Deutschland mit ca. 281 €/tCO_2 besteuert werden, sind es in Bulgarien „nur" 156 €/tCO_2. Das arithmetische Mittel der Steuersätze liegt – wie erwähnt – bei 235 €/tCO_2. Um die nachfolgenden Betrachtungen noch etwas zu vereinfachen, runden wir den Steuersatz großzügig auf 200 €/tCO_2 ab und rechnen im Folgenden mit diesem Wert.

Welche Folgen hat nun eine CO_2-Steuer von 200 €/tCO_2 für das Verhalten der Pkw-Nutzer? Diese Steuer hat aus ökonomischer Sicht einen wichtigen Effekt – nämlich auf die Anreize, die der einzelne Autofahrer hat, Anstrengungen zur CO_2-Vermeidung zu unternehmen (Weimann 2008). Die Rechnung ist dabei relativ einfach. Wenn es dem Autofahrer gelingt, eine Tonne CO_2 weniger zu emittieren, spart er ungefähr 200€ ein.[52] Man kann also davon ausgehen, dass rationale Akteure Investitionen in geringeren Benzinverbrauch dann vornehmen, wenn deren Kosten für eine weitere Tonne CO_2-Ersparnis den Betrag von 200€ nicht übersteigen. Mit anderen Worten: Alle Investitionen in verbrauchsärmere Technologien, die weniger als 200€ kosten, stellen den Autofahrer besser, denn die Kostenersparnis ist höher als die Investitionskosten. Dieses Kalkül kann man sich praktisch

---

[51] Im Folgenden betrachten wir alle Preise ohne Mehrwertsteuer.
[52] Tatsächlich spart er mehr ein, da zu der Steuerersparnis bei geringeren CO_2-Emissionen noch die Ersparnis durch geringere Brennstoffkosten hinzukommt. Dieser Effekt – der das hier skizzierte Argument noch verstärkt – wird im Folgenden vernachlässigt.

Abb. 5.11 CO_2-Steuern in der EU

veranschaulichen. Beim Kauf eines neuen Pkw kann man sich zwischen unterschiedlichen Ausstattungen, z.B. hinsichtlich der Motorisierung und des Verbrauchs, entscheiden. Bei gleicher Leistung kosten Motoren, die weniger Benzin verbrauchen, mehr. Man muss also abwägen: Höhere Anschaffungskosten gegen geringeren Benzinverbrauch. Genau an dieser Stelle gilt das oben erläuterte Kalkül. Was kostet der sparsame Motor und wie viel spart er ein? Relativ günstige verbrauchsärmere Technologien (unter 200 €/tCO_2) werden nachgefragt, relativ teurere (über 200 €/tCO_2) nicht. Der Einspareffekt auf der Nachfragerseite beim Benzinverbrauch und damit bei den CO_2-Emissionen im Pkw-Verkehr hat aber auch Effekte auf die Angebotsseite. Investitionen in neue, verbrauchsärmere Technologien lohnen sich nur dann, wenn sie weniger als 200 €/tCO_2 kosten. Teurere Technologien werden nicht nachgefragt. Da auf dem Anbietermarkt für Pkw harter Wettbewerb herrscht, können wir davon ausgehen, dass sich diejenigen Technologien durchgesetzt haben und bereits heute in unseren Autos eingebaut sind, die weniger als 200 €/tCO_2 kosten. Jede Tonne mehr an CO_2-Vermeidung kostet im Pkw-Verkehr also mindestens 200€. Mit anderen Worten: 200€ markieren die *Grenzvermeidungskosten* für CO_2 in diesem Sektor.

Was können wir daraus für die Bewertung der Auflagenpolitik für den Pkw-Verkehr schließen? Wir wissen aus Abschnitt 5.4, dass eine kosteneffiziente Klimapolitik nur bei Gleichheit der Grenzvermeidungskosten aller Emittenten in einer Volkswirtschaft gegeben ist. Sobald sich die Grenzvermeidungskosten unterscheiden, lassen sich entweder bei gleichen Emissionen die Kosten von Klimapolitik reduzieren oder aber bei gleichen Kosten kann mehr Klimaschutz realisiert werden. Wenn wir den Verkehrssektor in der EU betrachten, ergibt sich dabei das folgende, fundamentale Problem: Die Grenzvermeidungskosten für CO_2 im Pkw-Verkehr liegen bei 200 €/tCO_2. Im EU ETS haben dagegen die Emittenten Grenzvermeidungskosten, die um den Faktor 20 unter denen im Pkw-Verkehr liegen. Der Preis für Zertifikate – von dem wir wissen, dass er gleich den Grenzvermeidungskosten im EU ETS ist (vgl. Abschnitt 5.4) – liegt im Bereich von 10 €/tCO_2. Was bedeutet das für die Kosten der Klimapolitik? Nun, eine weitere Tonne CO_2-Vermeidung kostet im EU ETS etwa 10 €/tCO_2. Im Pkw-Verkehr sind dagegen diese Kosten um das 40-fache höher. Anders gesagt: Für 200€ Vermeidungskosten können 20 Tonnen CO_2 in den Sektoren des EU ETS vermieden werden. Im Pkw-Verkehr der EU jedoch nur eine Tonne CO_2. Die Auflagen zur CO_2-Reduzierung im Pkw-Verkehr *verletzen* also die *Kosteneffizienz* und führen damit zu Klimaschutz, der teurer ist als nötig.

Diese Überlegungen lassen sich verallgemeinern und grafisch veranschaulichen. In Abbildung 5.12 nehmen wir an, dass es in einer Ökonomie nur zwei Sektoren gibt: (i) einen ETS-Sektor, dessen Unternehmen dem Emissionshandel unterliegen, und (ii) einen N-ETS-Sektor, dessen Unternehmen nicht dem Emissionshandel unterliegen. Im Emissionshandel setzt der Regulierer das Cap in Höhe von E_{ETS} und verteilt die Zertifikate auf die Unternehmen. Wir wissen, dass im ETS-Sektor der Handel mit Zertifikaten dazu führt, dass die Grenzvermeidungskosten aller Unternehmen gleich dem Zertifikatpreis p_{CO_2} sind. Damit gilt auch für die aggregierten Grenzvermeidungskosten $p_{CO_2} = GVK_{ETS}$. Welche Kosten entstehen nun, wenn der Regulierer das Cap etwas enger setzt, d.h., wenn er etwas mehr Klimaschutz betreiben will? Nehmen wir an, das neue Cap sei $E^*_{ETS} < E_{ETS}$, wobei $\Delta = E_{ETS} - E^*_{ETS}$. Der neue Zertifikatpreis steigt somit auf $p^*_{CO_2} > p_{CO_2}$. In diesem Fall sind die zusätzlichen Vermeidungskosten gleich der Fläche A unter der GVK-Kurve im Intervall (Δ) von E_{ETS} bis E^*_{ETS}. Im N-ETS-Sektor, also zum Beispiel dem Transportsektor in der EU, wird CO_2 mit dem Steuersatz t_{CO_2} besteuert. Die Besteuerung innerhalb der EU ist zwar wie gezeigt unterschiedlich; aber nehmen wir einmal an, die Besteuerung sei einheitlich und zwar in Höhe des durchschnittlichen Steuersatzes.[53] Aus der Besteuerung mit t_{CO_2} resultiert die N-ETS-Emission E_{N-ETS}. Wie gezeigt, ist der Steuersatz im Transportsektor deutlich höher als der Zertifikatpreis, also $t_{CO_2} > p_{CO_2}$. Mehr Klimaschutz, d.h. $E^*_{N-ETS} < E_{N-ETS}$ mit $\Delta = E_{N-ETS} - E^*_{N-ETS}$, kann im N-ETS-Sektor erreicht werden, indem der Steuersatz erhöht wird, also $t^*_{CO_2} > t_{CO_2}$ gesetzt wird. Die resultierenden Vermeidungskosten sind gleich der Fläche $B + C$. In Abbildung 5.12 ist zur Veranschaulichung die Fläche $C = A$ gesetzt, so dass offensichtlich ist: Der gleiche Klimaschutz (Δ) ist im N-ETS-Sektor um Fläche B teurer als im ETS-Sektor.

Kosteneffizienz wird verletzt

Die Auflagenpolitik der EU wird zweifelsohne die Pkw-CO_2-Emissionen in Europa reduzieren. Man muss die Steuersätze für CO_2 nur hoch genug wählen – früher oder später werden die Emissionen im Pkw-Verkehr zurückgehen. Sinnvoll ist eine solche Politik aber

---

[53] Ein Blick auf die Abbildung 5.11 zeigt, dass diese Annahme unkritisch ist. Selbst im Land mit dem geringsten Steuersatz liegt der CO_2-Preis bei Benzinverbrennung immer noch deutlich über dem CO_2-Preis im EU ETS.

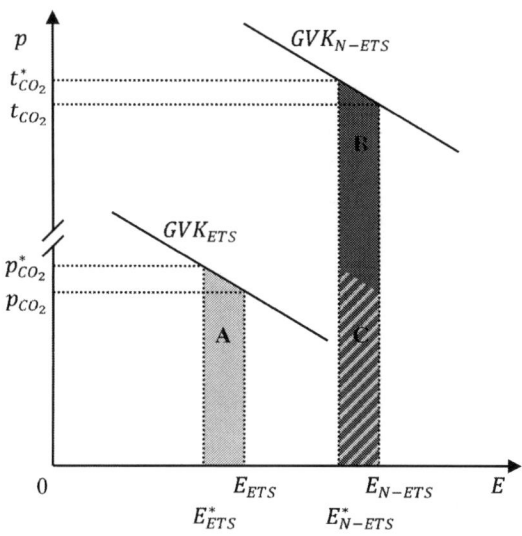

Abb. 5.12 CO_2-Vermeidung in ETS- und N-ETS-Sektoren

nicht, denn (der notwendige) Klimaschutz wird auf diese Weise teurer als nötig. Oder anders gesagt: Es wird weniger Klimaschutz erreicht als mit einer kosteneffizienten Politik bei gleichen Kosten möglich wäre. Diese Politik ist also sowohl aus ökonomischer als auch aus ökologischer Sicht unsinnig. In der Praxis bedeutet das: Viele Ingenieuren arbeiten mit Hochdruck daran, den Verbrauch und damit die CO_2-Emissionen von zwei Tonnen schweren Pkw zu reduzieren. Mit Hilfe verbrauchsärmerer Motoren mit modernen Einspritztechnologien und Gewichtsreduktion durch den Einsatz von Materialen wie Aluminium oder Karbonfasern gelingt dies auch – nur es kostet auch entsprechend viel. Würde man die gleichen Ressourcen – Ingenieurskunst, physisches Kapital und natürliche Ressourcen – in anderen Sektoren der Volkswirtschaft einsetzen, ließe sich viel mehr CO_2 einsparen. Im Ergebnis verschwenden wir wertvolle Ressourcen.

Wie aber würde eine kosteneffiziente Politik aussehen? Der entscheidende Punkt ist, dass alle Emittenten in einer Volkswirtschaft das gleiche Signal für die Knappheit von CO_2-Emissionen erhalten sollten. Es muss also überall der gleiche CO_2-Preis gelten. Grundsätzlich ist dafür keine Integration des Transportsektors in das EU ETS nötig, denn das Preissignal lässt sich – wie wir aus den Abschnitten 5.2 und 5.4 wissen – sowohl über den Emissionshandel als auch über eine Emissionssteuer generieren. Ausgangspunkt der Überlegungen muss die politische Festlegung einer Gesamtemissionsmenge für die EU sein. Dann ist diese Gesamtemissionsmenge aufzuteilen in (i) das Cap des EU ETS, wobei sich der Zertifikatpreis ergibt, und (ii) die Emissionsmenge, die bei entsprechender Wahl der Emissionssteuer in den nicht vom EU ETS betroffenen Sektoren resultiert. Kosteneffizienz ist gewährleistet, wenn Zertifikatpreis und Emissionssteuer gleich sind. Nun mag man einwenden, dass derartige Überlegungen angesichts der Steuerhoheit der EU-Mitgliedstaaten und der Vielzahl weiterer Motive zur Besteuerung naiv sind. Dies mag zutreffen. Dennoch ist es hilfreich und notwendig, das Bild einer kosteneffizienten Klimapolitik vor Augen zu haben, um daran die Fehler der realen Klimapolitik erkennen zu können. Zugleich gibt uns diese „kontrafaktische" Situation einen wichtigen Hinweis darauf, was man aus Klimaschutzgründen in keinem Fall tun sollte, nämlich die CO_2-Vermeidung im Pkw-Verkehr zu erhöhen. Stattdessen muss das Cap im EU ETS reduziert werden.[54]

Es kommt also aus Sicht der Klimapolitik nicht darauf an, ob ein Sektor innerhalb der EU mehr oder weniger emittiert. Es geht darum, dass die Gesamtemissionen der EU sinken.[55] Wo die hierfür notwendige Vermeidung stattfindet, ist zunächst einmal unerheblich. Ist Kosteneffizienz gewährleistet, d.h. haben alle Emittenten den gleichen CO_2-Preis zu zahlen und verfügen damit auch alle Emittenten über die gleichen Grenzvermeidungskosten, werden Emissionen nur dort getätigt, wo sie den höchsten Nutzen stiften. Vermeidung findet nur dort statt, wo es günstig ist. Das kann auch bedeuten, dass in einem Sektor die Emissionen relativ oder sogar absolut steigen. Eine solche Entwicklung wäre nur das Signal, dass die Emissionen in diesem Sektor einen besonders hohen Nutzen stiften. Angesichts der bereits relativ hohen CO_2-Preise im Pkw-Verkehr verdeutlicht die Entwicklung der CO_2-Emissionen in diesem Sektor, welchen hohen Nutzen die Pkw-Mobilität in unserer arbeitsteiligen Wirtschaft stiftet. Zusätzliche Emissionsvermeidung wäre hier mit hohen Nutzeneinbußen verbunden. Mit gleichen Mitteleinsatz ließe sich in anderen Sektoren der Volkswirtschaft viel mehr Klimaschutz erreichen. Die CO_2-Auflagen für Pkw widersprechen daher eindeutig einer rationalen Klimapolitik.

5.8 Vergleich der Instrumente in der statischen Analyse

Abbildung 5.13 fasst unsere bisherigen Erkenntnisse zu marktbasierten umweltpolitischen Instrumenten zusammen. In einer statischen Analyse und bei vollständiger Information sind Pigou-Steuer und first-best-Emissionshandel die vorzugswürdigen Instrumente, da hier die Summe aus gesamtgesellschaftlichen Vermeidungskosten und Schadenskosten minimiert wird. Wenn diese first-best-Lösung nicht erreicht werden kann, dann sind Emissionssteuer und Emissionshandel, die second-best-Lösungen, die vorzugswürdigen

---

[54] Auf die theoretisch gegebene Möglichkeit, den Transportsektor in das EU ETS zu integrieren, sei hier nur am Rande verwiesen. Rein technisch wäre dies möglich, indem z.B. Raffinerien für jede Tonne in Verkehr gebrachten Kraftstoff die entsprechende Menge von Zertifikaten einlösen müssen. Damit würden zwar die Kraftstoffpreise steigen (allerdings nicht, wenn die Energiesteuer entsprechend gesenkt werden würde), der Vorteil wäre aber, dass eine Ausweitung der CO_2-Emissionen im Transportsektor möglich wäre, ohne die Gesamtemissionen der EU zu steigern – das Cap des erweiterten EU ETS ist schließlich fix. Dies würde zu einem Preisanstieg im EU ETS führen und die zusätzliche Vermeidung würde dann in den ETS-Sektoren außerhalb des Transportsektors stattfinden (da hier relativ niedrige Grenzvermeidungskosten vorliegen).

[55] Auf die Probleme einer globalen Klimapolitik werden wir noch in den folgenden Kapiteln zu sprechen kommen.

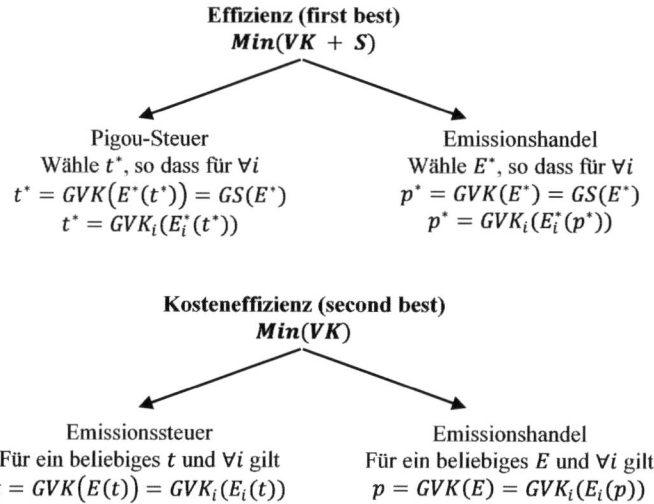

Abb. 5.13 first- und second-best-Allokationen

Instrumente, da sie zumindest die Grenzvermeidungskosten der Emittenten angleichen und damit für Kosteneffizienz sorgen.

Auflagen sind nur dann empfehlenswert, wenn bei Unsicherheit hinsichtlich des optimalen Emissionsniveaus relativ elastische Grenzvermeidungskosten und relativ unelastische Grenzschäden vorliegen und zugleich eine Mengenlösung über den Emissionshandel nicht praktikabel ist.

5.9 Dynamische Anreizwirkung

Wir hatten festgestellt, dass der Vorteil marktbasierter umweltpolitischer Instrumente gegenüber der Auflagenlösung in ihrer statischen Kosteneffizienz besteht. Unterscheiden sich die Grenzvermeidungskosten der Unternehmen kann eine kosteneffiziente Umweltpolitik ein Emissionsziel zu geringeren Kosten erreichen als eine Auflagenlösung oder – äquivalent dazu – bei gleichen Kosten kann mehr Umweltschutz erreicht werden. Allerdings stellt sich die Frage, ob markbasierte Instrumente auch in der *dynamischen Perspektive*, d.h. über die Zeit hinweg, vorzugswürdige Instrumente der Umweltpolitik sind. Dabei kommt es insbesondere darauf an, welche Anreize durch die Instrumente für die Unternehmen gesetzt werden, neue und weniger emissionsintensive Technologien einzusetzen. Hierfür ist eine Betrachtung über mehrere Perioden hinweg nötig, denn solche Technologien erfordern Investitionen, deren Erträge erst in der Zukunft anfallen. Im Folgenden werden wir daher analysieren, ob marktbasierte Instrumente auch die optimalen Anreize setzen, in neue Technologien zu investieren.

In unserem Modell existieren nur die Perioden 1 und 2.[56] In Periode 1 nutzt ein Unternehmen i, $i = 1, ..., N$, eine Produktionstechnologie mit Grenzvermeidungskosten $GVK_{1i}(\bar{E}_{1i} - E_{1i})$, wobei E_{1i} die Emissionen und $\bar{E}_{1i}$ das Emissionsniveau ohne Vermeidung (Business As Usual) von i in Periode 1 sind. Damit ist $\bar{E}_{1i} - E_{1i}$ die Vermeidung von i in Periode 1. Mit Beginn der Periode 2 wird eine neue Technologie verfügbar, die mit weniger Emissionen verbunden ist. Diese Technologie kann von jedem der identischen Unternehmen verwendet werden, wobei fixe Kosten in Höhe von K anfallen. Die neue Technologie in Periode 2 hat Grenzvermeidungskosten $GVK_{2i}(\bar{E}_{2i} - E_{2i})$ mit $\bar{E}_{2i} \leq \bar{E}_{1i}$ und $GVK_{2i} < GVK_{1i}$ für jedes $E_{2i} < \bar{E}_{1i}$. Das heißt, jedes positive Vermeidungsniveau kann mit der neuen Technologie zu geringeren Kosten erreicht werden.

Das weitere Vorgehen in diesem Abschnitt ist wie folgt. Zunächst stellen wir den optimalen *sozialen Nutzen* aus der Investition in die neue Technologie für den Fall eines Unternehmens und den Fall zweier Unternehmen dar. Dabei unterscheiden wir konvexe[57] und lineare Schadenskosten. Ausgehend vom optimalen sozialen Nutzen stellen wir uns dann die Frage, ob die zur Auswahl stehenden umweltpolitischen Instrumente – Steuern, Emissionshandel und Auflagen – einen *privaten Nutzen* aus der Investition in die neue Technologie stiften, der dem sozialen Nutzen entspricht. Nur in diesem Fall kann man von „richtigen", d.h. dynamisch effizienten, Anreizen auf der Unternehmensebene sprechen.

5.9.1 Sozialer Nutzen im Optimum

Zunächst wollen wir analysieren, wie hoch der soziale Nutzen aus der Einführung der neuen Technologie im Optimum ist. In Abbildung 5.14 wird der soziale Nutzen aus der Investition in die neue Technologie für lineare Schadenskosten durch die grau markierten Flächen A + B dargestellt. Die Investition führt zu niedrigeren Grenzvermeidungskosten und damit auch zu geringeren Emissionen im Optimum ($E_{2i} < E_{1i}$). Die Flächen A + C stellen die Reduzierung der Schäden durch geringere Emissionen und B – C die Reduzierung der Vermeidungskosten dar. Man beachte, dass die Vermeidungskosten unter der neuen Technologie höher sein können (wenn B – C < 0), insgesamt jedoch ist der soziale Nutzen aus der Investition in die neue Technologie (die grau markierten Flächen A + B) positiv.

Abbildung 5.15 stellt den sozialen Nutzen für konvexe Schadenskosten dar. Da der Grenzschaden ansteigt, muss im Optimum bei einer Investition in die neue Technologie der effiziente Grenzschaden sinken (dies würde bei einer entsprechenden staatlichen Regulierung eine neue niedrigere Pigou-Steuer bedeuten). In Abbildung 5.15 ist der soziale Nutzen aus der Investition ebenfalls grau markiert. Im Folgenden bezeichnen wir den sozialen Nutzen aus der Investition mit G (in den Abbildungen in diesem Abschnitt grau

---

[56] Die folgenden Ausführungen basieren auf Kennedy und Laplante (1999). Einen allgemeinen Überblick liefert Requate (2005).

[57] Wir beziehen uns hier auf strikt konvexe Schadenskosten. Strikte Konvexität der Schadensfunktion $S(E)$ ist erfüllt, wenn $S'(E) > 0$ und $S''(E) > 0$. Die Schadenskosten sind dagegen linear, wenn $S'(E) > 0$ und $S''(E) = 0$.

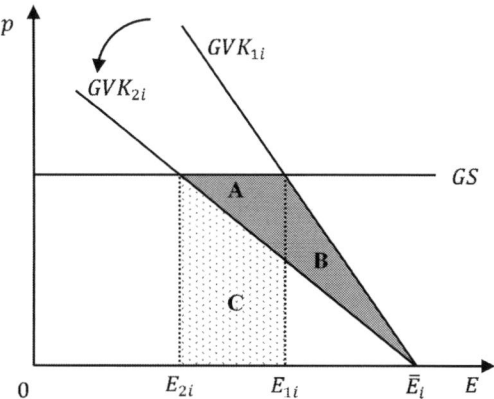

Abb. 5.14 Sozialer Nutzen aus der Investition bei einem Unternehmen und linearen Schadenskosten

markiert). Der Nettonutzen aus der Investition ist die Differenz von sozialem Nutzen (G) und Investitionskosten (K).

Ob nun die Investition in die neue Technologie einen Nettonutzen generiert (dies ist die spannende Frage), ist von der Höhe der Investitionskosten K abhängig. Die Investition lohnt aus sozialer Perspektive nur, wenn $G > K$. Offensichtlich ist die Investition in die neue Technologie lohnender, wenn (i) der Grenzschaden relativ hoch ist und (ii) der Unterschied zwischen den Grenzvermeidungskosten der alten und der neuen Technologie relativ groß ist.

In der Realität haben wir es nun häufig mit Situationen zu tun, in denen nicht nur ein Unternehmen am Markt aktiv ist, sondern mehrere Unternehmen vor der Entscheidung stehen, in eine neue Technologie zu investieren. Betrachten wir zunächst den Fall, dass von

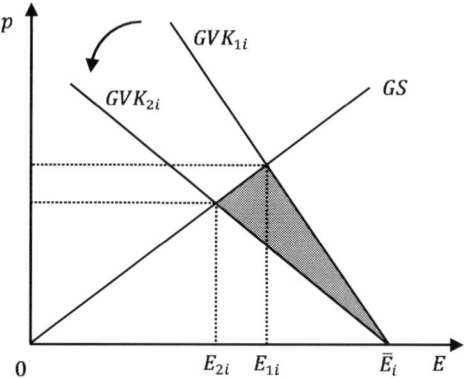

Abb. 5.15 Sozialer Nutzen aus der Investition bei einem Unternehmen und konvexen Schadenskosten

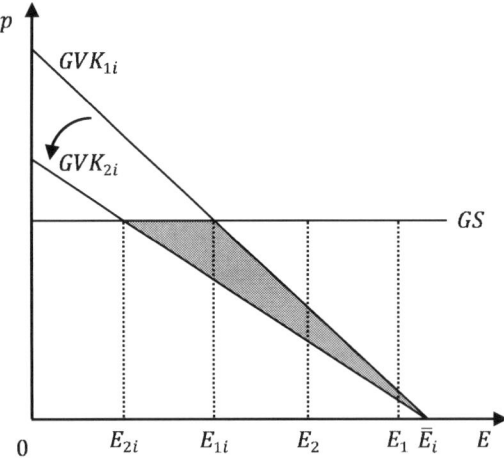

Abb. 5.16 Sozialer Nutzen aus der Investition bei zwei Unternehmen und linearen Schadenskosten

mehreren Unternehmen *nur eines* investiert. In Abbildung 5.16 wird der soziale Nutzen dargestellt für den Fall, dass bei zwei (identischen) Unternehmen und linearen Schäden nur eines der beiden Unternehmen (hier i) die neue Technologie einführt. In der Ausgangssituation (vor der Investition) werden die Grenzvermeidungskosten beider Unternehmen horizontal aggregiert und über den Schnittpunkt von aggregierten Grenzvermeidungskosten und Grenzschäden ergeben sich die aggregierten Emissionen in Periode 1, E_1.[58] Nach der Investition von Unternehmen i in die neue Technologie erfordert Effizienz in Periode 2, dass die Emissionen von i von E_{1i} zu E_{2i} fallen. Die Emissionen des Unternehmens, das nicht investiert, bleiben hingegen gleich. Die aggregierten Emissionen fallen von E_1 auf E_2. Der soziale Nutzen (grau markiert) umfasst die durch den Emissionsrückgang bedingte Reduzierung der Schäden und die Reduzierung der Vermeidungskosten bei dem Unternehmen, das in die neue Technologie investiert. Der Nettonutzen ist die grau markierte Fläche minus die Investitionskosten K.

Bleiben wir noch etwas bei Abbildung 5.16. Wenn wir von identischen Unternehmen und konstanten Investitionskosten, K, ausgehen kann es offensichtlich nicht effizient sein, dass bei linearen Schäden nur ein Unternehmen investiert und das andere Unternehmen nicht. Wenn $G > K$ für ein Unternehmen ist, dann muss dies auch für das andere Unternehmen gelten, denn der Grenzschaden ist konstant und die Grenzvermeidungskosten der Unternehmen sind identisch. Der soziale Nutzen aus der Investition ist hier also

---

[58] Vgl. die Ausführungen zur horizontalen Aggregation von inversen Nachfragekurven bei rivalen Gütern in Abschnitt 4.2. Diese Aggregation und die Bestimmung des Schnittpunkts von GVK mit GS sind in den folgenden Abbildungen nicht eingezeichnet. Da das zweite Unternehmen j identisch zu i ist, verzichten wir auch auf entsprechende Bezeichnungen für j. So ist z.B. GVK_{1i} gleich GVK_{1j}. Unternehmen i unterscheidet sich nur durch die Investition von j.

Dynamische Anreizwirkung

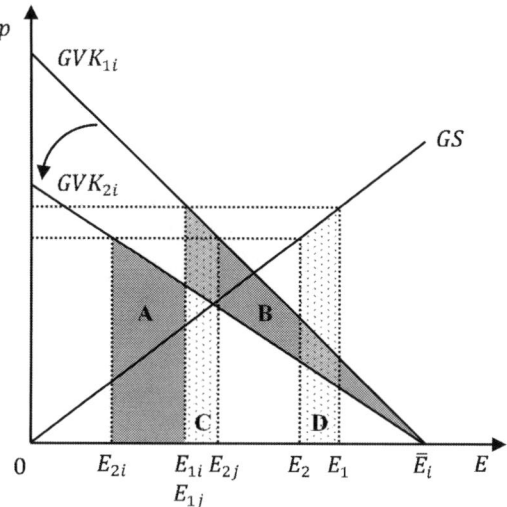

Abb. 5.17 Sozialer Nutzen aus der Investition bei zwei Unternehmen und konvexen Schadenskosten

unabhängig davon, wie viele Unternehmen investieren. Wir halten daher fest: Bei linearen Schäden ist entweder nur die Investition aller Unternehmen effizient (wenn $G > K$) oder aber kein Unternehmen sollte investieren (wenn $G < K$).

In Abbildung 5.17 ist die – etwas kompliziertere – Situation dargestellt, wenn bei konvexen Schäden eines der beiden Unternehmen (hier i) in die neue Technologie investiert. In der Ausgangssituation (vor der Investition) werden die Grenzvermeidungskosten beider Unternehmen wiederum horizontal aggregiert und es ergeben sich die aggregierten Emissionen E_1. Nach der Investition erfordert Effizienz, dass das investierende Unternehmen seine Emissionen von E_{1i} auf E_{2i} reduziert. Die Emissionen von Unternehmen j, das nicht investiert, steigen dagegen von E_{1j} auf E_{2j}. Der Grund dafür liegt darin, dass die zum neuen optimalen Emissionsniveau E_2 korrespondierende Pigou-Steuer sinkt. Die effizienten Gesamtemissionen sinken von E_1 auf E_2. Die Differenz der grau markierten Flächen (B − A) zeigt den Rückgang der Vermeidungskosten für Unternehmen i an. Die gepunkteten Flächen D und C zeigen die übrigen Komponenten des sozialen Nutzens durch die Investition an: (i) Fläche D ist der Nutzen aus geringeren Schäden durch die Reduzierung der Gesamtemissionen; (ii) Fläche C die Reduzierung der Vermeidungskosten für das nicht investierende Unternehmen, dessen Emissionen steigen. In Abbildung 5.18 ist der gesamte soziale Nutzen (die Flächen B − A + C + D) aus der Investition in die neue Technologie zusammengefasst dargestellt.[59]

---

[59] Dabei muss berücksichtigt werden, dass Fläche A einen Nutzenverlust (Kosten) darstellt. Fläche C wird rechts an der Senkrechten über E_{2i} abgetragen. Rechts von dieser Fläche (bzw. links an der Senkrechten über E_{1i}) wird die Fläche D abgetragen. Dies ergibt die grau markierte Fläche zwischen GVK_{2i} und GVK_{1i} in Abbildung 5.18.

Auch im Fall konvexer Schäden müssen wir überlegen, ob es überhaupt möglich ist, dass in einer effizienten Situation nur ein Unternehmen investiert und das andere Unternehmen nicht. Wie zuvor gehen wir von konstanten Investitionskosten aus. Wie man in Abbildung 5.18 sieht, ist der soziale Nutzen aus der Investition nicht konstant, sondern der soziale Nutzen wird kleiner je mehr Unternehmen investieren. Der durch die Investition eingesparte Schaden (Fläche D) sinkt und da auch die optimale Steuer sinkt, gehen die investitionsbedingten Einsparungen an Vermeidungskosten zurück. Im Unterschied zum Fall mit linearen Schäden sind damit bei konvexen Schäden Konstellationen möglich, in denen nur ein (oder einige) Unternehmen in der effizienten Situation investieren und andere nicht.

Im Folgenden werden wir nun untersuchen, ob die Pigou-Steuer und der Emissionshandel die richtigen, d.h. sozial optimalen, Anreize setzen, um in die neue Technologie zu investieren. Hierfür wird der soziale Nutzen aus der Investition in die neue Technologie mit dem privaten Nutzen eines Unternehmens (dieser sei im Folgenden mit U bezeichnet) verglichen. Nur wenn der private Nutzen aus der Investition in die neue Technologie gleich dem sozialen Nutzen ist, kann man von effizienten oder optimalen Anreizen zur Investition sprechen. Zugleich muss im Optimum gewährleistet sein, dass Grenzvermeidungskosten gleich Grenzschäden sind. *Dynamische Effizienz* erfordert also Effizienz hinsichtlich der Investition in die neue Technologie und gleichzeitig – gegeben die Technologiewahl – die Gewährleistung eines effizienten Niveaus der aggregierten Emissionen.

Wir analysieren beide Instrumente jeweils für (i) den Fall der kleinstmöglichen Zahl an Unternehmen und (ii) den Fall eines Wettbewerbsmarkts, auf dem praktisch unendlich viele Unternehmen unabhängig voneinander agieren. Für die Pigou-Steuer kann bei (i) der Fall eines Unternehmens betrachtet werden. Für den Emissionshandel muss hierbei – da es einen Handel geben muss – der Fall zweier Unternehmen betrachtet werden.

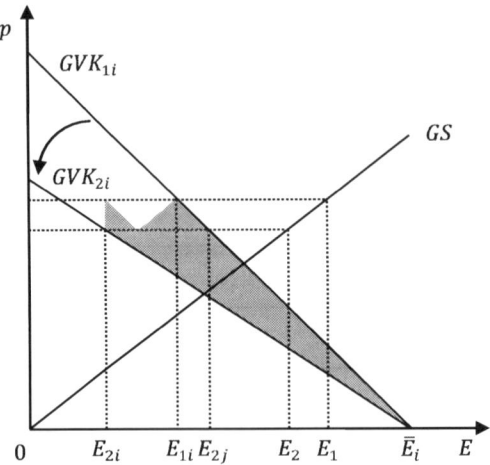

Abb. 5.18 Sozialer Nutzen aus der Investition bei zwei Unternehmen und konvexen Schadenskosten (Zusammenfassung der Flächen B − A + C + D)

5.9.2 Steuerlösung

Steuerlösung bei einem Unternehmen

Wir erinnern uns zunächst an die Bedingung für die effiziente Wahl des Steuersatzes bei einer Pigou-Steuer (vgl. Abschnitt 5.2). Damit eine Emissionssteuer das effiziente Emissionsniveau induziert, muss der Steuersatz genau gleich dem Grenzschaden im Optimum sein, d.h., es muss $t^* = GS(E^*)$ gelten. Da der Grenzschaden bei konvexen Schäden von der Wahl der Technologie abhängt, ist damit auch der optimale Steuersatz von der gewählten Technologie abhängig. Wie wir gleich sehen werden, sorgt dieser Aspekt dafür, dass bei einem Unternehmen und konvexen Schäden die Pigou-Steuer keine effizienten Anreize zur Investition in die neue Technologie setzen kann.

Bei linearen Schäden gibt es dagegen kein Problem. Auf Grund des konstanten Grenzschadens ist der optimale Steuersatz $t^* = GS(E^*)$ unabhängig von der gewählten Technologie. Wie Abbildung 5.19 zeigt, ist der private Nutzen aus der Investition gleich dem sozialen Nutzen. Damit werden die optimalen Anreize gesetzt, in die neue Technologie zu investieren.

Im Folgenden betrachten wir die Situation bei konvexen Schadenskosten. Zunächst muss man sich folgendes klar machen. Die Investition kann aus gesellschaftlicher Sicht lohnend sein ($G > K$) oder nicht ($G < K$). Zugleich kann die Investition aus Sicht des Unternehmens lohnend sein, d.h., der private Nutzen aus der Investition, U, ist größer als die Kosten ($U > K$) oder nicht ($U < K$). Möglich sind damit vier Fälle, wie sie in Tabelle 5.4 dargestellt sind.

Außerdem müssen wir uns noch klar machen, wie sich der Regulierer verhalten wird. Unterstellen wir dem sozialen Planer wohlfahrtsmaximierendes Verhalten, dann ist der Steuersatz immer so zu wählen (oder entsprechend anzupassen), dass er dem *Grenzschaden*

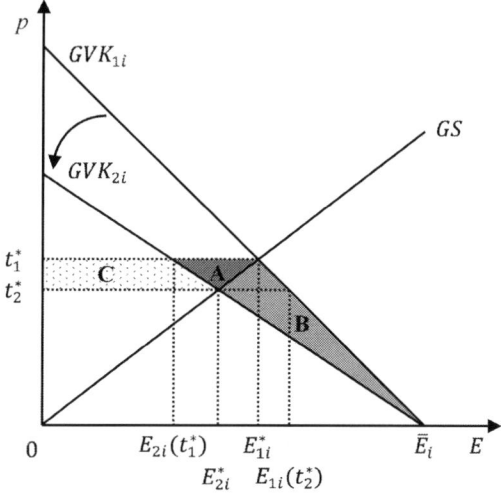

Abb. 5.19 Privater Nutzen aus der Investition bei einem Unternehmen und konvexen Schadenskosten sowie Steuersatzabsenkung

Tab. 5.4 Fallunterscheidungen für die Investition in Vermeidungstechnologie

	$G > K$	$G < K$
$U > K$	Fall 1	Fall 2
$U < K$	Fall 3	Fall 4

U: Privater Nutzen aus der Investition, G: Gesellschaftlicher Nutzen aus der Investition, K: Kosten der Investition

im Optimum entspricht. Führt das Unternehmen also die Investition durch und kommt es daher zum Sinken der Grenzvermeidungskosten, dann muss auch entsprechend der Pigou-Steuersatz nach unten angepasst werden. Die Unternehmen antizipieren das Verhalten des Regulierers bei ihrer Investitionsentscheidung. Das heißt im Einzelnen: Plant das Unternehmen, zu investieren, so weiß es, dass der Regulierer den Steuersatz absenken wird. Stellt das Unternehmen fest, dass $U > K$ und unterlässt es die Investition, so bleibt der Steuersatz konstant und das Unternehmen weiß dies ebenfalls ex ante. Diese Politik der Steuersatzabsenkung ist in Abbildung 5.19 dargestellt. In Periode 1 ist der optimale Steuersatz t_1^*. Wenn das Unternehmen nicht investiert, bleibt der Steuersatz auch in Periode 2 bei t_1^* und die Emissionen sind E_{1i}^*. Wenn das Unternehmen dagegen investiert, wird in Periode 2 der Steuersatz $t_2^* < t_1^*$ gesetzt und die Emissionen sind E_{2i}^*.

Betrachtet sei zunächst der Fall 1, d.h. $G > K$ und $U > K$. Führt das Unternehmen die Investition durch und sinkt daher der Steuersatz auf $t_2^* < t_1^*$, dann erhöht das Unternehmen seine Vermeidungsmenge (die Emissionen sinken von E_{1i}^* auf E_{2i}^*). Das Unternehmen realisiert insgesamt einen Vorteil, der durch die in Abbildung 5.19 markierten Flächen A + B + C gemessen werden kann. Der ökonomische Vorteil für das Unternehmen speist sich aus zwei Quellen: (i) Die Grenzvermeidungskosten sinken. Jedes denkbare Vermeidungsniveau kann nun zu geringeren Grenzkosten realisiert werden. (ii) Die Steuerzahlung im neuen Optimum reduziert sich, da sowohl der Steuersatz als auch die Restemission abgenommen haben. Zwar steigen die gesamten Vermeidungskosten möglicherweise an, da die Vermeidungsmenge ja ausgedehnt wurde. Allerdings wird dieser potentielle Kostenanstieg in jedem Fall überkompensiert durch die Steuerersparnis. Der private Nutzen aus der Investition war mit U bezeichnet. Gilt nun, dass dieser ökonomische Vorteil die Investitionskosten übersteigt, also: $U > K$, dann ist die Investition aus Unternehmenssicht vorteilhaft und wird tatsächlich durchgeführt. Da außerdem annahmegemäß gilt, dass $G > K$, die Investition also auch aus gesellschaftlicher Sicht wünschenswert ist, kommt es zu keinerlei Konflikt zwischen privatem und gesellschaftlichem Interesse: Das Unternehmen führt die gesellschaftlich vorteilhafte Investition tatsächlich durch. Allerdings wird hier schon das Problem deutlich: Der private Nutzen aus der Investition (Flächen A + B + C) ist größer als der soziale Nutzen (Fläche B, vgl. auch Abbildung 5.15). Im Fall 1 ist dies aber unkritisch, da sowohl $U > K$ als auch $G > K$ angenommen wurden.

Ein Problem ergibt sich im Fall 2. Dort ist die Investition aus gesellschaftlicher Sicht nicht erwünscht ($G < K$), jedoch ist es aus privater Sicht lohnend zu investieren ($U > K$).

Tatsächlich führt also die Pigou-Steuer hier nicht mehr zum dynamisch effizienten Ergebnis. Dieses Ergebnis ist möglich, weil bei konvexen Umweltschäden sozialer und privater Nutzen der Investition nicht mehr übereinstimmen. Der private Nutzen aus der Investition ist größer als der soziale Nutzen ($U > G$), und es hängt dann letztlich vom Verhältnis von sozialem Nutzen und Investitionskosten ab, ob es zu einem Konflikt zwischen privatem und gesellschaftlichem Interesse kommt: Ist $G > K$ (vgl. Fall 1), gibt es kein Problem. Falls jedoch $G < K$ ist, erzeugt die Pigou-Steuer hier einen Anreiz, in eine Technologie zu investieren, deren Einführung aus gesellschaftlicher Sicht nicht erwünscht ist.

Fassen wir unsere bisherigen Erkenntnisse kurz zusammen: Falls $U > K$ wird die Investition durchgeführt, der Steuersatz sinkt auf $t_2^* < t_1^*$. Der private Nutzen aus der Investition entspricht den Flächen A + B + C und ist damit größer als der soziale Nutzen (Fläche B). Zwei Fälle sind dann denkbar: $U > G > K$ sowie $U > K > G$. Im letzteren Fall wird investiert, obwohl es gesellschaftlich nicht erwünscht ist. Wir können also nicht davon ausgehen, dass die Pigou-Steuer immer die optimalen Anreize setzt, in eine neue Technologie zu investieren.

Kommen wir nun noch zu den Fällen 3 und 4. Der Fall 4 ist wieder unproblematisch, weil privates und soziales Interesse zusammenfallen. Die Investition ist privat und gesellschaftlich nicht lohnend und unterbleibt daher. Wie man sich leicht klar macht, kann Fall 3 nicht auftreten: Die Konstellation $U < K$ und $K < G$ impliziert offenbar $G > K > U$. Da aber immer gilt, dass der private Nutzen aus der Investition den sozialen Nutzen übersteigt ($U > G$), entsteht hier ein logischer Widerspruch. Ein „Unterinvestitionsproblem" kann offensichtlich also nicht auftreten.

Diese Überlegungen zeigen, dass die Pigou-Steuer bei konvexen Schäden *zu viel* technologischen Wandel erzeugen kann. Dieses Problem entsteht dadurch, dass der Steuersatz nicht nach den Schäden diskriminiert, die jede Schadstoffeinheit verursacht. Der Steuersatz wird schließlich so gesetzt, dass er gleich dem Schaden der marginalen (d.h. der letzten emittierten) Einheit ist und dieser *einheitliche Steuersatz* wird auf jede Schadstoffeinheit angewendet. Dies bedeutet, dass, wenn der Grenzschaden ansteigt, die gesamte Steuerzahlung den verursachten Schaden übersteigt. Bei der Bewertung seiner Optionen richtet sich das Unternehmen nur nach den eingesparten Steuerbeträgen und der Veränderung der Vermeidungskosten, was aber aus sozialer Sicht auch zählt, sind die reduzierten Schäden. Da die Reduzierung der Steuer bei Steuersatzabsenkung den Rückgang des Schadens übersteigt, sind die Anreize des Unternehmens zu Gunsten der Investition in die neue Technologie verzerrt. Dies kann die falsche Technologiewahl bewirken, wenn es effizient ist, die alte Technologie beizubehalten.

Steuerlösung im Wettbewerbsmarkt

In einem Wettbewerbsmarkt hat das einzelne Unternehmen nur einen verschwindend kleinen Anteil an den Gesamtemissionen. Der Grenzschaden durch die Emissionen eines Unternehmens ist daher praktisch *konstant*. Die Technologieentscheidung des einzelnen Unternehmens hat damit keinen Effekt auf den vom Regulierer gewählten konstanten Steuersatz. Dies gilt unabhängig davon, ob die aggregierten Schadenskosten konvex oder linear verlaufen.[60] Die Auswirkungen der Tatsache, dass der Grenzschaden der Emissionen eines Wettbewerbsunternehmens konstant ist, werden deutlich, wenn man Abbildung 5.20 betrachtet. Der Steuersatz (t_1*) bleibt unverändert. Der private Anreiz zu investieren ist gleich dem sozialen Nutzen (jeweils A + B). In diesem Fall erreicht also die Pigou-Steuer die effiziente Technologiewahl.

5.9.3 Emissionshandel

Emissionshandel mit zwei Unternehmen

Wie wir gesehen haben, muss der optimale Steuersatz in der dynamischen Perspektive zwei Eigenschaften erfüllen: Der Steuersatz muss (i) Effizienz hinsichtlich der Investition in die neue Technologie sicherstellen und gleichzeitig (ii) gegeben die Technologiewahl das effiziente Niveau der aggregierten Emissionen induzieren. Wir betrachten nun den Emissionshandel sowohl für konvexe als auch lineare Schadenskosten. Wir untersuchen zunächst den Fall zweier Unternehmen, die Emissionsrechte handeln können. Im Anschluss daran betrachten wir den Fall eines Wettbewerbsmarkts.

Im Abschnitt zur Pigou-Steuer haben wir gezeigt, dass bei einem Unternehmen und konvexen Schadenskosten, die Pigou-Steuer nicht immer in der Lage ist, effiziente Anreize zur Investition in die neue Technologie zu setzen. Bei der notwendigen Steuersatzabsenkung generiert die Steuerlösung zu starke Anreize, in die neue Technologie zu investieren. Ein ähnliches Problem entsteht beim Emissionshandel mit wenigen Unternehmen – nur in umgekehrter Richtung. Die Anreize, in die neue Technologie zu investieren, sind hier geringer als im Optimum.

Beginnen wir mit den konvexen Schäden. Wir gehen davon aus, dass der Regulierer folgende Politik im Rahmen des Emissionshandels verfolgt und diese auch den Unternehmen bekannt ist. In Periode 2 wird die gleiche Zahl an Emissionsrechten wie in Periode 1 verteilt. Wenn ein Unternehmen in die neue Technologie investiert, kauft der Regulierer Emissionsrechte zurück, um das Angebot in Reaktion auf die Technologieänderung (und damit die Absenkung der Grenzvermeidungskosten) so anzupassen, dass wieder der Grenzschaden gleich dem Preis für Emissionsrechte ist. Wir gehen davon aus, dass es zwei Unternehmen (i und j) gibt, die in Periode 1 beide die alte Technologie nutzen. Der Regulierer gibt entsprechend Emissionsrechte in Höhe von E_1 aus, so dass in Periode 1 zunächst die effiziente

---

[60] Für den Fall linearer Schäden haben wir gezeigt, dass entweder alle Unternehmen investieren oder kein Unternehmen. Der Steuersatz bleibt gleich – egal ob investiert wird oder nicht. Wenn bei konvexen aggregierten Schadenskosten tatsächlich alle Unternehmen investieren, muss natürlich der Regulierer den Steuersatz nach unten anpassen. Im Unterschied zur Situation bei nur einem Unternehmen kann auf einem Wettbewerbsmarkt jedoch kein Unternehmen die Steuersenkung durch die Investition beeinflussen. Daher ist ex ante der Steuersatz ein Datum. Das Unternehmen kann nicht mit der Steuersatzabsenkung rechnen und hat daher auch keine überhöhten Anreize zur Investition. Wenn hingegen kein Unternehmen investiert, bleibt der Steuersatz unverändert. Dynamische Effizienz ist in jedem Fall gegeben.

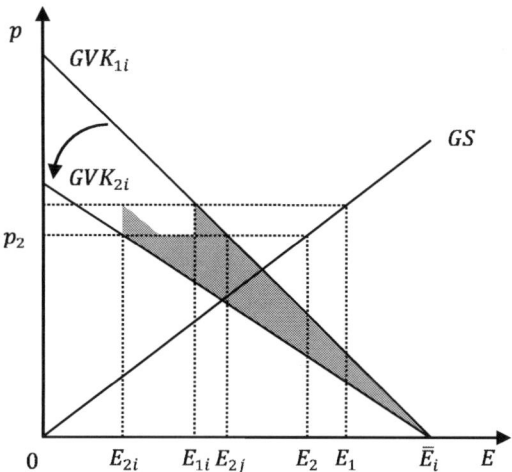

Abb. 5.20 Privater Nutzen aus der Investition bei einem Unternehmen im Emissionshandel und Angebotsreduzierung

Situation erreicht wird. Angenommen, eines der Unternehmen (i) investiert in Periode 2 in die neue Technologie, das andere Unternehmen (j) dagegen nicht. In diesem Fall sinkt das effiziente Niveau der Emissionen auf E_2. Der Regulierer ist nun gezwungen, Emissionsrechte zurückzukaufen zum Preis von $p_2 = GS(E_2)$. Zu diesem Preis ist das investierende Unternehmen bereit die Menge $E_{1i} - E_{2i}$ zu verkaufen. Das nicht investierende Unternehmen j ist bereit, einen höheren Preis als p_2 für $E_{2j} - E_{1i}$ zu zahlen, so dass i diese Menge an j verkauft. Die übrige Menge an Emissionsrechten ($E_1 - E_2$) verkauft i an den Regulierer zum Preis p_2. Der grau markierte Bereich in Abbildung 5.20 zeigt den maximalen privaten Nutzen für ein investierendes Unternehmen an, wenn der Regulierer diese Politik der effizienten Angebotsreduzierung verfolgt.[61] Der private Nutzen für das investierende Unternehmen i umfasst (i) die Zahlung vom Regulierer für die zurückgekauften Emissionsrechte, (ii) die maximal möglichen Zahlungen aus dem Verkauf von Emissionsrechten an das andere Unternehmen und (iii) die Reduzierung der Vermeidungskosten. Der Vergleich mit Abbildung 5.18 zeigt, dass der private Nutzen kleiner ist als der soziale Nutzen. Mit anderen Worten: Die Politik der Angebotsanpassung generiert im Emissionshandel zu geringe Anreize, in die neue Technologie zu investieren. Die Ursache hierfür ist analog zu den überhöhten Investitionsanreizen bei der Steuerlösung: Die Zahlungen vom Regulierer an das investierende Unternehmen sind geringer als der soziale Wert der reduzierten Schäden.

Wie sieht die Situation nun für lineare Schäden aus? Wir erinnern uns: Bei linearen Schäden kann es nur effizient sein, dass entweder beide Unternehmen in die neue Technologie (zu konstanten Kosten K) investieren oder keines von beiden. Der Regulierer kann dynamische Effizienz daher mit folgender Strategie erreichen. Der Regulierer gibt zunächst

---

[61] Dabei gehen wir analog zur Abbildung 5.18 vor.

Emissionsrechte in Höhe von E_1 aus, so dass in Periode 1 die effiziente Situation erreicht wird. Angenommen, beide Unternehmen investieren in Periode 2 in die neue Technologie. In diesem Fall sinkt das effiziente Niveau der Emissionen auf $E_2 < E_1$. Der Regulierer ist nun gezwungen, Emissionsrechte zurückzukaufen zum Preis von $p = GS(E_2)$. Zu diesem Preis sind die investierenden Unternehmen bereit genau die Menge $E_1 - E_2$ zu verkaufen. Wichtig ist: Der optimale Preis für Emissionsrechte bleibt wegen des konstanten Grenzschadens gleich. Um diesen Preis den Unternehmen zu signalisieren, muss aber die angebotene Menge an Emissionsrechten reduziert werden, wenn in die neue Technologie investiert wird. Wird hingegen nicht investiert, bleibt die Menge an Emissionsrechten in Periode 2 die gleiche wie in Periode 1. Wir können also festhalten: Für lineare Schäden können im Emissionshandel die optimalen Anreize gesetzt werden, in die neue Technologie zu investieren, wenn der Regulierer eine Politik der Angebotsanpassung verfolgt.

Emissionshandel im Wettbewerbsmarkt
Wir erinnern uns, dass bei einem Unternehmen und konvexen Schäden der Regulierer den Steuersatz über die Perioden reduzieren muss, um Effizienz hinsichtlich der Emissionen sicherzustellen („Steuersatzabsenkung"). Diese Steuersatzabsenkung kann aber die Investitionsentscheidung verzerren. Wenn es dagegen in einem Wettbewerbsmarkt sehr viele Unternehmen gibt, die alle einen sehr kleinen Anteil an den Gesamtemissionen haben, verschwindet der Zusammenhang zwischen der Investitionsentscheidung des einzelnen Unternehmens und der Wahl des Steuersatzes. Dies liegt am praktisch konstanten Grenzschaden der individuellen Emissionen eines Unternehmens. Das Gleiche gilt für den Emissionshandel im Wettbewerbsmarkt. Der Grenzschaden des einzelnen Unternehmens ist praktisch *konstant* – unabhängig davon, ob wir es mit linearen oder konvexen aggregierten Schadenskosten zu tun haben. Der Preis für Emissionsrechte ist damit in einem Wettbewerbsmarkt unabhängig von der Technologieentscheidung des einzelnen Unternehmens.[62] Die Ersparnis für ein Unternehmen, welches in die neue Technologie investiert und z.B. ein Emissionsrecht weniger benötigt, entspricht in diesem Fall dem Preis für Emissionsrechte und dieser ist auf Grund des praktisch konstanten Grenzschadens genau gleich der Einsparung an Schäden. Mit anderen Worten: Privater und sozialer Nutzen aus der Emissionsvermeidung sind für einen Emissionsrechtepreis in Höhe der konstanten Grenzschäden gleich hoch. Dynamische Effizienz ist erfüllt.

---

[62] Für den Fall linearer Schäden haben wir gezeigt, dass entweder alle Unternehmen investieren oder kein Unternehmen. Investieren alle, muss die Menge an Emissionsrechten entsprechend reduziert werden. Diese Notwendigkeit zur Anpassung der Emissionsmenge bei linearen Schäden ist im Vergleich zur Pigou-Steuer ein Nachteil (hier muss die Steuer in diesem Fall nicht geändert werden). Ohne Investition bleibt die Menge an Emissionsrechten dagegen unverändert. Wenn bei konvexen aggregierten Schadenskosten tatsächlich alle Unternehmen investieren, muss der Regulierer die Menge an Emissionsrechten reduzieren. Wie bei der Steuerlösung gibt es jedoch keinen Zusammenhang zwischen der Investitionsentscheidung und der Angebotsreduzierung. Wenn hingegen kein Unternehmen investiert, bleibt die Menge an Emissionsrechten unverändert. Dynamische Effizienz ist in jedem Fall gegeben.

Fazit

Fassen wir kurz zusammen. Effizienz im dynamischen Kontext erfordert (i) Effizienz hinsichtlich der Technologiewahl und (ii) Effizienz hinsichtlich der Emissionen. Bei wenigen Unternehmen und linearen Schäden kann der Regulierer sowohl mit der Pigou-Steuer als auch mit dem Emissionshandel dynamische Effizienz erreichen. Bei wenigen Unternehmen und konvexen Schäden ist für die Pigou-Steuer eine Politik der Steuersatzabsenkung notwendig, um Effizienz hinsichtlich der Emissionen zu gewährleisten. Hierbei ist es möglich, dass die Pigou-Steuer zu starke Anreize setzt, in die neue Technologie zu investieren. Hingegen ist in einem Wettbewerbsmarkt die dynamische Effizienz der Pigou-Steuer gewährleistet, da die individuellen Grenzschäden praktisch konstant sind.

Auch für den Emissionshandel ist unter den Bedingungen eines Wettbewerbsmarkts dynamische Effizienz gewährleistet. Gibt es nur wenige Unternehmen auf dem Markt für Emissionsrechte, muss der Regulierer die Menge an Emissionsrechten anpassen. Diese Anpassungspolitik kann bei konvexen Schäden zu geringe Anreize generieren, in die neue Technologie zu investieren.

5.9.4 Auflagen und Anreize zur Investition

Aus der statischen Betrachtung in Abschnitt 5.6 wissen wir, dass Auflagen das Kriterium der statischen Kosteneffizienz verfehlen. Daher können Auflagen auch nicht in der dynamischen Perspektive optimal sein. Natürlich könnte man einwenden, dass der Regulierer die kosteneffiziente Auflagenlösung findet, bei der für alle Emittenten die Grenzvermeidungskosten gleich sind. Wie bereits in Abschnitt 5.6 dargestellt, ist es jedoch extrem unwahrscheinlich, dass diese Informationen dem Regulierer vorliegen und er die Kapazität hat, diese zu verarbeiten und entsprechende Auflagen zu erlassen und durchzusetzen. Im dynamischen Kontext müsste darüber hinaus der Regulierer die Auflagen für jedes Unternehmen über die Zeit hinweg so anpassen, dass der private Nutzen aus der Investition in die neue Technologie gleich dem sozialen Nutzen ist – ein hoffnungsloses Unterfangen.

5.9.5 Fazit zur dynamischen Anreizwirkung

Das Fazit zur dynamischen Anreizwirkung fällt kurz und bündig aus. In Wettbewerbsmärkten sorgen die marktbasierten umweltpolitischen Instrumente Pigou-Steuer und Emissionshandel für optimale Anreize, in neue, emissionsärmere Technologien zu investieren. Die dynamische Effizienz von Pigou-Steuer und Emissionshandel geht jedoch verloren, wenn die Annahme von Wettbewerbsmärkten nicht mehr gültig ist und konvexe Schadenskosten vorliegen. Unter diesen Bedingungen können die Pigou-Steuer zu starke und der Emissionshandel zu schwache Anreize zur Investition in neue Technologien generieren. Dieses Resultat unterstreicht die Bedeutung von kompetitiven Märkten in der Umweltpolitik. Die Auflagenpolitik ist dagegen dynamisch nicht effizient.

5.9.6 Weitere Aspekte in der dynamischen Perspektive

Im Zeitablauf können sich viele Parameter ändern, die einen Einfluss auf das Marktgeschehen haben. Wir haben die Investitionsentscheidung in neue Technologien betrachtet. Darüber hinaus kann sich beispielsweise die Zahl der Marktteilnehmer ändern – es kommt zu Markteintritten oder Marktaustritten. Wie reagieren die beiden marktwirtschaftlichen Instrumente – Pigou-Steuer und Emissionshandel – auf solche dynamischen Einflüsse? Betrachten wir beispielhaft den Fall eines Markteintritts: Ein Neueintreter müsste unter der Steuerlösung für seine realisierten Emissionen den Pigou-Steuersatz pro Einheit Schadstoff zahlen. Der Preis (hier: der Steuersatz) bliebe also unverändert – es ändert sich jedoch die insgesamt ausgestoßene Menge an Schadstoff. Durch den Marktzutritt steigt offenbar die Emissionsmenge. Soll das ökologische Ziel nicht verletzt werden, muss also in diesem Fall der Pigou-Steuersatz angehoben werden.[63] Dies verursacht Aufwand für den sozialen Planer einerseits, Planungsunsicherheit für die Unternehmen andererseits. Wie würde hingegen der Emissionshandel auf einen Markteintritt reagieren? Die Gesamtemissionen blieben konstant, denn an der insgesamt im Markt verfügbaren Menge an Zertifikaten ändert sich ja nichts. Das zutretende Unternehmen müsste sich die erforderlichen Zertifikate im Markt beschaffen. Es entstünde eine zusätzliche Nachfrage nach Zertifikaten, und die würde – bei hinreichend hoher Nachfrage – den Preis steigen lassen. Mit anderen Worten: Im Fall des Emissionshandels reagiert der Preis, während die Menge konstant bleibt. Bei der Steuerlösung ist es genau umgekehrt – der Preis liegt fest, aber die Emissionsmenge passt sich endogen an. Der Emissionshandel gewährleistet also auch bei sich ändernden Marktumständen, dass das ökologisch gewünschte Ziel in jedem Fall – und natürlich weiterhin *kosteneffizient* – erreicht wird. Hierin kann man aus ökologischer Sicht einen gewissen Vorteil des Handels mit Verschmutzungsrechten sehen.

---

[63] Analog kann man für Wirtschaftswachstum argumentieren. Eine Rechtsverschiebung der Nachfragekurve nach Emissionen führt bei konstantem Steuersatz zu höheren Emissionen. Im Emissionshandel würden stattdessen die Emissionen konstant bleiben, aber der Preis für Emissionsrechte steigen.

Literatur

Alexeeva-Talebi, V., A. Löschel, und T. Mennel 2008. *Climate Policy and the Problem of Competitiveness: Border Tax Adjustments or Integrated Emission Trading?*. ZEW Discussion Paper No. 08-061. Mannheim.

Bach, S. 2009. Zehn Jahre ökologische Steuerreform: Finanzpolitisch erfolgreich, klimapolitisch halbherzig. *DIW Wochenbericht* 76 (14):218–227.

Benz, E., A. Löschel, und B. Sturm. 2010. Auctioning of CO_2-Emission Allowances in Phase 3 of the EU Emissions Trading Scheme. *Climate Policy* 10 (6):705–718.

Böhringer, C., und K.E. Rosendahl. 2010. Green Promotes the Dirtiest: On the Interaction between Black and Green Quotas in Energy Markets. *Journal of Regulatory Economics* 37 (3):316–325.

Böhringer, C., und R. Schwager. 2003. Die Ökologische Steuerreform in Deutschland – ein umweltpolitisches Feigenblatt. *Perspektiven der Wirtschaftspolitik* 4:211–222.

Climate Brief. 2011. German Nuclear Phase-Out: Implications for the EU ETS, No. 7, July 2011.

Deutscher Bundestag. 2012. Entwurf eines Zweiten Gesetzes zur Änderung des Energiesteuer- und des Stromsteuergesetzes, Drucksache 17/10744.

European Environmental Agency (EEA). 2017. Road fuel excise duties. https://www.eea.europa.eu/data-and-maps/indicators. Zugegriffen: 23. Februar 2018.

Europäische Union (EU). 2003. Richtlinie 2003/87/EG des Europäischen Parlaments und des Rates vom 13. Oktober 2003 über ein System für den Handel mit Treibhausgasemissionszertifikaten in der Gemeinschaft und zur Änderung der Richtlinie 96/61/EG des Rates, Amtsblatt der Europäischen Union.

Europäische Union (EU). 2016. EU ETS fact sheet, September 2016.

Europäische Union (EU). 2009a. Richtlinie 2009/29/EG des Europäischen Parlaments und des Rates vom 23. April 2009 zur Änderung der Richtlinie 2003/87/EG zwecks Verbesserung und Ausweitung des Gemeinschaftssystems für den Handel mit Treibhausgasemissionszertifikaten, Amtsblatt der Europäischen Union.

Europäische Union (EU). 2009b. Verordnung (EG) Nr. 443/2009 des Europäischen Parlaments und des Rates vom 23. April 2009 zur Festsetzung von Emissionsnormen für neue Personenkraftwagen im Rahmen des Gesamtkonzepts der Gemeinschaft zur Verringerung der CO_2-Emissionen von Personenkraftwagen und leichten Nutzfahrzeugen.

Gottfried, P., und W. Wiegard. 1995. Wunderwaffe Ökosteuern?, *Wirtschaftswissenschaftliches Studium (WiSt)* 24:500–507.

Goulder, L. 1995. Environmental Taxation and the ‚Double Dividend': A reader's guide. *International Tax and Public Finance* 2:157–184.

Häder, M. 2010. Klimaschutzpolitik in Deutschland – eine ökonomische Konsistenzanalyse der Rahmenbedingungen für den Strommarkt. *Zeitschrift für Energiewirtschaft* 34:11–19.

Hepburn, C., K. Neuhoff, W. Acworth, D. Burtraw, und F. Jotzo. 2016. The Economics of the EU ETS Market Stability Reserve. *Journal of Environmental Economics and Management* 80:1–5.

Hintermann, B. 2010. Allowance price drivers in the first phase of the EU ETS. *Journal of Environmental Economics and Management* 59:43–56.

Kennedy, P. W., und B. Laplante. 1999. Environmental Policy and Time Consistency: Emission taxes and Emission trading. In *Environmental Regulation and Market Power*, Hrsg. E. Petrakis, E. S. Sartzetakis, und A. Xepapadeas. Cheltham, U.K.: Edwar Elgar.

Löschel, A. 2009. Die Zukunft der Kohle in der Stromerzeugung in Deutschland. Eine umweltökonomische Betrachtung der öffentlichen Diskussion. Reihe: Energiepolitik/1/2009. Friedrich-Ebert-Stiftung. http://library.fes.de/pdf-files/stabsabteilung/06520.pdf. Zugegriffen: 4. März 2018.

Parker, L., und J. Blodgett. 2008. "Carbon Leakage" and Trade: Issues and Approaches, Congressional Research Service, 7-5700, December 19. https://fas.org/sgp/crs/misc/R40100.pdf. Zugegriffen: 22. Februar 2018.

Requate, T. 2005. Dynamic Incentives by Environmental Policy Instruments – A Survey. *Ecological Economics* 54:175–195.

Rickels, W., V. Dusch, A. Keller, und S. Peterson. 2007. *The determinants of allowance prices in the European Emissions Trading Scheme – can we expect an efficient allowance market 2008?* Kiel Institute for the World Economy Working Paper No. 1387.

Schöb, R. 2005. The Double Dividend Hypothesis: A Survey. In *The International Yearbook of Environmental and Resource Economics 2005/2006*, Hrsg. H. Folmer, und T. Tietenberg, 223–279. Cheltenham: Edward Elgar: Cheltenham.

Sturm, B., und C. Vogt. 2014. *Mikroökonomik – eine anwendungsorientierte Einführung*. Stuttgart: Kohlhammer-Verlag.

Umweltbundesamt. 2002. Ökosteuer – sparen oder zahlen. Berlin.

Weimann, J. 2008. *Die Klimapolitik-Katastrophe*. Marburg: Metropolis-Verlag.

Weitzman, M. L. 1974. Prices vs. Quantities. *The Review of Economic Studies* 41:477–491.

Der Klimawandel als globales Umweltproblem

6.1 Charakteristika globaler Umweltprobleme

Dieses Kapitel ist globalen Umweltproblemen gewidmet. Was unterscheidet diese Umweltprobleme von lokalen Umweltproblemen? Der erste, offensichtliche Unterschied besteht darin, dass globale Umweltprobleme nicht vor Landesgrenzen halt machen, sondern in ihren Auswirkungen die gesamte Weltbevölkerung betreffen. Die Erhöhung der Konzentration von CO_2 in der Atmosphäre und der resultierende Klimawandel ist ein globales Problem, da jede Tonne CO_2, unabhängig davon, wo sie emittiert wird, den gleichen Effekt auf die Konzentration dieses Gases in der Atmosphäre hat. Gleichzeitig treffen die Auswirkungen des Klimawandels praktisch alle Länder, wenn auch in unterschiedlichem Ausmaß. Im Unterschied zu einem globalen Umweltproblem ist die Emission von Abwässern in einen Fluss ein lokales Umweltproblem – Schäden entstehen nur für die Anlieger flussabwärts.

Ein zweiter Unterschied zwischen globalen und lokalen Umweltproblemen ist politischer Natur und hat – wie wir sehen werden – erhebliche ökonomische Konsequenzen. Globale Umweltprobleme erfordern im Gegensatz zu lokalen Problemen die Kooperation souveräner Staaten, denn die fundamentalen Anreizprobleme bei der Bereitstellung globaler Umweltgüter können nicht allein durch hoheitliche Eingriffe des Staats gelöst werden. Um zum Beispiel die CO_2-Emissionen weltweit einzuschränken, bedarf es einer Kooperation von unabhängigen Staaten. Jedes Land muss einer solchen Vereinbarung *freiwillig* beitreten. Dies hat – wie wir sehen werden – erhebliche Auswirkungen auf die Erfolgswahrscheinlichkeit für eine kooperative Lösung, bei der die Gesamtemissionen sinken. Für lokale Umweltprobleme stellt sich dieses Problem nicht. Der Staat kann hier Kooperation quasi „erzwingen" und durch umweltpolitische Instrumente (vgl. Kapitel 5) die Bereitstellung des öffentlichen Guts Umweltqualität erreichen. Im Beispiel der Emission von Abwässern in einen Fluss muss er einfach die Schadstoffemissionen besteuern

– idealerweise so, dass der Steuersatz dem Grenzschaden im Optimum entspricht – und kann so die Umweltqualität verbessern.[1]

Am Ende dieses Kapitels, in Abschnitt 6.6, werden wir anhand des wohl derzeit prominentesten globalen Umweltproblems, dem Klimawandel, erläutern, welche Konsequenzen aus diesen Unterschieden resultieren. Zunächst werden wir uns jedoch näher mit dem naturwissenschaftlichen Hintergrund des Treibhauseffekts und den durch den Klimawandel resultierenden Risiken und Chancen beschäftigen. Nach einer Analyse der verfügbaren Strategien gegen den Klimawandel und der mit dem Klimawandel einhergehenden Gerechtigkeitsprobleme kommen wir dann zum eigentlichen Kern des Kapitels: Der ökonomischen Analyse von globaler Klimapolitik. Dabei betrachten wir einerseits das Klimaproblem aus Sicht einer globalen Kosten-Nutzen-Analyse und andererseits aus Sicht eines einzelnen Staats, der mit anderen unabhängigen Staaten über die Bereitstellung des öffentlichen Guts Klimaschutz verhandelt.

6.2 Einige Fakten zu Treibhauseffekt und Klimawandel

6.2.1 Naturwissenschaftlicher Hintergrund

Wenn in der Öffentlichkeit über den Treibhauseffekt geredet wird, dann ist damit meistens die in der Zukunft zu erwartende globale Erwärmung des Klimas auf der Erde gemeint. Spätestens seit den achtziger Jahren des letzten Jahrhunderts ist in Deutschland auch einer breiteren Öffentlichkeit das Problem des globalen Klimawandels bewusst. Die Menschheit lebt in einer Art Treibhaus, der Atmosphäre, und dieses Treibhaus wird vom Menschen seit Beginn der industriellen Revolution offenbar immer stärker aufgeheizt.

Es gibt ein paar elementare naturwissenschaftliche Zusammenhänge über den Treibhauseffekt, die man sich zunächst einmal klar machen muss, bevor Folgen des Klimawandels und daraus resultierende Handlungsempfehlungen betrachtet werden.[2] Wovon hängt es eigentlich ab, wie warm es auf der Erde ist? Wovon, genauer gesagt, hängt die *globale Durchschnittstemperatur* – denn über die reden wir im Folgenden – eigentlich ab? Zunächst einmal von zwei Dingen: Erstens davon, wie viel Energie von der Sonne auf die Erde eingestrahlt wird. Zweitens davon, wie viel von dieser Energie wieder ins Weltall abgegeben wird. Klar: Ein Teil der Sonneneinstrahlung wird von der Erdoberfläche und den Wolken reflektiert und verbleibt nicht in der Atmosphäre. Bei der Frage, wie viel der eingestrahlten Energie wieder ins Weltall reflektiert wird, spielen nun einige Gase eine ganz herausragende Rolle. Diese Gase entfalten in unserer Atmosphäre eine ausgesprochen segensreiche Wirkung: Sie lassen zwar die ankommende Sonnenstrahlung passieren,

---

[1] Natürlich gibt es auch bei lokalen Umweltproblemen Fälle grenzüberschreitender Umweltverschmutzung. In diesem Fall ist die Zahl der beteiligten Länder aber meist relativ gering und eine kooperative Lösung ist leichter zu erreichen.

[2] Unsere kurze Einführung zum naturwissenschaftlichen Hintergrund des Klimawandels basiert auf Rahmsdorf und Schellnhuber (2007) und IPCC (2007a, b, 2014a).

jedoch nicht die von der Erdoberfläche abgestrahlte langwellige Wärmestrahlung. Die Wärmestrahlung wird also in der Atmosphäre von diesen Gasen absorbiert. Diese Fähigkeit zur Energieaufnahme führt zu dem erstaunlichen Effekt, dass es auf der Erde um 33 °C wärmer ist, als ohne diese Gase. Mit anderen Worten: Würde die Erdatmosphäre keinerlei dieser Gase enthalten, dann betrüge die globale Durchschnittstemperatur kümmerliche minus 18 °C. Die Atmosphäre heizt sich daher ähnlich einem Treibhaus auf, weshalb die für diesen Effekt verantwortlichen Gase auch als *Treibhausgase* bezeichnet werden. Zu den wichtigsten Treibhausgasen zählen Wasserdampf, Kohlendioxid (CO_2) und Methan (CH_4).

Zwischen der Konzentration dieser Gase und der globalen Durchschnittstemperatur existiert dabei ein einfacher, positiver Zusammenhang: Je höher die Konzentration an Treibhausgasen, desto höher ist die Temperatur, die sich im *Strahlungsgleichgewicht* der Erde einstellen wird. Im Strahlungsgleichgewicht gibt die Erde genau so viel Energie an den Weltraum ab, wie sie über die Sonne an Energie aufnimmt. An dieser Stelle beginnt die Angelegenheit auch für den Nicht-Naturwissenschaftler interessant zu werden. Der Mensch greift durch seine wirtschaftlichen Aktivitäten in dieses Strahlungsgleichgewicht ein – und zwar in signifikanter Weise seit Beginn der industriellen Revolution vor etwa 250 Jahren. Zum einen basiert die industrielle Produktionsweise von Beginn an auf der Nutzung fossiler Energieträger wie Kohle, Erdgas und Öl. Bei der Verbrennung dieser Energieträger wird CO_2 freigesetzt – ein Treibhausgas, das sich seither immer stärker in der Atmosphäre ansammelt. Zum anderen trägt aber auch die Landwirtschaft ihr Scherflein zum Klimawandel bei: Zum Beispiel wird beim Anbau von Reis in erheblichen Mengen CH_4 freigesetzt, aber auch die Rinderhaltung verursacht durchaus beträchtliche CH_4-Emissionen – dieses Gas entsteht nämlich bei der Verdauung. Erhöht sich nun die Konzentration von Treibhausgasen wie CO_2 in der Atmosphäre führt dies dazu, dass das Klimasystem der Erde im Ungleichgewicht ist: Die Erde nimmt mehr an Sonnenenergie auf, als sie wieder ins Weltall abstrahlt. Damit ist unweigerlich eine *Erwärmung* der Erde verbunden – so lange bis im neuen Strahlungsgleichgewicht bei einer höheren globalen Durchschnittstemperatur wieder die aufgenommene Strahlungsenergie gleich der abgegebenen ist.

Maßeinheit für den Treibhauseffekt ist der so genannte Strahlungsantrieb in Watt pro m^2. Diese Kennzahl gibt an, wie stark der Strahlungshaushalt durch ein bestimmtes Gas (oder auch durch eine andere Ursache wie die Änderung der Bewölkung) verändert wird. Der natürliche Treibhauseffekt heizt die Erdoberfläche mit 324 Watt/m^2 auf. Die derzeit durch die anthropogenen Treibhausgase verursachte Störung des Strahlungshaushalts beträgt ca. 3 Watt/m^2. CO_2 ist dabei nicht das einzige, aber das mit Abstand wichtigste anthropogene Treibhausgas: 66% der globalen Erwärmung gehen auf das Konto von CO_2, 34% werden durch andere Gase verursacht. Wir konzentrieren uns daher im Folgenden auf CO_2.

Abbildung 6.1 zeigt die Entwicklung der globalen CO_2-Emissionen seit 1850. Insbesondere seit den 1950er Jahren haben die Emissionen stark zugenommen. Das Wachstum der Emissionen wurde von den Wirtschaftskrisen der 1970er und 1990er Jahre nur kurz unterbrochen. Zuletzt sorgte die Wirtschaftskrise 2008 für einen kleinen Rückgang

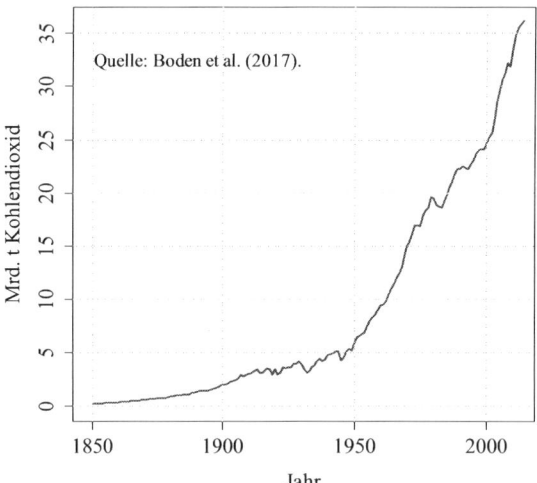

Abb. 6.1 Globale CO_2-Emissionen seit 1850

der Emissionen. Der starke Anstieg der Emissionen in diesem Jahrhundert ist insbesondere durch das Wachstum in China verursacht. China ist mittlerweile der weltgrößte CO_2-Emittent.

Wie stark hat sich die Konzentration von CO_2 in der Atmosphäre mittlerweile erhöht? Der CO_2-Gehalt der Atmosphäre wird erst seit den 50er Jahren des letzten Jahrhunderts kontinuierlich gemessen. Diese Messungen wurden begonnen von Charles Keeling, einem amerikanischen Wissenschaftler. Er führte über Jahre fortgesetzte Messungen auf dem Mauna Loa auf Hawaii im Pazifik durch. Die berühmte Keeling-Kurve (vgl. Abbildung 6.2) weist zwei Eigentümlichkeiten auf. Erstens: Sie hat einen deutlich ansteigenden Trend. Zweitens: Sie weist starke zyklische Schwankungen auf, die aus dem Wechsel der Vegetationsphasen im Jahreslauf resultieren.

Mittlerweile ist man in der Lage, den CO_2-Gehalt der Atmosphäre sehr viel weiter in die Vergangenheit zu rekonstruieren. Abbildung 6.3 etwa zeigt die Entwicklung der CO_2-Konzentration im Verlauf des letzten Jahrtausends (von 1010 bis 1975).

Circa 800 Jahre blieb die Konzentration von CO_2 konstant, bevor sie seit etwa 200 Jahren zu steigen beginnt – erst allmählich, aber dann immer rascher. Mittlerweile, d.h. in 2017, bewegt sich die CO_2-Konzentration bei einem Wert von 406 ppm.[3] Damit hat die CO_2-Konzentration wohl einen einsamen Höchststand erreicht, zumindest was die vergangenen 800.000 Jahre angeht. So weit ist man nämlich in der Lage, in die Klimageschichte der Erde zurückzublicken. Diese erstaunliche Fähigkeit verdanken wir den „Klimaarchiven"

---

[3] Ppm ist die Abkürzung für „parts per million" pro Volumeneinheit, die übliche Einheit zur Angabe der CO_2-Konzentration. 406 ppm entsprechen also 0,0406%. In 2011, als dieses Buch in seiner 1. Auflage erschien, lag die Konzentration noch bei 392 ppm.

Einige Fakten zu Treibhauseffekt und Klimawandel

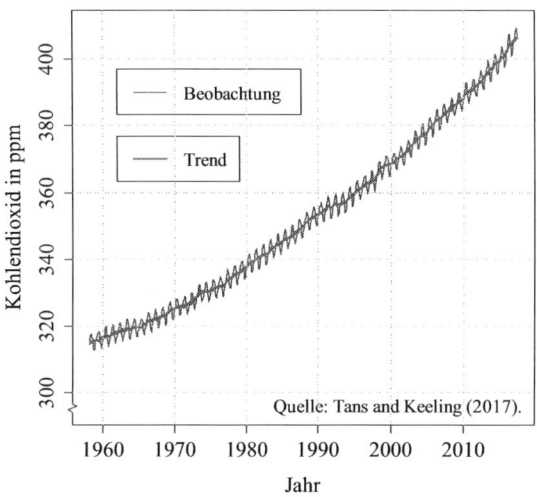

Abb. 6.2 Keeling-Kurve

der Erde, den enormen Eispanzern auf Grönland sowie in der Antarktis. Dort gewinnen Klimatologen seit etlichen Jahren immer längere „Eisbohrkerne". In denen ist nämlich die chemische Zusammensetzung der historischen Atmosphäre gespeichert. Will man noch weiter in die Vergangenheit zurückschauen, so muss man sich auf weniger verlässliche Quellen, etwa tiefe Sedimentschichten auf dem Grund der Weltmeere verlassen. Diese Datenquellen legen den Schluss nahe, dass die CO_2-Konzentration seit einigen Millionen

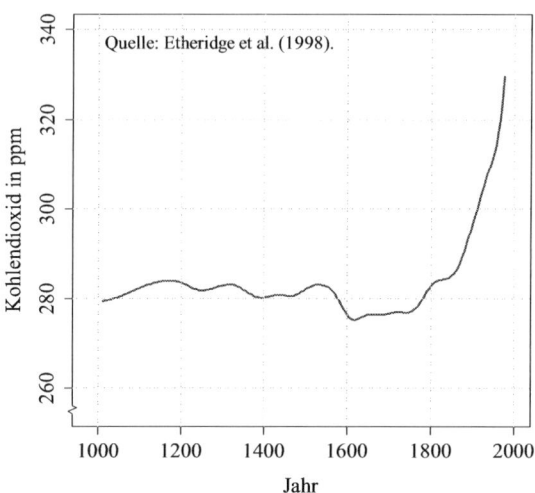

Abb. 6.3 Entwicklung der CO_2-Konzentration im letzten Jahrtausend

Jahren nicht so hoch war wie aktuell. Mit anderen Worten: Der Mensch schafft klimatische Bedingungen, mit denen er es seit seiner Entstehung noch nie zu tun hatte. Kurz und gut: Der historisch einmalige Anstieg der CO_2-Konzentration in der Erdatmosphäre ist eine kaum zu bezweifelnde Tatsache.

Damit ist freilich noch nichts über die Ursache dieses Anstiegs ausgesagt. Könnte es nicht auch sein, dass – trotz des erheblichen Wachstums der CO_2-Emissionen seit 1850 (vgl. Abbildung 6.1) – natürliche Quellen dafür verantwortlich sind? Das ist mit an Sicherheit grenzender Wahrscheinlichkeit auszuschließen, weil CO_2, das aus der Verbrennung fossiler Brennstoffe entsteht, einen typischen chemischen Fingerabdruck aufweist. Daher wissen wir, dass sich tatsächlich „anthropogenes", also menschengemachtes, CO_2 in der Atmosphäre ansammelt. Der drastische Anstieg der CO_2-Konzentration in Abbildung 6.3 spiegelt also eindeutig die wirtschaftliche Entwicklung seit Einsetzen der industriellen Revolution wider – denn erst mit der industriellen Revolution kam es zur massiven Nutzung fossiler Energieträger wie Kohle, Öl und Gas.

Der Anstieg der CO_2-Konzentration wäre nun nicht weiter erwähnenswert, würde sich damit nicht die Erwartung eines globalen Temperaturanstiegs verbinden. Aus unseren anfänglichen Überlegungen zum Strahlungshaushalt der Erde ist klar, dass eine Zunahme des atmosphärischen CO_2 die Temperatur steigen lassen muss – die zentrale Frage ist aber, um wie viel? Zunächst ein Blick auf die globale Temperaturentwicklung der letzten 150 Jahre, d.h. seit Beginn der systematischen Temperaturaufzeichnungen. Abbildung 6.4 zeigt, dass sich seit 1850 die globale Erdmitteltemperatur um etwa 1,2 °C erhöht hat. In Deutschland ist die Temperatur seit 1881, dem Beginn der flächenmäßigen Temperaturaufzeichnungen hierzulande, um rund 1,3 °C gestiegen (DWD 2017).

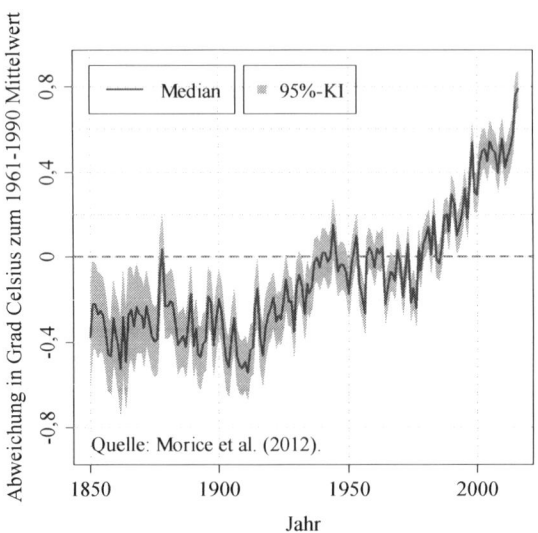

Abb. 6.4 Globale Temperaturentwicklung seit 1850

Der Effekt einer höheren Konzentration an CO_2 auf die Temperatur lässt sich aber auch direkt im Experiment messen. Als eine gängige Maßzahl in den Klimawissenschaften hat sich der Temperaturanstieg eingebürgert, der aus einer Verdopplung der CO_2-Konzentration im Vergleich zum vorindustriellen Niveau resultiert. Dieser Temperaturanstieg wird als *Klimasensitivität* bezeichnet. Im kontrollierten Experiment ergibt sich ein Temperaturanstieg von 1,2 °C, wenn sich die CO_2-Konzentration verdoppelt. Tatsächlich aber sind die Dinge etwas verwickelter. Laborversuche erlauben leider keinen direkten Rückschluss auf die Wirkung von CO_2 „im Feld", also in der Erdatmosphäre. Um zu Aussagen über die Auswirkungen in der Natur zu gelangen, muss man einige weitere Faktoren berücksichtigen: In der Natur hat man es nicht mit kontrollierten Laborbedingungen zu tun, sondern es kommt zu vielfältigen Rückkopplungen. Rückkopplungen können entweder verstärkend oder abschwächend wirken. Ein Beispiel für eine verstärkende Rückkopplung ist der Wasserdampf: Erhöht sich die Temperatur, so verdampft mehr Wasser. Der Wasserdampfgehalt der Atmosphäre erhöht sich, was den Treibhauseffekt nochmals verstärkt. Eine andere positive Rückkopplung resultiert aus dem Abschmelzen der Eismassen: Geht beispielsweise die Eisfläche in der Arktis zurück, so reduziert dies die Reflektionsfähigkeit der Erdoberfläche[4] – denn Wasser reflektiert weniger Sonnenstrahlung als Eis. Damit aber verstärkt sich der Treibhauseffekt wiederum.

Glücklicherweise gibt es auch negative Rückkopplungen. Ein Beispiel: Verdampft mehr Wasser, kommt es auch zu einer vermehrten Wolkenbildung. Entstehen die Wolken dabei in relativ hohen Schichten der Atmosphäre, so reflektieren sie vermehrt einfallende Sonneneinstrahlung und schwächen damit den Treibhauseffekt ab. Die Klimatologen können mittlerweile die Stärke dieser unterschiedlichen Effekte einigermaßen gut abschätzen. Berücksichtigt man diese Rückkopplungen, so kommt man zu einem Intervall für die Klimasensitivität von 1,5 bis 4,5 °C. Die Schwankungsbreite reflektiert dabei die Unsicherheit über die Stärke der verschiedenen Rückkopplungen, insbesondere bei der Wirkung vermehrter Wolkenbildung ist die Unsicherheit noch vergleichsweise groß.

Es gibt auch noch andere Methoden, die Klimasensitivität zu ermitteln. Eine zweite Möglichkeit besteht darin, einfach historische Klimadaten zu analysieren. Eine dritte Methode verwendet Computermodelle des Weltklimas. Entscheidend ist: Alle drei Ansätze kommen völlig unabhängig voneinander zu etwa dem gleichen Intervall für die Klimasensitivität.

Wir haben nun eine gewisse Vorstellung von der Klimasensitivität gewonnen. Kennt man den zu erwartenden Anstieg der CO_2-Emissionen in der Zukunft, dann lässt sich anhand der Maßzahl für die Klimasensitivität auch der zu erwartende globale Temperaturanstieg berechnen. Die Entwicklung der CO_2-Emissionen hängt von einer ganzen Reihe von Faktoren ab: Dem Wirtschaftswachstum, dem Bevölkerungswachstum, der Energiepolitik sowie dem Ausmaß des technischen Fortschritts. Natürlich kann kein Mensch die Zukunft vorhersehen. Man kann aber die Grenzen abstecken, innerhalb derer sich die zukünftige Entwicklung bewegen wird. Mit anderen Worten, man schätzt untere und

---

[4] In der Fachsprache der Klimatologen findet man dafür den Begriff der Albedo.

obere Grenzen für Wirtschaftswachstum, Bevölkerungswachstum usw. und berechnet dann die resultierenden CO_2-Emissionen. Das haben Wissenschaftler für den 3. und 4. Sachstandsbericht (3rd and 4th Assessment Report, AR3, AR4) des IPCC getan. Heraus gekommen ist eine Vielzahl von Szenarien (auch als SRES-Szenarien (für Special Report on Emission Scenarios) bezeichnet, die alle mehr oder weniger plausiblen Möglichkeiten der Emissionsentwicklung im 21. Jahrhundert abdecken. Es gibt Szenarien, die von einem sehr hohen Wirtschaftswachstum ausgehen, andere unterstellen ein niedriges Wachstum. Genauso beim Bevölkerungswachstum, beim technischen Fortschritt usw. Was ist das Ergebnis der SRES-Szenarien? In der optimistischsten Variante steigt die CO_2-Konzentration im Jahr 2100 auf „lediglich" 540 ppm. Das entspricht knapp einer Verdopplung gegenüber dem vorindustriellen Niveau, welches bei 280 ppm lag. In der pessimistischsten Variante allerdings steigt die CO_2-Konzentration auf 970 ppm, was einer Vervierfachung entspricht. Speist man diese Information in Klimamodelle[5] ein, so kann man die zu erwartende globale Erwärmung berechnen. Die Spanne der Erderwärmung von 2000 bis 2100 reicht dabei von 1,1 °C an der unteren Grenze bis hinauf zu 6,4 °C an der oberen Grenze der Simulationen.

Mittlerweile ist die Modellfamilie der SRES-Szenarien für den 5. Sachstandsbericht (5th Assessment Report, AR5) durch die RCP-Szenarien ersetzt worden. Das Kürzel „RCP" steht dabei für „Representative Concentration Pathways". Die RCP-Familie unterscheidet sich vor allem in der methodischen Vorgehensweise, indem sie nunmehr den Strahlungsantrieb exogen vorgibt und quasi ex post dazu passende sozioökonomische Entwicklungspfade ermittelt. Im Wesentlichen decken die RCP-Szenarien die Bandbreite der bisherigen SRES-Szenarien ab – mit einer gravierenden Ausnahme: Das RCP2.6-Szenario geht davon aus, dass der Strahlungsantrieb Mitte des 21. Jahrhunderts bei 3 Watt pro Quadratmeter stabilisiert werden kann und dann sogar gegen Ende des 21. Jahrhunderts auf 2,6 W/m^2 sinkt.[6] Diese Annahme führt im Klimamodell zu einer knappen Unterschreitung des 2°-Celsius-Ziels. Die Funktion dieser Variante dürfte vor allem darin bestehen klar zu machen, unter welchen (hypothetischen) Bedingungen mit dieser Entwicklung gerechnet werden könnte. Es zeigt sich nämlich, dass hierzu die weltweiten CO_2-Emissionen bereits 2080 auf Null sinken müssten.

---

[5] Unter einem „Klimamodell" versteht man ein mathematisches Modell der Atmosphäre, das in der Regel auf einem Hochleistungsrechner zur Simulation des Klimawandels verwendet wird. Skeptiker des Treibhauseffekts verwiesen in der Vergangenheit gerne darauf, dass die behaupteten Folgen der globalen Erwärmung ja „nur" auf Simulationen basierten und daher zweifelhaft seien. Die Unsicherheit aller zukünftigen Entwicklung wird sich kaum bestreiten, noch beseitigen lassen. Den Skeptikern sei aber entgegen gehalten, dass die heutigen Klimamodelle mittlerweile eine sehr große Erklärungskraft aufweisen: Man kann nämlich ein Klimamodell nicht nur in die Zukunft, sondern auch in die Vergangenheit rechnen. Dabei zeigt sich, dass die Modelle der Klimatologen den beobachteten Verlauf der historischen Temperaturkurve sehr genau reproduzieren können. Das gibt uns keine absolute Sicherheit über die Richtigkeit von aus solchen Modellen abgeleiteten Prognosen, kann aber als ein starker Indikator für die Prognosegüte gelten.

[6] Vgl. van Vuuren et al. (2011).

Zwischenfazit

Was kann damit als gesicherter Stand der Forschung gelten?

1. Die Konzentration von CO_2 ist seit 1850 stark angestiegen, und zwar von 280 ppm auf etwa 406 ppm in 2017. Für diesen Anstieg ist der Mensch verantwortlich, in erster Linie durch die Verbrennung fossiler Brennstoffe.
2. CO_2 ist ein klimawirksames Gas, das den Strahlungshaushalt der Erde verändert. Eine Verdopplung seiner Konzentration in der Atmosphäre führt zu einem Anstieg der globalen Durchschnittstemperatur ggü. dem vorindustriellem Niveau um etwa 1,5 bis 4,5 °C.
3. Das Weltklima hat sich im 20. und 21. Jahrhundert deutlich erwärmt. Der globale Temperaturanstieg seit 1850 beträgt etwa 1,2 °C. In Deutschland beträgt der Temperaturanstieg seit 1881 ca. 1,3 °C.
4. Der überwiegende Teil dieser Erwärmung ist auf die gestiegene Konzentration von CO_2 zurückzuführen.

6.2.2 Risiken durch den Klimawandel

Warum befassen wir uns hier überhaupt derart ausführlich mit dem Klimawandel? Die Beantwortung dieser Frage ergibt sich aus der Tatsache, dass der Treibhauseffekt eine enorme ökonomische Dimension hat. Dies wird unmittelbar klar, führt man sich die zu erwartenden negativen Folgen, d.h. die Risiken, des Klimawandels vor Augen. Im Folgenden wollen wir nur einen kurzen Überblick über die wichtigsten geben.[7] Dabei gehen wir zunächst davon aus, dass *keine Anpassung* an die sich verändernden Umweltbedingungen stattfindet – Anpassung wird dann separat in Abschnitt 6.3.2 behandelt.

Gletscherschwund

Zu den sichtbarsten Wirkungen des Klimawandels gehört der Schwund der Gletscher weltweit. In den Alpen etwa haben die Gletscher bereits die Hälfte ihrer Masse verloren – verglichen mit ihrer Ausdehnung am Beginn der industriellen Revolution. Ein ähnlicher Rückgang ist fast überall auf der Welt zu beobachten. Wenn Gletscher auf die doch eher geringe Erwärmung des 20. Jahrhunderts bereits sehr sensitiv reagieren, dann muss man befürchten, dass sie bei dem zu erwartenden Temperaturanstieg bis 2100 deutlich zurückgehen und örtlich sogar verschwinden werden. Laut 5. Sachstandsbericht des IPCC muss bis 2100 mit einem mittleren Rückgang der weltweiten Gletschermassen von 45% bis 68% gerechnet werden (IPCC 2014a, Ch. 3). Das wird zu erheblichen Problemen führen: Gletscher sind Wasserspeicher, die im Winter Wasser in Form von Eis binden und im Sommer dieses wieder abgeben und damit Flüsse speisen. In vielen Teilen der Welt hängt die

---

[7] Vgl. Rahmsdorf und Schellnhuber (2007) und IPCC (2007a, b, 2014a). Darüber hinaus gehende Literatur wird extra zitiert.

Trinkwasserversorgung von solchen Gletscherabflüssen ab – beispielsweise in der peruanischen Hauptstadt Lima in den Anden oder im Himalaja. Das Verschwinden der Gletscher könnte also für Millionen Menschen auf der Welt – insbesondere bei Dürreperioden im Sommer – akuten Wassermangel nach sich ziehen.

Rückgang des arktischen Eises
Einsam auf isolierten Eisschollen vor sich hintreibende Eisbären sind nicht mehr nur Ergebnis der Phantasie von Kinderbuchautoren, sondern längst Realität im arktischen Ozean. Dass sich der Lebensraum der Eisbären auf absehbare Zeit drastisch verkleinern wird, gilt als ausgemacht: Bereits 2004 wurde eine Studie veröffentlicht, die sich speziell mit den Auswirkungen des Klimawandels auf die Arktis beschäftigt. An der Untersuchung waren mehr als 300 Wissenschaftler beteiligt. Das wichtigste Ergebnis dieser Studie war, dass bereits jetzt ein spürbarer Rückgang der Arktis zu beobachten ist, der sich nicht durch natürliche Prozesse, sondern nur durch den Einfluss des Menschen erklären lässt. Die Studie beruht einerseits auf historischen Daten, insbesondere Aufzeichnungen über die Ausdehnung des Eises, die von Schiffen aus gemacht wurden, sowie auf Satellitenmessungen. Die Daten zeigen, dass die Eisdecke im Sommer in den zurückliegenden 30 Jahren um 20% abgenommen hat. Modellrechnungen legen nahe, dass gegen Ende des 21. Jahrhunderts die Arktis im Sommer komplett eisfrei sein könnte.

Dieser Rückgang des arktischen Eises hat eine Reihe von Konsequenzen. Ein erster Effekt betrifft die Reflexion von Sonnenlicht. Eis reflektiert Sonnenlicht in viel stärkerem Ausmaß als Wasser. Ein Abschmelzen des arktischen Eises würde zu einer stärkeren Erwärmung der Polregion führen und den Treibhauseffekt noch verstärken. Zweitens wären zahlreiche Tierarten vom Aussterben bedroht. Drittens: Den Inuit – fälschlicherweise oft als Eskimos bezeichnet – würde ihr Lebensraum und damit ihre Lebensgrundlage entzogen.

Auftauen des Permafrostbodens
In polaren Breiten ist der Erdboden dauerhaft gefroren – bis auf eine dünne Oberflächenschicht, die im Sommer auftaut. Dieses Phänomen nennt man Permafrost. Aufgrund der Erwärmung tauen Permafrostböden auf, was in Anfängen schon heute beobachtbar ist. Auch im Gebirge gibt es in höheren Lagen Permafrostgebiete. Tauen diese auf, kommt es vermehrt zu Abbrüchen von Gestein. Straßen und Ortschaften im Gebirge werden dadurch gefährdet. Spektakulär war etwa der Abbruch von etwa 1.000 m^3 Gestein am Matterhorn im Hitzesommer 2003, nachdem die Nullgradgrenze auf ein Rekordniveau von 4.800 m geklettert war. In polaren Regionen sind Häuser sowie die dortige Infrastruktur (Straßen, Ölpipelines) gefährdet. Der Boden weicht auf, wird schlammig. Die Infrastruktur versinkt einfach im Boden.

Eisschilde in Grönland und der Antarktis
Auf der Erde gibt es derzeit zwei große kontinentale Eisschilde, in Grönland und in der Antarktis. Diese Schilde sind 3 bis 4 km dick. Wie wird sich die globale Erwärmung auf

diese Eismassen auswirken? Beim Grönlandeis beobachtet man, dass die Schmelzfläche erheblich zugenommen hat. Von 2002 bis 2011 ist etwa sechsmal so viel Grönlandeis geschmolzen wie in den zehn Jahren davor. Modellrechnungen haben folgendes ergeben: Erwärmt sich Grönland um 3 °C (was schon bei einer globalen Erwärmung von weniger als 2 °C erreicht werden kann[8]), dann schmilzt wahrscheinlich das gesamte Grönlandeis ab. Unklar ist momentan noch, mit welcher Geschwindigkeit dieser Prozess vor sich gehen wird. Man beobachtet in den letzten Jahren jedoch, dass das Grönlandeis schneller taut als erwartet. Das Abschmelzen des Grönlandeises hätte fatale Auswirkungen auf den Meeresspiegel: Die Eismasse Grönlands bindet eine Wassermenge, die beim vollständigen Abschmelzen den Meeresspiegel um 7 m ansteigen lassen würde! Darüber hinaus könnte ein schnelles Abschmelzen des Grönlandeises die Stabilität von Meeresströmungen beeinträchtigen. Allerdings ist nach derzeitigem Wissenstand zu erwarten, dass der Abschmelzprozess sich über Jahrhunderte hinziehen wird.

In der Antarktis liegen die Dinge etwas anders als in Grönland. Da die Temperatur in der Antarktis deutlich unter dem Gefrierpunkt liegt, wird eine globale Erwärmung um ein paar Grad daran nichts ändern. Der Eisschild schmilzt daher nicht an Land, sondern erst, wenn er mit wärmerem Meerwasser in Kontakt kommt, nachdem er als sogenannter Eisschelf auf das Wasser geflossen ist. Aber auch in der Antarktis mehren sich Hinweise auf ein beschleunigtes Abschmelzen der Eismassen. Im Februar 2002 zerbrach in der Antarktis das Jahrtausende alte Larsen-B-Eisschelf. Eisschelfe schwimmen auf dem Meer – daher hat ihr Abschmelzen zunächst einmal keinerlei Konsequenzen für den Meeresspiegel. Nach dem Zerbrechen jedoch beobachtet man seitdem eine starke Beschleunigung des Abschmelzens des dahinter liegenden Kontinentaleises (bis zur achtfachen Geschwindigkeit). Es scheint, dass die schwimmenden Schelfe den Abfluss von auf dem Land liegenden Eismassen bremsen. Kommt es also zum Abschmelzen der Schelfe, so muss mit einem beschleunigten Abfluss auch des Kontinentaleises gerechnet werden. Dies allerdings hätte erhebliche Konsequenzen für den Meeresspiegel.

Anstieg des Meeresspiegels

Der Anstieg des Meeresspiegels ist eine der wichtigsten, direkten physischen Folgen der globalen Erwärmung. Um den Zusammenhang zwischen globaler Durchschnittstemperatur und Meeresspiegel zu verdeutlichen, ist es aufschlussreich, einmal in die jüngere Erdgeschichte zu sehen: Vor 20.000 Jahren, auf dem Höhepunkt der letzten Eiszeit, war das Klima etwa 4 bis 7 °C kälter. Der Meeresspiegel lag damals um 120 m unter dem heutigen! Während der letzten Warmperiode vor 120.000 Jahren hingegen war es nur geringfügig wärmer als heute (etwa 1 °C), der Meeresspiegel lag aber um 2 bis 6 m höher als heute. Diese gewaltigen Unterschiede hängen unmittelbar mit den globalen Eismassen

---

[8] Der Treibhauseffekt wird sich regional höchst unterschiedlich auf die Temperatur auswirken. Heutige klimatologische Modelle sind nicht nur in der Lage, die globale Temperatur, sondern auch die regionale Verteilung des Temperaturanstiegs zu berechnen. Die Temperaturen in höheren Breiten steigen stärker als am Äquator.

zusammen. Wie gesagt: Das Grönlandeis würde bei seinem kompletten Abschmelzen zu einem Anstieg um 7 m führen. Im Antarktischen Eisschild sind insgesamt sogar 57 m Wasserspiegel gespeichert. Eine zweite Ursache für den Meeresspiegelanstieg ist die thermische Ausdehnung des Wassers. Wärmeres Wasser hat ein größeres Volumen, es dehnt sich aus.

Der Anstieg des Meeresspiegels ist bereits jetzt messbar. Seit 1993 wird der globale Meeresspiegel mit Satelliten gemessen. Die Messungen ergeben seitdem einen Anstieg von 3 cm in zehn Jahren. Im Zeitraum von 1901 bis 2010 betrug der Anstieg etwa 19 cm. Das IPCC rechnet in seinem 5. Klimabericht mit einem Anstieg des Meeresspiegels bis 2100 im Bereich von 44 bis 74 cm (IPCC 2014a, Ch. 5).

Dabei muss man aber berücksichtigen, dass der Anstieg des Meeresspiegels ein Prozess ist, der sich über mehrere Jahrhunderte erstrecken wird. Er ist 2100 noch lange nicht beendet. Das liegt daran, dass die thermische Ausdehnung des Meerwassers Zeit benötigt: Das warme Oberflächenwasser muss allmählich in die tieferen Schichten der Ozeane eindringen. Dieser Prozess erfordert viel Zeit. Außerdem ist zu erwarten, dass das Abschmelzen der kontinentalen Eismassen (Grönland und Antarktis) sich über Jahrhunderte erstrecken würde.

Änderungen der Meeresströmungen
Normalerweise sinken im europäischen Nordmeer und in der Labradorsee gewaltige Massen relativ kalten Wassers in die Tiefe. Dieser Prozess erzeugt einen Sog, der warmes Wasser von Süden her in nördliche Breiten lenkt. Dadurch entsteht eine gigantische Umwälzung von Meerwasser im Atlantik, bei der pro Sekunde 15 Mio. m^3 Wasser bewegt werden. Für unsere nördlichen Breiten wirkt dies wie eine Zentralheizung. Die so entstehende Meeresströmung transportiert eine gewaltige Energiemenge in den nördlichen Atlantikraum, nämlich das zweitausendfache der gesamten Kraftwerksleistung Europas.

Durch die globale Erwärmung kann diese Zirkulation zum Erliegen kommen. Die Erwärmung verringert die Dichte des Meerwassers. Weniger dichtes Wasser sinkt aber nicht so leicht ab. Außerdem kommt es durch das Abschmelzen der Eismassen (Grönland) zu Süßwassereinflüssen in das Meer. Dies reduziert den Salzgehalt und ebenfalls die Dichte des Meerwassers. Schlimmstenfalls könnte der gesamte Nordatlantikstrom zum Erliegen kommen.[9] Die Folge wäre eine rasche Abkühlung im Nordatlantikraum um mehrere Grad, was vor allem auch Nord- und Westeuropa betreffen würde. Allerdings stellt das IPCC in seinen Berichten von 2007 und 2014 fest, dass keines der gegenwärtigen Modelle auf eine plötzliche Abschwächung oder ein gänzliches Versiegen des Nordatlantikstroms hindeutet. Bei fortgesetzter starker Erwärmung des Klimas kann jedoch ein Zusammenbruch der Zirkulation nach dem 21. Jahrhundert nicht ausgeschlossen werden.

---

[9] Der Nordatlantikstrom versiegte zuletzt vor ca. 8.200 Jahren, als die letzten Gletschereisschichten in Nordamerika auftauten und sich im heutigen Gebiet der großen Seen ein riesiger Stausee mit Süßwasser bildete. Eines Tages brach der Eisdamm. Eine gewaltige Menge Süßwasser ergoss sich in den Nordatlantik und führte zur Unterbrechung des Nordatlantikstroms. Dieses Ereignis verursachte in Europa eine etwa tausend Jahre anhaltende kleine Eiszeit, wobei die Abkühlung vermutlich etwa 1,5 °C betrug.

Berücksichtigen sollte man aber noch folgendes: Durch das Absinken von Wasser im Nordatlantik wird CO_2 in tiefere Schichten des Ozeans transportiert – Ozeane sind nämlich, neben der Biosphäre, ein wichtiger Kohlenstoffspeicher des Planeten. Reißt der Nordatlantikstrom ab oder wird er deutlich schwächer, so hätte dies zur Folge, dass der Atlantik weniger CO_2 aufnähme, was zu einer positiven Rückkopplung im Klimasystem führen würde.

Wetterextreme

Bereits mit einfachen statistischen Überlegungen lässt sich zeigen, dass eine relativ kleine Verschiebung der Verteilung einer Klimavariablen wie der Temperatur zu einer deutlichen Veränderung der Wahrscheinlichkeit des Auftretens von extremen Wetterereignissen führen kann. In Abbildung 6.5 ist die Dichtefunktion für die Wahrscheinlichkeit des Auftretens unterschiedlicher Temperaturen skizziert. Temperaturextreme (mit „kalt" und „heiß" bezeichnet) sind die Temperaturen, die am linken und rechten Rand der Verteilung liegen. Die Eintrittswahrscheinlichkeit für eine Temperatur in einem bestimmten Intervall lässt sich in der Abbildung als Fläche unter der Dichtefunktion von der unteren bis zur oberen Intervallgrenze ablesen. Wie man sieht: Eine kleine Verschiebung der Temperaturverteilung nach rechts, d.h., es wird im Mittel wärmer, führt dazu, dass die Eintrittswahrscheinlichkeit für extrem hohe Temperaturen deutlich zunimmt und für extrem kalte Temperaturen weniger stark abnimmt. Natürlich ist die Abbildung eine starke Vereinfachung der Realität, so könnte sich z.B. auch die Form der Dichtefunktion durch die Erwärmung ändern. Dennoch macht Abbildung 6.5 deutlich: Die Erwärmung wird einen Effekt auf die Eintrittswahrscheinlichkeiten für extreme Temperaturen haben.

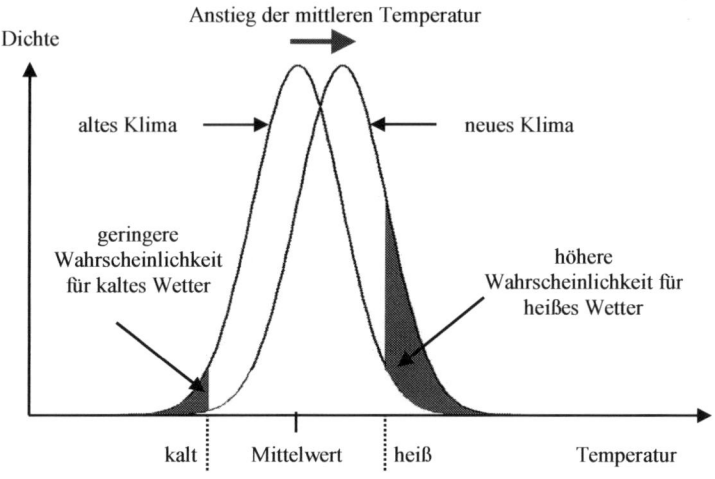

Quelle: Eigene Darstellung nach IPCC (2007b), S. 53.

Abb. 6.5 Verschiebung der Temperaturverteilung

Die globale Erwärmung wird also wahrscheinlich zu einer Zunahme extremer Wetterereignisse führen. Unter extremen Wetterereignissen versteht man vor allem Hitzewellen, Dürren, Starkregen sowie tropische Wirbelstürme. Das Problem bei Extremwetterereignissen ist, dass sie (i) sehr selten auftreten und (ii) sich nicht direkt auf eine bestimmte Ursache zurückführen lassen. Wenn überhaupt, dann kann man zeigen, dass sich die Wahrscheinlichkeit bestimmter Ereignisse durch die globale Erwärmung erhöht.

In Zukunft müssen wir davon ausgehen, dass Hitzewellen häufiger auftreten werden. Hitzewellen führen – zumindest in der kurzen Frist, in der keine ausreichende Akklimatisierung möglich ist – zu einem starken kurzfristigen Anstieg der Sterblichkeit.[10] Ein Beispiel ist die Hitzewelle in Europa in 2003. Es wird geschätzt, dass diese etwa 20.000 bis 30.000 Menschenleben europaweit gefordert hat. In allen Altersgruppen über 45 Jahre war die Sterblichkeit in diesem Sommer erhöht. Die Temperaturen lagen in der Schweiz beispielsweise 7 °C (!) über dem langjährigen Mittel. Wahrscheinlich war 2003 der heißeste Sommer seit etwa 1500.

Ein anderes Beispiel sind tropische Wirbelstürme. Seit Beginn der Aufzeichnungen im Jahr 1851 gab es noch nie so viele tropische Stürme wie 2005 – nämlich 27. Das sind sechs mehr als der bisherige Rekordwert. Außerdem entwickelten sich noch nie so viele Stürme zur Hurrikanstärke (15 von den 27) und noch nie hatte man in einem Jahr drei Hurrikane der stärksten Kategorie (5) beobachtet. Die Zunahme der Stärke tropischer Stürme als Reaktion auf die globale Erwärmung ist durchaus plausibel. Messungen zeigen folgendes: Je höher die Wassertemperatur, desto höher ist der Energiegehalt dieser Stürme – und damit auch ihre Zerstörungskraft. Was beobachten wir in den letzten 30 Jahren: Sowohl die Wassertemperatur als auch der Energiegehalt der beobachteten Stürme haben tatsächlich zugenommen. In den vergangenen 50 Jahren hat sich das Oberflächenwasser der tropischen Ozeane um 0,5 °C erwärmt. Dem entspricht eine Energiezunahme der Stürme um etwa 70%. Die Erwärmung der Ozeane um ein halbes Grad kann durch den anthropogenen Treibhauseffekt vollständig erklärt werden. Eine natürliche Ursache für diese Erwärmung ist jedenfalls bis jetzt nicht bekannt. Also ist es sehr wahrscheinlich, dass der anthropogene Treibhauseffekt die Zunahme der Zerstörungskraft der Hurrikane verursacht hat.

Extremniederschläge werden wahrscheinlich ebenfalls zunehmen. Dies liegt einfach daran, dass wärmere Luft mehr Wasser aufnehmen kann. Für jedes Grad Celsius Erwärmung kann die Luft etwa 7% mehr Wasserdampf aufnehmen. Starkregen entsteht, wenn mit Feuchtigkeit gesättigte Luft wie ein Schwamm ausgedrückt wird, etwa wenn sie auf ein Gebirge trifft. Bei einem wärmeren Klima enthält der Schwamm also einfach mehr Wasser.

---

[10] Dauerhaft hohe Temperaturen erhöhen die Sterblichkeit insbesondere bei älteren Menschen. Die erhöhte Anfälligkeit und Schwere sonst harmlos verlaufender Erkrankungen ist durch Veränderungen im Wasser- und Salzhaushalt, aber auch durch Störungen der physiologischen Regelkreise und hitzebedingt veränderte Medikamenteninteraktionen begründet. Im Zusammenhang mit Hitzewellen wurde ein erhöhtes Auftreten von akuten Durchblutungsstörungen wie Herzinfarkt und Schlaganfall beschrieben. Durch Veränderungen der Blutsalze und Wasserverlust auf Grund von verstärktem Schwitzen und damit veränderten Fließeigenschaften des Bluts können häufiger Blutgerinnsel auftreten.

Auswirkungen auf Ökosysteme

Die Wirkungen des Klimawandels auf die Ökosysteme dieser Erde sind kompliziert und zum Teil noch nicht hinreichend verstanden. Deshalb wollen wir an dieser Stelle darauf nicht detailliert eingehen. Nur so viel: Das grundsätzliche Problem für Ökosysteme besteht darin, dass die Geschwindigkeit des anthropogenen Klimawandels voraussichtlich die der meisten historischen Klimaveränderungen weit übertreffen wird. Da Ökosysteme Zeit zur Anpassung brauchen, diese aber nicht haben, droht ein Verlust von Artenvielfalt.

Landwirtschaft und Ernährungssicherheit

Die Landwirtschaft zählt zweifellos zu den vom Klimawandel am stärksten betroffenen Sektoren. Die Prognosen gehen hier davon aus, dass nördliche und mittlere Breiten von einem gemäßigten Klimawandel eher profitieren werden (vgl. Abschnitt 6.2.3). Dazu zählen etwa Länder wie Kanada und der Norden der USA, in Europa Skandinavien, aber auch Deutschland. Subtropische Breiten hingegen werden massiv vom Klimawandel betroffen sein. Wo es heute schon relativ trocken ist, wird es noch trockener werden. Unter pessimistischen Annahmen hinsichtlich der globalen Erwärmung ist in den Entwicklungsländern gegenüber dem Referenz-Szenario ohne Klimawandel mit einem 7%-igen Ertragsrückgang bis zum Jahr 2080 (Parry et al. 2004) zu rechnen. Insbesondere Afrika sowie weite Teile Asiens müssen mit deutlichen Ertragsverlusten (bis zu 30%) rechnen. Die Kluft zwischen Industrie- und Entwicklungsländern wird also noch vergrößert. Die Gefahr von Hungersnöten in Teilen der Welt, vor allem Afrika, wird noch weiter zunehmen.[11] Weltweit gehen unter pessimistischen Annahmen hinsichtlich der globalen Erwärmung die Erträge um 5% gegenüber dem Referenz-Szenario zurück.

Ausbreitung von Krankheiten

Insbesondere geht es hier um Krankheiten, die durch Insekten übertragen werden, wie Malaria, Dengue-Fieber oder Leishmaniose. Insekten sind Kaltblüter und daher relativ klimaempfindlich. Wird es in Teilen der Welt wärmer – z.B. in Deutschland oder im afrikanischen Hochland – dann können sich Insekten in Gegenden ausbreiten, in denen sie bisher nicht beobachtet wurden. So wird erwartet, dass sich Sandmücken als Überträger von Leishmania-Parasiten in Deutschland ausbreiten werden (UBA 2003). Allerdings muss an dieser Stelle angemerkt werden, dass die Ausbreitung von Krankheiten von einem breiten Spektrum von Einflussfaktoren abhängt. Hierzu zählen neben den Klimabedingungen auch Ernährung, Entwicklung des Gesundheitssystems und Stand der Insektenbekämpfung sowie das verfügbare Einkommen. Auf mögliche Anpassungsstrategien werden wir in Abschnitt 6.3.2 zu sprechen kommen.

---

[11] Zugleich muss aber auch beachtet werden, dass die landwirtschaftliche Produktion im Referenz-Szenario der Modelle (z.B. Parry et al. 2004) wächst. Trotz eines möglicherweise negativen Effekts des Klimawandels auf die Produktion kann diese netto immer noch zunehmen.

6.2.3 Chancen durch den Klimawandel

Zweifellos ist die Liste der Risiken durch den Klimawandel besorgniserregend. Dennoch: Um ein umfassendes Bild der durch den Klimawandel verursachten Effekte zu erhalten, ist es notwendig, auch mögliche positive klimabedingte Effekte, d.h. Chancen, zu betrachten.[12] Da sich die klimatischen Bedingungen auf der Erde regional sehr stark unterscheiden, ist es nicht verwunderlich, dass unterschiedliche Regionen auch unterschiedlich durch den Klimawandel betroffen sind. Auch hier gilt, dass die Liste der Chancen keinen Anspruch auf Vollständigkeit erhebt. Eher geht es darum, den Leser dafür zu sensibilisieren, sich ein Gesamtbild von den möglichen Klimawirkungen zu machen. Ohne dieses Gesamtbild ist die ökonomische Analyse der Klimapolitik – dazu kommen wir später in diesem Kapitel – nicht möglich.

Weniger Kältetote

Wie wir festgestellt haben, wird die klimabedingte Erwärmung zu einer höheren Zahl an erwarteten Hitzetoten führen. Die Erwärmung wird aber auch zu einer Reduzierung der Zahl der Kältetoten führen.[13] Ergebnis einer umfangreichen Studie (Keatinge et al. 2000) zu den Hitze- und Kältewirkungen eines Temperaturanstieg um 2 °C bis 2050 in Europa ist, dass der erwarteten Zunahme der Sterbefälle, die auf gestiegene Temperaturen zurückzuführen sind, ein stärkerer erwarteter Rückgang der durch Kälte verursachten Sterbefälle gegenübersteht.[14] Eine speziell auf Großbritannien ausgerichtete Studie (Donaldson et al. 2001) bestätigt das Ergebnis, dass die erwartete Abnahme von kältebedingten Todesfällen den Anstieg hitzebedingter Todesfälle übersteigen wird. Eine weitere Studie (Bosello et al. 2006) berechnet für das Jahr 2050 die weltweit erwartete Zahl an klimabedingten Sterbefällen. Auch hier ist der Nettoeffekt negativ, d.h., in der Summe verursacht der Klimawandel weniger Sterbefälle.

Bei der Interpretation dieser Ergebnisse ist – angesichts der existierenden Unsicherheiten etwa über die Wirkungen von Extremtemperaturen auf die Zahl der verlorenen Lebensjahre – sicherlich Vorsicht angeraten. Weiterer Forschungsbedarf existiert, z.B. auch was die Frage des Zusammenhangs von bei Hitze verstärkt auftretender Luftverschmutzung und damit einhergehender erhöhter Sterblichkeit betrifft.

---

[12] Lomborg (2008) gibt einen Überblick über Risiken und Chancen des Kimawandels.

[13] Niedrige Temperaturen erhöhen die Sterblichkeit insbesondere durch das verstärkte Auftreten von Herzinfarkt und anderen arteriellen Durchblutungsstörungen. Diese sind durch kältebedingte Veränderungen der Fließeigenschaften und Blutgerinnung, durch veränderte Blutzirkulation und Erhöhung des Blutdrucks begründet. Potenziert werden diese Effekte durch das zeitgleich verstärkte Auftreten v.a. von Atemwegsinfekten und Grippeepidemien.

[14] Die Angaben beziehen sich dabei auf die kurze Frist, da man davon ausgeht, dass sich nach einem Temperaturanstieg die Zahl der Todesfälle durch Hitze und Kälte nach einer Übergangszeit von einer bis zwei Generationen auf Grund von Akklimatisierung wieder bei den alten Werten einpendeln wird.

Höhere Produktivität in der Landwirtschaft

Eine höhere CO_2-Konzentration in der Atmosphäre kann unter bestimmten Umständen förderlich auf das Pflanzenwachstum wirken, da Pflanzen für die Photosynthese Wasser und CO_2 benötigen. Dieser Effekt – auch als „CO_2-Düngeeffekt" bezeichnet – betrifft einzelne Nutzpflanzen unterschiedlich, z.B. erhöht sich der Ertrag bei Soja besonders stark und bei Mais relativ wenig. Darüber hinaus bewirken höhere Temperaturen eine Verlängerung der Vegetationsphase. Dieser Effekt ist natürlich in nördlichen Breiten besonders stark ausgeprägt. In Deutschland hat heutzutage die Wachstumsperiode, d.h. die Zahl der Tage mit mindestens 5 °C, eine Länge von 235 Tagen. Legt man beispielsweise ein Szenario zugrunde, in dem die CO_2-Konzentration in der Atmosphäre auf 840 ppm im Jahr 2100 ansteigt, so ergibt sich für Deutschland eine Verlängerung der Vegetationsperiode von über 2 Monaten (Chmielewski 2007). Offensichtlich verbessern sich also im Mittel die Bedingungen für landwirtschaftliche Produktion in Deutschland.

Globale Modelle der landwirtschaftlichen Produktion prognostizieren selbst für pessimistische Annahmen hinsichtlich der Klimaerwärmung eine leichte Zunahme der Produktion in den Industrieländern (3% in 2080 gegenüber dem Referenz-Szenario ohne Klimawandel, Parry et al. 2004). Auch bei diesen Prognosen sind natürlich regionale Unterschiede zu berücksichtigen sowie die Tatsache, dass solche Modelle die Auswirkungen von Extremwetterereignissen wie Dürren oder Starkregen üblicherweise nicht abbilden können.

Zugang zu Ressourcen und Handelswegen

Die globale Erwärmung kann die Kosten des Zugangs zu natürlichen Ressourcen reduzieren (Winkelmann 2009). Höhere Temperaturen und die resultierende zurückgehende Eisbedeckung erleichtern die Förderung von Gas und Öl in der Arktis. Auch könnten geringere Transportkosten in der Schifffahrt eine positive Folge des Klimawandels sein. Durch die höheren Temperaturen in der Arktis werden die Nordwest-Passage (die Verbindung von Atlantik und Pazifik über den Arktischen Ozean) und die Nordost-Passage (die Verbindung zwischen Atlantik und Pazifik entlang der Russischen Nordküste) zunehmend eisfrei und damit für herkömmliche Schiffe passierbar. Die mögliche Verkürzung des Seewegs zwischen Europa und Asien durch die Nutzung dieser Routen ist beträchtlich. So verkürzt sich der Seeweg von Hamburg nach Singapur von 15.208 Seemeilen (via Panamakanal) auf 9.730 Seemeilen (via Nordost-Passage).

Natürlich gibt es durch die verstärkte ökonomische Nutzung der Arktis auch Risiken: Zum einen Risiken geopolitischer Natur auf Grund der Tatsache, dass die Eigentumsrechte an Ressourcen und Handelswegen zum Teil strittig sind, zum anderen kann die Ausbeutung von Ressourcen in der Arktis zu negativen externen Effekten wie Umweltverschmutzungen führen.

6.2.4 Fazit

Diese knapp gehaltenen Ausführungen mögen genügen, um eine ansatzweise Vorstellung von den zu erwartenden Auswirkungen der globalen Erwärmung zu gewinnen. Es bleibt festzuhalten, dass es sowohl Verlierer als auch Gewinner geben wird. Das Gesamtbild ist jedoch relativ deutlich: Insbesondere für Szenarien mit stärkerer Erwärmung dominieren die erwarteten negativen Effekte des Klimawandels. Der Klimawandel stellt also eine reale Bedrohung für die Menschheit dar. Hinzu kommt, dass die globale Erwärmung – abhängig von ihrer Stärke und der Geschwindigkeit der Veränderung – irreversible, also nicht wieder gutzumachende, Schäden verursachen kann. Klimaschutz kann also auch als eine Art Versicherung gegen abrupte und irreversible Veränderungen des Klimasystems verstanden werden. Im Folgenden werden wir daher analysieren, welche Strategien zur Verfügung stehen, um auf den Klimawandel zu reagieren.

6.3 Strategien gegen den Klimawandel

Grundsätzlich gibt es zwei Möglichkeiten auf den Klimawandel zu reagieren: Man kann versuchen, den Klimawandel zu *vermeiden* oder zumindest abzuschwächen, oder man kann sich darauf beschränken, den Klimawandel in Kauf zu nehmen und sich dem Wandel *anpassen*. Üblicherweise wird die kostengünstigste Reaktion einer Gesellschaft beide Optionen zu einem Teil umfassen.

6.3.1 Vermeidung

Den Klimawandel zu vermeiden oder zumindest abzubremsen bedeutet im Wesentlichen nichts anderes, als Emissionen von Treibhausgasen zu vermeiden. Treibhausgase wie CO_2 sind ein globaler Schadstoff, d.h., die Schäden entstehen völlig unabhängig vom Ort der Emission. Eine Tonne CO_2 emittiert in China hat die gleichen Klimaschäden zur Folge wie eine in Deutschland emittierte Tonne. Aus diesem Grunde kommt der Nutzen der vermiedenen Emissionen allen Ländern zugute und nicht allein demjenigen, der die Vermeidungsmaßnahme durchführt. Offensichtlich ist der soziale Nutzen von Vermeidung größer als der private Nutzen. Die Kosten der Vermeidung trägt jedoch das Land, in dem die Vermeidung stattfindet. Zugleich ist es nicht vorstellbar, dass man vom Nutzen aus Emissionsvermeidung (wie auch von den Schäden durch Emissionen) ausgeschlossen werden kann. Damit ist die Vermeidung von globalen Treibhausgasen identisch mit der Bereitstellung eines *globalen öffentlichen Guts*, denn ein solches Gut erfüllt – wie wir aus Abschnitt 4.1.3 wissen – die Eigenschaften Nichtrivalität und Nichtausschluss. Wir haben auch festgestellt, dass in einem einfachen öffentlichen-Gut-Spiel Nichtbeitragen zum öffentlichen Gut dominante Strategie ist. Die effiziente Lösung ist hingegen, zur Erstellung des öffentlichen Guts beizutragen. Die Akteure stecken in einem *sozialen Dilemma*. Das dort vorgestellte Modell war aber zu einfach, um reale Beiträge von Staaten zur Klimapolitik zu erklären. Schließlich ist es in der Realität nicht der Fall, dass alle Beteiligten über eine dominante Strategie des Nichtbeitragens verfügen. In Abschnitt 6.6.1 werden wir daher ein realitätsnäheres Modell zur Erstellung öffentlicher Güter kennen lernen.

Doch kommen wir zurück zur Vermeidung. Auf Grund der großen Bedeutung für den anthropogenen Klimaeffekt werden wir uns im Folgenden auf CO_2 und die Vermeidung von CO_2-Emissionen konzentrieren. Wie kann Vermeidung von CO_2 konkret aussehen? Zunächst müssen wir uns nochmals die Besonderheiten von CO_2 als klimarelevantem Schadstoff in Erinnerung rufen: (i) CO_2 ist ein Globalschadstoff, d.h., die Schäden entstehen unabhängig vom Ort der Emissionen; (ii) zwischen dem Einsatz von fossilen Energieträgern und der resultierenden CO_2-Emission gibt es ein proportionales Verhältnis; (iii) es gibt bislang keine Filtertechnologie für CO_2.

Letztlich gibt es dann aus technologischer Sicht nur drei Möglichkeiten, CO_2 zu vermeiden (eine vierte, aber derzeit noch nicht praxistaugliche Option werden wir am Ende dieses Abschnitts kennenlernen). Die erste Option besteht in der *Brennstoffsubstitution*. Dabei nutzt man die Tatsache aus, dass die verfügbaren fossilen Energieträger einen unterschiedlichen Gehalt an Kohlenstoff (C)[15] je Energieeinheit aufweisen (z.B. enthält Kohle pro Energieeinheit etwa doppelt so viel Kohlenstoff wie Gas) und nicht-fossile Energieträger wie erneuerbare Energieträger (Biomasse, Geothermie, Photovoltaik, Wasser, Wind) und Kernkraft praktisch ohne CO_2-Emissionen auskommen. Damit kann man zum Beispiel durch den verstärkten Einsatz von Gas anstelle von Kohle bei gleichem Output an Strom und Wärme CO_2-Emissionen vermeiden. An dieser Stelle soll nur kurz auf die ökonomischen Probleme der Brennstoffsubstitution eingegangen werden. Die Substitution von stark C-intensiven Energieträgern wie Braun- und Steinkohle durch weniger C-intensive oder sogar C-freie Energieträger ist offensichtlich mit zum Teil erheblichen *Kosten* verbunden. So lässt sich in der Stromproduktion grundlastfähige Braunkohle (mit sehr geringen variablen Brennstoffkosten aber hohen fixen Kosten) nur sehr begrenzt ersetzen durch Gas (mit relativ niedrigen fixen Kosten aber relativ hohen variablen Kosten). Auch die Substitution durch erneuerbare Energieträger verursacht Kosten. Strom aus Kohle ist praktisch immer verfügbar – Strom aus Wind und Sonne dagegen nur, wenn das Wetter mitspielt. Dabei muss auch beachtet werden, dass in einem Stromnetz das Angebot von Strom ständig gleich der Nachfrage sein muss und dass Strom mit den heute zur Verfügung stehenden Technologien praktisch nicht großtechnisch speicherbar ist (abgesehen von Pumpspeicherwerken, deren Kapazitäten aber begrenzt sind). Darüber hinaus erfordert der verstärkte Ausbau von erneuerbaren Energien einen Ausbau der Übertragungskapazitäten des Netzes (der Strom entsteht üblicherweise nicht dort, wo er verbraucht wird), und es sind zusätzliche Gaskraftwerke nötig, um Strom zu produzieren, wenn keine erneuerbaren Energien bei hoher Stromnachfrage verfügbar sind. Kurz und gut: Das Ersetzen von Kohle durch andere Energieträger ist möglich, aber mit zum Teil erheblichen

---

[15] Es spielt keine Rolle, ob wir über den Kohlenstoff-Gehalt eines Energieträgers oder dessen CO_2-Emissionen reden. Aus jeder Mengeneinheit C resultieren 3,67 Mengeneinheiten CO_2.

Kosten verbunden. Daher gehen praktisch alle renommierten Studien in diesem Bereich davon aus, dass auch in den nächsten Jahrzehnten fossile Energieträger eine wichtige Rolle in der Stromproduktion spielen werden.[16]

Die zweite Option für Emissionsvermeidung besteht in einer höheren *Energieeffizienz*. Unter Energieeffizienz versteht man den Quotienten aus Output (z.B. gemessen in Euro oder einer Mengeneinheit wie Tonnen) und dem Energieinput (z.B. gemessen in Watt). Das Reziprok der Energieeffizienz wird auch als *Energieintensität* bezeichnet. Wenn fossile Energieträger genutzt werden, führt offensichtlich eine höhere Energieeffizienz ceterisparibus zu niedrigeren CO_2-Emissionen. Bleiben wir beim Beispiel der Kohleverstromung. Gelingt es den Wirkungsgrad eines Kraftwerks zu erhöhen, kann man die gleiche Menge Strom produzieren bei geringerem Input an Kohle. Damit sinken auch die CO_2-Emissionen. Aus ökonomischer Sicht wird bei einer Erhöhung der Energieeffizienz der Inputfaktor Energie substituiert durch den Inputfaktor Kapital. Zwei Aspekte sind hierbei besonders wichtig. Erstens: Auch bei der Steigerung von Energieeffizienz entstehen Kosten und zwar steigen diese überproportional mit der erreichten Energieeffizienz. Ein typisches deutsches Kohlekraftwerk hat heutzutage einen Wirkungsgrad von etwa 39%. Ein weiterer Prozentpunkt Wirkungsgrad ist hier mit erheblich höheren Kosten verbunden als die gleiche Steigerung bei einem typischen chinesischen oder russischen Kohlekraftwerk mit 23% Wirkungsgrad.[17] Zweitens: Aus Sicht einer an *Kosteneffizienz* orientierten Klimapolitik ist eine pauschale Erhöhung der Energieeffizienz nicht sinnvoll, schließlich ist nicht Energie an sich das Problem beim anthropogenen Klimawandel, sondern die CO_2-Emissionen fossiler Energieträger. Bei einem gegebenen Strom-Mix mit durchschnittlichen CO_2-Emissionen pro Energieeinheit ist damit CO_2-Vermeidung quasi nur ein Nebenprodukt von höherer Energieeffizienz. Offensichtlich ist es sinnvoller, weil zielgenauer, die CO_2-Emissionen zu reduzieren und nicht pauschal die Energieeffizienz zu erhöhen. Man muss also direkt bei den CO_2-Emissionen ansetzen. Dafür müssen Ressourcen eingesetzt werden und es ist zu fordern, dass dies effizient geschieht, d.h. so, dass pro eingesetztem Euro die eingesparte Menge an CO_2 maximal wird. Mit anderen Worten: Nur wenn wir CO_2 konsequent dort vermeiden, wo die Vermeidung am billigsten ist, haben wir eine Chance, unsere Klimaziele zu erreichen. Es sollte also aus ökonomischer Sicht eher darum gehen, Kosteneffizienz statt Energieeffizienz zu erreichen. Das Ziel „Energieeffizienz" stellt ja nur auf den Energieeinsatz ab, den es zu minimieren gilt, nicht auf die CO_2-Emissionen.

Kosteneffizienz im Klimaschutz setzt voraus, dass wir immer dort ansetzen, wo die Kosten für die Vermeidung der nächsten Tonne CO_2, d.h. die Grenzvermeidungskosten, am niedrigsten sind. Ökonomen haben zur Umsetzung dieser Forderung eine relativ einfache

---

[16] Beispielsweise gehen die Autoren der Energiereferenzprognose (2014) davon aus, dass (im Referenzszenario) die Anteile von Steinkohle, Braunkohle und Erdgas an der Bruttostromerzeugung im Jahr 2030 bei 18%, 23% und 10% liegen werden. Der Anteil der Erneuerbaren liegt dann bei 47%. Die jeweiligen Anteile in 2011 waren 18%, 25% und 14% bzw. für Erneuerbare 20%. Im Jahr 2030 haben die fossilen Energieträger in diesem Szenario einen Anteil von 51% an der Bruttostromerzeugung. Vgl. Energiereferenzprognose (2014).

[17] Vgl. Löschel (2009) zu den Wirkungsgraden bei der Kohleverstromung.

Regel entwickelt, die wir in Kapitel 5 kennengelernt haben. In einer Volkswirtschaft sollte allen Akteuren der gleiche Anreiz gesetzt werden, CO_2 einzusparen. Am besten wird dies erreicht, indem alle CO_2-Emissionen einen einheitlichen Preis erhalten, denn für das Klima spielt die Quelle der Emissionen keine Rolle. Nur wenn jeder Akteur mit den externen Kosten, die seine Emissionen verursachen, in Form eines höheren Preises konfrontiert wird, werden alle möglichen Substitutionsprozesse hin zu CO_2-freier oder zumindest CO_2-armer Energienutzung in Gang gesetzt. Dies ist umso wichtiger, wenn man berücksichtigt, dass auch unsere Energieversorgung in der näheren Zukunft zumindest teilweise auf fossilen Energieträgern beruhen wird. Wenn wir eine in diesem Sinne rationale CO_2-Politik betreiben, dann verhalten wir uns kosteneffizient. Kosteneffiziente CO_2-Vermeidung führt über eine Einpreisung der externen Kosten von CO_2 zu einer Steigerung der Energieeffizienz, aber nicht jede Steigerung der Energieeffizienz ist auch kosteneffizient.[18] Damit ist ein Anstieg der Energieeffizienz nur notwendig, aber nicht hinreichend für gute, für rationale Klimapolitik.

Darüber hinaus ist natürlich die existierende Regulierung zu beachten, wenn man über höhere Energieeffizienz die CO_2-Emissionen reduzieren möchte. So hat in der EU eine höhere Energieeffizienz beim Stromverbrauch keinen Effekt auf die CO_2-Emissionen, da das EU ETS die Gesamtemissionen des Stromsektors deckelt. Gleiches gilt für nationale Alleingänge bei der Förderung Erneuerbarer Energien (vgl. Abschnitt 5.5).

Eine dritte Option zur CO_2-Vermeidung gibt es: *Weniger konsumieren*. Dies ist offensichtlich keine besonders reizvolle Vorstellung – aber dennoch: Die Reduzierung der Produktion und damit des Konsums ist eine Möglichkeit, die CO_2-Emissionen zu reduzieren. Schließlich gibt es noch eine vierte Option, die CO_2-Abscheidung und -Speicherung (englisch „Carbon Capture and Storage", CCS), die jedoch heutzutage erst in der Erprobung ist. CCS ist die Abscheidung von CO_2 aus Verbrennungsabgasen und deren Einlagerung (Sequestrierung), insbesondere in unterirdischen Speicherstätten. Damit hätte man tatsächlich eine sogenannte End-of-Pipe-Technologie für CO_2 gefunden, aber für eine Bewertung der Einsatzchancen dieser Technologie ist es derzeit noch zu früh.

Wir werden uns noch ausführlich mit dem Problem der Anreize zur Emissionsvermeidung beschäftigen (vgl. Abschnitt 6.6). Mit unserem Wissen aus Abschnitt 4.1.3 müssen wir zunächst einmal skeptisch sein, was die Chancen der effizienten Bereitstellung des öffentlichen Guts CO_2-Vermeidung anbetrifft. Im Falle eines öffentlichen Guts, welches sowohl durch Nichtrivalität als auch durch Nichtausschluss charakterisiert ist, werden egoistische und nutzenmaximierende Individuen (oder Länder) weniger von diesem öffentlichen Gut bereitstellen als dies im gesamtgesellschaftlichen Interesse wäre. Die Möglichkeit, vom Nutzen der mit Kosten behafteten Vermeidung anderer Länder zu profitieren und gleichzeitig auf eigene Vermeidungsmaßnahmen zu verzichten und diese Mittel für

---

[18] Ein Beispiel hierfür sind die CO_2-Standards für Pkw (vgl. Abschnitt 5.7). Offensichtlich erhöhen diese Standards die Energieeffizienz im Pkw-Bereich, kosteneffizient sind sie aber nicht. Die erreichte CO_2-Vermeidung ist unnötig teuer.

alternative Verwendungen (z.B. Anpassung an den Klimawandel) auszugeben, dürfte beim Problem des Klimawandels die internationale Kooperation erheblich erschweren.

6.3.2 Anpassung

Im Vergleich zu Vermeidungsmaßnahmen war Anpassung als zweite Handlungsoption zur Bewältigung der Herausforderungen des Klimawandels über lange Zeit in der öffentlichen und wissenschaftlichen Debatte weniger präsent.[19] In Deutschland wurde beispielsweise bereits 1992 der erste Bericht der Enquete-Kommission „Zum Schutz der Erdatmosphäre" veröffentlicht. Der Fokus dieser Kommission lag fast ausschließlich auf Vermeidung. Die offizielle „Deutsche Anpassungsstrategie an den Klimawandel" wurde dagegen erst 2008 verabschiedet (Bundesregierung 2008).[20] Eine solche Konzentration auf Vermeidungsstrategien ist bis zu einem gewissen Grad repräsentativ für europäische Staaten – oder wie Tol (2005, S. 572) es ganz offen ausdrückt: *"For a long time, it was politically incorrect to speak about adaptation to climate change, because it presumably implies accepting defeat in the battle against evil emissions [...] This has changed [...]".*

Für diese Änderung gibt es mindestens zwei Gründe. Erstens ist der Klimawandel, wie die Sachstandsberichte des Intergovernmental Panel on Climate Change gezeigt haben, bereits wahrnehmbar und wird sich – aufgrund der Trägheit des Klimasystems – unabhängig von den Vermeidungsanstrengungen der nächsten Jahrzehnte verschärfen. Zweitens kann aufgrund der starken Anreize, im globalen Spiel um das öffentliche Gut Klimaschutz als Trittbrettfahrer aufzutreten, nicht sichergestellt werden, dass sich die globalen Emissionen in einem Maße verringern werden, das zum Bremsen der Erderwärmung ausreicht. Deshalb gewinnen Anpassungsmaßnahmen in der politischen und wissenschaftlichen Debatte an Bedeutung.

Im 4. Sachstandsbericht des IPCC (IPCC 2007c, S. 869) wird Anpassung („adaptation") definiert als *"[a]djustment in natural or human systems in response to actual or expected climatic stimuli or their effects, which moderates harm or exploits beneficial opportunities"*. Zwei Aspekte sind dabei besonders hervorzuheben. Anpassung ist, erstens, eine Kosten verursachende Reaktion auf tatsächliche oder erwartete klimatische Veränderungen und kann, zweitens, Nutzen bringen oder Kosten mindern. Aus ökonomischer Sicht, d.h. ausgehend von der Knappheit von Ressourcen, stellt sich also die Frage nach der Effizienz von Anpassung.

Was kann man sich konkret unter Anpassung an den Klimawandel vorstellen? Bleiben wir dabei in Deutschland, denn auch hierzulande macht sich der Klimawandel bereits bemerkbar und Anpassung wird ein Thema für uns alle. In Deutschland werden

---

[19] Die Ausführungen in diesem Abschnitt basieren auf Dannenberg et al. (2010).
[20] Mittlerweile hat die Bundesregierung auch einen Aktionsplan Anpassung vorgelegt (APA 2011). Bundesland-spezifische Anpassungsstrategien und Aktionspläne wurden daraufhin von der Mehrzahl der Länder vorgelegt. Auch einige Kommunen haben inzwischen eigene Anpassungsstrategien erarbeitet.

insbesondere diejenigen Wirtschaftssektoren, die besonders verwundbar gegenüber Klimaveränderungen sind, Anpassungsprozesse durchlaufen müssen. Dabei geht es nicht nur darum, Schäden zu reduzieren, sondern auch positive wirtschaftliche Potenziale, die sich durch den Klimawandel ergeben werden, zu nutzen. Einer der bedeutenden Sektoren ist hierbei der Energiesektor. In Abgrenzung zur Vermeidungsthematik, in der der Energiesektor auf Grund seiner CO_2-Emissionen ebenfalls eine Schlüsselrolle spielt, geht es bei der Anpassung in erster Linie um die sichere und kosteneffiziente Bereitstellung von Energie unter geänderten Umweltbedingungen. Ein Beispiel ist die wassergespeiste Kühlung von Wärmekraftwerken (also hauptsächlich Kohle- und Atomkraftwerke). Regionale Klimaprojektionen für Deutschland lassen auf geringere Sommerniederschläge und häufigere Hitzeperioden im Laufe dieses Jahrhunderts schließen, was negative Auswirkungen auf die Verfügbarkeit von Kühlwasser in den Flüssen haben wird. Experten erwarten daher, dass die Leistung dieser Kraftwerke in Zukunft während des Sommers häufiger gedrosselt werden muss. Außerdem wird ein häufigeres Auftreten von Starkregen und Stürmen erwartet, die Schäden an der Infrastruktur der Verteilungsnetze verursachen. Beim Küstenschutz stellt sich die Herausforderung eines langsam ansteigenden Meeresspiegels an Nord- und Ostsee, wobei Voraussagen bezüglich der Geschwindigkeit des Anstiegs und der Häufigkeit und Intensität von Sturmfluten noch mit großen Unsicherheiten behaftet sind. Hamburg gehört mit einem gefährdeten Kapitalwert von ca. 40 Mrd. $ zu den weltweit 20 größten gefährdeten Städten, was auch unter den bestehenden Unsicherheiten einen Handlungsbedarf erkennen lässt. Mit größerer Wahrscheinlichkeit sind vermehrte Überflutungen im Landesinneren zu erwarten. Dort können verstärkte Winterniederschläge, frühere Schneeschmelzen und Starkregenereignisse zu häufigeren und stärkeren Flusshochwassern führen. Andererseits werden als Folge einer Niederschlagsverlagerung vom Sommer in den Winter vor allem für Ostdeutschland sommerliche Trockenperioden erwartet. Gebietsweise wird mit einem Rückgang der Sommerniederschläge um 30% gerechnet. Die hiervon betroffenen Sektoren Land- und Forstwirtschaft können jedoch lokal auch vom Klimawandel profitieren. Höhere CO_2-Konzentrationen in der Atmosphäre können unter bestimmten Umständen förderlich auf das Pflanzenwachstum wirken, ebenso wie eine Verlängerung der Vegetationsphase auf Grund höherer Temperaturen. Dem steht ein erhöhtes Risiko von Extremwetterereignissen (Trockenperioden, Hagel, Starkregen) gegenüber, was auch in der Landwirtschaft Anpassungsmaßnahmen zur Schadensbegrenzung notwendig macht. Nicht zuletzt spielt die öffentliche Gesundheit in der Anpassungsdebatte eine wichtige Rolle. Ein häufigeres Auftreten von Hitzeperioden kann vor allem in den städtischen Ballungszentren eine erhöhte gesundheitliche Belastung verursachen. Außerdem werden indirekte gesundheitsschädliche Folgen eines wärmeren Klimas erwartet, wie z.B. eine größere Verbreitung von Zecken und Allergiekrankheiten.

Diese Beispiele zeigen nur einen Ausschnitt von erwarteten klimabedingten Veränderungen unserer Lebens- und Wirtschaftsbedingungen, auf die wir uns früher oder später einstellen müssen. Aus ökonomischer Sicht sind dabei nicht nur die wirtschaftlichen Auswirkungen von Klimawandel und Anpassung von Interesse, sondern vor allem auch eine Analyse der Zuständigkeiten. Wo sind effiziente Anpassungsprozesse der Akteure aus eigenem Interesse zu erwarten? Wo treten bei unregulierter Anpassung Ineffizienzen, z.B. negative Externalitäten, auf? Welche Anpassungsmaßnahmen stellen öffentliche Güter dar und sollten daher vom Staat finanziert werden? Welche weiteren Gründe für staatliches Eingreifen gibt es?

Staatliche Anpassung auf Grund von Marktversagen
Als wichtigstes Unterscheidungskriterium für Anpassung aus privatem Interesse („autonome Anpassung") und staatlich organisierter Anpassung („kollektive Anpassung") gilt das *Konzept des Marktversagens*. Bei funktionierenden Märkten kann private Anpassung ohne Staatseingriff als effizient angesehen werden. Dies ist beispielsweise bei der Pflanzensortenwahl von Landwirten oder bei neuen Transportlösungen in der Binnenschifffahrt (längere Trockenperioden werden die Binnenschifffahrt negativ beeinflussen) der Fall. In diesen Fällen von autonomer Anpassung kann grundsätzlich davon ausgegangen werden, dass alle Kosten und Erlöse der Maßnahmen in das private Kalkül einbezogen werden, und das Marktgeschehen eine effiziente Lösung hervorbringt. Liegt hingegen Marktversagen vor, kann staatliches Eingreifen (etwa die Bereitstellung öffentlicher Güter oder die Regulierung externer Effekte) die ökonomische Effizienz erhöhen. Im deutschen Küstenschutz gibt es mit dem Deichbau als kollektiver Anpassungsmaßnahme an einen steigenden Meeresspiegel ein prominentes Beispiel für ein *öffentliches Gut*, welches durch Nichtrivalität in der Nutzung und fehlenden Konsumausschluss gekennzeichnet ist. Auf Grund dieser Eigenschaften versagt der Markt bei der Bereitstellung des Guts – ein Staatseingriff kann die allgemeine Wohlfahrt steigern.

In vielen Fällen ist der Staat gefragt, eine effiziente autonome Anpassung durch die Schaffung geeigneter Rahmenbedingungen erst zu ermöglichen. Dies wird vor allem bei der nötigen Bereitstellung von Informationen deutlich. Das Wissen über erwartete Klimaentwicklungen, und sei es auch zurzeit noch relativ unsicher, ist essentiell für die (oftmals langfristigen) Entscheidungen der privaten Akteure wie z.B. Landwirte, Wohnungseigentümer und Kraftwerksbesitzer. Informationen über das sich ändernde Klima sind zugleich ein öffentliches Gut. Die Bereitstellung dieser Informationen ist also eine der wichtigsten Aufgaben des Staats, um private Akteure in die Lage zu versetzen, fundierte Anpassungsentscheidungen zu treffen. Ähnlich verhält es sich mit der Gewährleistung rechtlicher Rahmenbedingungen, vor allem für Versicherungsverträge. Die Bereitstellung von Versicherungen durch Versicherungsunternehmen stellt ohne Zweifel eine der wichtigsten autonomen Anpassungsoptionen dar, seien es Ernteertragsversicherungen in der Landwirtschaft oder Elementarschadensversicherungen bei privaten Immobilien. Hier kommt dem Staat neben der Bereitstellung der rechtlichen Rahmenbedingungen und Informationen über den Klimawandel aber auch eine andere wichtige Rolle zu: In der Vergangenheit kam es immer wieder vor, dass staatliche und private Finanzhilfen nach Flut- oder Dürrekatastrophen gezahlt wurden. Im Falle der Elbeflut von 2002 wurden die Verluste durch Staatshilfen, Versicherungszahlungen und private Spenden sogar überkompensiert. Diese Kompensationen sind zwar bis zu einem gewissen Grad aus Gründen der Nothilfe und Solidarität wünschenswert, sie schmälern jedoch auch die Anreize, in die private Vorsorge für das nächste Schadensereignis zu investieren. Eine wesentliche staatliche Aufgabe im Zusammenhang mit der Anpassung an den Klimawandel wird es also sein, Bedingungen zu schaffen, unter denen private Immobilienbesitzer und Landwirte das individuelle Schadensrisiko durch den Klimawandel einschätzen können, um ihm angemessen vorzubeugen, etwa durch vorsorgliches Bauen und den Abschluss von Versicherungen. Zugleich muss der Staat glaubwürdig signalisieren, dass nach Katastrophen nur eine begrenzte Notfallhilfe gewährt wird und kein vollständiger Schadenersatz.

Als ein weiterer Grund für einen Staatseingriff sind *externe Effekte* von autonomen Anpassungsmaßnahmen zu nennen. So können verlängerte Vegetationsphasen und ein ansteigendes Schädlingsaufkommen zu einer höheren Bodenbelastung durch Pestizide und Pflanzenschutzmittel führen, oder die Kühlwasserentnahme während Hitzeperioden lässt die Flusswassertemperatur über biologisch kritische Grenzwerte steigen. Hier ergeben sich im Rahmen der Anpassungsstrategien privater Akteure neue und stärkere externe Effekte, die in ihrem Wesen sehr ähnlich zu den bekannten Externalitäten aus der Umweltökonomik sind. Auch bei der verstärkten Nutzung von Klimaanlagen in privaten Wohnungen und Arbeitsstätten ist dies prinzipiell durch den höheren Stromverbrauch und verstärkte CO_2-Emissionen der Fall. Allerdings ist diese negative Externalität bereits durch den seit 2005 existierenden EU-Emissionshandel internalisiert (vgl. Abschnitt 5.5).

Nach dieser grundlegenden Unterscheidung von autonomer Anpassung im Falle von funktionierenden Märkten und kollektiver Anpassung bei Marktversagen stellt sich insbesondere in Deutschland die Frage, welche staatliche Ebene für die Regulierung und die Bereitstellung öffentlicher Güter zuständig sein soll. Nach der ökonomisch geleiteten Theorie des fiskalischen Föderalismus[21] sollte genau jene Staatsebene mit der Bereitstellung des öffentlichen Guts betraut werden (und dieses dann auch finanzieren), wo der größte Nutzen des Guts anfällt. Im Falle des Hochwasserschutzes bei Binnengewässern sind dies die Kommunen, da große Teile einer Gebietskörperschaft durch einen Deich geschützt werden. Eine ähnliche Argumentation ist auch für den Küstenschutz denkbar (und in anderen europäischen Ländern ist der Küstenschutz tatsächlich eine kommunale Aufgabe), jedoch sind hier auch immer Abstimmungsprobleme zwischen den lokalen Körperschaften zu beachten. Daher kann im Falle des Küstenschutzes auch eine zentrale Planung – etwa auf Landesebene – sinnvoll sein, wie sie in Deutschland praktiziert wird.

Staatliche Anpassung außerhalb von Marktversagen

Neben dem zentralen ökonomischen Kriterium für kollektive Anpassung, dem Marktversagen, gibt es weitere, politisch motivierte Gründe für ein staatliches Eingreifen bei Anpassung. Vor allem handelt es sich hier um vertikale und horizontale Gleichheit (d.h. Ausgleich zwischen Arm und Reich und Gleichheit vor dem Gesetz). Anpassung kann zwar effizient sein, muss dadurch aber nicht automatisch als fair angesehen werden. Dass *Gerechtigkeitsaspekte* in der deutschen Klimadebatte relevant werden können, zeigt ein Beispiel aus dem Wohnungswesen. In der sozialen Sicherung gilt eine geheizte Wohnung

---

[21] Vgl. Oates (1999).

als ein Grundbedürfnis, das bedürftigen Mitgliedern der Gesellschaft vom Staat zur Verfügung gestellt wird. Bei einer weiteren Klimaerwärmung wird von der Politik zu klären sein, inwieweit auch einzelne Anpassungsmaßnahmen (z.B. klimatisierte Räume während Hitzewellen) als neue Grundbedürfnisse anzusehen sind und daher Bedürftigen finanziert werden sollten. Aus Sicht von Ökonomen wäre dies effizient mit Pauschaltransfers zu erreichen, da auf diesem Wege nicht in die freie Preisbildung eingegriffen wird.

Ein weiteres, nicht primär durch Marktversagen begründetes Motiv für staatliche Anpassungspolitik ist die *Versorgungssicherheit*. Dass die Thematik der Versorgungssicherheit im Zusammenhang mit Anpassung an den Klimawandel von Bedeutung ist, zeigt ein Blick auf die davon betroffenen Güter: Energie, Nahrungsmittel und Trinkwasser sind für eine Volkswirtschaft lebensnotwendig. Gleichzeitig gehören die entsprechenden Wirtschaftssektoren zu den anfälligsten bezüglich des Klimawandels. Selbst wenn bei diesen privaten Gütern kein Marktversagen vorliegen sollte, greift der Staat doch auf eine Weise in das Marktgeschehen ein, die eine sichere Versorgung für alle Bürger gewährleisten soll. Dies liegt an den enormen negativen Folgen für Wirtschaft und persönliches Wohlergehen, sollte eines dieser Güter über einen längeren Zeitpunkt nicht für alle Bürger zur Verfügung stehen. Ein Beispiel aus dem Bereich der Energieversorgung ist die Bundesnetzagentur, eine Bundeseinrichtung, die die rechtliche Verpflichtung der privaten Stromerzeuger zur sicheren Stromversorgung überwacht.

Wie im Falle der Gerechtigkeitsproblematik wirft Anpassung an den Klimawandel ein neues Licht auf alte Fragen der Versorgungssicherheit: Welche Waren und Dienstleistungen sind elementar, so dass staatliche Intervention die Versorgungssicherheit gewährleisten sollte? Wie hoch sind die Kosten einer solchen Politik? Was ist ein akzeptables Niveau an Versorgungssicherheit, z.B. im Falle von Trinkwasser? Staatliche Anpassungspolitik wird Antworten auf diese Fragen finden müssen.

Eigenschaften von Anpassung

Aus ökonomischer Sicht unterscheiden sich Maßnahmen zur Anpassung an den Klimawandel grundlegend von Vermeidungsmaßnahmen. Vermeidung stellt sowohl aus Sicht des Individuums als auch aus Sicht des Staats in der globalen Klimapolitik ein öffentliches Gut dar (vgl. Abschnitt 6.3.1). Kollektive Anpassung an den Klimawandel ist dagegen im Kern eine lokale oder nationale Angelegenheit. Ein Staat (bzw. seine Bürger), der Anpassungsmaßnahmen ergreift, um seine Anfälligkeit für Klimaschäden zu verringern, investiert in seine *eigene* Absicherung. Kosten und Nutzen der Maßnahmen fallen weitgehend nur bei einem Akteur an (in diesem Fall: dem Staat). So muss die Verbesserung der Deichanlagen in Holland vom holländischen Steuerzahler in Marktpreisen bezahlt werden, zugleich profitieren aber auch mehr oder weniger alle Einwohner Hollands von dieser Maßnahme – und niemand anderes. Im Unterschied zum öffentlichen Gut Vermeidung hat Anpassung auf nationaler Ebene also die Eigenschaften eines privaten Guts. In gewisser Hinsicht ist das eine gute Nachricht in Bezug auf die Bewältigung der Herausforderungen des Klimawandels, da die nötigen Investitionen leichter aufgebracht werden können: Jede Regierung kann das für ihre Bevölkerung optimale Maß an kollektiver Anpassung bestimmen und dann entsprechende Projekte umsetzen, die beispielsweise durch Steuern finanziert werden. Im Fall von grenzüberschreitenden Anpassungsmaßnahmen (zum Beispiel beim Hochwasserschutz an Flüssen) sind nur wenige Staaten beteiligt und die Kooperationswahrscheinlichkeit daher hoch. Autonome Anpassung wird effizient über Märkte bereitgestellt, eventuelle externe Effekte sind durch einen Staatseingriff zu internalisieren.

Damit ist klar: Bei Anpassung können wir davon ausgehen, dass kollektive und autonome Anpassung die effiziente Lösung erreichen werden. Bei Vermeidung ist dies nicht der Fall, da zumindest in der globalen Klimapolitik starke Freifahreranreize die effiziente Bereitstellung des öffentlichen Guts Klimaschutz verhindern werden.

6.4   Klimawandel und Gerechtigkeit

Bislang haben wir uns auf Fragen der Effizienz bei der Bereitstellung von Umweltgütern konzentriert. Neben dem Marktversagen durch externe Effekte bringt der Klimawandel aber auch ein erhebliches *Gerechtigkeitsproblem* mit sich.[22] Dieses Problem wird verursacht von der extremen Entkopplung der Verantwortung für den anthropogenen Klimawandel und der Betroffenheit durch Klimaschäden. Ohne Zweifel stammt der größte Anteil der CO_2-Emissionen der Vergangenheit von den Industriestaaten. Wie Abbildung 6.6 verdeutlicht, verantworten die G7-Staaten rund die Hälfte der weltweiten CO_2-Emissionen zwischen 1850 und 2013. Der größte Einzelemittent waren die USA (26,6% der gesamten Emissionen) und die Europäische Union (23,8%). China, seit 2010 der weltgrößte CO_2-Emittent, verantwortet lediglich einen Anteil von 11,4% der Gesamtemissionen. Der Anteil Indiens liegt bei nur 2,7%. Diese Größenordnungen verdeutlichen die unterschiedlichen Verantwortlichkeiten für die Ursachen des Klimaproblems.

Während also die Hauptverantwortung für den starken Anstieg der CO_2-Emissionen innerhalb des vergangenen Jahrhunderts bei den Industriestaaten liegt, werden die größten Schäden in den Entwicklungsländern erwartet. Eine Reihe von Studien (z.B. Parry et al. 2005) hat den Einfluss des Klimawandels auf die Nahrungsmittelproduktion und das Hunger-Risiko analysiert. Sie kommen zu dem Ergebnis, dass die Regionen mit dem höchsten Risiko in Afrika liegen. Abbildung 6.7 illustriert die unterschiedliche Empfindlichkeit verschiedener Länder gegenüber den klimatischen Verhältnissen und die Anpassungsfähigkeit dieser Länder. Die Grafik zeigt eine Punktwolke, in der in vertikaler Richtung der Anteil der Landwirtschaft an der Wirtschaftsleistung des Landes (Bruttoinlandsprodukt, BIP) und in horizontaler Richtung das BIP pro Kopf abgetragen ist. Dargestellt sind die verfügbaren Daten für Länder Afrikas, die G7-Länder, Schwellenländer in Asien und Südamerika und europäische Länder. Da uns keine etablierten Indikatoren für die Verwundbarkeit gegenüber dem Klimawandel vorliegen, behelfen wir uns mit dem Anteil der Landwirtschaft am BIP, denn dies ist der Sektor der Wirtschaft eines Landes, der vermutlich besonders stark vom Klima und dessen Wandel sowie extremen Wetterereignissen

---

[22] Vgl. Moslener und Sturm (2009).

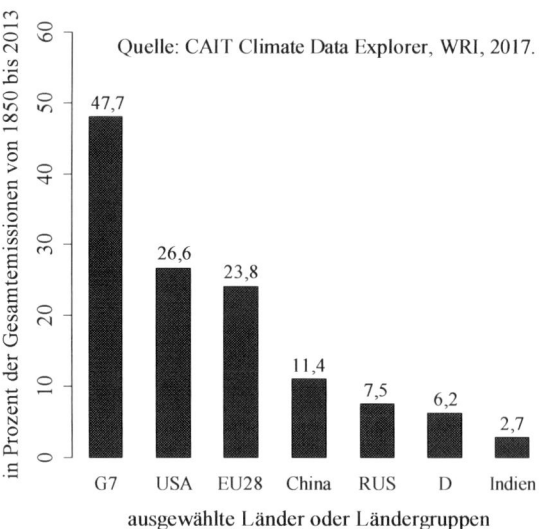

Abb. 6.6 Anteile an den gesamten CO_2-Emissionen von 1850 bis 2013

abhängig ist. Der Anteil, den die Landwirtschaft zur Wirtschaftsleistung beiträgt, könnte eine erste grobe Näherung dafür sein, wie „klimaabhängig" die Wirtschaftsleistung eines Landes ist. Das BIP pro Kopf ist dagegen ein Indikator für die durchschnittliche Zahlungsfähigkeit der Bevölkerung eines Landes. Dieser zeigt beispielsweise an, in wieweit die Bevölkerung eines Landes durchschnittlich in der Lage ist, etwa Nahrungsmittel zu gestiegenen Weltmarktpreisen zu kaufen oder in Anpassungsmaßnahmen zu investieren, um Klimaschäden abzuwenden. Abbildung 6.7 zeigt, dass in den Ländern Afrikas das BIP pro Kopf deutlich geringer ist als in den Industrieländern, aber dort gleichzeitig die Landwirtschaft eine hervorgehobene Rolle spielt und bis zu einem Drittel zur Wirtschaftsleistung des jeweiligen Landes beiträgt. Während dieser oft lebenswichtige Beitrag zum Wohlstand des Landes im Falle von extremen Wetterereignissen auf dem Spiel steht, liegt das Pro-Kopf-Einkommen in Afrika nicht selten unter 3.000$. Dies ist weniger als ein Zehntel des Niveaus von Industriestaaten wie Deutschland oder Italien.

An dieser Stelle sei auch auf die bereits zitierte Studie von Parry et al. (2004) verwiesen, in der mit einem globalen Modell der landwirtschaftlichen Produktion die klimawandelbedingten Effekte in der Landwirtschaft prognostiziert werden. Für pessimistische Annahmen hinsichtlich der Klimaerwärmung wird in den Industrieländern bis 2080 eine Zunahme der Produktion um 3% gegenüber dem Referenz-Szenario ohne Klimawandel erwartet, für die Entwicklungsländer dagegen ein Rückgang um 7%. Der Klimawandel vergrößert also in der Landwirtschaft die Schere zwischen Arm und Reich.

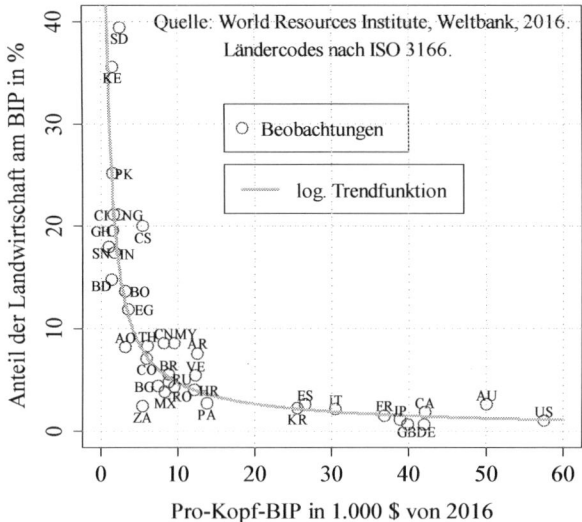

Abb. 6.7 Verletzlichkeit durch den Klimawandel und Anpassungsfähigkeit

Zusammenfassend kann man sagen: Den Löwenanteil der anthropogenen CO_2-Emissionen der Vergangenheit haben die Industriestaaten verursacht, die ihre wirtschaftliche Entwicklung mit der Verbrennung von fossilen Energieträgern angetrieben haben. Betrachtet man daneben, dass die schwerste Bürde der Klimaschäden auf den Schultern der am wenigsten entwickelten Länder lasten wird, dann wird offensichtlich, dass der Klimawandel auch schwerwiegende Verteilungskonflikte mit sich bringen wird. Damit wird man – um künftig Fortschritte in der internationalen Klimapolitik zu erreichen – zusätzlich zu Effizienzüberlegungen auch Verteilungs- und Gerechtigkeitsaspekte mit besonderer Priorität in die Verhandlungen einbeziehen müssen.

6.5 Ökonomische Dimension I: Kosten und Nutzen von Klimaschutz aus der globalen Perspektive

6.5.1 Optimaler Klimaschutz – Eine qualitative Analyse

Jede aus ökonomischer Sicht sinnvolle Klimapolitik muss die heute anfallenden Kosten klimapolitischer Maßnahmen mit dem zukünftigen ökonomischen und ökologischen Nutzen vergleichen. Bevor wir im nächsten Abschnitt in die *quantitative* Analyse von globaler Klimapolitik einsteigen, werden wir in diesem Abschnitt zunächst einige grundlegende Einsichten mit *qualitativer* Analyse gewinnen. Dabei sprechen wir von qualitativer Analyse, wenn es „nur" um die Richtung von Effekten geht, und von quantitativer Analyse, wenn Wert- oder Mengengrößen bestimmt werden.

Aus globaler Perspektive sind Anpassung und Vermeidung – bis zu einem gewissen Grad – austauschbar, da beide Politikstrategien letztlich die negativen Auswirkungen des Klimawandels reduzieren. Eine gemeinsame Analyse ist daher notwendig. Aus ökonomischer Sicht ist die Kosten-Nutzen-Analyse (KNA) das geeignete Instrument zur Beantwortung der Frage, wie viel Anpassung und Vermeidung erforderlich ist. Es muss also eine Antwort auf folgende Frage gefunden werden: *„If the world were ruled by a benevolent dictator, who is in control of the entire planet and is up to speed with the latest scientific insights, what would she do about climate change?"* (Tol 2005, S. 573). Da reale Politik unmöglich ein besseres Ergebnis liefern kann, stellt die globale KNA einen nützlichen Orientierungspunkt zur Bewertung tatsächlicher politischer Maßnahmen dar.

Zunächst aber soll die Frage beantwortet werden, welche Faktoren die *Gesamtkosten des Klimawandels* bestimmen. Letztlich gibt es drei klimabedingte Kostenfaktoren: (i) Vermeidung, (ii) Anpassung und (iii) Residualschäden. Die Auswirkungen dieser drei Faktoren auf die Gesamtkosten des Klimawandels sind in Abbildung 6.8 dargestellt. Die Summe der Vermeidungsanstrengungen der Staaten der Welt beeinflusst die globalen CO_2-Emissionen und damit den Klimawandel. Je stärker der Klimawandel, desto höher die klimabedingte Gefährdung. Die potentiellen Auswirkungen hängen von der Empfindlichkeit der verschiedenen Regionen und von den Lebens- und Wirtschaftsbereichen ab, die den verschiedenen physischen Auswirkungen des Klimawandels ausgesetzt sind. Menschliche und ökologische Systeme sind darüber hinaus durch ihre *Anpassungsfähigkeit* gekennzeichnet, die wiederum von sozioökonomischen und institutionellen Kapazitäten sowie der Reaktionsfähigkeit von Flora und Fauna im Ökosystem abhängt. Anpassungsfähigkeit

Abb. 6.8 Vermeidung, Anpassung und Residualkosten

Ökonomische Dimension I: Kosten und Nutzen von Klimaschutz aus der globalen Perspektive

ist die Fähigkeit eines Systems, die erforderlichen Ressourcen bereitzustellen, um sich an den Klimawandel anzupassen. Die potentiellen Auswirkungen bestimmen gemeinsam mit der Anpassungsfähigkeit eines Landes dessen Verwundbarkeit und schließlich die durch den Klimawandel – trotz Anpassung und Vermeidung – verursachten *Residualkosten*. Anpassung – als die zweite mögliche Antwort auf den Klimawandel – ist die direkte Reaktion menschlicher und ökologischer Systeme auf den Klimawandel, um potentielle Schäden zu reduzieren und potentielle positive Auswirkungen zu nutzen.

Der wohlwollende globale Diktator muss daher entscheiden, in welchem Ausmaß in Anpassung (A) oder Vermeidung (V) investiert werden soll, um die Gesamtkosten des Klimawandels zu minimieren. Wir suchen also das Minimum von

$$TK = VK(V) + AK(A) + RK(A,V) \tag{6.1}$$

wobei TK die Gesamtkosten des Klimawandels sind. $VK(V)$ mit

$$\frac{\partial VK}{\partial V} > 0$$

sind die Kosten der Emissionsvermeidung und $AK(A)$ mit

$$\frac{\partial AK}{\partial A} > 0$$

sind die Kosten von Anpassungsmaßnahmen. $RK(A,V)$ mit

$$\frac{\partial RK}{\partial V} < 0$$

und

$$\frac{\partial RK}{\partial A} < 0$$

sind die Residualkosten eines abgemilderten Klimawandels, d.h. die Klimaschäden, die trotz Vermeidungs- und Anpassungsmaßnahmen nicht verhindert werden können. Die Residualkosten, $RK(A,V)$, hängen also sowohl von Anpassung, als auch Vermeidung ab. Alle Kostengrößen sind Nettogrößen, d.h., eventuelle Nutzen sind berücksichtigt, und Gegenwartswerte. Mehr Vermeidung und mehr Anpassung erhöhen offensichtlich die Vermeidungs- und Anpassungskosten. Dagegen reduzieren zusätzliche Anpassungs- und Vermeidungsanstrengungen die Residualkosten.

Die Grenzkosten der Vermeidung verlaufen steigend in Vermeidung (vgl. Abschnitt 3.1). Auch die Grenzkosten der Anpassung sind eine ansteigende Funktion von Anpassung. Dies hängt schlicht damit zusammen, dass zunächst effektivere und weniger kostenintensive Anpassungsmaßnahmen durchgeführt werden, bevor man zu teureren und weniger effektiven Maßnahmen übergehen wird.

Das Minimierungsproblem 6.1 führt zu zwei Bedingungen erster Ordnung, und zwar

$$V : \frac{\partial VK(V)}{\partial V} + \frac{\partial RK(A,V)}{\partial V} = 0 \Leftrightarrow \frac{\partial VK(V)}{\partial V} = -\frac{\partial RK(A,V)}{\partial V} \tag{6.2}$$

$$A: \frac{\partial AK(A)}{\partial A} + \frac{\partial RK(A,V)}{\partial A} = 0 \Leftrightarrow \frac{\partial AK(A)}{\partial A} = -\frac{\partial RK(A,V)}{\partial A} \qquad (6.3).$$

Vermiedene Grenzkosten lassen sich als Grenznutzen („GN") darstellen, d.h.

$$-\frac{\partial RK(A,V)}{\partial V} = GN(V) \text{ und } \frac{\partial RK(A,V)}{\partial A} = GN(A) \qquad (6.4).$$

Aus 6.2 und 6.3 erhalten wir damit

$$\frac{\partial VK(V^*)}{\partial V} = GN(V^*) \qquad (6.5),$$

$$\frac{\partial AK(A^*)}{\partial A} = GN(A^*) \qquad (6.6).$$

Um auf ein Minimum an Gesamtkosten zu kommen, müssen die Grenzvermeidungskosten gleich dem Grenznutzen der Vermeidung (d.h. den marginalen vermiedenen Residualkosten) sein. Bedingung 6.5 liefert damit das optimale Maß an Emissionsvermeidung, V^*. Die zweite Bedingung 6.6 legt fest, dass Anpassungsmaßnahmen so lange durchgeführt werden sollten, bis der Grenznutzen der Anpassung gleich den Grenzkosten der Anpassung ist. Damit erhalten wir das optimale Maß an Anpassung, A^*.

Abbildung 6.9 liefert eine grafische Darstellung für das Problem der Kostenminimierung 6.1 und stellt das optimale Maß von Vermeidung und Anpassung, V^* und A^*, dar. Bei beiden Politikstrategien muss also der Grenznutzen (vermiedene marginale Schäden) den Grenzkosten entsprechen.

Basierend auf den Kurven in Abbildung 6.9 können durch eine einfache komparativstatische Analyse wichtige Erkenntnisse gewonnen werden, wie das optimale Maß der in der globalen Klimapolitik zur Verfügung stehenden Maßnahmen auf Veränderungen der Annahmen im Modell reagiert. Hier sollen zwei Aspekte beachtet werden: Erstens

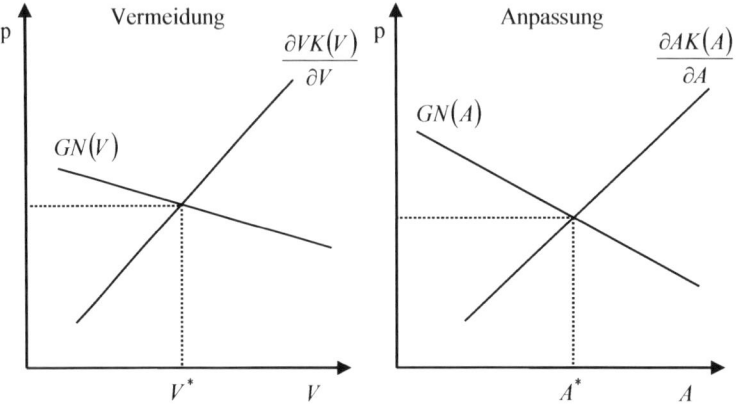

Abb. 6.9 Komparative Statik für Anpassung und Vermeidung

führt eine neue Technologie, die Vermeidung von CO_2-Emissionen zu geringeren Kosten ermöglicht, zu einer Rechtsverschiebung der Grenzvermeidungskostenkurve (zu jedem Preisniveau kann mehr Vermeidung betrieben werden) und somit zu mehr Vermeidung im Optimum. Andererseits wird durch das nun höhere Niveau an Vermeidung weniger Anpassung erforderlich, da der Grenznutzen der Anpassung sich nach links verschiebt.[23] In diesem Fall besteht also ein *trade-off* zwischen Vermeidung und Anpassung: Mehr Vermeidung macht weniger Anpassung notwendig. Zweitens werden, wenn neue Informationen bezüglich künftiger Klimaveränderungen zu höheren erwarteten Schäden infolge des Klimawandels führen, sowohl der Grenznutzen der Vermeidung als auch der Grenznutzen der Anpassung steigen. In diesem Fall werden mehr Vermeidung und mehr Anpassung erforderlich sein. Eine erhöhte Risikoaversion in Bezug auf das Risiko von zukünftigen Klimaschäden hat die gleichen Auswirkungen. In diesem Fall wächst das Gewicht des unsicheren negativen Resultats, was zu höheren erwarteten Grenzschäden führt.

6.5.2 Optimaler Klimaschutz – Eine quantitative Analyse

Jede sinnvolle Klimapolitik steht vor der Aufgabe, heute anfallende ökonomische Kosten durch Emissionsvermeidung mit dem zukünftigen ökonomischen und ökologischen Nutzen in Form geringerer Klimaschäden zu vergleichen. Dieser Abwägungsprozess erfordert letztlich quantitative Modelle, um die optimale gesellschaftliche Reaktion auf den Klimawandel bestimmen zu können. In diesem Abschnitt wollen wir daher mit DICE ein prominentes Beispiel für eine modellbasierte quantitative Kosten-Nutzen-Analyse in der Klimapolitik etwas genauer betrachten. *DICE* steht für "*Dynamic Integrated Model of Climate and the Economy*". Das Modell wurde von William Nordhaus von der Yale University entwickelt. Wir beziehen uns hier auf die DICE-Version 2016R (Nordhaus 2016).

DICE – Eine Einführung
DICE betrachtet die Ökonomik des Klimawandels aus Sicht der neoklassischen Wachstumstheorie. Bei diesem Ansatz investiert eine Ökonomie in Kapital wie physisches Kapital oder Humankapital und reduziert damit den heutigen Konsum, um den zukünftigen Konsum zu erhöhen. DICE erweitert nun den Ansatz der neoklassischen Wachstumstheorie um das „natürliche Kapital" des Klimasystems. Man kann nämlich die Konzentration von Treibhausgasen in der Atmosphäre auch als negatives natürliches Kapital begreifen und Emissionsvermeidung als Investition, welche die Menge natürlichen Kapitals erhöht. Investiert also eine Ökonomie in Emissionsvermeidung, dann reduziert sie den heutigen Konsum, verhindert jedoch zukünftige Klimaschäden und erhöht damit den zukünftigen Konsum. Letztlich modelliert DICE also das Abwägen zwischen Kosten für Emissionsvermeidung

---

[23] Wie erläutert beeinflussen sowohl Anpassung als auch Vermeidung die Residualkosten durch Klimaschäden negativ. Ein erhöhtes Maß an Vermeidung führt zu einer Linksverschiebung in den Residualgrenzkosten der Anpassung und somit auch zu einer Linksverschiebung beim Grenznutzen der Anpassung.

heute und Kosten aus Klimaschäden morgen. Ziel von DICE ist es, unterschiedliche Klimaschutzpolitiken hinsichtlich ihrer globalen Wohlfahrtswirkungen zu vergleichen. Die zentrale Frage ist dabei, wie schnell die Emissionen reduziert werden sollen. Eine schnelle Vermeidung von Emissionen mag auf den ersten Blick sinnvoll erscheinen. Man muss aber berücksichtigen, dass die entsprechenden Investitionen in Vermeidungstechnologien mit *Opportunitätskosten* verbunden sind. Diese bestehen in den entgangenen Erträgen alternativer Investitionen, z.B. in Bildung oder in physisches Kapital.

DICE ist ein globales Modell, welches die Länder der Erde in *eine* Ökonomie zusammenfasst. Es gibt also jeweils nur einen Wert für Output, Kapitalstock, Technologie und Emissionen. Die Schätzungen hierfür basieren auf möglichst realitätsnahen Angaben zu allen großen Ländern der Erde. Zugleich gibt es auch nur *einen* globalen Entscheider. Darüber hinaus wird in DICE die Annahme getroffen, dass eine wohldefinierte Präferenzordnung über die möglichen Zustände der Welt existiert. Diese Präferenzordnung wird durch eine *soziale Wohlfahrtsfunktion* repräsentiert, welche die unterschiedlichen Konsumpfade nach ihrer Vorzugswürdigkeit ordnet. Die soziale Wohlfahrtsfunktion in DICE steigt mit dem Pro-Kopf-Konsum jeder Generation, wobei der Grenznutzen des Konsums abnehmend ist. Das Gewicht des Pro-Kopf-Konsums einer Generation ist abhängig von der Größe dieser Generation, d.h. von der Bevölkerungszahl. Die relative Bedeutung unterschiedlicher Generationen in der sozialen Wohlfahrtsfunktion ist abhängig von zwei zentralen normativen Parametern: (i) der sozialen Zeitpräferenzrate und (ii) der Elastizität des Grenznutzens aus Konsum. Beide Parameter interagieren im Modell und bestimmen letztlich die reale *Kapitalrendite*, welche für intertemporale Entscheidungen auf Gütermärkten von zentraler Bedeutung ist. Wir werden auf die Frage der Diskontierung im nächsten Abschnitt noch genauer zu sprechen kommen. Hier nur so viel: Beide Parameter, die soziale Zeitpräferenzrate und die Elastizität des Grenznutzens aus Konsum, werden in DICE so gesetzt, dass die resultierende reale Kapitalrendite mit dem in der Realität tatsächlich beobachteten Verhalten auf Kapitalmärkten konsistent ist.

Der Konsumpfad in DICE ist begrenzt durch ökonomische und geophysikalische Restriktionen. Die Ökonomie hat dabei zwei Entscheidungsvariablen: (i) die Spar- oder *Investitionsrate* und (ii) die *Emissionsvermeidungsrate* für Treibhausgase. Über die Investitionsrate wird bestimmt, wie viel Output in einer Periode nicht konsumiert, sondern gespart und damit investiert wird. Die Emissionsvermeidungsrate für Treibhausgase gibt an, wie viel Emissionen im Vergleich zur Situation ohne Klimapolitik vermieden werden.

Die zentralen kausalen Zusammenhänge im ökonomischen Teilmodul von DICE sind in Abbildung 6.10 dargestellt. Im Zentrum steht der Output der globalen Ökonomie, der entweder für Konsum, Investition oder Vermeidungszwecke verwendet werden kann. Wird investiert, so bildet die Ökonomie einen höheren Kapitalstock, der die Produktion in der Zukunft steigert. Neben Kapital benötigt die Ökonomie für die Erstellung des Outputs Arbeitskräfte. Die Höhe des Arbeitskräftepotenzials hängt dabei zentral vom Bevölkerungswachstum ab. Die Investition in Vermeidung reduziert die Kohlenstoffemissionen und damit die erwarteten Klimaschäden.

Ökonomische Dimension I: Kosten und Nutzen von Klimaschutz aus der globalen Perspektive

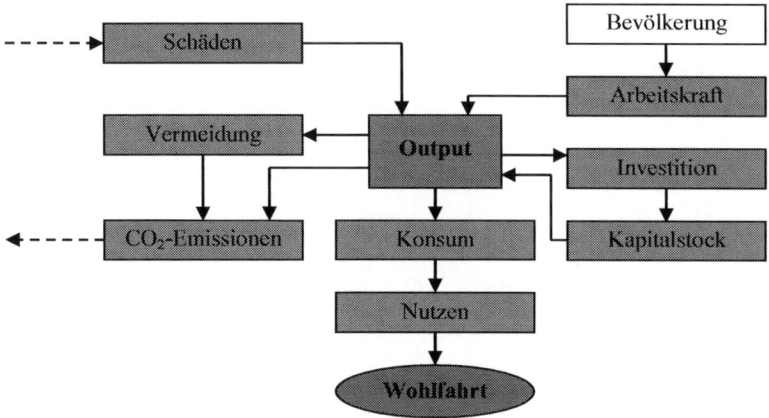

Abb. 6.10 Ökonomiemodul in DICE

Die Zusammenhänge des DICE-Klimamoduls enthält Abbildung 6.11 (man beachte zugleich die Verknüpfung mit Abbildung 6.10). Kohlenstoffemissionen akkumulieren in der Atmosphäre, erhöhen so den Strahlungsantrieb, der die Erdmitteltemperatur steigen lässt. Die Folge sind höhere Klimaschäden.

Im Folgenden werden wir die ökonomischen und geophysikalischen Variablen in DICE erläutern und die Gleichungen vorstellen, mit denen DICE Ökonomie und Klimasystem verbindet. Dann werden wir auf die wichtigsten Resultate des Modells eingehen.

Zielfunktion

Die wohl wichtigste Gleichung eines Modells ist die Zielfunktion – schließlich bestimmt sie, was das Ziel aller Entscheidungen in der Modellwelt ist. In DICE hat der soziale Planer das Ziel, die soziale Wohlfahrtsfunktion, W, zu maximieren. W ist die mit der sozialen Zeitpräferenzrate, ρ, diskontierte Summe des gesellschaftlichen Nutzens, U, über alle Perioden, d.h.

$$W = \sum_{t=1}^{T_{max}} U[c(t), L(t)](1+\rho)^{-t} \qquad (6.7).$$

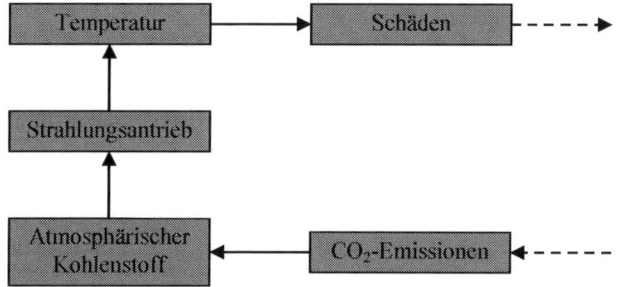

Abb. 6.11 Klimamodul in DICE

DICE operiert also mit einer utilitaristischen[24] sozialen Wohlfahrtsfunktion, welche die Nutzenwerte einzelner Generationen aufaddiert. Der gesellschaftliche Nutzen, U, in Periode t ist abhängig vom Pro-Kopf-Konsum, $c(t)$, und von der Bevölkerungszahl, $L(t)$. Um die Nutzenwerte aus unterschiedlichen Perioden vergleichen zu können, müssen alle Nutzenwerte auf eine Periode – üblicherweise die Startperiode – diskontiert werden. DICE wählt eine konstante soziale Zeitpräferenzrate von $\rho = 1{,}5\%$ pro Jahr. Das Nutzenniveau eines Jahres wird also stets um 1,5% höher bewertet als das gleiche Nutzenniveau des nächstfolgenden Jahres. Wie man in Gleichung 6.7 sieht, fungiert der Diskontfaktor einer Periode t, $(1 + \rho)^{-t}$, damit zugleich als Gewichtungsfaktor für den Nutzen aus dieser Periode.

Die Nutzenfunktion in DICE ist

$$U[c(t), L(t)] = L(t)\left(\frac{c(t)^{1-\alpha}}{1-\alpha}\right) \tag{6.8},$$

wobei α die konstante Elastizität des Grenznutzens aus Konsum ist. Der Parameter α ist wichtig: Nutzentheoretisch ist α ein Maß für die Krümmung der Nutzenfunktion, ökonomisch ist er ein Maß für die Aversion der Gesellschaft gegenüber interpersoneller Ungleichheit im Konsum. Für $\alpha > 1$ erhalten im Sinne des Konsumniveaus ärmere Akteure eine höhere Gewichtung in der sozialen Wohlfahrtsfunktion als reichere Menschen. DICE unterstellt einen Wert von $\alpha = 1{,}45$.[25]

Um die Bedeutung der beiden in DICE exogen gegebenen Parameter ρ und α besser einschätzen zu können, müssen wir einen kurzen Ausflug in die intertemporale Wohlfahrtsmaximierung der neoklassischen Wachstumstheorie unternehmen.[26] Unter der Annahme einer konstanten Bevölkerung und einer konstanten Wachstumsrate des Pro-Kopf-Konsums, g^*, gilt für die reale Kapitalrendite, r^*, der folgende Zusammenhang

$$r^* = \rho + \alpha g^* \tag{6.9}.$$

Dies ist die sogenannte Ramsey-Gleichung. Sie stellt fest: Die reale Kapitalrendite, r^*, ist im sozialen Optimum gleich der Summe der sozialen Zeitpräferenzrate, ρ, und der Wachstumsrate des Konsums, g^*, wobei diese mit der Elastizität des Grenznutzens aus Konsum, α, gewichtet wird.

---

[24] Der utilitaristische Ansatz geht davon aus, dass "that action is best, which procures the greatest happiness for the greatest numbers" (Hutcheson, 1725, sec. 111, §8). Dies bedeutet, die individuellen Nutzenwerte zu summieren und die Summe zu maximieren.

[25] Die Aussage der Elastizität des Grenznutzens aus Konsum ist: Steigt der Konsum um 1%, dann verändert sich der Anstieg der Nutzenfunktion, d.h. der Grenznutzen, um $\alpha\%$. Mit Hilfe einer einfachen Skizze lässt sich schnell erkennen, dass eine marginale Erhöhung des Konsums einen besonders starken nutzensteigernden Effekt (Grenznutzen) bei ärmeren Akteuren hat. Je höher α ist, desto stärker wird die angenommene Aversion gegen Ungleichheit in der Gesellschaft. In DICE gehen unterschiedliche Regionen mit unterschiedlichem Konsumniveau ein, insofern spielt die Aversion gegen Ungleichheit bei der Wohlfahrtsmaximierung eine Rolle.

[26] Vgl. Nordhaus (1997) und Paqué (2008).

Für Klimamodelle wie DICE bedeutet dies: Wer Annahmen über die Parameter ρ, g^* und α trifft, der legt gleichzeitig die reale Kapitalrendite, r^*, fest. Die reale Kapitalrendite ist zugleich die im Modell gültige *Diskontrate* auf Gütermärkten. DICE trifft – wie bereits erläutert – die Annahmen $\rho = 1{,}5\%$ und $\alpha = 1{,}45$. Für die Wachstumsrate des Konsums wird im Mittel $g^* = 1{,}9\%$ pro Jahr angenommen. Damit erhält man für DICE (für den Zeitraum bis 2100) eine jährliche reale Kapitalrendite von

$$r^* = 1{,}5\% + 1{,}45\% \cdot 1{,}9\% \approx 4{,}25\% \qquad (6.10).$$

Eine Diskontrate von etwa 4% pro Jahr lässt sich folgendermaßen interpretieren: Nehmen wir an, dass infolge heute unterlassener Klimaschutzmaßnahmen nach 100 Jahren ein Schaden in Höhe von 1 Bio. € resultiert. Bei einer Diskontrate von 1% beträgt der Barwert dieses Schadens ca. 370 Mrd. €. Er sinkt auf 20 Mrd. €, wenn man stattdessen 4% als Diskontrate verwendet. Diese Zahlen besagen, dass heutige Klimaschutzmaßnahmen bei einer Diskontrate von 1% achtzehnmal mehr kosten dürfen als bei einer Diskontrate von 4%. Welche Umweltschutzmaßnahmen oder allgemeiner Zukunftsinvestitionen lohnend sind, hängt somit in entscheidendem Maße von der gewählten Diskontrate ab.

Angesichts dieser Zahlen möchte man sofort fordern: Da Klimaschutz wichtig ist, sollten wir Investitionen in Klimaschutzprojekte mit einer möglichst niedrigen Diskontrate (hier z.B. 1%) behandeln.[27] Aber Achtung: Aus ökonomischer Sicht ist zu berücksichtigen, dass Kapital knapp und produktiv ist. Wenn die herrschende reale Kapitalrendite 4% ist, bedeutet dies: Eine Investition von 1€ in Kapital heute bringt im nächsten Jahr einen Ertrag von 1,04€. Jede Kapitalinvestition in Klimaschutz muss daher, damit sie gesellschaftlich sinnvoll ist, mindestens eine Rendite von 4% erwirtschaften. Würden Investitionen in Klimaschutz durchgeführt, die eine geringere Rendite als 4% erbringen, wäre dies nicht effizient, denn der knappe Produktionsfaktor Kapital könnte nicht in alternative Investitionsprojekte (mit 4% Rendite) fließen. Die Wohlfahrt wäre dann suboptimal. Die Diskontierung mit 4% ist damit ein Signal für die *Knappheit* des Produktionsfaktors Kapital. Diese Knappheit gilt für alle Investitionen – unabhängig davon, ob es sich um Humankapital, physisches Kapital oder Klimaschutz handelt.

An dieser Stelle sei nur darauf hingewiesen, dass die Wahl der Parameter auf der rechten Seite der Ramsey-Gleichung 6.9 die reale Kapitalrendite auf der linken Seite der Gleichung bestimmt. Führt die Parameterwahl zu einer geringeren realen Kapitalrendite, wird die Zukunft bei Investitionsentscheidungen wichtiger. Beim Klimaschutz fallen dann Schäden, die weit in der Zukunft anfallen, stärker ins Gewicht. DICE entscheidet sich für

---

[27] Tatsächlich gibt es Studien, die so vorgehen. Ein prominentes Beispiel ist der 2006 veröffentlichte Stern-Review (benannt nach dem ehemaligen Weltbank-Chefökonomen Nicholas Stern). Der im Auftrag der britischen Regierung erstellte rund 650 Seiten starke Bericht untersucht insbesondere die wirtschaftlichen Folgen der globalen Erwärmung. Zentrale Aussage von Stern ist, dass auf Grund der Höhe der zu erwartetenden diskontierten Klimaschäden massive Investitionen in Vermeidung nicht erst in der fernen Zukunft, sondern bereits heute sinnvoll sind. Stern nimmt im zentralen Modelldurchlauf folgende Paramter an: $\rho = 0{,}1\%$, $\alpha = 1$ und $g = 1{,}3\%$. Dies impliziert gemäß 6.9 $r = 1{,}4\%$. Vgl. die Diskussion zum Stern-Report in Sturm und Vogt (2011).

eine Wahl der Parameter, die letztlich zu einer realen Kapitalrendite führt, die mit dem tatsächlichen Verhalten der Akteure auf Kapitalmärkten konsistent ist. Man muss diese Entscheidung nicht teilen, letztlich ist dies eine normative oder man kann auch sagen ethische Entscheidung. Dennoch erscheint uns – und vielen anderen Ökonomen – die Wahl der Diskontrate von Nordhaus als plausibel, denn sie stellt sicher, dass Zukunftsinvestitionen wie Klimaschutz nach dem *Effizienzkriterium* bewertet werden können.[28]

Ökonomische Gleichungen

Im Modell sind die Bevölkerung und damit die Zahl der Arbeitskräfte exogen gegeben. Dabei wird angenommen, dass langfristig 11,5 Mrd. Menschen auf der Erde leben werden. Es gibt 12 Weltregionen. Jede Region produziert mit Hilfe einer Cobb-Douglas-Produktionsfunktion mit konstanten Skalenerträgen

$$Q(t) = \left[1 - \Lambda(t)\right] A(t) K(t)^{\gamma} L(t)^{1-\gamma} \frac{1}{1+\Omega(t)} \quad (6.11).$$

Dabei sind $K(t)$ und $L(t)$ der Kapitalbestand und der Arbeitskräfteinput in Periode t. $A(t)$ ist der exogen gegebene technologische Fortschritt. Die Konstante γ ist die partielle Produktionselastizität des Faktors Kapital. Zusätzliche endogene Variablen in der Produktionsfunktion sind die Klimaschäden, $\Omega(t)$, und die Vermeidungskosten, $\Lambda(t)$. Der Output verhält sich also invers zu den Klimaschäden, mit anderen Worten, steigende Klimaschäden reduzieren den Output. Gleichung (6.11) beschreibt also den Nettooutput, d.h. den Output, der sich abzüglich der Vermeidungskosten und den dann noch resultierenden Klimaschäden ergibt.

Das Herzstück von DICE ist die Schadensfunktion. Sie bildet den Zusammenhang zwischen erwarteter Temperaturerhöhung und den daraus folgenden klimawandelbedingten Schäden ab. DICE verwendet, wie nicht anders zu erwarten, eine konvexe Schadensfunktion, d.h., die Klimaschäden steigen überproportional mit der Temperaturerhöhung an. Dies impliziert steigende Grenzklimaschäden, was mit unseren theoretischen Erörterungen aus Kapitel 4 absolut konsistent ist. Die funktionale Form lautet:

$$\Omega(t) = \Psi_1 T_{AT}(t) + \Psi_2 T_{AT}(t)^2 \quad (6.12).$$

Wie man in 6.11 und 6.12 erkennt, reduziert sich der Output umso stärker, je höher die globale Erdmitteltemperatur, $T_{AT}(t)$, ist. Die Ψ-Werte in 6.12 sind Parameter, die aus empirischen Daten geschätzt werden, so dass die Gleichung die beobachtbaren oder erwarteten Schäden möglichst zutreffend beschreibt. Nordhaus stützt sich dabei auf eine Auswertung von 26 Studien zu Klimaschäden (Nordhaus 2017). Man sollte sich darüber im Klaren sein, dass 6.12 längst nicht alle möglichen Schäden des Klimawandels abbildet. Wie Nordhaus selbst feststellt, fehlen beispielsweise Kosten durch den Verlust von Biodiversität – eine Größe, die empirisch extrem schwer zu messen ist. Ebenso fehlen Schäden aus

---

[28] Der interessierte Leser sei auf die Diskussion in Paqué (2008), Nordhaus (1997, 2008) und Buchholz und Schumacher (2009) verwiesen.

katastrophischen Ereignissen, wie etwa einem Abriss der ozeanischen Zirkulation (Nordhaus 2014). Um diese Kosten dennoch zu berücksichtigen, schlägt Nordhaus 25% auf die Schadensfunktion auf – eine Vorgehensweise, die allerdings als ad hoc qualifiziert werden muss. Zu beachten ist ferner, dass Anpassung in DICE nur implizit vorkommt, d.h., in den Schäden ist optimale Anpassung bereits berücksichtigt.

Abbildung 6.12 zeigt die Schäden in Prozent des Outputs.

Wie man sieht: Die Schäden steigen mit höheren Temperaturen überproportional, d.h., die Schadensfunktion ist konvex. Zum Beispiel würde ein Temperaturanstieg um 3 °C zu Schäden in Höhe von etwa 2,1% des Outputs führen, ein Temperaturanstieg um 6 °C hätte dagegen Schäden in Höhe von etwa 8,5% des Outputs zur Folge. Allerdings mahnt Nordhaus selbst zur Vorsicht bei der Anwendung seiner Schadensfunktion für extrem hohe Temperaturänderungen wie etwa die erwähnten 6 °C. Die Funktion wurde kalibriert auf Studien, denen Szenarien zumeist von Temperaturentwicklungen bis zu 4 °C zugrunde liegen. Es wäre höchst gewagt, die funktionale Form darüber hinaus einfach zu extrapolieren (Nordhaus 2014).

Die Vermeidungskostenfunktion 6.13 stellt die Kosten aus Vermeidung als polynomiale Funktion der Emissionsvermeidungsrate, $\mu(t)$, dar. Die Kostenfunktion ist konvex, d.h., die Grenzvermeidungskosten verlaufen steigend, und hat folgende Form (die θ-Werte sind Parameter, die aus empirischen Daten geschätzt werden, so dass die Gleichung die Vermeidungskosten möglichst zutreffend beschreibt)

$$\Lambda(t) = \pi(t)\theta_1\mu(t)^{\theta_2} \tag{6.13}$$

Zusätzlich entsteht ein Aufschlag, $\pi(t)$, auf die Vermeidungskosten, wenn sich nicht alle Länder an der Klimapolitik beteiligen oder nicht alle Treibhausgase in die Emissionsvermeidung miteinbezogen werden

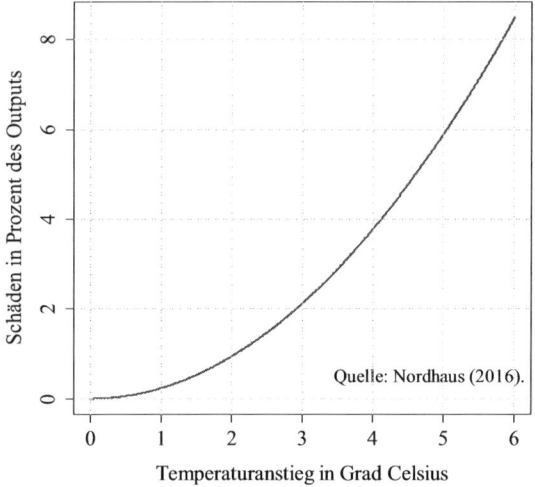

Abb. 6.12 DICE – Schäden in Prozent des Outputs

$$\pi(t) = \varphi(t)^{1-\theta_2} \tag{6.14}.$$

Der Aufschlag, $\pi(t)$, erklärt sich dadurch, dass z.B. bei unvollständiger Beteiligung an der Klimapolitik die beteiligten Länder für ein bestimmtes globales Emissionsziel mit höheren Kosten verbundene Vermeidungsmaßnahmen durchführen müssen.

Der Output in einer Periode t, $Q(t)$, ist die Summe aus Konsum, $C(t)$, und Investitionen, $I(t)$, in dieser Periode

$$Q(t) = C(t) + I(t) \tag{6.15}.$$

Der Pro-Kopf-Konsum in einer Periode t, $c(t)$, ist der Quotient aus Gesamtkonsum und Bevölkerung in dieser Periode

$$c(t) = C(t)/L(t) \tag{6.16}.$$

Der Kapitalbestand in einer Periode t, $K(t)$, ist gleich der Investition in dieser Periode plus dem Kapitalbestand aus der Vorperiode bereinigt um die Abschreibungen, wobei δ_K die (konstante und ebenfalls empirisch geschätzte) Abschreibungsrate ist,

$$K(t) = I(t) + (1 - \delta_K)K(t-1) \tag{6.17}.$$

Die Emissionsgleichung 6.18 stellt zunächst die unkontrollierten industriellen CO_2-Emissionen dar. Dabei wird die Kohlenstoffintensität, $\sigma(t)$, mit dem Weltoutput multipliziert. Die entstehenden Emissionen werden dann um die Emissionsvermeidungsrate, $\mu(t)$, reduziert. Die Kohlenstoffintensität wird als exogen angenommen und baut auf Schätzungen aus 12 Weltregionen auf. Die Emissionsgleichung hat dann folgendes Aussehen

$$E_{Ind}(t) = \sigma(t)[1 - \mu(t)]A(t)K(t)^\gamma L(t)^{1-\gamma} \tag{6.18}.$$

Geophysikalische Gleichungen

Eine Reihe von Gleichungen im Modell hat die Aufgabe, ökonomische Aktivität und resultierende Treibhausgasemissionen einerseits und den Kohlenstoffzyklus der Atmosphäre, Erwärmung und Klimawandel andererseits zu verbinden. Offensichtlich sind hier erhebliche Vereinfachungen nötig, da komplexe dynamische Zusammenhänge des Klimasystems auf eine geringe Zahl an Gleichungen reduziert werden müssen, um diese in ein ökonomisch-geophysikalisches Modell zu integrieren.

In DICE sind nur die industriellen CO_2-Emissionen, $E_{Ind}(t)$, endogen, d.h., nur diese werden vom Modell erklärt. Alle übrigen Treibhausgasemissionen inklusive der Emissionen durch veränderte Landnutzung, $E_{Land}(t)$, werden exogen in das Modell eingespeist und basieren auf Schätzungen anderer Forschergruppen. Die gesamten Treibhausgasemissionen, $E(t)$, sind

$$E(t) = E_{Ind}(t) + E_{Land}(t) \tag{6.19}.$$

Die folgenden drei Gleichungen bilden den globalen Kohlenstoff-(C)-Kreislauf ab. Es gibt drei C-Speicher auf der Erde: (i) die Atmosphäre, (ii) die oberen Schichten der Ozeane und die Biosphäre und (iii) die tiefen Schichten der Ozeane. Diese drei Speicher stehen in einem dynamischen Austauschprozess, welcher von den Gleichungen 6.20 bis 6.22 abgebildet wird (die Φ-Werte sind wiederum Konstanten, die aus Klimamodellen geschätzt werden). Die Atmosphäre ist das direkte Aufnahmemedium für Emissionen. Die oberen Schichten der Ozeane und die Biosphäre nehmen C noch relativ schnell auf, während die tiefen Schichten der Ozeane nur extrem langsam C binden. $M_{AT}(t)$ ist die Masse an C, die von der Atmosphäre in einer Periode gebunden ist, $M_{UP}(t)$ ist der in den oberen Schichten der Ozeane und der Biosphäre gebundene C und $M_{LO}(t)$ der in den tiefen Schichten der Ozeane gebundene C. Der C-Kreislauf ist dann folgendermaßen modelliert

$$M_{AT}(t) = E(t) + \Phi_{11}M_{AT}(t-1) + \Phi_{21}M_{UP}(t-1) \quad (6.20),$$

$$M_{UP}(t) = \Phi_{12}M_{AT}(t-1) + \Phi_{22}M_{UP}(t-1) + \Phi_{32}M_{LO}(t-1) \quad (6.21),$$

$$M_{LO}(t) = \Phi_{23}M_{UP}(t-1) + \Phi_{33}M_{LO}(t-1) \quad (6.22).$$

Wie man in 6.20 sieht, ergibt sich die in der Atmosphäre vorhandene C-Menge aus den in dieser Periode getätigten Treibhausgasemissionen, $E(t)$, der atmosphärischen C-Menge der Vorperiode, $M_{AT}(t-1)$, und der in den oberen Schichten der Ozeane und der Biosphäre gebundenen C-Menge aus der Vorperiode, $M_{UP}(t-1)$. In 6.20 kann $1 - \Phi_{11}$ als Abbaurate von C in der Atmosphäre interpretiert werden, Φ_{21} ist der Transitionskoeffizient von C aus den oberen Schichten der Ozeane und der Biosphäre in die Atmosphäre. Dieser Koeffizient gibt also an, wie viel C aus der Biosphäre (z.B. durch Verrottung) und den oberen Schichten der Ozeane in die Atmosphäre abgegeben wird. Die C-Menge in den oberen Schichten der Ozeane und der Biosphäre in einer Periode, $M_{UP}(t)$, hängt in 6.21 wiederum ab von der atmosphärischen C-Menge in der Vorperiode und der C-Menge in den oberen und tiefen Schichten der Ozeane aus der Vorperiode. Hier ist Φ_{12} der Transitionskoeffizient von C aus der Atmosphäre in die oberen Schichten der Ozeane und der Biosphäre, $1 - \Phi_{22}$ die Abbaurate von C in den oberen Schichten der Ozeane und der Biosphäre sowie Φ_{32} der Transitionskoeffizient von C aus den tiefen Schichten der Ozeane in die oberen Schichten der Ozeane und der Biosphäre. Schließlich ergibt sich in 6.22 die C-Menge in den tiefen Schichten der Ozeane in einer Periode, $M_{LO}(t)$, aus den C-Werten der Vorperiode sowie aus der C-Menge in den oberen Schichten der Ozeane und der Biosphäre in der Vorperiode. Hier ist Φ_{23} der Transitionskoeffizient von C aus den oberen Schichten der Ozeane und der Biosphäre in die tiefen Schichten der Ozeane und $1 - \Phi_{33}$ die Abbaurate von C in den tiefen Schichten der Ozeane.

Der nächste Schritt beinhaltet die Beziehung zwischen der kumulierten Menge an Treibhausgasen (und damit der Menge an C) in der Atmosphäre und dem resultierenden Klimawandel. Ein Anstieg der in der Atmosphäre verfügbaren Menge an C führt zu einer Erhöhung des Strahlungsantriebs der Atmosphäre.[29] Die Beziehung zwischen dem Strahlungsantrieb (in Watt pro m²) und der in der Atmosphäre verfügbaren Menge an C ist aus Messungen und Klimamodellen abgeleitet. Da DICE nur CO_2 betrachtet, wird der Strahlungsantrieb anderer Treibhausgase, $F_{EX}(t)$, als exogen angesehen. Der Strahlungsantrieb, $F(t)$, bestimmt sich folgendermaßen

$$F(t) = \eta[\log_2(M_{AT}(t)/M_{AT}(1750))] + F_{EX}(t) \qquad (6.23).$$

Letztlich wird also der Strahlungsantrieb der betrachteten CO_2-Emissionen verursacht durch den Anstieg der C-Menge in der Atmosphäre, $M_{AT}(t)$, im Vergleich zum vorindustriellen Wert, $M_{AT}(1750)$. Der Wachstumsfaktor aus beiden Größen wird logarithmiert und mit einer Konstanten, η, multipliziert.

Die beiden letzten Gleichungen 6.24 und 6.25 stellen das eigentliche Klimamodell dar. Bestimmt wird die globale atmosphärische Erdmitteltemperatur, $T_{AT}(t)$, und die Temperatur der tiefen Ozeane, $T_{LO}(t)$. Das Klimamodell in DICE hat folgende Gestalt

$$T_{AT}(t) = T_{AT}(t-1) + \xi_1[F(t) - \xi_2 T_{AT}(t-1) - \xi_3(T_{AT}(t-1) - T_{LO}(t-1))] \qquad (6.24),$$

$$T_{LO}(t) = T_{LO}(t-1) + \xi_4(T_{AT}(t-1) - T_{LO}(t-1)) \qquad (6.25).$$

Die globale Erdmitteltemperatur in einer Periode, $T_{AT}(t)$, ergibt sich aus dem Wert der Vorperiode, dem Strahlungsantrieb in der Periode und der Differenz der globalen Erdmitteltemperatur und der Temperatur der tiefen Ozeane in der Vorperiode. Die Temperatur der tiefen Ozeane in einer Periode, $T_{LO}(t)$, ergibt sich aus dem Wert der Vorperiode sowie aus der Differenz der globalen Erdmitteltemperatur und der Temperatur der tiefen Ozeane in der Vorperiode (alle ξ-Werte sind aus Klimamodellen geschätzt und konstant). Damit schließt sich das Modell: Der aus der ökonomischen Aktivität resultierende Temperaturanstieg, $T_{AT}(t)$, in 6.24 verursacht in 6.12 die Klimaschäden, $\Omega(t)$, die wiederum den Output in 6.11 reduzieren.

Resultate

Ein großer Vorteil von integrierten Klimamodellen (d.h., man betrachtet sowohl Ökonomie als auch Klimasystem) wie DICE besteht darin, dass unterschiedliche Politiken in ihrer Wirkung auf Klima und Ökonomie in einem konsistenten Modellrahmen untersucht werden können. Wir wollen im Folgenden die wichtigsten Resultate von DICE vorstellen. Dabei konzentrieren wir uns auf zwei Szenarien:

- *Referenz ("Baseline")*: In diesem Szenario gibt es keine Politik, die den Klimawandel abschwächt oder gar verhindert. Individuen und Unternehmen verhalten sich individuell rational, und die Regierung unternimmt keine Vermeidungsanstrengungen. Bestimmt wird also der nutzenmaximale Pfad der Investitionen (und damit des Konsums) über die Zeit, ohne dass es eine kollektive Politik zur Emissionsvermeidung gibt.

---

[29] Vgl. zum Strahlungsantrieb die Ausführungen in Abschnitt 6.2.1.

- *Intertemporales Optimum („Optimum"):* In diesem Szenario wird die Zielfunktion 6.7 maximiert, d.h., Investitionen und Emissionsvermeidungsrate werden so gewählt, dass die Summe des diskontieren Konsums maximal wird. Damit wird der optimale, *intertemporal effiziente Konsumpfad* ermittelt. Dieser hat eine wichtige Eigenschaft: Ausgehend vom optimalen Konsumpfad kann keine Generation besser gestellt werden, ohne eine andere Generation schlechter zu stellen. Natürlich ist dieses Szenario extrem optimistisch: Es unterstellt vollständige Beteiligung aller Länder und die effiziente Vermeidung über die Zeit. Mit anderen Worten: Die Grenzvermeidungskosten sind überall und zu jedem Zeitpunkt gleich dem Grenznutzen aus Vermeidung, d.h. den vermiedenen marginalen Klimaschäden. Diese optimale Politik dient in erster Linie als Referenzpunkt, zeigt sie uns doch, was mit einer effizienten Politik, dem bestmöglichen Einsatz der Ressourcen in der Ökonomie, machbar ist. Dabei ist zu beachten, dass ein stabiles Klima in DICE keinen intrinsischen oder nicht-anthropogenen Wert besitzt. Schäden für marktfähige und nichtmarktfähige Güter sind zwar im Schadensfaktor 6.12 enthalten, aber eben nur soweit wie sie für Menschen einen Wert besitzen.

Bei der Darstellung der Ergebnisse gehen wir folgendermaßen vor. Zuerst werden wir die beiden Szenarien hinsichtlich ihrer Effekte auf Wohlfahrt, Klimaschäden und Vermeidungskosten betrachten. Im Anschluss daran werden wir mit Hilfe von Abbildungen die Variablen Emissionsvermeidungsrate, CO_2-Preis, CO_2-Konzentration und Temperaturveränderung analysieren.

Im Optimum ist der diskontierte Nutzen – also der Wert der Zielfunktion 6.7 – um etwa 32 Bio. $ höher als im Baseline. Dieser absolut sehr große Betrag ist jedoch relativ zum diskontierten Gesamtnutzen (also dem Wert der Zielfunktion) mit etwa 0,7% relativ klein. Dennoch zeigt dieses Ergebnis auf, dass sich – wie zu erwarten – durch die sozial optimale Internalisierung der Externalität ein Wohlfahrtsgewinn erzielen lässt.

Man erkennt in Tabelle 6.1, worauf ein Teil des Nutzengewinns zurückzuführen ist. Wir haben hier exemplarisch Output, Klimaschäden und Vermeidungskosten für das Jahr 2120 dargestellt. Im Optimum entstehen höhere Vermeidungskosten als im Baseline, aber dieser Kostenanstieg wird durch die Reduzierung der Klimaschäden überkompensiert. Bemerkenswert sind die immer noch relativ hohen Schadenskosten im Optimum (36,85 Bio. $). Offensichtlich ist es nicht effizient, diese weiter zu reduzieren, da die hierfür benötigte zusätzliche Vermeidung teurer wäre als die erzielten Einsparungen bei den Schadenskosten.

Tab. 6.1 DICE – Output, Klimaschäden und Vermeidungskosten in 2120

Szenario ↓	(1) Output	(2) Klimaschäden	(3) Vermeidungskosten
Baseline	1064,49	58,08	0,08
Optimum	1075,25	36,85	10,25

* Werte für 2120 (in Bio. $). Quelle: Nordhaus (2016).

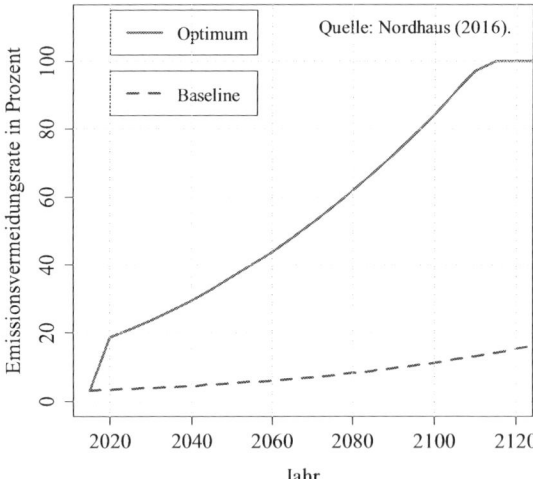

Abb. 6.13 DICE – Emissionsvermeidungsrate

Abbildung 6.13 zeigt die Entwicklung der Emissionsvermeidungsrate in den beiden Szenarien von 2015 bis 2120. Im Baseline ist diese Rate relativ gering und steigt zum Ende dieses Jahrhunderts auf gerade einmal 11%. Im Optimum steigt die Emissionsvermeidungsrate zunächst deutlich und dann etwas schwächer an. Im Jahr 2100 werden im Optimum ca. 84% der Emissionen gegenüber der Situation ohne jede Klimapolitik vermieden. Ab 2115 ist die Welt CO_2-frei.

Zur Umsetzung der Emissionsvermeidung wird in DICE ein effizienter Preis für CO_2-Emissionen gesetzt.[30] Die Höhe des CO_2-Preises ist so bemessen, dass für die realisierten Emissionen zu jedem Zeitpunkt die Grenzvermeidungskosten gleich den Grenzschäden sind (vgl. Abschnitt 5.2). Abbildung 6.14 zeigt den Preisverlauf bis 2120. Im Baseline ist – wie zu erwarten – der CO_2-Preis praktisch Null. Im Jahr 2100 liegt hier der CO_2-Preis bei gerade einmal 11 \$/tCO_2. Im Optimum steigt der globale CO_2-Preis von ca. 37 \$/tCO_2 in 2020 auf ca. 270 \$/tCO_2 in 2100 an. Zur Mitte unseres Jahrhunderts liegt der optimale globale CO_2-Preis bei 90 \$/tCO_2.

Kommen wir schließlich zu den klimarelevanten Resultaten von DICE (diese sind bis 2200 dargestellt). Abbildung 6.15 zeigt die Entwicklung der CO_2-Konzentration in den beiden Szenarien. Ausgangspunkt ist jeweils die CO_2-Konzentration in 2015 (400 ppm). Im Baseline ohne jegliche staatliche Klimapolitik steigt die CO_2-Konzentration praktisch

---

[30] Am Ende dieses Abschnitts diskutieren wir die Frage, welches umweltpolitische Instrument (eine direkte Preissteuerung über die Pigou-Steuer oder eine Mengensteuerung über den Emissionshandel) zur Umsetzung dieser Politik in Frage kommt. An dieser Stelle kommt es aber nur auf die Existenz des Knappheitssignals für CO_2 – also den CO_2-Preis – an.

Ökonomische Dimension I: Kosten und Nutzen von Klimaschutz aus der globalen Perspektive 183

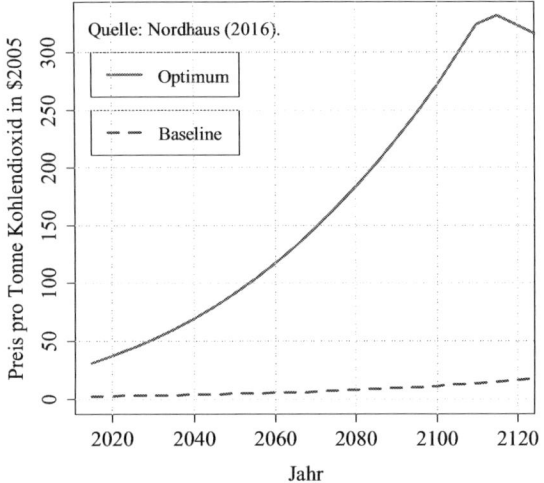

Abb. 6.14 DICE – CO_2-Preis

ungebremst auf 1.244 ppm in 2200. Im Optimum steigt die Konzentration auf 630 ppm in 2105 und sinkt dann auf immerhin noch 543 ppm in 2200.

Abbildung 6.16 zeigt schließlich die Temperaturentwicklung (als Veränderung gegenüber dem vorindustriellem Niveau) in beiden Szenarien. Im Baseline ist bis 2200 ein Anstieg um ca. 6,7 °C zu erwarten. Im Optimum wird der Anstieg der Temperatur auf ca. 4 °C bis 2200 begrenzt.

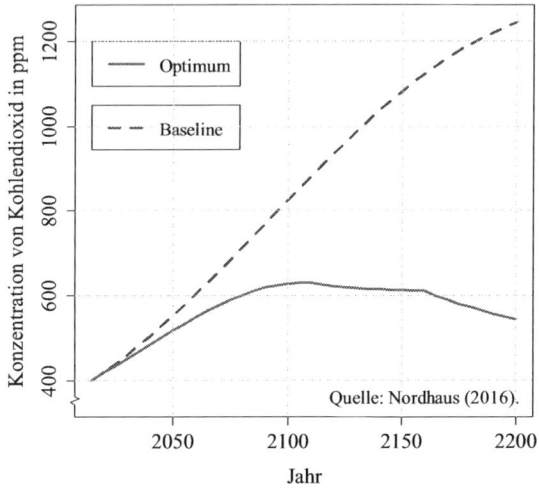

Abb. 6.15 DICE – CO_2-Konzentration

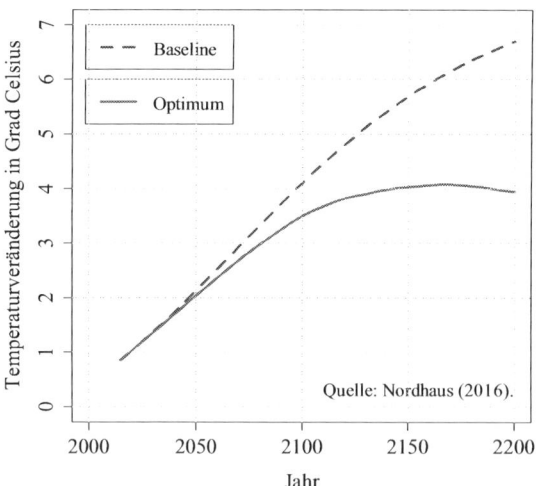

Abb. 6.16 DICE – Temperaturveränderung ggü. vorindustriellem Niveau

Aus Abbildung 6.16 wird deutlich, dass eine Begrenzung der Temperaturerhöhung auf 2 °C im Vergleich zum vorindustriellen Niveau (das Erreichen des sog. „2-Grad-Ziels") nicht sinnvoll ist. Der Grund ist einfach: Um dieses Ziel auch nur annähernd zu erreichen, wären extrem hohe Vermeidungskosten nötig. Der Zuwachs an Vermeidungskosten würde die Einsparung an Klimaschäden deutlich übersteigen – das Ergebnis wäre ein deutlicher Wohlfahrtsverlust im Vergleich zum Optimum.[31]

DICE – Ein Fazit

DICE ist nur ein – wenn auch sehr prominentes – Beispiel für die Anwendung der Kosten-Nutzen-Analyse in der Klimapolitik. Die Idee dieses Ansatzes ist eigentlich relativ einfach: Man ermittelt für relevante Politikszenarien den Nutzen und die Kosten, die unter den jeweiligen Bedingungen zu erwarten sind. Die Werte werden jeweils monetarisiert, diskontiert und aufsummiert. Schließlich wählt man diejenige Politik aus, bei der die Differenz zwischen der Summe des diskontierten Nutzens und der Kosten maximal wird. So einfach dies auch klingt, der Teufel steckt wie immer im Detail. Mit dem Problem der Diskontierung insbesondere bei sehr langen Entscheidungszeiträumen haben wir uns schon befasst. Viele weitere Probleme existieren. Zum Beispiel ist es problematisch, mögliche Erwartungswerte für Schäden zu ermitteln, wenn man keine genaue Vorstellung über die Eintrittswahrscheinlichkeiten von klimawandelbedingten Katastrophen hat. Tatsächlich benötigt man belastbare Aussagen über die Risikoverteilungen solcher Ereignisse – diese

---

[31] Tatsächlich ist die Begrenzung der Temperaturerhöhung auf 2 °C modelltechnisch gar nicht möglich. Die Begrenzung der Temperaturerhöhung auf 2,5 °C wäre nur mit erheblichen negativen Emissionen ab 2050 möglich. Vgl. Nordhaus (2017).

liegen aber derzeit noch nicht vor. Ein weiteres Problem ist es, über sehr lange Zeiträume hinweg die technologische Entwicklung zu prognostizieren. Schließlich treffen wir in der Kosten-Nutzen-Analyse eine Annahme über die Produktivität der Ökonomie am Ende dieses Jahrhunderts (oder noch weiter in der Zukunft). Man stelle sich einmal vor, im Jahr 1920 hätte man eine Prognose über die Produktivität im Jahr 2020 abgeben müssen. Jeder noch so begabte Wissenschaftler wäre an dieser Aufgabe kläglich gescheitert, denn das Ausmaß und die Struktur des Wandels von Produktion und Werten hätte selbst die größte menschliche Phantasie hoffnungslos überfordert.[32] All diese Unsicherheiten existieren und können auch nicht wegdiskutiert werden. Hier gibt es erheblichen Forschungsbedarf, insbesondere bei der Ermittlung von belastbaren Angaben zu klimawandelbedingten Schäden und ihrer Monetarisierung.

Dennoch: Die Kosten-Nutzen-Analyse stellt ein wertvolles Werkzeug der Ökonomik dar, um herauszufinden, wie eine *effiziente Klimapolitik* über die Zeit hinweg aussieht, wenn man den jeweils aktuellen Kenntnisstand über Kosten und Nutzen des Klimawandels berücksichtigt. Mit DICE haben wir die Grundstruktur einer solchen Klimapolitik kennengelernt. Um die global optimale Politik zu erreichen, benötigen wir einen globalen CO_2-Preis, der von ca. 37 $/t$CO_2$ in 2020 bis auf ca. 270 $/t$CO_2$ in 2100 ansteigt. Jeder andere Pfad für diesen CO_2-Preis ist nicht effizient. Dies bedeutet, dass man ausgehend von einem ineffizienten CO_2-Preispfad mindestens eine Generation nutzenmäßig besser stellen kann, ohne eine andere Generation schlechter zu stellen. Ein solcher ineffizienter Pfad wäre nichts anderes als eine *Verschwendung* von Ressourcen und dies ist angesichts einer Welt, in der Armut vielerorts immer noch alltäglich ist, ethisch nur schwer zu begründen. Ausgehend von der effizienten Klimapolitik ist eine Politik zur Erreichung des 2-Grad-Ziels als ineffizient zu verwerfen.

Preis- oder Mengensteuerung in der globalen Klimapolitik?

DICE macht eine klare Ansage hinsichtlich der Anforderungen an die globale Klimapolitik: Ein einheitlicher *Knappheitspreis* für CO_2-Emissionen ist nötig. Aus Kapitel 5 wissen wir, dass es grundsätzlich zwei Möglichkeiten gibt, einen solchen effizienten Knappheitspreis zu erzeugen: (i) eine direkte Preissteuerung über die Pigou-Steuer und (ii) eine Mengensteuerung über den Emissionshandel. Die spannende Frage ist natürlich, welches umweltpolitische Instrument in der globalen Klimapolitik vorzugswürdig ist. Wie gesagt, wir gehen noch immer davon aus, dass eine „Weltregierung" diese Klimapolitik durchsetzen kann, die Frage der notwendigen Kooperation von Staaten betrachten wir erst im nächsten Abschnitt.

In der Klimaökonomik hatte lange Zeit die Steuerlösung „die Nase vorn". Dabei nennen die Befürworter der Steuerlösung zumeist zwei Argumente. Das erste Argument kennen wir aus Abschnitt 5.4: Bei unvollständiger Information über den Verlauf der Grenzschäden und der Grenzvermeidungskosten ist es sehr wahrscheinlich, dass es bei der Festlegung der Steuer oder der Emissionsmenge zu einer Abweichung von der optimalen Lösung kommt.

---

[32] Vgl. hierzu Paqué (2008).

Ein solcher Fehler verursacht unvermeidlich einen Wohlfahrtsverlust, da die Grenzvermeidungskosten nicht mehr gleich den Grenzschäden sind. Ist der betragsmäßige Anstieg der Grenzvermeidungskosten größer als der Anstieg der Grenzschäden, dann führt ein bestimmter prozentualer Fehler bei der Festlegung der Steuer zu einem geringeren Wohlfahrtsverlust als der gleiche prozentuale Fehler bei der Emissionsmenge. Die Steuerlösung ist also in diesem Fall gegenüber der Mengenlösung zu präferieren. Genau diese Situation liegt nun beim Klimawandel vor: Die Grenzschäden verlaufen bei dem sich in der Atmosphäre langsam akkumulierenden Schadstoff CO_2 relativ flach. Mit anderen Worten: Eine weitere Tonne CO_2 verursacht im relevanten Mengenbereich immer den gleichen zusätzlichen Schaden. Die Grenzvermeidungskosten verlaufen hingegen im Vergleich zu den Grenzschäden relativ steil. Das zweite Argument ergibt sich aus den Erfahrungen der Zuteilung der Emissionsrechte im Rahmen des EU-Emissionshandels (vgl. Abschnitt 5.5). Im Zuge der kostenlosen Verteilung der Zertifikate kam es hier zu erheblichen Kosten durch Rent-Seeking, d.h. Aufwendungen, die nur unternommen wurden, um einen größeren Teil vom wertvollen „Kuchen" der Gesamtmenge an Zertifikaten abzubekommen. Rent-Seeking ist ineffizient, weil keine neuen Werte geschaffen werden. Ein Emissionshandel, der Zertifikate kostenlos vergibt, ist – wie wir gesehen haben – äußerst anfällig für Rent-Seeking. Da andererseits eine umfassende Versteigerungslösung politisch sehr schwierig durchzusetzen ist, erscheint eine Steuerlösung einfacher umsetzbar. Die Weltgemeinschaft muss sich alleine auf eine Größe einigen: Den Steuersatz, der pro Tonne CO_2-Emissionen erhoben wird.

In jüngster Vergangenheit wurden aber deutliche Zweifel an der Vorzugswürdigkeit der Steuerlösung für die globale Klimapolitik laut. Dies liegt nicht daran, dass die o.g. Argumente falsch sind (die Argumentation in Abschnitt 5.4 zu unvollständiger Information ist vollkommen korrekt und Rent-Seeking ist ineffizient), sondern daran, dass ein zentraler Aspekt der Klimapolitik bislang vollkommen ausgeblendet wurde: Das *Angebot* an fossilen Energieträgern. Auf diesen Punkt hat Hans-Werner Sinn in seinem Buch „Das grüne Paradoxon" (Sinn 2008) hingewiesen. Um Sinns Argument zu verstehen, muss man sich zunächst klar machen, dass das Angebot an fossilen Energieträgern letztlich darüber entscheidet, wie viel CO_2 in die Atmosphäre emittiert wird. Warum ist das der Fall? Gehen wir der Einfachheit halber davon aus, dass sich die Weltgemeinschaft auf eine einheitliche CO_2-Steuer einigt, die im Zeitablauf steigt. Würden die Anbieter fossiler Energieträger wie Öl, Gas und Kohle daraufhin ihr Angebot drosseln? Nein, denn die Preise für fossile Energieträger sind keine Grenzkostenpreise, sondern liegen wie bei allen endlichen Ressourcen über den Grenzkosten der Produktion.[33] Dies muss so sein, denn der Verkauf einer Einheit der endlichen Ressource muss nicht nur die Produktionskosten decken, sondern den Besitzer auch für alle zukünftigen Verwendungsmöglichkeiten entschädigen – er kann diese Einheit schließlich nur einmal verkaufen. Die Anbieter wären bei einer

---

[33] Erdöl ist ein besonders gutes Beispiel: Die Grenzkosten der Förderung liegen bei Öl zwischen 1 und 1,50 $/Barrel in den Golf-Staaten und bis zu etwa 15 $/Barrel in Alaska. Vgl. Sinn (2008). Der Preis für Rohöl bewegt sich deutlich darüber.

CO$_2$-Steuer gezwungen, den Preis für fossile Energieträger zu senken – aber ihre Menge würden sie nach wie vor absetzen. Es würde nach wie vor die gleiche Menge an kohlenstoffhaltigen Energieträgern gefördert, und – da es keine Filtertechnologie für CO$_2$ gibt – die CO$_2$-Emissionen würden unverändert bleiben. Die Angebotskurve ist also für eine dauerhafte Nachfragereduktion extrem *unelastisch*. Angesichts der zu erwartenden Erhöhung der CO$_2$-Steuer in der Zukunft lohnt es sich für die Anbieter auch nicht, die Förderung der fossilen Energieträger in die Zukunft zu verschieben. Eher das Gegenteil ist der Fall: Da die Ressourcenbesitzer in der Zukunft auf Grund der zunehmenden Besteuerung mit einer geringeren Nachfrage rechnen müssen, würden sie ihre Fördermenge heute eher erhöhen. Mit anderen Worten: Eine globale CO$_2$-Steuer ist keine Lösung für das Klimaproblem. Würde eine globale CO$_2$-Steuer eingeführt werden, ist nicht zu erwarten, dass die CO$_2$-Emissionen sinken.

Dies ist offensichtlich eine schlechte Nachricht für die Klimapolitik! Eines unserer umweltpolitischen Instrumente aus Kapitel 5 versagt bei seiner Anwendung in der globalen Klimapolitik. Die gute Nachricht ist aber, dass ein globaler Emissionshandel, welcher direkt an der Menge der CO$_2$-Emissionen ansetzt, zu einer wirksamen Reduktion der CO$_2$-Emissionen führen kann. In diesem Fall können die Anbieter fossiler Energieträger nicht durch eine Preissenkung zusätzliche Nachfrage generieren – die Menge an Energieträgern, die man ihnen abkauft, ist fix. Es wird also ein *Nachfragekartell* zur Mengenbegrenzung installiert. Allerdings ist eine Reihe von Bedingungen zu beachten, will die Weltgemeinschaft mit Hilfe des Emissionshandels das Klimaproblem lösen. Die Begrenzung der CO$_2$-Emissionen und damit der Menge an geförderten fossilen Energieträgern funktioniert nur, wenn wirklich alle Staaten mitmachen. Sobald eine hinreichend große Zahl an Nachfragern sich nicht am globalen Emissionshandel beteiligt, kann die Menge, die bei den Ländern im Emissionshandel nicht absetzbar ist, zu einem geringeren Preis an die Länder außerhalb des Emissionshandels verkauft werden. Es ist also essentiell, eine möglichst große Koalition zu schmieden. Ein weiteres Problem kommt hinzu (Weimann 2008). Wenn es gelingt, ein solches Nachfragekartell zu bilden und die nachgefragte Menge an fossilen Energieträgern zu limitieren, wird der Preis für fossile Energieträger stark steigen.[34] Das wiederum würde bedeuten, dass diese Ressourcen vor allem in Länder fließen, in denen eine hohe Zahlungsbereitschaft für Öl, Gas und Kohle existiert – und das sind die reichen Industriestaaten. Entwicklungs- und Schwellenländer könnten ihre wirtschaftliche Entwicklung nicht mehr wie bisher mit Hilfe relativ billiger fossiler Energien antreiben und da sie kaum Zugang zu modernen Technologien besitzen, wären sie auch kaum in der Lage, fossile Energieträger zu substituieren. Mit anderen Worten, die Schwellen- und Entwicklungsländer würden sich in diesem Fall deutlich schlechter stellen. Warum sollten sie dann aber einer solchen Koalition beitreten? Offensichtlich haben eine

---

[34] Will man eine Einheit eines Energieträgers nutzen, muss man nicht nur den Anbieter des Energieträgers, sondern auch den Besitzer eines Nutzungsrechts für diesen Energieträger entschädigen (oder aber – wenn man schon im Besitz des Nutzungsrechts ist – die Opportunitätskosten in gleicher Höhe tragen).

globale Koalition zur Mengenbeschränkung und damit der globale Emissionshandel nur dann eine Chance, wenn sie mit einem Umverteilungsmechanismus gekoppelt sind. Die reichen Industriestaaten würden in diesem Fall den Schwellen- und Entwicklungsländern eine Kompensation für den Verzicht auf billige fossile Energieträger zahlen.

Wir halten also fest: Um die globalen CO_2-Emissionen wirksam zu reduzieren, bedarf es einer möglichst großen Koalition von Staaten, die sich zu einer Reduzierung ihrer Nachfrage nach fossilen Energieträgern mit Hilfe eines globalen Emissionshandels verpflichten. Je stärker die Reduktion der Nachfrage sein wird, desto geringer ist die Menge an verfügbaren Emissionsrechten und desto höher wird der CO_2-Preis sein. Die Kosten-Nutzen-Analyse in DICE liefert uns den optimalen Verlauf des CO_2-Preises über die Zeit. Mit einer solchen optimalen Politik kann die Welt den Klimawandel zu geringstmöglichen sozialen Kosten bewältigen. Aber: Lässt sich diese optimale Politik auch umsetzen? Bislang sind wir von einer Welt mit einem Entscheider ausgegangen. Offensichtlich sieht die Realität anders aus. Was sind eigentlich die Anreize in der globalen Klimapolitik, in der es keinen globalen Entscheider gibt, sondern viele unabhängige Staaten existieren? Im folgenden Abschnitt 6.6 werden wir eine Antwort auf diese Fragen suchen.

6.6 Ökonomische Dimension II: Anreizprobleme der Klimapolitik

Wir wollen uns der ökonomischen Dimension des Klimaproblems nun von einer anderen Seite her nähern. Bislang sind wir davon ausgegangen, dass eine Art „Weltregierung" über das optimale Ausmaß an Klimapolitik bestimmt. Diese Annahme hat offensichtlich nicht viel mit der Realität gemein. In der internationalen Klimapolitik sind unabhängige Staaten die Akteure. Daher werden wir in diesem Abschnitt Modelle beschreiben, welche die tatsächlichen individuellen Anreize in der globalen Klimapolitik abbilden.

6.6.1 Soziale Dilemmata

Wir haben in Abschnitt 4.1 erläutert, dass Umweltgüter entweder öffentliche Güter oder Common Pool Resources sind. Für beide Güter ist das Ausschlussprinzip nicht durchsetzbar, was letztlich dazu führt, dass der Preismechanismus nicht genutzt werden kann. Wir haben auch gezeigt, dass bei öffentlichen Gütern und Common Pool Resources individuell rationales Verhalten nicht zu einem kollektiv rationalen Ergebnis führt. Bei öffentlichen Gütern tragen die Akteure zu wenig zur Erstellung des Guts bei, bei Common Pool Resources wird hingegen die Ressource übernutzt. Situationen, bei denen individuell rationales Verhalten von kollektiver Rationalität abweicht, haben wir als „soziale Dilemmata" bezeichnet. Wie wir sehen werden, ist auch der Klimaschutz ein solches soziales Dilemma.

Das öffentliche-Gut-Spiel aus Abschnitt 4.1.3 bildet das zentrale Anreizproblem bei der Bereitstellung eines öffentlichen Guts ab. Unabhängig vom Verhalten der anderen Spieler ist es immer beste Antwort nichts beizutragen. Effizienz erfordert dagegen den vollständigen Beitrag zum öffentlichen Gut. Dennoch mag man einwenden, dass dieses Spiel zur Darstellung der Anreize in der globalen Klimapolitik nicht sinnvoll ist. Schließlich haben viele Länder einen – wenn auch geringen – privaten Anreiz, Klimaschutz zu betreiben. Zum Beispiel würde eine deutliche Absenkung der CO_2-Emissionen in der EU (bei einem Anteil der EU-Emissionen an den weltweiten CO_2-Emissionen von etwa 15%) in geringem Maße zur Stabilisierung des Weltklimas beitragen. Eine Randlösung, in der jeder Akteur *nichts* zur Erstellung des öffentlichen Guts beiträgt, ist nicht plausibel. Wir werden daher im Folgenden ein alternatives Modell für die Entscheidungssituation eines Landes in der globalen Klimapolitik darstellen (Carraro und Siniscalco 1993, Barrett 1994). Dieses Modell wird dann im Abschnitt 6.6.2 mit einem Koalitionsmechanismus erweitert. Wie in Abschnitt 4.1.3 wird nur Vermeidung (also der Beitrag zum öffentlichen Gut) betrachtet. Anpassung wird nicht berücksichtigt, da davon auszugehen ist, dass jedes Land private Anreize hat, Anpassung auf optimalem Niveau zu erbringen.

Jedes Land i, $i = 1, \ldots N$, kann einen Beitrag q_i zum öffentlichen Gut Klimaschutz leisten. Dieser Beitrag ist die Emissionsvermeidung im eigenen Land. Jedes Land hat die Gewinnfunktion

$$\pi_i = -q_i^2 + \gamma Q \text{ mit } Q = \sum_{i=1}^{N} q_i \text{ und } \gamma > 0 \tag{6.27}.$$

Dabei sind q_i^2 die privaten Kosten von Land i, während der Nutzen von i aus Klimaschutz mit dem Faktor γ proportional zum Gesamtbeitrag aller Akteure ist. Aus der Gewinnfunktion 6.27 lassen sich sofort die Grenzkosten, $2q_i$, ablesen, welche zunehmend im individuellen Beitrag zum Klimaschutz sind. Der private Grenznutzen aus Klimaschutz, γ, ist hingegen positiv und konstant. Steigende Grenzkosten sind bei Klimaschutzmaßnahmen eine plausible Annahme: Mit zunehmender Vermeidung wird die Einsparung einer weiteren Tonne CO_2 immer teurer. Hingegen ist der Grenzschaden der Emission einer weiteren Tonne CO_2 – und damit der Grenznutzen aus Vermeidung – bei einem Globalschadstoff wie CO_2, dessen Konzentration sich in der Atmosphäre langsam erhöht, praktisch konstant.

Im Fall von individuell rationalem Verhalten maximiert jedes Land i seinen Gewinn gegeben das Verhalten der anderen Länder. Die Bedingung erster Ordnung für das Gewinnmaximum ist

$$\frac{\partial \pi_i}{\partial q_i} = -2q_i + \gamma = 0 \tag{6.28}$$

oder umgeformt

$$2q_i = \gamma \tag{6.29}.$$

Im individuellen Gewinnmaximum müssen also die Grenzkosten des Beitrags (linke Seite von 6.29) gleich dem privaten Grenznutzen (rechte Seite von 6.29) sein. Im symmetrischen Nash-Gleichgewicht („*NE*") gilt somit

$$q_i^{NE} = \frac{\gamma}{2} \text{ und } Q^{NE} = N\frac{\gamma}{2} \tag{6.30}.$$

Zwei Eigenschaften der Nash-Lösung in 6.30 sind bemerkenswert. Erstens: Wir haben es wiederum mit einem Nash-Gleichgewicht in dominanten Strategien zu tun, d.h., die beste Antwort jedes Akteurs im Gleichgewicht ist unabhängig davon, was die anderen Akteure zum öffentlichen Gut beitragen (der individuelle Beitrag im Gleichgewicht ist nur abhängig von γ und nicht von den Beiträgen der anderen Akteure). Zweitens: Im Nash-Gleichgewicht werden positive Beiträge zum öffentlichen Gut geleistet! Es liegt also keine Randlösung wie in Abschnitt 4.1.3 vor.

Vergleichen wir nun das Ergebnis individuell rationalen Verhaltens mit der kollektiv rationalen Lösung. In diesem Fall wird die Summe der Gewinne aller Länder, Π, maximiert. Da die N Länder symmetrisch sind, können wir davon ausgehen, dass jedes Land i den gleichen Beitrag zum öffentlichen Gut leistet. Damit ist der Gesamtbeitrag $Q = Nq_i$. Der Gesamtgewinn ist dann

$$\Pi = N\pi_i = N(-q_i^2 + \gamma Q) = -\frac{1}{N}Q^2 + \gamma NQ \tag{6.31}.$$

Die Bedingung erster Ordnung für ein kollektives Gewinnmaximum ist

$$\frac{\partial \Pi}{\partial Q} = -2\frac{Q}{N} + N\gamma = 0 \tag{6.32}$$

oder umgeformt

$$2\frac{Q}{N} = 2q_i = N\gamma \tag{6.33}.$$

Im kollektiven Gewinnmaximum sind die Grenzkosten des Beitrags zum Klimaschutz (linke Seite von 6.33) gleich dem sozialen Grenznutzen des Beitrags (rechte Seite von 6.33). Im sozialen Optimum („*Opt*") ist daher

$$q_i^{Opt} = N\frac{\gamma}{2} \text{ und } Q^{Opt} = N^2\frac{\gamma}{2} \tag{6.34}.$$

Beim Vergleich der Beiträge im Nash-Gleichgewicht (6.30) und im sozialen Optimum (6.34) sieht man sofort, dass die Beiträge im sozialen Optimum um den Faktor N größer sind als die Nash-Lösung. Es wird also aus kollektiver Sicht zu wenig beigetragen, wenn sich die Akteure individuell rational verhalten. Um die individuellen Gewinne bei individuell rationalem Verhalten mit denen bei sozial optimalem Verhalten vergleichen zu können, müssen wir die Nash-Lösung und das sozial optimale Beitragsniveau in die Gewinnfunktion 6.27 einsetzen. Wir erhalten für den Gewinn im Nash-Gleichgewicht

$$\pi_i^{NE} = (2N-1)\frac{\gamma^2}{4} \tag{6.35}$$

Ökonomische Dimension II: Anreizprobleme der Klimapolitik

Abb. 6.17 Beitrag zum Klimaschutz im Beispiel mit $N = 10$ und $\gamma = 10$

und für den Gewinn im sozialen Optimum

$$\pi_i^{Opt} = N^2 \frac{\gamma^2}{4} \qquad (6.36).$$

Für $N \geq 2$ gilt offensichtlich $\pi_i^{Opt} > \pi_i^{NE}$, d.h., auch hier sind die Akteure in einem sozialen Dilemma gefangen: Der Gewinn im Nash-Gleichgewicht ist kleiner als im sozialen Optimum.

Betrachten wir das Entscheidungsproblem nochmals anhand eines Beispiels mit $N = 10$ und $\gamma = 10$. Abbildung 6.17 macht deutlich, dass das Auseinanderfallen von privatem Grenznutzen, γ, und sozialem Grenznutzen, 10γ, letztlich die Ursache des sozialen Dilemmas ist. Ein Akteur, der eine Einheit mehr zum öffentlichen Gut beiträgt, berücksichtigt nur den privaten Nutzen seines Beitrags, nicht jedoch den Nutzen, der bei allen anderen Akteuren anfällt. Aus sozial optimaler Perspektive würden diese externen Nutzen jedoch berücksichtigt werden. Daher ist im sozialen Optimum (Schnittpunkt von Grenzkosten und sozialem Grenznutzen) der Beitrag, $q_i^{Opt} = 50$, höher als im Nash-Gleichgewicht (Schnittpunkt von Grenzkosten und privaten Grenznutzen), $q_i^{NE} = 5$. Die Gewinne sind im Nash-Gleichgewicht $\pi_i^{NE} = 475$ und im sozialen Optimum $\pi_i^{Opt} = 2500$.[35] Am Beispiel lassen sich auch die starken Freifahreranreize verdeutlichen. Gegeben, dass alle anderen Akteure j das sozial optimale Beitragsniveau von $q_j^{Opt} = 50$ wählen, kann Akteur i mit der besten Antwort („bA") seinen Gewinn auf $\pi_i^{bA}(q_i, q_j^{Opt}) = 4.525$ steigern. Freifahren auf Kosten der Anderen erhöht also in dieser Situation den Gewinn um über 80%.

---

[35] Die Einheit der Gewinne ($, €, usw.) spielt hier keine Rolle und wird im Folgenden weggelassen.

Wir halten fest: Die pessimistische Prognose des öffentlichen-Gut-Spiels aus Abschnitt 4.1.3 bleibt also erhalten. Es wird aus kollektiver Sicht zu wenig Klimaschutz betrieben.

Dennoch bleibt die Frage offen, ob das hier vorgestellte Modell reale Klimapolitik – oder allgemeiner Umweltpolitik in der internationalen Arena – richtig abbildet. Hierbei kann man durchaus skeptisch sein, denn in der Realität sieht Umweltpolitik anders aus. Die Länder entscheiden selten völlig allein über ihren Beitrag zum Umweltgut.[36] Üblicherweise bilden hier diejenigen Länder, die – warum auch immer – einen Beitrag leisten wollen, eine *Koalition*. Die Unterzeichner des Koalitionsvertrags leisten dann einen höheren Beitrag als die Nichtunterzeichner. Ein Beispiel hierfür ist das Kyoto-Protokoll von 1997, in dem sich die Industriestaaten zu einer Reduzierung der CO_2-Emissionen verpflichtet haben (vgl. Abschnitt 7.1). Könnte also ein solcher *Koalitionsmechanismus* die Lösung für das soziale Dilemma Klimaschutz sein?

6.6.2 Koalitionsmodelle

Betrachten wir folgende zweistufige Entscheidungssituation. Auf *Stufe 1*, die wir „Beitrittsentscheidung" nennen, entscheidet jedes Land i, ob es Mitglied der Koalition wird oder nicht. Die Mitglieder einer solchen Koalition verhalten sich aus Sicht der Koalition sozial optimal, d.h., es wird der Gesamtgewinn der Koalition maximiert oder – anders formuliert – der positive externe Effekt des Beitrags der Koalitionäre wird vollständig internalisiert. Nichtkoalitionäre verhalten sich hingegen individuell rational. Auf *Stufe 2*, die wir „Beitragsentscheidung" nennen, entscheidet schließlich jedes Land, wie viel es zum öffentlichen Gut Klimaschutz beiträgt. Der Beitrag eines Koalitionärs ist dann nur noch davon abhängig, wie viele Mitglieder die Koalition hat.[37]

Die Zahl der Mitglieder der Koalition sei k. Aus Abschnitt 6.6.1 wissen wir, dass der individuelle Beitrag im sozialen Optimum

$$q_i^{Opt} = N \frac{\gamma}{2}$$

ist.

---

[36] Ein weiterer, hier nicht betrachteter Aspekt ist die zeitliche Abfolge der Beiträge zum öffentlichen Gut Klimaschutz. So könnte man z.B. davon ausgehen, dass ein „Vorreiter" mit hohen Beiträgen zum öffentlichen Gut vorangeht und die anderen Akteure – nach dem Beitrag des Vorreiters – mit entsprechend höheren Beiträgen nachziehen. Offensichtlich verfolgt die EU diese Strategie, schließlich nimmt sie seit Jahren eine solche „Vorreiterrolle" in der Klimapolitik ein. Aus theoretischer wie auch aus empirischer Sicht muss man aber sehr skeptisch bzgl. der Erfolgschancen einer solchen Vorreiterrolle in der Klimapolitik sein. Eher ist zu erwarten, dass die anderen Akteure nicht nachziehen oder sogar ihre Beiträge zum öffentlichen Gut reduzieren. Vgl. hierzu Weimann (2010) und Sturm und Weimann (2008).

[37] Die klassischen Arbeiten zu Koalitionsmodellen sind Carraro und Siniscalco (1993) und Barrett (1994).

Auf eine Koalition mit der Größe k übertragen bedeutet dies, dass jeder Koalitionär („C") einen Beitrag von

$$q_i^C = k\frac{\gamma}{2}$$

leisten wird, denn die Koalition verhält sich gegeben die Zahl ihrer Mitglieder sozial optimal. Jeder Nichtkoalitionär („NC") wird dagegen

$$q_i^{NC} = \frac{\gamma}{2}$$

beitragen. An der dominanten Strategie ändert sich schließlich für einen Nichtkoalitionär nichts.

Die eigentlich spannende Frage ist nun: Wie groß ist die Koalition, die sich in diesem Spiel bildet? Lässt sich das soziale Dilemma im Klimaschutz durch die Änderung der Spielregeln – in diesem Fall durch die Einführung des Koalitionsmechanismus – abschwächen oder gar lösen? Wenn hinreichend viele Akteure zur Koalition beitreten, rückt das individuelle Beitragsniveau schließlich immer näher an das soziale Optimum heran.

Um diese Frage zu beantworten, müssen wir die Größe der stabilen Koalition bestimmen. Die Zahl der Koalitionäre in einer solchen stabilen Koalition sei mit k^* bezeichnet. Es lassen sich nun zwei Bedingungen identifizieren, die eine stabile Koalition auszeichnen. Erstens: Der Eintritt in eine solche stabile Koalition darf sich nicht lohnen, sonst wäre diese nicht extern stabil. Es muss also folgende Bedingung für *externe Stabilität* gelten

$$\pi_i^{NC}(k) \geq \pi_i^C(k+1) \tag{6.37}.$$

Nach Bedingung 6.37 darf der Gewinn eines Koalitionärs bei $k+1$ Koalitionären nicht größer sein als der Gewinn eines Nichtkoalitionärs bei k Koalitionären. Zweitens: Die Koalition muss intern stabil sein. *Interne Stabilität* bedeutet, dass sich der Austritt aus einer stabilen Koalition nicht lohnen darf. Für eine Koalitionsgröße k muss also folgende Bedingung gelten

$$\pi_i^C(k) \geq \pi_i^{NC}(k-1) \tag{6.38}.$$

Nach Bedingung 6.38 darf der Gewinn eines Nichtkoalitionärs bei $k-1$ Koalitionären nicht größer sein als der Gewinn eines Koalitionärs bei k Koalitionären.

Damit wir nun von einer stabilen Koalition mit Größe k^* sprechen können, müssen beide Bedingungen, 6.37 und 6.38, erfüllt sein. Aus Bedingung 6.37 für die externe Stabilität folgt

$$-\left(\frac{\gamma}{2}\right)^2 + \gamma\left(k^2\frac{\gamma}{2} + (N-k)\frac{\gamma}{2}\right) \geq -\left((k+1)\frac{\gamma}{2}\right)^2 + \gamma\left((k+1)^2\frac{\gamma}{2} + (N-k-1)\frac{\gamma}{2}\right) \tag{6.39}.$$

Mit etwas Umformen kann man zeigen, dass 6.39 sich vereinfachen lässt zu

$$k \geq 2 \tag{6.40}.$$

Das ist zunächst einmal eine gute Nachricht! Die Zahl der Koalitionäre in der stabilen Koalition liegt bei zwei oder darüber. Wir müssen nun noch überprüfen, was aus der Bedingung 6.38 für die interne Stabilität folgt. Hier kann man zeigen, dass

$$-\left(k\frac{\gamma}{2}\right)^2 + \gamma\left(k^2\frac{\gamma}{2}+(N-k)\frac{\gamma}{2}\right) \geq -\left(\frac{\gamma}{2}\right)^2 + \gamma\left((k-1)^2\frac{\gamma}{2}+(N-k+1)\frac{\gamma}{2}\right) \quad (6.41)$$

sich vereinfachen lässt zu der Bedingung

$$2k \geq \frac{1}{2}k^2 + \frac{3}{2} \Leftrightarrow k \leq 3 \quad (6.42).$$

Bedingung 6.42 ist also nur für die ganzen Zahlen 1, 2 und 3 erfüllt. Wir müssen daher feststellen, dass die Zahl der Koalitionäre in der stabilen Koalition bei 2 oder 3 liegt. Es ist also $k^* \in \{2,3\}$. Die Hoffnung, mit dem Koalitionsmechanismus das öffentliche-Gut-Problem zu lösen, hat sich damit nicht erfüllt. Im Gleichgewicht treten nur wenige Länder der Koalition bei. Der eigentliche Grund hierfür sind die starken *Freifahreranreize* im zugrundeliegenden öffentlichen-Gut-Spiel. Wenn eine Koalition hinreichend groß ist, lohnt es sich für einen Koalitionär aus der Koalition auszutreten und die Freifahreroption wahrzunehmen. Gleichzeitig würde der Beitritt eines Nichtkoalitionärs diesen schlechter stellen. Unter diesen Bedingungen kommt keine stabile Koalition mit vielen Mitgliedern zustande.

Die Freifahreranreize im öffentlichen-Gut-Spiel mit Koalitionsmechanismus sollen nun anhand des Beispiels aus Abschnitt 6.6.1 verdeutlich werden. Es gilt die Gewinnfunktion 6.27 mit $N = 10$ und $\gamma = 10$. Ausgangspunkt ist die Überlegung eines Akteurs i, der Koalition beizutreten. Die Entscheidung zum Beitritt ist offensichtlich davon abhängig, was die anderen Akteure machen. Wenn niemand beitritt, ist Akteur i indifferent zwischen Beitritt und Nichtbeitritt, in beiden Fällen ist der Gewinn von i gleich $\pi_i^C (k = 1) = \pi_i^{NC} (k = 1) = 475$. Wenn hingegen ein anderer Akteur j beigetreten ist, lohnt sich für i der Beitritt zur Koalition, denn $\pi_i^C (k = 2) = 500 > \pi_i^C (k = 1) = 475$. Wenn bereits zwei Akteure j beigetreten sind, ist Akteur i wiederum indifferent zwischen Beitritt und Nichtbeitritt, denn es ist $\pi_i^C (k = 3) = 575 = \pi_i^{NC} (k = 2) = 575$. Wenn dagegen drei Akteure j bereits eine Koalition bilden, ist es für Akteur i beste Antwort darauf, nicht beizutreten und die Freifahrerposition eines Nichtkoalitionärs einzunehmen. In diesem Fall ist $\pi_i^C (k = 4) = 700 < \pi_i^{NC} (k = 3) = 775$. Abbildung 6.18 stellt die Gewinne von i in Abhängigkeit von der Beitrittsentscheidung aller anderen Akteure dar. Wie man sieht, gibt es Freifahreranreize für Akteur i, wenn die Zahl der anderen Akteure in der Koalition größer ist als zwei: Der Gewinn bei Nichtbeitritt liegt in diesem Fall über dem Gewinn bei Beitritt. Die steigende Differenz zwischen dem Gewinn von i bei Nichtbeitritt und Beitritt macht deutlich, dass die Freifahreranreize für i mit der Zahl der anderen Akteure in der Koalition steigen.

Wir müssen also festhalten: Auch der hier vorgestellte zweistufige Koalitionsmechanismus ist nicht in der Lage, das öffentliche-Gut-Problem beim Klimaschutz zu lösen. Die Zahl der Koalitionäre in einer stabilen Koalition und der mit der stabilen Koalition verbundene Wohlfahrtsgewinn sind gering.

Abb. 6.18 Gewinne eines Koalitionärs im Beispiel mit $N = 10$ und $\gamma = 10$

Literatur

APA. 2011. Aktionsplan Anpassung der Deutschen Anpassungsstrategie an den Klimawandel vom Bundeskabinett am 31. August 2011 beschlossen.

Barrett, S. 1994. Self-Enforcing International Environmental Agreements. *Oxford Economic Papers* 46:878–894.

Boden, T. A., G. Marland, und R. J. Andres. 2017. Global, Regional, and National Fossil-Fuel CO_2 Emissions. Carbon Dioxide Information Analysis Center, Oak Ridge National Laboratory, U.S. Department of Energy, Oak Ridge, Tenn., U.S.A. doi 10.3334/CDIAC/00001_V2017.

Bosello, F., R. Roson, und R. S. J. Tol. 2006. Economy-wide estimates of the implications of climate change. *Human health and Ecological Economics* 58:579–591.

Buchholz, W., J. Schumacher. 2009. *Die Wahl der Diskontrate bei der Bewertung von Kosten und Nutzen in der Klimapolitik.* Jahrbuch Ökologische Ökonomik, Band 6, 1–33. Weimar (Lahn): Metropolis.

Bundesregierung. 2008. Deutsche Anpassungsstrategie an den Klimawandel. http://www.bmu.de/klimaschutz/downloads/doc/42783.php. Zugegriffen: 22. Februar 2018.

Carraro, C., und D. Siniscalco. 1993. Strategies for the International Protection of the Environment. *Journal of Public Economics* 52:309–328.

Chmielewski, F. M. 2007. Folgen des Klimawandels für Land- und Forstwirtschaft. In *Der Klimawandel. Einblicke, Rückblicke, Ausblicke,* Hrsg. W. Endlicher und F.-W. Gerstengarbe, 75–85. http://edoc.hu-berlin.de/miscellanies/klimawandel-28044/75/PDF/75.pdf. Zugegriffen: 25. Februar 2018.

Dannenberg, A., T. Mennel, D. Osberghaus, und B. Sturm. 2010. The Role of Government in Adaptation to Climate Change. *Environment & Planning C: Government & Policy* 28 (5):834–850.

Donaldson, G., R. S. Kovats, W. R. Keatinge, und A. J. McMichael. 2001. Overview of Climate Change Impacts on Human Health in the UK. In *Health Effects of Climate Change in the UK, 2001/2002 Report*, Hrsg. Department of Health. London.

DWD. 2017. Mitteilung vom 24.04.2017.

Energiereferenzprognose. 2014. Entwicklung der Energiemärkte, Projekt Nr. 57/12, Studie im Auftrag des Bundesministeriums für Wirtschaft und Technologie, Prognos, EWI, GWS, Juni 2014.

Etheridge, D. M., L. P. Steele, R. L. Langenfelds, R. J. Francey, J.-M. Barnola, und V. I. Morgan. 1998. Historical CO_2 record from the Law Dome DE08, DE08-2, and DSS ice cores. http://cdiac.ornl.gov/trends/co2/lawdome-data.html. Zugegriffen: 22. Februar 2018.

Hutcheson, F. 2004 (1725). *An Inquiry into the Original of our Ideas of Beauty and Virtue*. Indianapolis: Liberty Fund, Inc.

Intergovernmental Panel on Climate Change (IPCC). 2007a. *Climate Change 2007: Synthesis Report*. IPCC. Genf (Schweiz).

Intergovernmental Panel on Climate Change (IPCC). 2007b. *Climate Change 2007: WG I. Technical Summary IPCC*. Genf (Schweiz).

Intergovernmental Panel on Climate Change (IPCC). 2007c. *Climate Change 2007: Impacts, Adaptation and Vulnerability*. Contribution of Working Group II to the Fourth Assessment Report of the Intergovernmental Panel on Climate Change. Cambridge (UK): Cambridge University Press.

Intergovernmental Panel on Climate Change (IPCC). 2014a. *Climate Change 2014. Impacts, Adaptation, and Vulnerability*. WGII AR5.

Intergovernmental Panel on Climate Change (IPCC). 2014b. *Climate Change 2014. Synthesis Report*.

Keatinge, W. R., G. C. Donaldson, E. Cordioli, M. Martinelli, A. E. Kunst, J. P. Mackenbach, S. Nayha, und I. Vuori. 2000. Heat Related Mortality in Warm and Cold Regions of Europe: Observational Study. *British Medical Journal* 321:670–673.

Lomborg, B. 2008. Cool it. *Warum wir trotz Klimawandels einen kühlen Kopf bewahren sollten*. München: Deutsche Verlags-Anstalt.

Löschel, A. 2009. Die Zukunft der Kohle in der Stromerzeugung in Deutschland. Eine umweltökonomische Betrachtung der öffentlichen Diskussion. Reihe: Energiepolitik/1/2009. Friedrich-Ebert-Stiftung. http://library.fes.de/pdf-files/stabsabteilung/06520.pdf. Zugegriffen: 4. März 2018.

Morice, C. P., J. J. Kennedy, N. A. Rayner, und P. D. Jones. 2012. Quantifying uncertainties in global and regional temperature change using an ensemble of observational estimates: The HadCRUT4 dataset. *Journal of Geophysical Research 117*. D08101, doi:10.1029/2011JD017187.

Moslener, U., und B. Sturm. 2009. Remarks on Equity and Efficiency in Climate Policy. In *Benefits of Environmental Policy*, Conference Volume of the 6th Chemnitz Symposium 'Europe and Environment', Hrsg. K. D. John und D.T.G. Rübbelke, 61–77. London and New York: Routledge.

Nordhaus, W. D. 2017. Revisiting the Social Cost of Carbon. *Proceedings of the National Academy of Sciences* 114 (7):1518–1523.

Nordhaus, W. D. 2016. DICE 2016R. http://www.econ.yale.edu/~nordhaus/homepage/DICEmodels09302016.htm. Zugegriffen: 22. Februar 2018.

Nordhaus, W. D. 2014. Estimates of the Social Cost of Carbon: Concepts and Results from the DICE-2013R Model and Alternative Approaches. *Journal of the Association of Environmental and Resource Economists* 1:273–312.

Nordhaus, W. D. 2008. *A Question of Balance: Economic Modeling of Global Warming*. Yale University Press. http://www.econ.yale.edu/~nordhaus/homepage/. Zugegriffen: 22. Februar 2018.

Nordhaus, W. D. 1997. Discounting in Economics and Climate Change. An Editorial Comment. *Climatic Change* 37:315–328.

Oates, W. E. 1999. An Essay on Fiscal Federalism. *Journal of Economic Literature* 37:1120–49.

Parry, L. L., C. Rosenzweig, A. Iglesias, M. Livermore, und G. Fischer. 2004. Effects of climate change on global food production under SRES emissions and socio-economic scenarios. *Global Environmental Change* 14:53–67.

Parry, M. L, C. Rosenzweig, und M. Livermore. 2005. Climate Change, Global Food Supply and Risk of Hunger. *Philosophical Transactions of the Royal Society B* 360:2125–2136.

Paqué, K. H. 2008. Zins, Zeit, und Zukunft. Zu Ökonomie und Ethik globaler Klimamodelle. In *Transformation in der Ökonomie. Festschrift für Gerhard Schwödiauer zum 65. Geburtstag*, Hrsg. H. Gischer, 268–286. Wiesbaden.

Rahmsdorf, S., und H. J. Schellnhuber. 2007. *Der Klimawandel*. 4. Auflage. München: Verlag C.H. Beck.

Sinn, H.-W. 2008. *Das grüne Paradoxon. Plädoyer für eine illusionsfreie Klimapolitik*. Berlin: Econ.

Stern, N. 2006. *The Economics of Climate Change. The Stern Review*. Cambridge (UK): Cambridge University Press.

Sturm, B., und C. Vogt. 2011. *Umweltökonomik – Eine anwendungsorientierte Einführung*. 1. Auflage. Heidelberg: Physica-Verlag.

Sturm, B., und J. Weimann. 2008. Unilateral Emissions Abatement: An Experiment. In *Environmental Economics, Experimental Methods*, Hrsg. C. Todd, J. Shogren, und S. Kroll, 157–183. London, New York: Routledge.

Tans, P., und R. Keeling. 2017. NOAA Earth System Research Laboratory (ESRL), Scripps Institution of Oceanography. https://www.esrl.noaa.gov/gmd/ccgg/trends/data.html. Zugegriffen: 2. März 2018.

Tol, R. S. J. 2005. Adaptation and mitigation: trade-offs in substance and methods. *Environmental Science and Policy* 8:572–578.

Umweltbundesamt (UBA). 2003. Mögliche Auswirkungen von Klimaveränderungen auf die Ausbreitung von primär humanmedizinisch relevanten Krankheitserregern über tierische Vektoren sowie auf die wichtigen Humanparasiten in Deutschland, Forschungsbericht 200 61 218/11, UBA-FB 000454.

Van Vuuren, D. P., J. Edmonds, M. Kainuma, K. Riahi, A. Thomson, K. Hibbard, G. C. Hurtt, T. Kram, V. Krey, J.-F. Lamarque, T. Masui, M. Meinshausen, N. Nakicenovic, S. J. Smith, und S. K. Rose. 2011. The representative concentration pathways: An overview. *Climatic Change* 109:5–31.

Winkelmann, I. 2009. Klimawandel und Sicherheit in der arktischen Region, Diskussionspapier FG 8, 2009/2, SWP Berlin.

Weimann, J. 2010. Politikberatung und die Verhaltensökonomie: Eine Fallstudie zu einem schwierigen Verhältnis. Working Paper 13/2010. Faculty of Economics and Management, Otto-von-Guericke Universität Magdeburg.

Weimann, J. 2008. *Die Klimapolitik-Katastrophe*. Marburg: Metropolis-Verlag.

Empirische Evidenz zur Bereitstellung öffentlicher Güter

7

Kapitel 6 zeichnet ein recht pessimistisches Bild, was die Möglichkeiten zur freiwilligen Bereitstellung öffentlicher Güter angeht: Unabhängig davon, wie komplex wir unser Modell gestaltet haben, zeigte sich, dass rationale Akteure hierbei versagen und das Gut nicht oder in ineffizient geringer Menge bereitstellen werden. In Kapitel 7 soll nun diese theoretische Prognose mit der Empirie konfrontiert werden, und zwar auf zwei Ebenen: Zunächst werden wir in Abschnitt 7.1 untersuchen, ob das von der Theorie prognostizierte Kooperationsversagen auch in der realen Klimapolitik zu beobachten ist. Wir werden uns daher etwas ausführlicher mit dem Kyoto-Protokoll und seiner Verhandlungsgeschichte auseinandersetzen. Das Paris-Abkommen als jüngstes Ergebnis der klimapolitischen Bemühungen der Staatengemeinschaft wird ebenfalls einer ersten kritischen Betrachtung unterzogen. In Abschnitt 7.2 werden wir dann die mittlerweile sehr umfangreiche empirische Evidenz aus der experimentellen Wirtschaftsforschung in Grundzügen kennenlernen. Es zeigt sich: Während sich die ökonomische Theorie bei der Erklärung der realen Klimapolitik recht gut behauptet, versagt sie bei der Erklärung der experimentellen Befunde: Es zeigt sich nämlich, dass ein beträchtlicher Teil von Versuchsteilnehmern in Experimenten sich durchaus kooperativ verhält und zur Bereitstellung von öffentlichen Gütern beiträgt. In Abschnitt 7.3 wird ein prominenter theoretischer Ansatz vorgestellt, der in der Lage ist, kooperatives Verhalten in sozialen Dilemma-Situationen zu erklären. Es handelt sich um die Theorie von Fehr und Schmidt (1999), die zentral auf der Idee von Ungleichheitsaversion beruht. In Abschnitt 7.4 werden wir diesen Ansatz auf das Geschehen in der realen Klimapolitik anwenden und eine alternative Deutung für das bisher beobachtbare Kooperationsversagen in der Klimapolitik versuchen.

7.1 Feldevidenz: Das Kyoto-Protokoll – nur symbolische Politik?

Der globale Klimawandel stellt – trotz aller Unsicherheit, die es bei der Einschätzung der künftig zu erwartenden Schäden sicherlich noch gibt – eine der großen Herausforderungen der Menschheit im 21. Jahrhundert dar. Seit Jahrzehnten bemüht sich die Staatengemeinschaft, einer Lösung des Problems näher zu kommen. Doch wie weit sind die Fortschritte bislang gediehen?

Unsere bisherigen Überlegungen im Kapitel 6 lassen keine allzu großen Hoffnungen aufkeimen, dass die Lösung des Problems einfach ist. Die Bekämpfung oder Eindämmung des Klimawandels ist aus ökonomischer Sicht mit fatalen Anreizproblemen verbunden. Klimaschutz stellt ein globales öffentliches Gut dar, denn von der Nutzung der Erdatmosphäre kann kein Staat wirksam ausgeschlossen werden und außerdem existiert keinerlei Rivalität bei der Nutzung. Wir haben uns in Kapitel 6 klar gemacht, dass nicht mit der freiwilligen Bereitstellung öffentlicher Güter zu rechnen ist: Ökonomisch rational handelnde Akteure werden letztlich keine oder ineffizient geringe Beiträge leisten. Das Gut „Stabilisierung des Erdklimas" wird nicht (im Fall einer Randlösung) oder nur in ineffizient geringer Menge bereitgestellt. Ursache hierfür ist die Wahrnehmung der sich bietenden Freifahreroption. Im 2006 publizierten Stern-Report (Stern 2006, S. 1) wird dieses Problem folgendermaßen beschrieben: „Climate change presents a unique challenge for economics: it is the greatest example of market failure we have ever seen".

Auf den ersten Blick scheint die Realität die ökonomische Theorie zu widerlegen. Hat sich die internationale Gemeinschaft nicht 1997 zu einem bahnbrechenden Klimaschutzabkommen, dem Kyoto-Protokoll, durchgerungen? Und existiert mit dem Paris-Abkommen von 2015 nicht eine Übereinkunft, die weitere Emissionsminderungen in der näheren Zukunft vorsieht?

Eine vorsichtige und notwendigerweise vorläufige, kurze Beurteilung des Paris-Abkommens erfolgt in Abschnitt 7.1.4. Bezüglich des Kyoto-Protokolls allerdings existiert reichlich empirische Evidenz, um die ökonomische Theorie einem Faktencheck zu unterziehen. Das Kyoto-Protokoll ist in der Tat seinerzeit als ein Meilenstein der internationalen Klimapolitik gefeiert worden, viele Teilnehmer des Verhandlungsprozesses sprachen damals von einem Durchbruch. Mittlerweile ist die Euphorie von damals einer sehr viel skeptischeren Sicht gewichen. Bevor wir uns aber mit der Bewertung des Kyoto-Protokolls beschäftigen, sollen zunächst die wesentlichen Inhalte kurz dargestellt werden.

7.1.1 Das Kyoto-Protokoll: Bedeutung und wesentliche Inhalte

Die historisch herausragende Bedeutung des Kyoto-Protokolls liegt in der Tatsache begründet, dass sich in diesem völkerrechtlichen Vertrag die industrialisierten Länder dieser Welt erstmals zu einer quantitativen Begrenzung ihrer Treibhausgasemissionen verpflichtet haben. Dies unterscheidet das Kyoto-Protokoll von der früheren Klimarahmenkonvention (KRK) der Vereinten Nationen. Dieses Vertragswerk aus dem Jahre 1991 begnügt sich nämlich noch mit vagen Absichtserklärungen. So verpflichten sich die Unterzeichnerstaaten in der KRK dazu, die Treibhausgasemissionen auf einem Niveau zu stabilisieren, das gefährliche anthropogene Störungen des Klimasystems vermeidet. Wie aber ein solches Niveau genau aussieht und wie es zu erreichen wäre, wird nicht weiter konkretisiert. Die Klimarahmenkonvention ist aber dennoch bedeutsam: Zum einen, weil mit ihr erstmals der Klimawandel als ernstzunehmendes Problem der internationalen Politik anerkannt wird. Zum anderen, weil in ihr das Prinzip der „gemeinsamen, aber unterschiedlichen Verantwortlichkeit" festgeschrieben wird. Damit haben insbesondere die Entwicklungsländer einen Pflock in die Verhandlungsarena eingeschlagen, der bis heute wirkt. Mit diesem Prinzip wird nämlich begründet, dass die Industrieländer, aufgrund ihrer größeren historisch kumulierten Emissionen (vgl. Abschnitt 6.4), bei der Bekämpfung des Klimawandels größere Lasten tragen müssen. Verhandlungstheoretisch kann die Klimarahmenkonvention als eine Begrenzung der Menge der möglichen Verhandlungsergebnisse begriffen werden. Auch wenn die KRK damit letztlich keine konkreten Minderungspflichten vorsieht, ist sie dennoch für die weiteren Verhandlungen von gewisser Bedeutung.

Im Kyoto-Protokoll von 1997 wird die erforderliche Konkretisierung der Minderungspflichten dann nachgeholt. Die industrialisierten Länder – vor allem die Länder der Europäischen Union, die USA, Russland, Kanada, Japan und Australien – verpflichten sich im Kyoto-Protokoll zu einer durchschnittlichen Minderung ihrer Treibhausgasemissionen um 5,2% gegenüber dem Emissionsniveau von 1990. Die Schwellen- und Entwicklungsländer gehen dagegen keine Reduktionsverpflichtungen ein. Das Jahr 1990 fungiert als sogenanntes Basisjahr des Protokolls. Obwohl das Protokoll explizit sechs Treibhausgase reguliert, wird faktisch ausschließlich über eine Reduzierung der CO_2-Emissionen gesprochen. Dabei fallen die Minderungspflichten recht unterschiedlich aus (vgl. Tabelle 7.1): Während die EU sich zu einer Reduktion um 8% verpflichtet hat, musste ein Land wie Russland seine Emissionen lediglich auf dem Niveau von 1990 stabilisieren. Die USA hatten sich ursprünglich zu einer Minderung ihrer Emissionen um 7% verpflichtet.

Innerhalb der EU fielen die Reduktionslasten sehr unterschiedlich aus (vgl. Tabelle 7.2). Das interne „EU Burden Sharing Agreement" sah beispielsweise vor, dass ein Land wie Spanien seine CO_2-Emissionen gegenüber 1990 um 15% ausweiten durfte, Deutschland hingegen hatte ein sehr ambitioniertes Minderungsziel von 21% übernommen.

Tab. 7.1 Emissionsziele für 2008-2012 unter dem Kyoto-Protokoll

Land	Veränderung ggü. 1990 (in %)
Australien	8
Europäische Gemeinschaft (EU-15)	−8
Kanada	−6
Japan	−6
Russland	0
USA	−7

Tab. 7.2 Burden Sharing Agreement für die EU-15

Land	Veränderung ggü. 1990 (in %)
Belgien	−8,0
Dänemark	−21,0
Deutschland	−21,0
Finnland	0
Frankreich	0
Griechenland	25,0
Großbritannien	−12,5
Irland	13,0
Italien	−6,5
Luxemburg	−28,0
Niederlande	−6,0
Österreich	−13,0
Portugal	27,0
Schweden	4,0
Spanien	15,0

Die Minderungspflichten mussten im Mittel der Jahre 2008 bis 2012 erreicht werden. Das Kyoto-Protokoll wurde nach seiner Unterzeichnung vor allem deshalb als ein Meilenstein der internationalen Klimapolitik gefeiert, weil es verbindliche Minderungsziele und klare Zeitvorgaben für die Erreichung dieser Reduktionen vorsieht. Erinnern wir uns, was aus Sicht der ökonomischen Theorie eigentlich in der internationalen Klimapolitik zu erwarten wäre: Ökonomisch rational wäre es, sich nicht an der Bereitstellung des öffentlichen Guts „Stabilisierung des Erdklimas" zu beteiligen, bzw. lediglich auf einem ineffizient niedrigen Niveau. Die Existenz eines völkerrechtlich verbindlichen Klimaschutzabkommens mit substanziellen Minderungszielen, das von mehr als 180 Staaten ratifiziert worden ist, scheint diese theoretische Prognose klar zu widerlegen.

7.1.2 Die Aufweichung des Kyoto-Protokolls

Der Widerspruch zwischen Theorie und Empirie ist aber nur ein scheinbarer. Ein etwas genauerer Blick auf das Kyoto-Protokoll ist durchaus geeignet, für Ernüchterung zu sorgen. Schauen wir uns dazu in groben Zügen an, was mit dem Kyoto-Protokoll im Zeitraum von 1997 bis zu seinem Inkrafttreten im Jahre 2005 geschah.

Die Vertragsstaatenkonferenz Nummer 3 (COP 3) in Kyoto hatte zahlreiche Streitfragen ungeklärt gelassen. Der Verhandlungserfolg von Kyoto war also zum Teil wenigstens der Tatsache geschuldet, dass man zentrale Streitpunkte, die zuvor die Klimaverhandlungen belastet hatten, ausklammerte. Dazu gehörten vor allem zwei Fragen: Zum einen die Frage, inwieweit Kohlenstoffsenken auf die Erfüllung der Kyoto-Ziele anrechenbar sind. Zum zweiten die Frage, ob der Emissionshandel zwischen den Vertragsstaaten limitiert werden sollte. Unter Kohlenstoffsenken versteht man natürliche Reservoire, die in der Lage sind, Kohlenstoff, zumindest für eine gewisse Zeit, zu speichern und damit der Atmosphäre zu entziehen. Zu den wichtigsten Senken gehören die Ozeane, in deren tiefen Schichten enorme Mengen Kohlenstoff gebunden werden sowie die Biomasse an Land, in erster Linie Wälder und landwirtschaftliche Nutzflächen. Das Kyoto-Protokoll sieht in Artikel 3.3 explizit vor, Kohlenstoffsenken zu berücksichtigen. Strittig war allerdings immer, welche Senken in welchem Umfang einbezogen werden können. Man braucht nicht viel Phantasie sich vorzustellen, dass Länder wie Kanada, aber auch Russland, die beide sowohl über enorme Waldflächen wie auch gewaltige landwirtschaftliche Nutzflächen verfügen, für eine eher großzügige Anrechnung von Senken plädiert haben. Die Europäische Union hingegen vertrat in den Verhandlungen eine eher skeptische Position und versuchte, die Anrechnung von Senken weitestgehend zu begrenzen.

Ein zweiter wichtiger Streitpunkt war die Frage, in welchem Umfang nationale Minderungsziele durch den Zukauf von Emissionsrechten erfüllt werden durften. Auch hier vertrat die EU eine eher restriktive Position. Minderungsziele sollten vornehmlich durch nationale Minderungsmaßnahmen erreicht werden, nicht aber durch den internationalen Emissionshandel. Diese Position wird erst verständlich, wenn man sich vergegenwärtigt, dass Länder wie Russland und die Ukraine über enorme Mengen sogenannter heißer Luft (engl. „hot air") verfügen. Unter „hot air" wird in der einschlägigen Literatur die Menge der überschüssigen Emissionsrechte in diesen Ländern verstanden, die Russland und die Ukraine effektiv nicht benötigten. Dieser Zertifikatüberschuss resultierte einfach aus der Tatsache, dass mit der Transformation der ehemaligen sozialistischen Planwirtschaften zu Marktwirtschaften die Wirtschaftsleistung in Osteuropa massiv einbrach. So sank etwa das reale russische Bruttoinlandsprodukt im Zeitraum von 1990 bis 1997 um fast 40%. Die Folge war, dass die tatsächlichen CO_2-Emissionen proportional einbrachen. Nun muss man sich klar machen, dass Russland und die Ukraine Emissionsrechte auf der Grundlage des Jahres 1990 zugeteilt bekamen, dem Basisjahr des Kyoto-Protokolls. 1990 aber lagen Wirtschaftsleistung und Emissionen noch weit höher. Mit der Beschränkung des Emissionshandels wollte die EU vor allem verhindern, dass die heiße Luft Russlands und der Ukraine gehandelt werden konnte, um damit beispielsweise Reduktionsziele in EU-Mitgliedstaaten zu erfüllen.

Um das Schicksal des Kyoto-Protokolls aber vollends verstehen zu können, fehlt noch ein weiterer Mosaikstein in unserer Geschichte: Im Jahr 2000 erklärten die USA (unter Präsident G.W. Bush) auf der sechsten Vertragsstaatenkonferenz (COP 6) in Den Haag, sich nicht mehr aktiv an den Klimaverhandlungen zu beteiligen und das Kyoto-Protokoll nicht zu ratifizieren. Tatsächlich standen die USA schon immer einem Klimaschutzabkommen eher skeptisch gegenüber. Zwar war die Administration Clinton-Gore (1997 im Amt) durchaus aufgeschlossen für klimapolitische Belange. Aber selbst Clinton und Gore waren in ihrem Handlungsspielraum massiv eingeschränkt. Der Grund hierfür ist in der

Byrd-Hagel-Resolution zu sehen, die im Vorfeld von COP 3 vom US-Senat – und zwar einstimmig mit 95 zu 0 Stimmen! – verabschiedet worden war. Der US-Senat macht darin unmissverständlich deutlich, dass eine unabdingbare Voraussetzung für die Ratifizierung des Kyoto-Protokolls Minderungsverpflichtungen wichtiger Entwicklungs- und Schwellenländer sind.[1]

Die USA wurden seinerzeit für ihren Ausstieg aus dem Kyoto-Prozess massiv gescholten. Paradoxerweise könnte es aber gerade der Ausstieg der USA gewesen sein, der den dann folgenden Verhandlungen zum „Durchbruch" verhalf. Diese Aussage wird erst dann verständlich, wenn man sich vergegenwärtigt, an welche Bedingungen das Inkrafttreten des Kyoto-Protokolls geknüpft war. Die Literatur hat hierfür den Begriff „double trigger" geprägt. Es waren zwei Bedingungen, die beide erfüllt sein mussten, damit das Kyoto-Protokoll völkerrechtlich verbindlich werden konnte: Erstens musste es von mindestens 55 Staaten ratifiziert werden. Zweitens, und viel wichtiger aber, mussten diese 55 Staaten mindestens 55% des weltweiten CO_2-Ausstoßes in 1990 repräsentieren.

Die USA waren 1990 der weltweit größte Emittent von CO_2. Der Ausstieg der USA bewirkte nun, dass ein Inkrafttreten des Protokolls nur noch möglich war, wenn neben der EU Russland, Kanada und Japan das Protokoll ratifizieren würden. Dieser Umstand verlieh den betreffenden Staaten einen enormen Zuwachs an Verhandlungsmacht. Tatsächlich erlangten die Staaten die Position eines „Veto-Spielers": Jeder einzelne von ihnen konnte mit seinem Nein den Vertrag scheitern lassen.

Für die Europäer war dies eine sicherlich prekäre Lage. Sie waren nun gezwungen, in zentralen Streitfragen weitgehende Zugeständnisse zu machen: So verständigte man sich auf COP 7 in Marrakesch denn auch auf eine großzügige Anrechenbarkeit von Kohlenstoffsenken einerseits, einen im Grunde unbeschränkten Emissionshandel andererseits. Die Europäer mussten diese Kröten schlucken, um das Kyoto-Protokoll zu retten. Ein Scheitern des Protokolls wäre für die EU einem mittleren Desaster gleich gekommen, hatte sich die EU doch immer schon zum Vorreiter der internationalen Klimapolitik erklärt.

Was waren die Wirkungen dieser sogenannten „Marrakech accords"? Böhringer und Vogt (2003) sind dieser Frage im Rahmen eines numerischen allgemeinen Gleichgewichtsmodells nachgegangen. Die Ergebnisse sind erhellend und ernüchternd zugleich: Tatsächlich, wie Tabelle 7.3 belegt, gelang es, die Implementierungskosten des Protokolls durch diese Maßnahmen weitgehend abzusenken. So reduziert sich der jährliche Einkommensverlust pro Kopf und Jahr für ein Land wie Kanada von ursprünglich $162 auf $15, interessanterweise profitiert aber auch die EU von Kostensenkungen (von $23 auf $8).

Die Kehrseite der Medaille ist allerdings, dass die ökologische Effektivität des Abkommens weitestgehend geopfert wurde: Gegenüber den ursprünglich avisierten etwa 9% Emissionsminderungen gegenüber Business As Usual bleibt unter Berücksichtigung der

---

[1] In der Resolution (S. 98 1997, S. 4) heißt es *"…the United States should not be a signatory to any … agreement … which would (A) mandate new commitments to limit or reduce greenhouse gas emissions …, unless the … agreement also mandates new specific scheduled commitments to limit or reduce greenhouse gas emissions for Developing Country Parties within the same compliance period, or (B) would result in serious harm to the economy of the United States …".*

Tab. 7.3 Effekte der Nachverhandlung des Kyoto-Protokolls

	Szenario 1: "Kyoto-Protokoll ursprüngliche Fassung"	Szenario 2: "Kyoto-Protokoll nachverhandelte Fassung"
	Änderung des privaten Konsums ggü. BAU 2010 (in %)	
AUN	−1,18	−0,29
CAN	−1,48	−0,13
EUR	−0,17	−0,06
JPN	−0,26	−0,05
CEA	0,49	0,75
FSU	−0,93	0,38
USA	−0,51	0,00
ROW	−0,35	−0,03
TOTAL	−0,24	−0,01
	Veränderung des privaten Pro-Kopf-Konsums (USD1997)	
AUN	−114	−28
CAN	−162	−15
EUR	−23	−8
JPN	−53	−9
CEA	8	12
FSU	−12	5
USA	−92	−
	Änderung der CO_2-Emissionen ggü. BAU 2010 (in %)	
TOTAL	−9,6	−0,7

Quelle: Böhringer und Vogt (2003).

Anmerkungen:
AUN − Australien und Neuseeland, CAN − Kanada, EUR − OECD Europa (inkl. EFTA), JPN − Japan, CEA − Zentral- und Osteuropa, FSU − ehemalige UdSSR (inkl. Ukraine), ROW − sonstige. BAU − Business As Usual.
Szenario 1 unterstellt, dass die USA am Kyoto-Protokoll teilnehmen und ihr Minderungsziel von 7 % erfüllen, Außerdem wird angenommen, dass keine Senken angerechnet werden und alle Minderungspflichten ausschließlich durch nationale Politiken, nicht aber durch den Emissionshandel erfüllt werden. In Szenario 2 nehmen die USA nicht am Protokoll teil, Senken werden gemäß der Beschlüsse von COP 7 angerechnet und der Emissionshandel wird nicht beschränkt.

Schlupflöcher gerade einmal knapp 1% übrig. Ein wahrhaft mageres Ergebnis − freilich eines, dass sich mit der bis jetzt zu beobachtenden Emissionsentwicklung recht gut deckt.

Tab. 7.4 Tatsächliche Emissionsentwicklung ausgewählter Länder

Land	Kyoto-Ziel (in %)	Tatsächliche Emissionen 2007 ggü. 1990 (in %)	Tatsächliche Emissionen 2012 ggü. 1990 (in %)
Australien	8,0	30,0	44,1
Deutschland	-21,0	-21,3	-21,1
Großbritannien	-12,5	-17,3	-18,3
Italien	-6,5	7,1	-11,0
Japan	-6,0	8,2	11,8
Kanada	-6,0	26,2	19,9
Niederlande	-6,0	3,9	3,8
Österreich	-13,0	11,3	9,2
Russland	0	-32,4	-33,9
Spanien	15,0	53,5	21,6
USA	-7,0	16,8	5,4

Quelle: UNFCCC (2017).

Man sieht aus Tabelle 7.4 deutlich, dass viele Vertragsstaaten ihre Kyoto-Ziele nicht erreicht haben, wie etwa Spanien. Auch Kanada und Japan verfehlen ihre Kyoto-Ziele deutlich. Und innerhalb der EU sind es im Wesentlichen nur Deutschland[2] und Großbritannien, die ihre Ziele erreicht haben (auf beide Länder entfallen jedoch gerade einmal ca. 4% der weltweiten Treibhausgasemissionen). Italiens Emissionen sinken vor allem wegen der Rezession infolge der Finanzkrise von 2008/2009.

Betrachtet man darüber hinaus die Emissionsentwicklung der Schwellen- und Entwicklungsländer außerhalb des Kyoto-Protokolls, so lässt sich erkennen, dass die globale Klimapolitik tatsächlich vor einer sehr ambitionierten Aufgabe steht. China und Indien (verantwortlich für ca. 35% der weltweiten CO_2-Emissionen in 2012) haben von 1990, dem Basisjahr des Kyoto-Protokolls, bis 2012 ihre CO_2-Emissionen um ca. 346% (China) und ca. 241% (Indien) erhöht. Mit anderen Worten: Selbst die geringen Vermeidungsanstrengungen einzelner Vertragsstaaten des Kyoto-Protokolls wurden durch zusätzliche Emissionen von Staaten außerhalb des Protokolls überkompensiert.

Versuchen wir ein erstes Fazit zu ziehen: Tatsächlich wurde das zunächst aus ökologischer Sicht vielversprechende Kyoto-Protokoll durch hartnäckige Nachverhandlungen aufgeweicht. Die Kosten der Umsetzung des Vertrags konnten deutlich abgesenkt werden, was vielen Staaten die Ratifizierung des Protokolls erleichtert haben dürfte. Einen nennenswerten Beitrag zum Klimaschutz hat das Protokoll nicht geleistet. Darüber hinaus sind die Emissionen der Länder außerhalb des Protokolls massiv angestiegen. Bei

---

[2] Im Falle Deutschlands sind außerdem noch die „wall fall profits" – die vereinigungsbedingten Emissionsminderungen durch den Zusammenbruch der ostdeutschen Industrie – zu berücksichtigen. Ohne diesen Effekt sähe die deutsche Bilanz der Klimapolitik bei weitem nicht so glänzend aus.

genauerem Hinsehen stellt sich also heraus, dass die Prognose der ökonomischen Theorie – nämlich keinen oder ineffizient wenig Klimaschutz bereitzustellen – letzten Endes durch die Ergebnisse der realen Klimaverhandlungen nicht widerlegt werden kann. Es stellt sich allerdings die Frage, warum dann überhaupt mit solch erheblichem Aufwand um ein Klimaschutzabkommen gerungen wurde.

7.1.3 Die politische Ökonomik des Klimaschutzes

Man darf nicht vergessen, dass in vielen Ländern der Klimawandel als ein durchaus besorgniserregendes Problem angesehen wird. Besonders ausgeprägt ist die Sorge über den Treibhauseffekt in Ländern wie etwa Deutschland[3], aber auch in anderen europäischen Ländern, etwa den Niederlanden oder Dänemark. Dies mag erklären, warum insbesondere die EU eine vorwärtstreibende Rolle in der internationalen Klimapolitik eingenommen hat. In den USA hingegen ist die Sorge der Öffentlichkeit über die globale Erwärmung weniger stark ausgeprägt. Auch der Grad der Informiertheit über den Klimawandel ist in Europa deutlich höher als in den USA. Der Grad der Besorgnis ist nun das eine. Etwas völlig anderes ist aber die Frage, ob dieselbe zutiefst besorgte Öffentlichkeit auch bereit ist, persönliche Opfer für den Klimaschutz zu erbringen. Und hier dürfte eine gesunde Skepsis angebracht sein. Meinungsumfragen (vgl. die zitierten Umfragen bei Böhringer und Vogt 2004) zeichnen hier ein eher trübes Bild: Viele Befragte lehnen z.B. höhere Umweltsteuern oder Einschnitte beim persönlichen Lebensstandard ab. Aus ökonomischer Sicht stellt sich hier die zentrale Frage nach der *Zahlungsbereitschaft für Klimaschutz*. Die Messung dieser Zahlungsbereitschaft ist nun mit einigen Problemen verbunden (Klimaschutz ist ein öffentliches Gut), kann man sie doch schließlich nicht so ohne weiteres auf Märkten beobachten, wie etwa die Zahlungsbereitschaft für Brötchen (ein privates Gut).

In der wissenschaftlichen Literatur hat man sich beholfen, indem man Menschen letztlich nach ihrer Zahlungsbereitschaft befragt hat. Dies geschah und geschieht in mehr oder weniger komplexen Fragebogenstudien, in denen die Probanden über Folgen des Klimawandels aufgeklärt werden, ihnen verschiedene Politikoptionen zur Bekämpfung des Klimawandels erläutert werden usw. Schließlich fragt man die Teilnehmer solcher Studien dann, was sie bereit wären zu opfern (z.B. von ihrem monatlichen Einkommen), um eine Tonne CO_2 zu vermeiden, oder beispielsweise die globale Erwärmung auf ein bestimmtes Niveau (z.B. 2° C) zu begrenzen. Alternativ werden Entscheidungen über den Kauf von Gütern erfragt, aus denen sich die Zahlungsbereitschaft für CO_2-Vermeidung ableiten lässt. Das Bild, das diese Studien zeichnen, ist sehr uneinheitlich. Die durchschnittliche Zahlungsbereitschaft für die Vermeidung einer Tonne CO_2 reicht etwa von 25€ bei Brouwer et al. (2008) bis zu 476€ bei Achtnicht (2012).

---

[3] Als Beispiel lässt sich die Wahl des Worts „Klimakatastrophe" zum Wort des Jahres 2007 anführen. Das Wort des Jahres wird von der Gesellschaft für Deutsche Sprache bestimmt.

Aus ökonomischer Sicht sind diese erhobenen Werte durchaus mit Vorsicht zu genießen, und zwar aus einem zentralen Grund: Die Zahlungsbereitschaft wird dort in einem gänzlich *hypothetischen Kontext* erhoben! Keiner der Teilnehmer dieser Studien sieht sich genötigt, den genannten Geldbetrag tatsächlich von seinem Einkommen zu opfern.

Löschel et al. (2013) haben daher versucht, die Zahlungsbereitschaft für Klimaschutz in einem Kontext zu messen, in dem die Probanden tatsächlich eigenes, *reales Geld* für die Vermeidung von CO_2 einsetzen konnten. Den Teilnehmern wurden pro Kopf 40€ als Aufwandsentschädigung für die Teilnahme an der Studie ausgehändigt. Die Versuchspersonen nahmen anschließend an einem Experiment teil, in dem sie unter anderem über die wesentlichen erwarteten Effekte des Klimawandels aufgeklärt wurden. Außerdem wurde ihnen die Funktionsweise des EU-Emissionshandels erklärt. Die Probanden (es handelte sich um 202 zufällig ausgewählte Einwohner Mannheims, die hinsichtlich der Merkmale Alter und Geschlecht repräsentativ für die Mannheimer Stadtbevölkerung waren) konnten dann Emissionsrechte aus dem EU-Emissionshandel erwerben. Es wurde ihnen wahrheitsgemäß erklärt, dass die Veranstalter des Experiments die entsprechende Menge an Zertifikaten an der Leipziger Strombörse kaufen und stilllegen würden. Die Stilllegung der Zertifikate erfolgte durch Überweisung der gekauften Emissionsrechte auf das Stilllegungskonto der Deutschen Emissionshandelsstelle (DEHSt). Emissionsrechte, die auf diesem Konto befindlich sind, werden am Ende eines Kalenderjahres gelöscht und können daher definitiv nicht mehr gehandelt werden. Mit anderen Worten: Durch den Kauf eines Emissionsrechts in diesem Experiment hatten die Teilnehmer die Chance, die insgesamt in Europa emittierte Menge an CO_2 zu reduzieren. Jede Tonne CO_2, die Teilnehmer in diesem Experiment kauften, steht Emittenten (wie den deutschen Kraftwerksbetreibern beispielsweise) nicht mehr zur Verfügung. Die Teilnehmer wurden explizit darauf hingewiesen, dass sie durch ihre Kaufentscheidung einen aktiven *Beitrag zum Klimaschutz* leisten konnten. Aus den Kaufentscheidungen der Teilnehmer kann dann die reale Zahlungsbereitschaft für die Vermeidung einer Tonne abgeleitet werden. Was waren die Ergebnisse dieses Experiments?

Wir können uns auf zwei Größen beschränken: Die durchschnittliche Zahlungsbereitschaft für die Vermeidung einer Tonne CO_2 lag bei etwa 12€. Erstes Resultat der Studie war also, dass eine im Durchschnitt geringe, aber positive Zahlungsbereitschaft für Klimaschutz existiert. Es ist aber ein anderes Ergebnis der Studie, das viel interessanter und bedeutsamer ist: Für mehr als 60% der Teilnehmer lag die individuelle Zahlungsbereitschaft bei 0€, d.h., mehr als die Hälfte der Versuchspersonen kauften überhaupt keine Zertifikate! Etwas technischer kann man diesen Befund auch wie folgt formulieren: Die Median-Zahlungsbereitschaft für Klimaschutz in diesem Experiment lag bei Null Euro!

Man muss sich nun nur noch klar machen, dass der Median-Zahlungsbereitschaft in der ökonomischen Theorie der Politik eine herausragende Bedeutung zukommt. Es ist ein wohlbekanntes Resultat dieser Forschungsrichtung, dass in einer Demokratie letztlich der *Medianwähler* Wahlen entscheidet. Er ist „das Zünglein an der Waage", der einer Partei oder einem Kandidaten die absolute Mehrheit verschafft. Eine Partei, die Wahlen gewinnen will, muss sich daher letztlich an den Präferenzen dieses Medianwählers orientieren.

Was bedeutet das bezogen auf unser Problem der Klimapolitik? Angenommen, die Stichprobe des Experiments sei repräsentativ gewesen.[4] Dann läge in Deutschland die Zahlungsbereitschaft des Medianwählers für Klimaschutz (Vermeidung von CO_2) bei 0€. Dies wohlgemerkt in Deutschland – einem Land mit hohen Einkommen, hohem Bildungsstand, hohem Grad der Informiertheit und Besorgtheit über Umweltprobleme im Allgemeinen und den Klimawandel im Speziellen. Es liegt nahe zu vermuten, dass die Zahlungsbereitschaft für Klimaschutz in Deutschland im internationalen Vergleich eher an der oberen Grenze liegt. Oder anders formuliert: Es ist kaum zu erwarten, dass die Zahlungsbereitschaft in anderen Ländern der Welt höher liegt als in Deutschland. Wenn dies der Fall sein sollte: Welchen Anreiz hätten Regierungsvertreter der Länder dieser Welt dann, sich auf Klimakonferenzen auf kostspielige Klimaschutzabkommen zu einigen, die zu spürbaren Einbußen an ökonomischer Wohlfahrt für die heimischen Wähler führen würden? Die Antwort ist klar: Keinen.[5]

Damit sind wir nun in der Lage, etwas besser zu erklären, warum es einerseits das Kyoto-Protokoll überhaupt gibt, andererseits dieses Abkommen aber weitgehend ausgehöhlt wurde: Einerseits ist die Öffentlichkeit durchaus besorgt über das Problem der globalen Erwärmung und erwartet daher, dass die Politik handelt. Andererseits aber darf Klimapolitik nicht wirklich weh tun, sie darf nicht zu kostspielig sein, weil die Zahlungsbereitschaft der Wähler letztlich zu gering ist. Das Resultat einer solchen Konstellation wird in der Literatur oft als *symbolische Politik* bezeichnet (Endres et al. 2000 sowie Böhringer und Vogt 2004). Dieser Kategorie von Politik muss letztlich auch das Kyoto-Protokoll zugerechnet werden.

7.1.4 Das Paris Abkommen

Mittlerweile existiert in Gestalt des Pariser Abkommens ein neuer internationaler Vertrag zum Klimaschutz. Das Abkommen wurde Ende 2015 auf der COP 21 in Paris angenommen. Im November 2016 trat das Abkommen völkerrechtlich in Kraft, da am 4. November erstmals die erforderliche Mindestzahl von Ratifikationen von 55 Staaten erreicht wurde, die mindestens 55% der globalen CO_2-Emissionen repräsentieren.

---

[4] Eine Überprüfung der Ergebnisse auf der Basis einer repräsentativen Stichprobe steht noch aus. Die Autoren erwarten aber kaum optimistischere Resultate: So war in dem Mannheimer Experiment der Anteil von Wählern der Grünen beispielsweise deutlich überrepräsentiert. Teilnehmer mit Präferenz für die Partei der Grünen kauften aber signifikant mehr Zertifikate als Teilnehmer ohne diese Präferenz.

[5] Einen potentiellen Einwand gegen diese Argumentation gibt es allerdings: In diesem Experiment wurde der Beitrag für ein globales öffentliches Gut erhoben *ohne* Information über die Beiträge anderer Akteure. Es gibt erste Hinweise darauf, dass auch bei globalen öffentlichen Gütern die individuellen Beiträge steigen, wenn man sicher sein kann, dass auch andere Akteure einen Beitrag leisten. Vgl. Uehleke und Sturm (2017) und Löschel et al. (2017).

Für eine Bewertung des Vertrages hinsichtlich seiner Effektivität ist es sicherlich noch zu früh. Anders als beim Kyoto-Protokoll liegen noch keine Beobachtungen über das Minderungsverhalten der Vertragsstaaten vor, so dass ein Soll-Ist-Vergleich nicht möglich ist. Dennoch lohnt ein Blick auf das Paris-Abkommen, insbesondere hinsichtlich seiner gänzlich anderen Architektur.

Das Kyoto-Protokoll wurde seinerzeit gefeiert, da es verbindliche Minderungsziele sowie Erfüllungsperioden vorsah. Beim Paris-Abkommen hat man von vornherein auf die Festschreibung verbindlicher Reduktionsziele für die Vertragsstaaten verzichtet. Stattdessen verständigte man sich darauf, dass die Vertragsstaaten sogenannte „Intended nationally determined contributions" (INDCs) abgeben – das sind freiwillige und nicht verbindliche Treibhausgasminderungen. Die INDCs werden dabei für einen Zeithorizont bis 2025 oder 2030 formuliert. So hat etwa die EU erklärt, ihre CO_2-Emissionen bis 2030 um 40% gegenüber 1990 reduzieren zu wollen.

Bezüglich der INDCs ergeben sich mindestens zwei Probleme. Erstens sind die deklarierten, beabsichtigten Minderungen nicht unmittelbar vergleichbar. Das liegt daran, dass einige Länder bzw. Staatengruppen wie die EU absolute Minderungsziele formuliert haben, andere Länder aber relative Ziele. China z.B. hat ein INDC bezüglich der CO_2-Intensität seiner Produktion formuliert. So soll der CO_2-Einsatz pro erzeugter Einheit BIP in China bis 2030 um 60 bis 65% gesenkt werden. Das impliziert aber natürlich nicht notwendigerweise, dass auch die absoluten CO_2-Emissionen in China sinken werden. Der absolute Emissionsverlauf hängt wesentlich vom Wirtschaftswachstum Chinas und zum anderen vom Bevölkerungswachstum ab.

Das zweite Problem ergibt sich im Hinblick auf das mit dem Paris-Abkommen verfolgte klimapolitische Ziel. Anders als im Kyoto-Protokoll legt das Paris-Abkommen ein Temperaturziel fest. Die globale Erwärmung soll im 21. Jahrhundert auf einen Temperaturanstieg von maximal 2° C ggü. dem vorindustriellen Niveau beschränkt werden, besser noch auf höchstens 1,5° C. Dieses Temperaturziel wurde nicht in nationale Minderungspflichten herunter gebrochen. Damit taucht die zentrale Frage auf, ob die bisher abgegebenen INDCs ausreichen, das avisierte Temperaturziel einzuhalten. Die Antwort ist ein klares Nein. Werden die bisher kommunizierten INDCs umgesetzt, dann belaufen sich die jährlichen globalen CO_2-Emissionen auf 55 Gt im Jahr 2025 bzw. 56,2 Gt in 2030. Emissionsniveaus, die mit dem Temperaturziel von 2° bzw. 1,5° C vereinbar sind würden sich hingegen auf lediglich 40 Gt bzw. etwa 36 Gt belaufen.[6] Offenbar existiert eine erhebliche Minderungslücke. Daher sieht das Abkommen vor, dass in regelmäßigen Abständen von etwa fünf Jahren eine Bestandsaufnahme erfolgt und die Staaten ihre INDCs im Zeitablauf verschärfen (sogenannter ratchet-Mechanismus). Abschließend sei erwähnt, dass das Paris-Abkommen keinerlei formelle Sanktionen im Fall der Nichteinhaltung von INDCs vorsieht.

Was ist nun nach bisherigem Kenntnisstand von dieser Vertragsarchitektur zu halten? Viele wissenschaftliche Beobachter und Kommentatoren der Klimapolitik zeigten sich vom

---

[6] Vgl. UNFCCC (2016).

Paris-Abkommen enttäuscht.[7] Der Verzicht auf völkerrechtlich verbindliche Minderungsziele ist ein Schritt zurück hinter das Kyoto-Protokoll. Nun kann man argumentieren, dass die Verhandlungsparteien möglicherweise gerade wegen der negativen Erfahrungen mit den verbindlichen Zielen des Kyoto-Protokolls auf dieses Element im Paris-Vertrag von vornherein verzichtet haben. Sicherlich dürfte der nicht bindende Charakter der INDCs es vielen Regierungen erleichtert haben, das Abkommen zu signieren und zu ratifizieren. Andererseits ist jedoch nicht klar, wie auf der Basis rein freiwilliger Absichtserklärungen das Temperaturziel erreicht werden soll.

Ein weiterer Kritikpunkt, der insbesondere von ökonomischer Seite vorgetragen wurde, wiegt möglicherweise noch schwerer: Für Ökonomen ist klar, dass CO_2-Minderungen nur das Ergebnis eines positiven und im Zeitablauf steigenden CO_2-Preises sein können. Für die Generierung eines CO_2-Preises bieten sich entweder Pigou-Steuern oder ein Emissionsrechtehandel an. Umweltsteuern waren noch nie eine realistische Option in der internationalen Klimapolitik. Der Emissionsrechtehandel hingegen war im Kyoto-Protokoll das zentrale Instrument, mit dem die Vertragsstaaten ihre Minderungsziele bewerkstelligen wollten. Das Paris-Abkommen schweigt sich über die Rolle des CO_2-Handels komplett aus. Wie aber dann der erforderliche globale CO_2-Preis entstehen soll, bleibt rätselhaft.[8]

Insgesamt bleibt das Paris-Abkommen nach bisherigem Kenntnisstand nicht viel mehr als die Absichtserklärung, den Temperaturanstieg auf 1,5° bis 2° C begrenzen zu wollen. Wie das gesetzte Ziel erreicht werden soll, ist bis jetzt unklar. Die nächsten Jahre werden zeigen, ob es den Vertragsstaaten gelingt, das Abkommen substanziell nachzubessern.

7.2 Experimentelle Evidenz: Öffentliche Güter und Kooperation

7.2.1 Warum Ökonomen Laborexperimente durchführen

Lange Zeit galt die Wirtschaftswissenschaft im Unterschied zu den Naturwissenschaften als nicht-experimentelle Disziplin. Samuelson und Nordhaus, zwei bekannte US-amerikanische Ökonomen, haben dies folgendermaßen formuliert: *„Economics … cannot perform the controlled experiments of chemists or biologists because [it] cannot easily control other important factors. Like astronomers or meteorologists, [it] generally must be content largely to observe."* (Samuelson und Nordhaus 1985, S. 8). Zwar wurden die ersten ökonomischen Laborexperimente bereits in den 50er und 60er Jahren des letzten Jahrhunderts

---

[7] So äußerte sich der führende US-amerikanische Klimatologe James Hansen von der NASA mehr als entäuscht. In einem Interview mit dem britischen Guardian titulierte er das Paris-Abkommen als *„a fraud really, a fake"*. (The Guardian, 2015).

[8] Jean Tirole, Nobelpreisträger in 2014, formuliert es so: *"Carbon pricing, recommended by the vast majority of economists and many policymakers, but a no-starter for Venezuela and Saudi Arabia, was light-heartedly discarded by the negotiators. This seriously jeopardizes the achievement of the climate target. A universal carbon price is indeed essential to meet the 1.5 or 2 °C goal."* (Tirole, 2015)

in Deutschland und den USA durchgeführt.⁹ Dennoch blieben ökonomische Laborexperimente lange Zeit relativ exotisch und wenig beachtet. Dies änderte sich in den 1980er Jahren, als ökonomisch relevante Fragestellungen verstärkt experimentell untersucht wurden. Hierzu zählen das individuelle Verhalten in Auktionen (z.B. Cox et al. 1984), Verhandlungen (z.B. Güth et al. 1982) und sozialen Dilemmata (z.B. Isaac und Walker 1988). Mittlerweile gehören Experimente fest zum methodischen Instrumentarium der Wirtschaftswissenschaft.

Was aber zeichnet die experimentelle Methode aus? Kurz gesagt: Die zentralen Elemente der experimentellen Methode sind Reproduzierbarkeit und Kontrolle. *Reproduzierbarkeit* bedeutet, dass andere Forscher über die Möglichkeit verfügen, ein bestimmtes Experiment zu wiederholen und dabei das Resultat dieses Experiments unabhängig zu bestätigen. In der Wirtschaftswissenschaft erlauben Laborexperimente eine relativ günstige, unabhängige Reproduktion von Beobachtungen, während Felddaten (z.B. Daten von statistischen Ämtern) meist nicht direkt von Ökonomen erhoben werden und daher häufig nicht exakt für ihre wissenschaftlichen Zwecke geeignet sind. *Kontrolle* ist die Fähigkeit, die Laborbedingungen so zu gestalten, dass das beobachtete Verhalten genutzt werden kann, um Theorien und institutionelle Lösungsansätze zu bewerten. Felddaten mangelt es dagegen häufig an Kontrolle. Zum einen können die relevanten Daten nicht erhoben werden, da die Bedingungen im Feld nicht den Annahmen der zu prüfenden Theorie entsprechen. Zum anderen sind erhobene Felddaten häufig zu ungenau, um zwischen verschiedenen Theorien diskriminieren zu können.

Laborexperimente sind dagegen besonders gut geeignet, um ökonomische Theorien zu testen. Was aber ist eigentlich eine *Theorie*?¹⁰ Um es ganz einfach auszudrücken: Eine Theorie ist nichts anderes als ein geschlossenes System, dass es erlaubt, „Wenn-Dann-Aussagen" zu formulieren. Das Gesetz der Nachfrage aus der Konsumtheorie (vgl. Abschnitt 1.1) ist nichts anderes als eine solche Wenn-Dann-Aussage: Wenn der Preis für ein Gut steigt, dann geht die Nachfrage nach diesem Gut zurück. In diesem Sinne stellt die Theorie eine *Prognose* hinsichtlich des zu erwartenden Ergebnisses auf – in diesem Fall des zu erwartenden Verhaltens der Konsumenten. Eine Theorie besteht aber nicht nur aus einer Wenn-Dann-Beziehung. Zu einer Theorie gehören immer auch Angaben, unter welchen Bedingungen die behauptete Gesetzmäßigkeit gilt. Beim Gesetz der Nachfrage zählt hierzu insbesondere die ceteris-paribus-Bedingung, die in diesem Fall besagt, dass sich nur der Preis des Guts ändert, alles andere aber konstant bleibt. Konkret: Die Gesetzmäßigkeit, dass mit steigendem Preis die Nachfrage zurückgeht und mit sinkendem Preis steigt, gilt nur dann, wenn die Preise der übrigen Güter, das Einkommen der Konsumenten und ihre Präferenzen gleich bleiben. Alle ökonomischen Theorien (und nicht nur diese) haben

---

⁹ Zu den ersten publizierten experimentellen Arbeiten zählen Sauermann und Selten (1959) und Smith (1962). Vernon Smith erhielt 2002 (zusammen mit Daniel Kahneman) den Nobelpreis für Wirtschaftswissenschaften. In der Begründung der Preisverleihung heißt es „[The prize was awarded] for having established laboratory experiments as a tool in empirical economic analysis, especially in the study of alternative market mechanisms" (http://nobelprize.org).

¹⁰ Vgl. Weimann (2004).

diese Grundstruktur und oft ist die ceteris-paribus-Bedingung Teil der zugrundeliegenden Annahmen der Theorie.

Die Bedingungen, unter denen eine Theorie Gültigkeit beansprucht, sind nun von entscheidender Bedeutung, wenn es darum geht, die *Theorie* wissenschaftlich *zu überprüfen* oder – mit anderen Worten – *zu testen*. Schließlich will man wissen, ob aus einer Theorie die richtigen Prognosen folgen. Eine Theorie, die systematisch falsche Prognosen abgibt, wird sich keiner großen Beliebtheit erfreuen. Wissenschaftlich bedeutet hierbei nichts anderes, als dass der Wahrheitsgehalt von Aussagen intersubjektiv nachvollziehbar und überprüfbar ist. Offensichtlich kann eine Theorie nur dann widerlegt oder falsifiziert werden, wenn sich bei Gültigkeit *aller* Annahmen der Theorie die aufgestellte Prognose als falsch herausstellt. Liegt hingegen eine Beobachtung vor, die nicht in Einklang mit der theoretischen Prognose ist, sind aber zugleich nicht alle Annahmen der Theorie erfüllt, kann man die Theorie nicht widerlegen. Schließlich gilt diese ja nur bei Gültigkeit aller Annahmen. Die Abweichung zwischen Beobachtung und theoretischer Prognose könnte durch die nicht erfüllten Annahmen verursacht sein. Wir wollen an dieser Stelle nicht weiter in die Wissenschaftstheorie eindringen. Wir halten aber fest: Der wissenschaftliche Test von ökonomischen Theorien verlangt, dass man alle Annahmen einer Theorie erfüllt und dann die theoretische Prognose mit dem beobachteten Verhalten vergleicht.

An dieser Stelle kommen nun wieder die Laborexperimente ins Spiel. Kennzeichen von Laborexperimenten war die Möglichkeit, die Bedingungen zu kontrollieren, unter denen Individuen interagieren. Wir können also im Labor genau die Bedingungen schaffen, unter denen die ökonomische Theorie Gültigkeit beansprucht. Insbesondere kann man auch *reale Anreize* setzen, denn die Versuchspersonen in ökonomischen Laborexperimenten erhalten *reales Geld* für ihre Teilnahme am Experiment. Die individuelle Auszahlung ist dabei üblicherweise abhängig vom eigenen Verhalten und dem Verhalten der Mitspieler. Beobachtet man unter kontrollierten und der Theorie entsprechenden Bedingungen individuelles Verhalten, welches systematisch nicht in Einklang mit der theoretischen Prognose steht, ist die Theorie widerlegt. Sie beschreibt das menschliche Verhalten nicht richtig. Ziel ist es dann, eine neue, bessere Theorie mit höherer Erklärungskraft zu finden.[11]

---

[11] Der Theorietest ist nur ein – wenn auch wohl das wichtigste – Ziel von ökonomischen Laborexperimenten. Daneben haben Laborexperimente auch die Funktion, „stilisierte Fakten" zu erzeugen, d.h. Beobachtungen, die sich als reproduzierbar und robust hinsichtlich der Variation von Elementen der Laborumgebung erweisen. Auf Basis dieser Verhaltensmuster können dann neue Theorien mit höherer Erklärungskraft entwickelt werden. Eine weitere Anwendungsmöglichkeit für Experimente besteht darin, die Performance neu entwickelter Institutionen noch vor ihrer Implementierung in der Realität zu untersuchen und damit die der Einführung solcher Institutionen (z.B. Auktionen) inhärente Unsicherheit zu reduzieren. Schließlich sind für eine Reihe von Gütern, insbesondere im Umweltbereich, individuelle Präferenzen nicht beobachtbar, sondern müssen durch spezielle Befragungstechniken ermittelt werden. Experimente können benutzt werden, um diese Techniken zu testen und weiterzuentwickeln. Vgl. Sturm und Weimann (2006).

7.2.2 Laborexperimente zur Bereitstellung öffentlicher Güter

Wir wollen nun konkret zeigen, wie Laborexperimente benutzt werden, um ökonomische Theorie zu testen. Ausgangspunkt ist das öffentliche-Gut-Spiel, welches wir in Abschnitt 4.1.3 ausführlich vorgestellt haben. Zur Erinnerung: In diesem Spiel verfügen die Spieler über eine Anfangsausstattung an privatem Gut, welche sie entweder behalten oder in ein öffentliches Gut investieren können. Das Verhältnis von Erlös zu Kosten aus der Investition einer Einheit privaten Guts in das öffentliche Gut – bezeichnet als „Marginal Per Capita Return" (MPCR) – ist konstant und es gilt MPCR < 1. Daraus folgt, dass das Nash-Gleichgewicht in dominanten Strategien darin besteht, nichts zum öffentlichen Gut beizutragen. Sozial optimal wäre es hingegen, wenn jeder Spieler seine gesamte Ausstattung an privatem Gut in das öffentliche Gut investiert. Individuell rationales Verhalten führt also nicht zu einem sozial rationalen Resultat – die Akteure stecken in einem sozialen Dilemma. Auf Grund der spieltheoretischen Prognose, in diesem Fall die Freifahrerposition einzunehmen und nichts beizutragen, werden Laborexperimente mit dem öffentlichen-Gut-Spiel aus Abschnitt 4.1.3 auch als „Freifahrerexperimente" bezeichnet.

Ein bekanntes ökonomisches Freifahrerexperiment ist Isaac und Walker (1988). Wir wollen uns dieses Experiment etwas näher ansehen, da es typisch für eine ganze Reihe von Freifahrerexperimenten ist.[12] In diesem Experiment wird das in Abschnitt 4.1.3 vorgestellte öffentliche-Gut-Spiel über 10 Perioden gespielt, d.h., die Spieler hatten 10 Mal die Gelegenheit, ihre Ausstattung an privatem Gut (dargestellt durch Spielmarken im Wert von 1 Cent) entweder zu behalten oder in das öffentliche Gut zu investieren. Die Anzahl der zu spielenden Perioden war den Spielern vor dem Experiment bekannt, ebenso die Auszahlungsfunktion. Darüber hinaus wurde den Spielern Anonymität garantiert. Isaac und Walker variieren in ihrem Experiment zwei Parameter, nämlich die Gruppengröße, N, und den MPCR.

Um eine „große" und eine „kleine" Gruppe zu erzeugen, wurde das Experiment in Gruppen zu 4 und 10 Spielern gespielt. In beiden Fällen wurde der MPCR variiert und zwar war dieser Parameter entweder „high" (H, MPCR = 0,75) oder „low" (L, MPCR = 0,3). Mit anderen Worten: Während das Einbehalten einer Spielmarke immer einen privaten Ertrag von 1 Cent erbrachte, erzielte eine in das öffentliche Gut investierte Spielmarke einen Ertrag von 0,75 oder 0,3 Cent für alle Spieler. Tabelle 7.5 stellt die 2 x 2 = 4 Anordnungen dar.

Bevor wir uns die Ergebnisse des Experiments ansehen, bedarf es noch einer Ergänzung zur Prognose der Spieltheorie hinsichtlich des individuellen Verhaltens. Bislang sind wir davon ausgegangen, dass das Spiel nur *einmal* gespielt wird. Das Nash-Gleichgewicht in dominanten Strategien bestand darin, nicht beizutragen. Wie man sich leicht klar macht, verändert sich die theoretische Prognose nicht, wenn wir das Spiel *endlich wiederholt* durchführen. Gehen wir zum Beispiel von 10 Perioden aus. In diesem Fall hat das eigentliche Spiel zehn Teilspiele, denn in jeder der zehn Perioden wird das Spiel einmal gespielt.

---

[12] Vgl. Weimann (2004).

Tab. 7.5 Anordnungen im Experiment von Isaac und Walker (1988)

Anordnungen		Marginal Per Capita Return (MPCR)	
		MPCR = high (H)	MPCR = low (L)
Gruppengröße (N)	$N = 4$	4H	4L
	$N = 10$	10H	10L

Versetzen wir uns in die letzte Periode dieses 10-Perioden-Spiels. In dieser Periode wird das Spiel nur noch einmal gespielt und wir kennen die theoretische Lösung in diesem Teilspiel: Es wird nichts beigetragen. Wie sieht es in der vorletzten Runde aus? Nun, da in der letzten Periode nichts beigetragen wird, ist auch in diesem Teilspiel die gleichgewichtige Lösung, nichts beizutragen. Rationale Spieler werden das Gleichgewicht in der letzten Periode antizipieren. Diese Logik der sogenannten „Rückwärtsinduktion" kann man bis zur ersten Periode fortsetzen und man erkennt, dass die gleichgewichtige Lösung darin besteht, in jeder Periode nichts beizutragen.[13] Wir halten also fest: Die theoretische Prognose im endlich wiederholten Freifahrerexperiment besteht darin, dass die Spieler keinen Beitrag zum öffentlichen Gut leisten. Diese Prognose wird auch als *„Freifahrerhypothese"* bezeichnet.

In Abbildung 7.1 sind die Beiträge zum öffentlichen Gut in Prozent der Anfangsausstattung für die vier Anordnungen des Experiments von Isaac und Walker dargestellt. Auf den ersten Blick fällt auf, dass die theoretisch hergeleitete Freifahrerhypothese nicht aufrechterhalten werden kann. In allen Perioden liegen die Beiträge deutlich über Null. Bemerkenswert ist dies insbesondere in der letzten Periode. In diesem Teilspiel ist Nichtbeitragen dominante Strategie. Offensichtlich spielen aber die Spieler im Durchschnitt diese Strategie nicht, sondern leisten Beiträge zur Erstellung des öffentlichen Guts. Andererseits ist auch klar, dass es in keiner Periode zur effizienten Lösung kommt. Im Durchschnitt liegen die Beiträge bei etwa 30% bis 40%. Es kommt also zu erheblichen Effizienzverlusten. Das Beitragsverhalten in Abbildung 7.1 ist typisch für Freifahrerexperimente: Wir beobachten zwar kaum striktes Freifahrerverhalten, aber die effiziente Lösung wird deutlich verfehlt und die Wohlfahrtsverluste sind entsprechend hoch.

Ein weiterer Effekt fällt bei näherer Betrachtung von Abbildung 7.1 auf: Die Beiträge der Spieler zum öffentlichen Gut fallen im Spielverlauf. Die Beiträge liegen zu Beginn teilweise deutlich über 50% und fallen dann mehr oder weniger ausgeprägt. Darüber hinaus fällt auf, dass in der letzten Runde die Beiträge üblicherweise besonders stark abfallen. Dieser „Schlussrundeneffekt" deutet darauf hin, dass die Rückwärtsinduktion, mit der die Spieltheorie nachweist, dass nur ein teilspielperfektes Gleichgewicht im Freifahrerexperiment existiert, offensichtlich nicht stattfindet. Wäre dies der Fall, würden rationale Spieler nicht erst in der letzten Periode ihre Beiträge reduzieren, sondern bereits davor.

---

[13] Spieltheoretisch formuliert haben wir es mit einem „teilspielperfekten Gleichgewicht" zu tun. Eine Strategie ist dann teilspielperfekt, wenn sie in jedem Teilspiel ein Nash-Gleichgewicht darstellt.

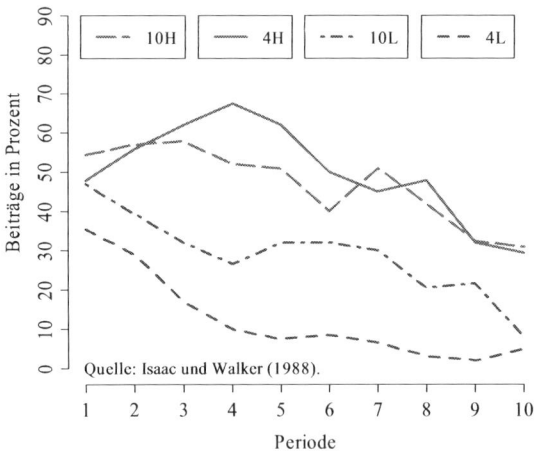

Abb. 7.1 Beiträge zum öffentlichen Gut in Isaac und Walker (1988)

Schließlich lassen die Ergebnisse von Isaac und Walker noch einen weiteren Schluss zu: Während die Gruppengröße keinen besonderen Einfluss auf die Kooperationsbereitschaft zu haben scheint, hat der MPCR einen deutlichen Effekt auf das Beitragsverhalten. Je höher der MPCR, desto mehr Beiträge werden zur Erstellung des öffentlichen Guts geleistet. Dieser Effekt ist durchaus intuitiv, denn je höher der MPCR ist, desto billiger ist der Beitrag zum öffentlichen Gut. Mit anderen Worten: Bei einem hohen MPCR verliert ein Spieler weniger, wenn er beiträgt.[14] Dennoch ist auch dieser Effekt nicht mit der Theorie zu vereinbaren. Unabhängig davon, wie groß der MPCR < 1 ist, bleibt es bei der dominanten Strategie, nicht beizutragen.

Bei der Beurteilung experimenteller Ergebnisse muss in Rechnung gestellt werden, dass einzelne Beobachtungen allenfalls als Hinweise auf die Existenz reproduzierbarer, stabiler Verhaltensmuster gewertet werden können. Die Möglichkeit, dass es sich um ein Artefakt handelt oder um ein Ergebnis, das stark von Effekten beeinflusst wird, die nicht expliziter Bestandteil der Versuchsanordnung sind, kann nur selten völlig ausgeschlossen werden. Aus diesem Grund gewinnen Beobachtungen vor allem dann an Bedeutung, wenn sie sich in unterschiedlichen Experimenten als reproduzierbar und robust hinsichtlich Variationen der Laborumgebung erweisen. In Bezug auf die Versuchsanordnung des Freifahrerexperiments existiert mittlerweile eine relativ große Zahl solcher *stilisierter Fakten*, weil diese Anordnung in vielen Experimenten angewendet worden ist. Das hier vorgestellte Experiment von Isaac und Walker (1988) bildet diese stilisierten Fakten relativ gut ab. Fassen wir diese noch einmal zusammen:[15]

---

[14] Allerdings scheint der Effekt zwischen MPCR und Beitragsniveau für sehr große Gruppen ($N = 40$ und $N = 100$) verloren zu gehen. Vgl. Isaac et al. (1994).

[15] Vgl. Sturm und Weimann (2006) und die Meta-Studie von Zelmer (2003).

- Die Anfangsbeiträge für das öffentliche Gut schwanken zwischen 40% und 60% der Anfangsausstattung an privatem Gut. Die Freifahrerhypothese muss daher als weitgehend falsifiziert angesehen werden. Dennoch wird die sozial optimale Lösung deutlich verfehlt.
- Die individuellen Beiträge fallen bei wiederholter Durchführung des Experiments.
- Bei bekannter Anzahl von Durchführungen ist ein deutlicher Schlussrundeneffekt festzustellen, d.h., der Durchschnittsbeitrag erreicht in der letzten Runde mit hoher Wahrscheinlichkeit sein absolutes Minimum.
- Auch in der einmal gespielten Version wählen die Versuchspersonen nicht ihre dominante Strategie. Dies gilt sowohl für nur einmal durchgeführte Spiele als auch für die Schlussrunden in wiederholten Spielen.
- Die Höhe des MPCR aus dem öffentlichen Gut hat dann einen signifikant positiven Einfluss auf die Kooperationsbereitschaft, wenn die Gruppen relativ klein sind.

Angesichts dieser Resultate stellt man sich natürlich sofort die Frage, welche Mechanismen das Beitragsniveau in Freifahrerexperimenten erhöhen können. Schließlich kommt es zu erheblichen Wohlfahrtsverlusten, da die Spieler nur einen Teil ihrer Ausstattung an privatem Gut zur Erstellung des öffentlichen Guts beitragen. Laborexperimente bieten sich für die Untersuchung solcher Mechanismen an, schließlich können wir im Labor genau die Bedingungen kontrollieren, unter denen die Spieler interagieren. Dies erlaubt, diejenigen Bedingungen zu identifizieren, die Kooperation in sozialen Dilemmata fördern. Zwei der wichtigsten und bereits experimentell sehr gut untersuchten Mechanismen sind *Kommunikation* und *Sanktionen*.

Kommunikation

Es ist naheliegend, die Standardanordnung des Freifahrerexperiments zu erweitern, um Kommunikations- und Reputationseffekte kontrolliert zu untersuchen. Laborversuche werden überwiegend in anonymen Anordnungen durchgeführt, d.h., die Versuchspersonen können sich in der Regel nicht gegenseitig identifizieren und haben keine Gelegenheit, miteinander zu kommunizieren. Diese Praxis hat den Vorteil, dass dadurch eine bessere Kontrolle der Entscheidungsbedingungen erreicht wird, als dies in nicht anonymen Situationen der Fall ist. Persönliche Interaktion der Versuchspersonen kann das Verhalten in nicht kontrollierbarer Weise beeinflussen. Gleichwohl wird damit ein zentrales Element realer Entscheidungen systematisch vernachlässigt. Menschen kommunizieren und sie bewegen sich in nicht anonymen Kontexten. Aus diesem Grund ist es notwendig, beide Aspekte unter möglichst kontrollierten Bedingungen in die experimentelle Analyse zu integrieren.

Dabei muss man berücksichtigen, dass Kommunikation im herkömmlichen Sinne, also von Angesicht zu Angesicht, zwei Effekte hat. Erstens, die eigentliche Kommunikation, also der reine *Informationsaustausch* zwischen zwei oder mehreren Personen. Aus theoretischer Sicht verändert der reine Informationsaustausch die Anreize im Freifahrerexperiment – gegeben durch die Auszahlungsfunktion – nicht. Nichtbeitragen bleibt die dominante Strategie. Kommunikation ist also nichts weiter als „cheap talk". Zweitens gibt es einen *Reputationseffekt* durch die Aufhebung der Anonymität. Beispielsweise könnte ein Spieler A in einem Freifahrerexperiment einen anderen Spieler B in der Kommunikationsphase erkennen. Wenn A erfährt, dass B nicht zum öffentlichen Gut beiträgt, könnte er dies im Freundeskreis kommunizieren. Die Reputation des B könnte darunter leiden. Wenn B dies antizipiert, wird er zum öffentlichen Gut beitragen. Reputation könnte also aus theoretischer Sicht durchaus kooperationsfördernde Effekte haben. Wer will schließlich schon auf dem Campus der Hochschule als Freifahrer erkannt werden?

Vor diesem Hintergrund untersuchen Brosig et al. (2003) die Kommunikationswirkung in einem öffentlichen-Gut-Spiel, indem sie unter ansonsten konstanten Bedingungen die Kommunikationsmedien, die den Spielern zur Verfügung stehen, systematisch variieren. Dazu wird vor dem eigentlichen Freifahrerexperiment eine Kommunikationsphase eingeführt, in der sieben verschiedene Kommunikationsmodi verwendet werden. Neben aktiver Kommunikation über eine Audio-Konferenz und eine Video-Konferenz sowie direkter Kommunikation innerhalb eines Raumes, werden auch indirekte Kommunikationsformen (z.B. ein Vortrag über das Spiel) verwendet. Um Reputationseffekte zu testen, wird eine anonyme Anordnung ohne Kommunikation mit einer Anordnung verglichen, in der die Spieler sich via Videobild identifizieren können, aber keine Kommunikation erlaubt ist. Die zentralen Resultate lassen sich wie folgt zusammenfassen:

- Reputationseffekte spielen keine Rolle.
- Kommunikation vor der Beitragsentscheidung wird dazu benutzt, eine Verhaltensabstimmung herbeizuführen, mit dem Ziel, die effiziente Lösung zu realisieren.
- Diese Abstimmung gelingt nur dann vollständig, wenn die Kommunikation vollständig audiovisuell erfolgt. Fehlt der Blickkontakt, scheitert die Abstimmung, eine reine Video-Konferenz ist dagegen mit dem unmittelbaren Gespräch gleichwertig.

Diese Resultate deuten darauf hin, dass Reputationseffekte eine weitaus geringere Rolle spielen, als ihnen von der Standardtheorie zugeschrieben wird. Im Gegensatz dazu kann standardtheoretisch bedeutungsloser Cheap Talk stark effizienzsteigernde Effekte auslösen.[16]

Sanktionen

Bei der privaten Bereitstellung öffentlicher Güter spielen Sanktionen eine erhebliche Rolle. Im Umweltbereich sind solche Sanktionsmechanismen besonders ausgeprägt. Umweltkonformes Verhalten erfährt häufig positive soziale Anerkennung, und explizites Freifahrerverhalten von Individuen einer Gruppe kann zu Sanktionen in Form von sozialer

---

[16] In die gleiche Richtung gehen die Resultate von Brosig et al. (2004), die die Wirkung von Reputation und Kommunikation in zwei-Personen-Verhandlungsspielen untersuchen. Eine Video-Konferenz zwischen den Verhandlungsteilnehmern steigert die Kooperationsrate um 90%, aber auch eine anonyme E-Mail-Kommunikation – die Reputationseffekte ausschließt – führt zu 70% höherer Kooperation.

Missachtung führen. Es ist daher naheliegend, die Wirkung von endogenen Sanktionen, d.h., die Bestrafung wird von den Spielern selbst durchgeführt, in Freifahrerexperimenten zu überprüfen. Fehr und Gächter (2000) können in einem entsprechenden Experiment zeigen, dass die Möglichkeit, Mitspieler unter Kosten bestrafen zu können, zu einer massiven Steigerung der Beiträge zum öffentlichen Gut führt, obwohl der Sanktionsmechanismus die Gleichgewichtsstrategie nicht verändert.[17] In einer mit der Standardanordnung im Abschnitt 7.2.1 vergleichbaren Anordnung steigen die Beiträge in Richtung vollständige Kooperation, wenn die Akteure den Sanktionierungsmechanismus nutzen können. Der Nettoeffekt der Sanktionsoption auf die aggregierten Auszahlungen ist dabei bereits ab Periode 4 positiv, d.h., die Spieler erhalten höhere Auszahlungen mit dem Sanktionsmechanismus als in der Standardanordnung ohne Sanktionen. Bemerkenswert ist die Beobachtung, dass ein Akteur umso stärker bestraft wird, je deutlicher sein Beitrag unter den mittleren Beitrag der Gruppenmitglieder fällt, d.h., die Akteure zeigen eine deutliche *Ausbeutungsaversion*.

7.3 Ein Erklärungsansatz für Kooperation: Die Theorie von Fehr und Schmidt

Wie wir gesehen haben, existiert offensichtlich eine Inkonsistenz zwischen den Verhaltensprognosen, die sich auf der Grundlage des ökonomischen Standardmodells ergeben, und dem experimentell beobachtbaren Verhalten realer Versuchspersonen in Freifahrersituationen. Wie in Abschnitt 7.2 deutlich wurde, beobachtet man weder, dass alle Versuchspersonen in öffentlichen-Gut-Spielen freifahren, noch dass die effiziente Lösung erreicht wird. Ein Teil der Versuchspersonen verhält sich kooperativ und trägt zur Produktion des öffentlichen Guts bei. Dabei handelt es sich nicht um einzelne Beobachtungen in wenigen Experimenten, sondern um ein vielfach reproduziertes Resultat der experimentellen Wirtschaftsforschung. Wir haben es daher mit einem hartnäckigen Widerspruch zwischen Theorie und empirischer Beobachtung zu tun.

Die Theorie hat mittlerweile auf diesen Befund reagiert. In den letzten 20 Jahren wurden zahlreiche Modelle entwickelt, um die beschriebene Inkonsistenz zu beheben. Wir beschränken uns hier darauf, den weithin beachteten Ansatz von Fehr und Schmidt[18] (1999) zu skizzieren.

---

[17] Die Sanktion verringert die Auszahlung des Sanktionierten, verursacht aber auch Kosten beim Sanktionierenden. Daher ist es aus Sicht der ökonomischen Standardtheorie individuell nicht rational, einen Mitspieler, der beispielsweise weniger zum öffentlichen Gut beigetragen hat als man selbst, zu bestrafen.

[18] Ein sehr ähnliches Modell wurde von Bolton und Ockenfels (2000) vorgestellt. Es basiert ebenfalls auf der zentralen Annahme von Ungleichheitsaversion und kommt zu weitgehend identischen Verhaltensprognosen für zentrale Spiele, die in der experimentellen Wirtschaftsforschung analysiert wurden. Dass hier das Modell von Fehr und Schmidt (1999) gewählt wird, erklärt sich vornehmlich aus der größeren mathematischen Einfachheit.

Die Grundidee dieser Theorie lässt sich vielleicht am besten an einem Beispiel verstehen. Nehmen wir an, Ihr Professor teilt Ihnen nach Besuch seines Seminars mit, dass Sie in der Seminararbeit eine 2,0 erreicht haben. Diese Nachricht löst bei Ihnen ein gewisses Gefühl der Zufriedenheit aus. Natürlich hängt Ihre Nutzenempfindung von vielen Dingen ab – z.B. davon, welche Note Sie erwartet hatten. Aber nehmen wir einmal an, Sie sind mit der 2,0 rundum zufrieden, ja glücklich. Betrachten wir jetzt folgende Situation: Der betreffende Professor teilt Ihnen die Note nicht persönlich mit, sondern hängt eine Notenliste aus, aus der auch die Noten aller übrigen Teilnehmer ersichtlich sind. Wie zuvor haben Sie eine 2,0 erreicht. Aus der ausgehängten Liste können Sie aber erkennen, dass alle anderen Seminarteilnehmer eine bessere Note erreicht haben. Und nun die entscheidende Frage: Werden Sie sich in diesem Fall noch genauso über Ihre 2,0 freuen (können), wie zuvor?

Das Beispiel wirft die sehr grundlegende Frage auf, von welchen Motiven reales menschliches Verhalten eigentlich geleitet wird. Im Normalfall gehen wir in der Wirtschaftswissenschaft vom Menschenbild des Homo Oeconomicus (HO) aus. Machen wir uns kurz noch einmal klar, was die konstituierenden Bestandteile dieses Menschenbilds sind: (i) Der HO handelt strikt rational, d.h., er maximiert seine Nutzenfunktion; (ii) Der HO handelt strikt egoistisch, d.h., als Argument geht lediglich seine *eigene* Auszahlung in die Nutzenfunktion ein. Ein Homo Oeconomicus würde in unserem Beispiel also tatsächlich nur auf seine eigene Note schauen – die Ergebnisse seiner Kommilitonen würden ihn komplett kalt lassen.

Vielleicht mag es in der realen Welt tatsächlich den einen oder anderen Menschen geben, der in der Lage ist, den sozialen Kontext (in unserem Beispiel also: die Noten der anderen), komplett auszublenden. Vermutlich den meisten Menschen dürfte dies jedoch nicht sehr gut gelingen. Vieles spricht dafür, dass Menschen sich mit anderen Menschen in ihrem Umfeld vergleichen – ob es sich nun um eine Seminarnote handelt oder die Entlohnung im Vergleich zu den Kollegen im Betrieb. Wenn Menschen sich aber mit Menschen ihrer jeweiligen Bezugsgruppe vergleichen und ihre Nutzenempfindung davon abhängt, dann hat dies erhebliche Konsequenzen – letztlich für das gesamte wirtschaftswissenschaftliche Weltbild und daraus abgeleitete Politikempfehlungen, wie weiter unten klar werden wird.

Das Modell von Fehr und Schmidt versucht zunächst einmal dieses Phänomen des sozialen Vergleichs formal abzubilden. Fehr und Schmidt (1999) schlagen folgende Nutzenfunktion vor (hier für den Fall von lediglich zwei Spielern):

$$U_i(\pi_i, \pi_j) = \pi_i - \alpha_i max\{\pi_j - \pi_i, 0\} - \beta_i max\{\pi_i - \pi_j, 0\} \qquad (7.1).$$

Dabei bezeichnet π_i die eigene Auszahlung und π_j die Auszahlung des anderen Spielers. Offenbar hängt der Nutzen des Spielers *i* damit von drei Faktoren ab: Erstens, von der eigenen Auszahlung natürlich. Der Einfachheit halber wird hier unterstellt, dass der Nutzen linear in π_i steigt. Zweitens: Es gibt einen negativen Nutzen (einen Disnutzen) aus *unvorteilhafter* Ungleichheit (wenn also die Auszahlung des anderen Spielers die eigene

Auszahlung übersteigt). Dies wird durch den zweiten Summanden $\alpha_i max\{\pi_j - \pi_i, 0\}$[19] zum Ausdruck gebracht. Wie stark dieser Disnutzen ins Gewicht fällt, hängt vom Parameter α_i ab. Je größer α_i, desto stärker mindert unvorteilhafte Ungleichheit den Nutzen von i. Drittens: Es kann sein, dass Menschen auch einen Disnutzen empfinden, wenn sie mehr bekommen als der andere. Dieser Disnutzen aus *vorteilhafter* Ungleichheit wird durch den dritten Summanden $\beta_i max\{\pi_i - \pi_j, 0\}$ abgebildet. Die Stärke dieses Effekts wird durch den Parameter β_i gemessen. Gilt $\alpha_i = \beta_i = 0$ sind wir wieder im Modell mit Standardpräferenzen, d.h., Spieler i zieht Nutzen nur aus der eigenen Auszahlung.

Das Modell von Fehr und Schmidt ist in unserem Kontext deshalb höchst interessant, weil Präferenzen, wie sie durch 7.1 beschrieben werden, sehr leicht erklären können, warum rationale Akteure in einem sozialen Dilemma kooperieren sollten, auch wenn Kooperation bei Standardpräferenzen kein Nash-Gleichgewicht darstellt. Machen wir uns die Wirkung von Ungleichheitsaversion anhand des in Abschnitt 4.1.3 eingeführten öffentlichen-Gut-Spiels klar. Zur Erinnerung: Die Auszahlungsfunktion war dort gegeben als

$$\pi_i = (z_i - q_i)p + \frac{a}{N}\sum_{i=1}^{N} q_i \qquad (7.2).$$

Dabei war z_i die Anfangsausstattung, q_i der Beitrag zum öffentlichen Gut und N die Zahl der Spieler. Der Parameter p gab an, auf wie viele Einheiten vom privaten Gut verzichtet wird, wenn man eine Einheit mehr in das öffentliche Gut investiert. Wir hatten uns bereits klar gemacht, dass es unter der Annahme von Standardpräferenzen rational ist, keinen Beitrag zur Erstellung des öffentlichen Guts zu leisten. Was ändert sich nun, wenn wir annehmen, dass die Akteure auch durch Ungleichheitsaversion geleitet sind? Machen wir uns die Wirkung von Fehr-Schmidt-Präferenzen am einfachstmöglichen Fall klar: Wir gehen im Folgenden von nur zwei Spielern aus ($N = 2$, $i = 1, 2$) und wir nehmen an, dass es sich um identische Spieler handelt (Symmetrieannahme). Die Spieler stehen vor der Frage, ob sie einen (beliebigen, aber positiven) Beitrag leisten wollen ($q_i > 0$) oder nicht ($q_i = 0$). Wir können dann das resultierende Spiel durch eine 2x2 Auszahlungsmatrix repräsentieren, deren Einträge leicht hergeleitet werden können:

1. Tragen beide Spieler zur Erstellung des öffentlichen Guts bei ($q_1 = q_2 = q > 0$), dann ergibt sich der Payoff jedes Spielers als $\pi_1 = \pi_2 = (z - q)p + aq$.
2. Tragen beide Spieler nichts bei ($q_1 = q_2 = q = 0$), so erzielen beide einen Payoff von $\pi_1 = \pi_2 = zp$.
3. Trägt ein Spieler bei, der andere jedoch nicht, dann erhält der beitragende Spieler einen Payoff von $(z - q)p + (a/2)q$, der freifahrende Spieler erzielt den höheren Payoff $zp + (a/2)q$.

Zusammengefasst ergibt sich die in Tab. 7.6 dargestellte Auszahlungsmatrix.

---

[19] Die Schreibweise $max\{\pi_j - \pi_i, 0\}$ bedeutet, dass die Nutzendifferenz $\pi_j - \pi_i$ nur „gezählt" und mit α gewichtet wird, wenn sie positiv ist.

Tab. 7.6 Auszahlungsmatrix im symmetrischen öffentlichen-Gut-Spiel für $N = 2$

	Beitragen (B)	Nicht beitragen (NB)
Beitragen (B)	$(z - q)p + aq$, $(z - q)p + aq$	$(z - q)p + (a/2)q$, $zp + (a/2)q$
Nicht beitragen (NB)	$zp + (a/2)q$, $(z - q)p + (a/2)q$	zp, zp

Zunächst muss man sich folgendes klar machen: Sind die Akteure neben ihrer eigenen Auszahlung auch durch Ungleichheitsaversion motiviert, dann sind nicht mehr die Werte in der Auszahlungsmatrix entscheidungsrelevant, sondern die korrespondierenden Nutzenwerte. Wir müssen also zunächst einmal die Werte in der Auszahlungsmatrix in Tabelle 7.6 mit Hilfe von 7.1 in Nutzenwerte transformieren. Dabei spielt Ungleichheitsaversion offenbar nur eine Rolle in den Fällen, in denen ein Spieler beiträgt, der andere jedoch nicht. Machen wir uns klar, wann es besser ist, zu kooperieren statt den Partner auszubeuten und auf seine Kosten freizufahren. „Beitragen" ist genau dann beste Antwort auf „Beitragen", wenn der daraus resultierende Nutzen höher ist als der Nutzen, der sich einstellt, wenn man den Partner ausbeutet. Formal muss gelten:

$U(B,B) > U(NB,B) \Leftrightarrow$

$$(z - q)p + aq > zp + \frac{a}{2}q - \beta\left(zp + \frac{a}{2}q - \left((z-q)p + \frac{a}{2}q\right)\right) \Leftrightarrow \beta > \frac{2p - a}{2p} \qquad (7.3).$$

Es zeigt sich damit, dass „Beitragen" ($q_1 = q_2 = q > 0$) ein Nash-Gleichgewicht sein kann. Zentrale Voraussetzung für dieses Ergebnis ist, dass beide Spieler hinreichend starke Aversion gegen vorteilhafte Ungleichheit zeigen. Dieses Resultat ist auch intuitiv sofort einsichtig: Die Ausbeutung des Partners durch Wahl der nicht-kooperativen Option erzeugt eine asymmetrische Payoffverteilung: Der Freifahrer erzielt einen hohen, der Ausgebeutete einen sehr niedrigen Payoff. Wenn nun ein Spieler hinreichend avers ist gegenüber vorteilhafter Ungleichheit, dann wird er von der Ausbeutung seines Partners absehen und freiwillig auf die Wahrnehmung der Freifahreroption verzichten. Die Theorie von Fehr und Schmidt erlaubt damit auf höchst einfache und intuitive Weise zu erklären, warum sich rationale Individuen in Dilemmata kooperativ verhalten können. Dies ist eine der ausgesprochenen Stärken des Ansatzes: Eine extrem kurze und elegante Brücke zwischen fairnessorientiertem (ausbeutungsaversem) Verhalten einerseits, kooperativem Verhalten in Dilemma-Situationen andererseits gebaut zu haben.

Es sei nur kurz darauf hingewiesen, dass dieser kooperationsfördernde Effekt von Ungleichheitsaversion auch in komplexeren Spielen nachgewiesen werden kann. So haben Lange und Vogt (2003) in einem Koalitionsmodell (vgl. Abschnitt 6.6.2) gezeigt, dass sich bei hinreichend starker Aversion gegen vorteilhafte Ungleichheit die sogenannte große Koalition, also eine Koalition, an der sich alle Akteure beteiligen (z.B. Staaten im Klimaschutz), als Nash-Gleichgewicht stabilisiert werden kann.

Wir hatten in Abschnitt 7.2 die stilisierten Fakten der experimentellen Forschung zum endlich wiederholten öffentlichen-Gut-Spiel kennengelernt: In Periode 1 werden positive Beiträge zum öffentlichen Gut geleistet, die dann aber mit zunehmender Zahl der Wiederholungen abnehmen und in der Schlussrunde ihr Minimum erreichen. Es stellt sich natürlich die Frage, ob dieser Befund mit Ungleichheitsaversion erklärt werden kann. In der Tat haben Fischbacher und Gächter (2010) gezeigt, dass dieses Muster sehr gut mit Ungleichheitsaversion erklärbar ist, wenn man außerdem unterstellt, dass die Akteure die Erfahrungen, die sie im Spielverlauf sammeln, benutzen, um ihre Erwartungen über das Beitragsverhalten der anderen Spieler zu aktualisieren.

Andere experimentelle Studien kommen freilich zu nicht ganz so euphorischen Schlussfolgerungen. Blanco et al. (2011) finden zwar experimentelle Evidenz dafür, dass ihre Versuchspersonen durch Ungleichheitsaversion beiden Typs motiviert sind. Die Fairnessorientierung der Versuchspersonen kann zumindest im *Aggregat* ganz gut erklären, warum in einem öffentlichen-Gut-Spiel kooperiert wird. Allerdings ist irritierend, dass Ungleichheitsaversion das *individuelle* Verhalten nicht zu erklären vermag. Dannenberg et al. (2007) können in ihrer Studie nachweisen, dass ein schwacher Zusammenhang zwischen dem Grad der Ungleichheitsaversion und dem individuellen Kooperationsverhalten besteht – aber der Zusammenhang ist eben nur schwach ausgeprägt.

Wir wollen zum Schluss dieses Kapitels noch kurz auf die erheblichen wirtschaftspolitischen Implikationen von Ungleichheitsaversion eingehen. Am einfachsten gelingt dies wieder mit Hilfe eines kleinen Beispiels. Stellen wir uns eine Gesellschaft vor, die nur aus zwei Individuen A und B besteht. Nehmen wir an, zunächst erhalten beide dasselbe Einkommen, z.B. 10€. Angenommen, es ist nun möglich, das Einkommen von A auf 13€, das von B auf 11€ zu steigern. Sollen die Einkommen erhöht werden? Die neoklassische Wohlfahrtstheorie würde dies klar bejahen, denn es ist möglich, beide zu verbessern. Nach der Einkommenserhöhung ist das Gesamteinkommen der Gesellschaft gestiegen: Es beträgt 24€ gegenüber 20€ in der Ausgangssituation. Anders formuliert: Die Situation {13€, 11€} ist unter Effizienzgesichtspunkten einer Situation {10€, 10€} vorzuziehen. Allerdings: Diese Argumentation ist nur zwingend bei Standardpräferenzen. Wenn die Nutzenempfindungen der Akteure durch Ungleichheitsaversion beeinflusst werden, dann ist {13€, 11€} nicht mehr notwendigerweise {10€, 10€} vorzuziehen: Ist nämlich B hinreichend stark avers gegen unvorteilhafte Ungleichheit, dann verschlechtert er sich gegenüber der Ausgangssituation.[20]

Man sieht an diesem einfachen Beispiel: Wenn der Nutzen der Gesellschaftsmitglieder durch Ungleichheitsaversion tangiert wird, ist es nicht mehr ohne weiteres möglich, Politikempfehlungen nur nach dem reinen Effizienzkriterium auszusprechen. Es kann sein, dass eine Situation, die unter Effizienzgesichtspunkten inferior ist, wegen ihrer größeren Gleichheit (von Einkommen etc.) vorgezogen wird. Die scheinbar harmlose Erweiterung der Nutzenfunktion in 7.1 hat also massive – um nicht zu sagen erschütternde – Wirkungen auf das bisherige, rein effizienzorientierte Weltbild der Ökonomen.

---

[20] Man zeigt leicht: $U_B(11, 13) = 11 - \alpha_B(13 - 11) < 10 \Leftrightarrow \alpha_B > 0{,}5$.

Allerdings muss man beim gegenwärtigen Stand der Forschung vorsichtig sein, die Revolution in der Ökonomik auszurufen. Möglicherweise werden die Ökonomen gezwungen sein, ihre bisherige Wohlfahrtstheorie und damit viele der daraus abgeleiteten Politikempfehlungen zu revidieren oder zumindest zu modifizieren. Ob es dazu kommen wird, ist aber letztlich eine Frage, die sich nicht theoretisch klären lässt, sondern nur empirisch. Die angedeuteten Implikationen ergeben sich nämlich nur dann, wenn reale Menschen auch tatsächlich durch hinreichend starke Ungleichheitsaversion motiviert sind. Darüber hinaus muss dieses Verhalten auch systematisch beobachtbar und reproduzierbar sein.[21] Ob dies der Fall ist, kann zur Zeit nicht abschließend beurteilt werden. Weitere Forschung ist erforderlich, um zu klären, wie viel des beobachtbaren kooperativen Verhaltens in Freifahrerexperimenten tatsächlich durch Ungleichheitsaversion erklärt werden kann. Festzuhalten bleibt vorerst, dass Ungleichheitsaversion zumindest eine gewisse Rolle bei der Erklärung freiwilliger Kooperation in sozialen Dilemmata spielt.

7.4 Kooperationsversagen: Eine alternative Deutung

Fassen wir noch einmal kurz den bisherigen Stand der Diskussion zusammen: In Abschnitt 7.1 wurde argumentiert, dass das Kyoto-Protokoll als symbolische Politik interpretiert werden kann und sich damit – letzten Endes – in Übereinstimmung mit der Prognose der ökonomischen Standardtheorie befindet. Allerdings hat Abschnitt 7.2 deutlich gemacht, dass zumindest auf der Ebene individuellen Verhaltens in kontrollierten Experimenten die Standardtheorie sehr deutlich versagt: Zwar gibt es Versuchspersonen, die sich strikt rational und egoistisch als Freifahrer verhalten. Auf der anderen Seite aber gibt es einen nicht vernachlässigbaren Teil der Versuchspersonen, der sich in Freifahrerexperimenten persistent kooperativ verhält. In Abschnitt 7.3 haben wir schließlich einen theoretischen Ansatz kennengelernt, der in der Lage ist, den experimentellen Befund aus Abschnitt 7.2 zu erklären. Erforderlich ist lediglich die höchst plausible Annahme, dass Menschen auch durch Aversion gegen Ungleichheit motiviert sind. In diesem Abschnitt soll schließlich der Versuch unternommen werden, das Modell von Fehr und Schmidt (1999) fruchtbar zu machen für eine alternative Deutung der Probleme, mit denen sich die internationale Klimapolitik konfrontiert sieht.

Zwei Dinge sind hierzu erforderlich: Zum einen muss das Modell aus Abschnitt 7.3 dazu auf den Fall von mehr als zwei Spielern verallgemeinert werden. Zum anderen – und zunächst wichtiger – müssen wir uns klar machen, warum ein Modell, das zunächst für die Beschreibung menschlichen Individualverhaltens entwickelt wurde, auf Staaten

---

[21] Ob dies tatsächlich der Fall ist, kann bezweifelt werden. Brosig et al. (2007) haben Versuchspersonen wiederholt über einen längeren Zeitraum immer wieder ins Labor eingeladen und mit denselben Entscheidungsproblemen konfrontiert. Während Theorien, die auf Ungleichheitsaversion basieren, anfangs gut abschnitten, erklärte am Ende die Standardtheorie das Verhalten der Teilnehmer am besten. Es stellt sich daher die Frage nach der Stabilität von Präferenzen, die Ungleichheitsaversion beinhalten.

anwendbar sein sollte, die in der internationalen Klimapolitik um ein Klimaschutzabkommen ringen. Beginnen wir mit dem zweiten Punkt. Zum einen werden Verhandlungen natürlich von realen Menschen geführt und die können sehr wohl von Ungleichheitsaversion beeinflusst sein. Allerdings gilt es hier zu beachten, dass Diplomaten[22] auf Klimakonferenzen nicht ihren persönlichen Präferenzen folgen (können), sondern in der Regel im Auftrag einer Regierung verhandeln und damit möglicherweise auch Positionen vertreten müssen, die nicht ihren persönlichen Präferenzen entsprechen. Aber auch wenn wir dies berücksichtigen, muss immer noch bedacht werden, dass Regierungen letztlich an die Präferenzen ihrer Wähler rückgebunden sind. Wenn der nationale Medianwähler durch Ungleichheitsaversion motiviert ist, dann sind Regierungen aufgrund des Wiederwahlinteresses gezwungen, dies in ihrer Positionsbildung zu berücksichtigen. In welchem Maße dies geschieht, hängt von verschiedenen Faktoren ab, u.a. davon, welchen Stellenwert das Thema Klimaschutz in der jeweiligen nationalen öffentlichen Meinung genießt. Es geht hier lediglich darum, grundsätzlich klar zu machen, dass Kanäle existieren, über die Fairnesspräferenzen letztlich Eingang in internationale Verhandlungen finden können. Wie stark dieser Einfluss ist, kann am Ende nur empirisch entschieden werden.

Wenden wir uns nun dem ersten Punkt zu, der Verallgemeinerung des Modells auf $N > 2$ Akteure. Wir lassen zu, dass sich Länder hinsichtlich ihrer Anfangsausstattungen wie auch hinsichtlich der Grade ihrer Aversion gegen Ungleichheit unterscheiden können. Um die mathematische Komplexität des Modells in erträglichen Grenzen zu halten, gehen wir vom öffentlichen-Gut-Spiel aus Abschnitt 4.1.3 aus und unterstellen der Einfachheit halber im Folgenden identische MPCR.[23] Zur Erinnerung: Der MPCR misst das Verhältnis von Erlös zu Kosten aus der Investition einer zusätzlichen Einheit privaten Guts in das öffentliche Gut „Klimaschutz".

Es sei $z = \{z_1, z_2, ..., z_N\}$ der Vektor der N Anfangsausstattungen und $q = \{q_1, q_2, ..., q_N\}$ der Vektor der Beiträge der N Akteure zum öffentlichen Gut „Klimaschutz". Durch z und q wird eine bestimmte Payoffordnung $\pi = \{\pi_1, \pi_2, ..., \pi_N\}$ generiert. Wir wählen die Bezeichnung so, dass Spieler 1 der Akteur mit dem höchsten Payoff ist, Spieler 2 der Akteur mit dem zweithöchsten Payoff usw. Es gilt dann offenbar: $\pi_1 > \pi_2 > ... > \pi_N$. Betrachtet sei dann ein beliebiger Spieler j innerhalb dieser Payoffordnung. Unter welchen Bedingungen wird j zum öffentlichen Gut beitragen? Wir unterstellen, dass j mit Präferenzen vom Fehr- und Schmidt-Typ ausgestattet ist, also avers ist gegen vorteilhafte und unvorteilhafte Ungleichheit. Im N-Spieler-Fall sieht die Fehr-Schmidt-Nutzenfunktion wie folgt aus:

$$U_j(\pi_j, \pi_i) = \pi_j - \alpha_j \frac{1}{N-1} \sum_{j \neq i}^{N} \max\{\pi_i - \pi_j, 0\} - \beta_j \frac{1}{N-1} \sum_{j \neq i}^{N} \max\{\pi_j - \pi_i, 0\} \quad (7.4).$$

---

[22] In einem Internetexperiment mit Teilnehmern internationaler Klimaverhandlungen konnten Dannenberg et al. (2010) tatsächlich nachweisen, dass Ungleichheitsaversion eine Rolle spielt: Das arithmetische Mittel des Maßes für Aversion gegen vorteilhafte Ungleichheit liegt bei $\beta = 0{,}56$, des Maßes für Aversion gegen unvorteilhafte Ungleichheit bei $\bar{\alpha} = 0{,}39$. Die Medianwerte sind $\beta_{[0,5]} = 0{,}53$ und $\alpha_{[0,5]} = 0$.

[23] Ein Modell mit vollständiger Heterogenität aller N Akteure untersucht Vogt (2016).

Der zweite Summand in 7.4 gibt die durchschnittliche Payoffungleichheit gegenüber allen Spielern an, die einen höheren absoluten Payoff als Spieler j erzielen (wenn also $\pi_i > \pi_j$). Diese unvorteilhafte Ungleichheit wird, wie im Zwei-Spieler-Fall auch, mit dem Gewicht α_j versehen. Entsprechend reflektiert der dritte Summand in 7.4 die durchschnittliche vorteilhafte Ungleichheit, die mit β_j gewichtet wird (wenn $\pi_j > \pi_i$). Gegeben die Nutzenfunktion 7.4 und die Payofffunktion des öffentlichen-Gut-Spiels aus Abschnitt 4.1.3 ergibt sich der Nutzen aus „Beitragen" zum öffentlichen Gut dann als:

$$U_j(q_j) = z_j - q_j + m\sum_{i=1}^{N} q_i - \alpha_j \frac{1}{N-1}\left[\sum_{h:\pi_h > \pi_j}\left((z_h - q_h + m\sum_{i=1}^{N} q_i) - (z_j - q_j + m\sum_{i=1}^{N} q_i)\right)\right] -$$

$$\beta_j \frac{1}{N-1}\left[\sum_{l:\pi_l < \pi_j}\left((z_j - q_j + m\sum_{i=1}^{N} q_i) - (z_l - q_l + m\sum_{i=1}^{N} q_i)\right)\right] \Leftrightarrow$$

$$U_j(q_j) = z_j - q_j + m\sum_{i=1}^{N} q_i - \alpha_j \frac{1}{N-1}\sum_{h:\pi_h > \pi_j}\left((z_h - q_h) - (z_j - q_j)\right) -$$

$$\beta_j \frac{1}{N-1}\left[\sum_{l:\pi_l < \pi_j}\left((z_j - q_j) - (z_l - q_l)\right)\right] \tag{7.5}.$$

Dabei bezeichnet h die Zahl aller Spieler, die in der Payoffhierarchie über Spieler j rangieren, also einen höheren Payoff als j erzielen.[24] Entsprechend ist l die Zahl der Spieler, die in der Payoffordnung unter j stehen. Mit m sei der MPCR bezeichnet.

Wann wird Spieler j sich entscheiden, einen Beitrag zum öffentlichen Gut zu leisten? Offensichtlich dann, wenn der Grenznutzen aus Beitragen positiv ist. Formal muss also gelten:

$$\frac{\partial U_j}{\partial q_j} = -1 + m - h\alpha_j \frac{1}{N-1} + (N-h-1)\beta_j \frac{1}{N-1} > 0 \Leftrightarrow$$

$$\beta_j > \frac{(1-m)(N-1)}{(N-h-1)} + \frac{h}{(N-h-1)}\alpha_j \equiv \beta_j^{krit} \tag{7.6}.$$

Wir erhalten also eine Bedingung, die strukturell identisch ist zu der, die wir schon aus Abschnitt 7.3 kennen. Beitragen lohnt sich aus Sicht des Spielers j dann, wenn seine Aversion gegen vorteilhafte Ungleichheit hinreichend stark ausgeprägt ist. Interessant ist aber nun zu schauen, von welchen Faktoren die Beitragsentscheidung beeinflusst wird. Dazu müssen wir die Determinanten des kritischen Wertes β_j^{krit} etwas genauer unter die Lupe nehmen. Um die Interpretation aus Sicht der Klimapolitik zu erleichtern, bezeichnen wir im Folgenden die Akteure als „Länder", welche die Möglichkeit haben, zum öffentlichen Gut Klimaschutz beizutragen.

---

[24] Dabei ist zu beachten, dass sich die Position eines Akteurs in der Payoffhierarchie endogen ergibt aus seiner eigenen Beitragsentscheidung sowie den Beitragsentscheidungen aller übrigen Spieler. Damit ist es möglich, dass die Position eines Akteurs in der Payoffordnung (die ex ante allein vom Vektor der Anfangsausstattungen z abhängt) infolge der Beitragsentscheidungen ex post eine andere ist.

Betrachten wir zunächst den Zusammenhang zwischen β_j^{krit} und α_j. Partielles Differenzieren des kritischen Wertes nach α_j liefert sofort:[25]

$$\frac{\partial \beta_j^{krit}}{\partial \alpha_j} = \frac{h}{N-h-1} > 0 \; \forall h < N-1 \qquad (7.7).$$

Nimmt also der Grad an Aversion gegen unvorteilhafte Ungleichheit zu, dann steigt auch der kritische Wert aus Bedingung 7.6 und es wird schwieriger, die Bedingung zu erfüllen. Ein zunehmender Grad an Aversion gegen unvorteilhafte Ungleichheit macht es ceteris-paribus also unwahrscheinlicher, dass Land j beiträgt. Man könnte spekulieren, dass in der internationalen Klimapolitik in erster Linie die Entwicklungs- und Schwellenländer durch relativ hohe Werte von α charakterisiert sind, was deren zögerliche Haltung bei der Übernahme eigener Minderungsziele erklären könnte.

Betrachten wir als nächstes den Zusammenhang zwischen β_j^{krit} und dem MPCR (also m). Partielles Ableiten liefert:

$$\frac{\partial \beta_j^{krit}}{\partial m} = -\frac{N-1}{N-h-1} < 0 \qquad (7.8).$$

Ein steigender MPCR (also eine Verbesserung des Nutzen-Kosten-Verhältnisses der Klimapolitik) macht Beitragen ceteris-paribus wahrscheinlicher, denn der kritische Wert β_j^{krit} nimmt dann ab. Dieses Ergebnis dürfte absolut plausibel sein. Man beachte, dass demzufolge unter der Annahme von Ungleichheitsaversion der MPCR die Beitragsentscheidung beeinflussen kann.[26] Dies war unter der Annahme von Standardpräferenzen schlicht unerklärlich. Unterschiede im MPCR könnten erklären, warum z.B. die USA einer substanziellen Klimapolitik nach wie vor skeptisch gegenüber stehen, während eine solche von den Europäern nachdrücklich gefordert wird. Die USA haben schon seit eh und je die Kosten von Emissionsreduktionen stark betont, während die EU eher die Nutzen einer ambitionierten Klimapolitik in den Vordergrund gestellt hat. Technisch gesprochen könnte man vermuten, dass die USA einen geringeren MPCR aufweisen als die EU.

Bleibt schließlich zu guter Letzt die Untersuchung des Zusammenhangs zwischen β_j^{krit} und h, der Anzahl der Länder, die in der Payoffhierarchie über Land j rangieren. Partielles Differenzieren liefert:

$$\frac{\partial \beta_j^{krit}}{\partial h} = \frac{(1-m)(N-1)}{(N-h-1)^2} + \frac{\alpha_j(N-h-1)+\alpha_j h}{(N-h-1)^2} > 0 \qquad (7.9).$$

Je größer also die Zahl der Länder, die in der Payoffhierarchie höher stehen, desto schwieriger ist es für Land j, die Bedingung für Beitragen zu erfüllen.

---

[25] Dabei kann der Faktor $h/(N - h - 1)$ als Gewichtungsfaktor wie folgt verstanden werden: Je mehr Akteure in der Payoffhierarchie höher stehen (größeres h), desto stärker wird unvorteilhafte Ungleichheit gewichtet.

[26] Vgl. hierzu die Ausführungen in Abschnitt 7.2.2 zum Freifahrerexperiment von Isaac und Walker (1988).

Fassen wir kurz die klimapolitischen Implikationen des Fehr-Schmidt-Modells zusammen. Von welchen Ländern wäre also zu erwarten, dass sie einen Anreiz haben, aktive Klimapolitik zu betreiben? Folgende Faktoren können identifiziert werden:

- Ceteris-paribus haben reichere Länder einen größeren Anreiz, Klimaschutz zu betreiben.
- Ein höherer (wahrgenommener) MPCR macht Klimaschutz wahrscheinlicher. Die Länder, die also am meisten von Klimapolitik profitieren, haben den höchsten Anreiz, sich am Klimaschutz zu beteiligen.
- Je größer schließlich die Aversion gegen unvorteilhafte Ungleichheit (und möglicherweise ist die wiederum bei den armen Ländern sehr ausgeprägt), desto weniger lohnt sich aus der Perspektive dieser Länder Klimapolitik.

Damit eröffnet sich im Umkehrschluss eine alternative Deutung des bisherigen „Kooperationsversagens" in der internationalen Klimapolitik. Länder verhalten sich möglicherweise deshalb nicht kooperativ, weil:

- sie in der internationalen „Payoffhierarchie" zu weit unten stehen,
- sie sehr avers gegenüber unvorteilhafter Ungleichheit sind oder
- ihr (wahrgenommener) MPCR aus Klimapolitik zu gering ist.

Die Ausführungen in diesem Abschnitt erheben keinesfalls den Anspruch, der „Weisheit letzter Schluss" zu sein. Ob das bisherige Kooperationsversagen in der internationalen Klimapolitik eher durch die Standardtheorie (Freifahrerhypothese und symbolische Politik, vgl. Abschnitt 7.1) oder die in Abschnitt 7.4 identifizierten Faktoren zu erklären ist, lässt sich beim gegenwärtigen Stand der Forschung kaum sagen. Es ist nicht abschließend geklärt, ob Ungleichheitsaversion tatsächlich ein integraler Bestandteil der menschlichen Motivationsstruktur ist, noch, in welcher Weise genau derartige Motive die Arena hoher internationaler Politik erklimmen – wir haben uns hier mit mageren, politökonomisch motivierten Andeutungen begnügt. Allerdings sollte zu denken geben, dass die realen Klimaverhandlungen ausgesprochen stark durch eine Gerechtigkeitsdebatte geprägt werden, was natürlich durch ein Motiv wie Ungleichheitsaversion in der Nutzenfunktion der Akteure leicht rationalisiert werden könnte.[27] Aber auch hier ist Vorsicht geboten, denn der Schein könnte trügen: So haben Lange et al. (2010) gezeigt, dass die Gerechtigkeitskriterien, die in der klimapolitischen Debatte eine Rolle spielen, stark durch das ökonomische Eigeninteresse motiviert sind.

---

[27] Vgl. hierzu Lange et al. (2007).

Literatur

Achtnicht, M. 2012. German Car Buyers' Willingness to Pay to Reduce CO_2 Emissions. *Climatic Change* 113 (3):679–697.

Blanco, M., D. Engelmann, und H.-T. Normann. 2011. A within-subject analysis of other-regarding preferences. *Games and Economic Behavior* 72 (2):321–338.

Bolton, G. E., und A. Ockenfels. 2000. ERC. A Theory of Equity, Reciprocity and Competition. *American Economic Review* 90:166–193.

Böhringer, C., und C. Vogt. 2004. Dismantling of a breakthrough: the Kyoto protocol as symbolic policy. *European Journal of Political Economy* 20:597–617.

Böhringer, C., und C. Vogt. 2003. Economic and environmental impacts of the Kyoto protocol. *Canadian Journal of Economics* 36:475–494.

Brouwer R., L. Brander, und P. Van Beukering. 2008. "A convenient truth": air travel passengers willingness to pay to offset their CO_2 emissions. *Climatic Change* 90:299–313.

Brosig, J., A. Ockenfels, und J. Weimann. 2003. The Effect of Communication Media on Cooperation. *German Economic Review* 4:217–241.

Brosig, J., J. Weimann, und C.-L. Yang. 2004. Communication, Reputation, and Punishment in Sequential Bargaining Experiments *Journal of Theoretical and Institutional Economics* 160:576–606.

Brosig, J., J. Weimann, und T. Riechmann. 2007. Selfish in the end? An experimental investigation of the consistency and stability of individual behavior. FEMM Working Paper Nr. 05/2007. Otto-von-Guericke-Universität Magdeburg.

Cox, J. C., V. L. Smith, und J. M. Walker. 1984. The Theory and Behavior of Multiple Unit Discriminative Auctions. *Journal of Finance* 39:983–1010.

Dannenberg A., B. Sturm, und C. Vogt. 2010. Do Equity Preferences matter for Climate Negotiators? *An Experimental Investigation, Environmental and Resource Economics* 47:91–109.

Dannenberg, A., T. Riechmann, B. Sturm, und C. Vogt. 2007. Inequality Aversion and Individual Behavior in Public Good Games: An Experimental Investigation. ZEW Discussion Paper 07–034. Mannheim.

Endres, A., M. Finus, und F. Lobigs. 2000. Symbolische Umweltpolitik im Zeitalter der Globalisierung? – Zur Effektivität internationaler Umweltverträge aus ökonomischer Sicht. *Perspektiven der Wirtschaftspolitik* 1:73–91.

Fehr, E., und S. Gächter. 2000. Cooperation and Punishment in Public Goods Experiments. *American Economic Review* 90:980–994.

Fehr, E., und K. M. Schmidt. 1999. A Theory of Fairness, Competition, and Cooperation. *Quarterly Journal of Economics* 114:817–868.

Fischbacher, U., und S. Gächter. 2010. Social Preferences, Beliefs and the Dynamics of Free Riding in Public Good Experiments. *American Economic Review* 101 (1):541–556.

Güth, W., R. Schmittberger, und B. Schwarze. 1982. An Experimental Analysis of Ultimatum Bargaining. *Journal of Economic Behavior and Organization* 3:367–388.

Isaac, R. M., und J. M. Walker. 1988. Group Size Effects in Public Goods Provision: The Voluntary Contributions Mechanism. *Quarterly Journal of Economics* 103:179–199.

Isaac, R. M., J. M. Walker, und A. W. Williams. 1994. Group Size and the Voluntary Provision of Public Goods: Experimental Evidence Utilizing Large Groups. *Journal of Public Economics* 54:1–36.

Lange, A., A. Löschel, C. Vogt, und A. Ziegler. 2010. On the Self-Interested Use of Equity in International Climate Negotiations. *European Economic Review* 54:359–375.

Lange, A., C. Vogt, und A. Ziegler. 2007. On the Importance of Equity in International Climate Negotiations: An empirical analysis. *Energy Economics* 29:545–562.

Lange, A., und C. Vogt. 2003. Cooperation in International Environmental Negotiations due to a Preference for Equity. *Journal of Public Economics* 87:2049–2067.

Löschel, A., B. Sturm, und C. Vogt. 2013. The Demand for Climate Change mitigation – An Empirical Assessment for Germany. *Economics Letters* 118:415–418.

Löschel, A., B. Sturm, und R. Uehleke. 2017. Revealed Preferences for Voluntary Climate Change Mitigation when the Purely Individual Perspective is Relaxed – Evidence from a Framed Field Experiment. *Journal of Behavioural and Experimental Economics* 67:149–160.

Samuelson, P. A., und W. D. Nordhaus. 1985. *Principles of Economics*. 12. Auflage. New York: McGraw-Hill.

Sauermann, H., und R. Selten. 1959. Ein Oligopolexperiment. *Zeitschrift für die gesamte Staatswissenschaft* 115:427–471.

Smith V. L. 1962. An experimental study of competitive market behavior. *Journal of Political Economy* 70:111–137.

Stern N. 2006. Stern Review on the Economics of Climate Change. 30. Oktober 2006. http://mudancasclimaticas.cptec.inpe.br/~rmclima/pdfs/destaques/sternreview_report_complete.pdf. Zugegriffen: 2. März 2018.

Sturm, B., und J. Weimann. 2006. Experiments in Environmental Economics and some Close Relatives. *Journal of Economic Surveys* 20:419–457.

Senate Resolution 98 (S. 98). 1997. "Byrd-Hagel". http://thomas.loc.gov. Zugegriffen: 2. März 2018.

The Guardian. 2015. James Hansen, Father of Climate Change Awareness, calls Paris Talks 'a Fraud'. Dezember 2015. https://www.theguardian.com/environment/2015/dec/12/james-hansen-climate-change-paris-talks-fraud. Zugegriffen: 2. März 2018.

Tirole, J. 2015. Getting Climate Talks back on Track, TSE Debate, https://debate.tse-fr.eu/article/getting-climate-talks-back-on-track. Zugegriffen: 2. März 2018.

Uehleke, R., und B. Sturm. 2017. The Influence of Collective Action on the Demand for Voluntary Climate Change Mitigation in Hypothetical and Real Situations. *Environmental and Resource Economics* 67:429–454.

United Nations Framework Convention on Climate Change (UNFCCC). 2017. National greenhouse gas inventory data for the period 1990–2007. http://unfccc.int/ghg_data/items/3800.php. Zugegriffen: 2. März 2018.

United Nations Framework Convention on Climate Change (UNFCCC). 2016. Aggregate Effect of the Intended Nationally Determined Contributions. FCCC/CP/2016/2.

Vogt, C. 2016. Climate Coalition Formation when Players are Heterogeneous and Inequality Averse. *Environmental and Resource Economics* 65:33–59.

Weimann, J. 2004. *Wirtschaftspolitik. Allokation und kollektive Entscheidung*. 3. Auflage. Berlin u. a.: Springer.

Zelmer, J. 2003. Linear Public Goods Experiments: A Meta-Analysis. *Experimental Economics* 6:299–310.

Übungsaufgaben

Aufgabe 1: Eigentumsrechte

Herr Holz kann für seine Schreinerei eine Säge mit oder ohne Schalldämpfung mieten. Die Mietkosten für eine Säge mit Schalldämpfung sind dabei pro Woche um 100€ höher als im Fall ohne Schalldämpfung. Herr Ruhlieb wohnt neben der Schreinerei und ist lärmempfindlich. Er wäre bereit, pro Woche 90€ zu bezahlen, damit die Schreinerei mit einer schallgedämpften Säge ausgestattet wäre. Man müsste ihm andererseits mindestens 90€ bezahlen, damit es ihm egal wäre, neben der Schreinerei zu wohnen, wenn die Säge nicht schallgedämpft ist. Herr Ruhlieb und Herr Holz können zunächst kostenlos miteinander verhandeln.

a) Wird Herr Holz eine schallgedämpfte Säge mieten, wenn er über das Recht auf Lärmemissionen verfügt? Welche Verhandlungslösung wird sich ergeben? Was ändert sich, wenn Herr Holz nicht über das Recht auf Lärmemissionen verfügt, sondern Herr Ruhlieb über das Recht auf Stille verfügt?
b) Welche Anfangsverteilung der Eigentumsrechte würden Herr Holz und Herr Ruhlieb in a) vorziehen? Erläutern Sie Ihre Antwort.
c) Nehmen Sie nun an, dass die Verhandlungen nicht mehr kostenlos geführt werden können. Die Verhandlungskosten betragen 15€ pro Woche. Verändert sich Ihre Lösung aus a)? Erläuterung.

Aufgabe 2: Common Pool Ressource

Jeder Akteur i, $i = 1, ..., N$, kann seine Anfangsausstattung e_i in eine private Anlage mit konstantem Grenzertrag w und in eine Common Pool Resource (CPR) investieren. Der individuelle Ertrag aus der CPR ist gleich dem Durchschnittsertrag aus der CPR, $F(X)/X$, multipliziert mit der individuellen Investition in die CPR, x_i.

Es sei:
$N = 8$, $e_i = 10$, $w = 5$, $F(X) = F\left(\sum_{i=1}^{N} x_i\right) = 23X - \frac{1}{4}X^2$

Die individuelle Ertragsfunktion ist damit:

$$\pi_i^{ges} = \pi_i^{privat} + \pi_i^{CPR} = (e_i - x_i)5 + x_i \frac{F(X)}{X} = (10 - x_i)5 + \frac{x_i}{X}\left(23X - \frac{1}{4}X^2\right).$$

Angenommen sei, dass jeder der identischen Akteure π_i^{ges} maximiert.

a) Diskutieren Sie die zentralen Eigenschaften der Produktionsfunktion. Berechnen und skizzieren Sie Durchschnitts- und Grenzertrag.
b) Bestimmen Sie den individuellen Gesamtertrag im Optimum $\pi_i^{*ges} = \pi_i^{*privat} + \pi_i^{*CPR}$. Zeigen Sie, dass die Erhöhung der Investition in die CPR durch Nutzer i ausgehend von x_i^* (der optimalen individuellen Investition) einen negativen externen Effekt generiert. Berechnen Sie den negativen externen Effekt für den Fall, dass Nutzer i ausgehend von x_i^* seine Investition um eine Einheit erhöht.
c) Zeigen Sie graphisch, dass im Optimum „Grenzertrag = Grenzkosten" für die Investition in die CPR gilt. *Hinweis: Die Grenzkosten einer Investition in die CPR sind der entgangene Grenzertrag aus der privaten Anlage.*
d) Bestimmen Sie den individuellen Gesamtertrag im Nash-Gleichgewicht $\pi_i^{NE, ges}$. Zeigen Sie, dass die Wahl von x_i^{NE} „beste Antwort" ist, unter der Annahme, dass alle anderen Akteure $j \neq i$ die Aktion x_j^{NE} wählen. *Hinweis: Wählen Sie ein anderes Investitionsniveau als x_i^{NE} und berechnen Sie den Gesamtertrag für Akteur i.*
e) Was passiert bei $N \to \infty$ (freier Marktzutritt)?

Aufgabe 3: Eigenschaften von Gütern

Diskutieren Sie die Eigenschaften folgender Güter aus ökonomischer Sicht: Öffentlich-rechtliches Fernsehen, Kabelfernsehen, Kinobesuch, Grundwasservorkommen in trockenen Gebieten, Informationen über Auswirkungen des Klimawandels in Deutschland.

Aufgabe 4: Styropor

Angenommen, Platten aus Styropor werden mit konstanten Grenzkosten von 4€ produziert. Die Marktnachfrage für dieses Produkt sei $Q^D = 22 - P$.

a) Welche Produktionsmenge wird die Industrie wählen? Wie hoch ist die Summe der Konsumenten- und Produzentenrente bei dieser Menge?

b) Diese Branche produziert nicht nur Styroporplatten, sondern verursacht auch Luftbelastungen. Die Kosten dieser Verschmutzung werden durch die Funktion der externen Grenzkosten EGK = 0,2Q beschrieben. Wie viele Styroporplatten sollten vom Effizienzstandpunkt aus (d.h. vom Standpunkt der Gesellschaft aus) produziert werden?
c) Illustrieren Sie Ihre Antworten zu a) und b).
d) Berechnen Sie die Steuer t^*, welche den negativen externen Effekt in b) optimal internalisiert. Wie hoch ist das Steuervolumen? Wie hoch ist der Netto-Wohlfahrtsgewinn durch diese Steuer? *Hinweis: Um den Netto-Wohlfahrtsgewinn zu bestimmen, müssen Sie Renten, externe Kosten und ggf. Steuervolumen berechnen für den Fall mit und ohne Steuer.*

Aufgabe 5: Emissionen

Ein sozialer Planer steht vor folgendem Entscheidungsproblem: In der Ökonomie wird ein Schadstoff emittiert, die Menge der Emissionen sei E. Die Schadenskosten durch die Emissionen wurden monetarisiert und sind

$$SK(E) = \frac{1}{4}E^2.$$

Die Emissionen des Schadstoffs können vermieden werden, wobei Kosten der Vermeidung (Abatement, A) entstehen mit

$$VK(A) = \frac{1}{2}A^2.$$

Im Business-As-Usual (BAU) werden E_{Bau} = 10 emittiert, d.h., Vermeidung ist A = 10 − E.

a) Bestimmen Sie das soziale Optimum für die Emissionen, d.h. das Minimum der totalen Kosten (TK = VK + SK). Skizzieren Sie sowohl die Grenzkosten (GVK und GSK) als auch – in einer separaten Abbildung – die SK, VK und TK.
b) Angenommen, der soziale Planer legt eine Emissionsreduktion ggü. dem BAU um 50% fest. Berechnen Sie SK, VK und TK. Interpretieren Sie Ihr Ergebnis im Vergleich zu a).
c) Angenommen, der soziale Planer hat perfekte Information über die Kosten. Welche Pigou-Steuer sollte er wählen? Wie hoch sind die Emissionen in diesem Fall? Berechnen Sie SK, VK und TK.
d) Angenommen, der soziale Planer hat perfekte Information über die Kosten und er plant die Einrichtung eines Emissionshandelssystems. Welche Menge an Emissionen sollte er wählen? Wie hoch wird der Zertifikatepreis in diesem Fall sein? Berechnen Sie SK, VK und TK.
e) Angenommen, der soziale Planer hat unvollständige Informationen über die Kosten. Er legt die Pigou-Steuer zu lax fest (-20% ggü. dem optimalen Niveau). Vergleichen Sie die Emissionen und Kosten mit der Situation, in der der Planer die zulässige Emissionsmenge um 20% zu hoch festlegt. Welches Instrument (Preis- oder Mengenlösung) ist zu präferieren?

f) Was können wir aus e) lernen über die optimale Instrumentenwahl im Klimaschutz?

Aufgabe 6: Emissionshandel

Es gibt drei Unternehmen (A, B und C) mit folgenden Vermeidungskosten (VK_i) in Abhängigkeit der Vermeidung (R_i) eines Schadstoffes:

$$VK_A(R_A) = 8(R_A)^2, \; VK_B(R_B) = 6(R_B)^2, \; VK_C(R_C) = 4(R_C)^2.$$

Ohne Eingriff der Umweltbehörde realisieren die Unternehmen eine maximale Emission von $E_i^{max} = 10$, d.h., für die Emission eines Unternehmens gilt $E_i = E_i^{max} - R_i = 10 - R_i$. Die Umweltbehörde legt die Gesamtemissionen mit $\bar{E} = 15$ fest und teilt diese Emissionsmenge zu gleichen Teilen auf die Unternehmen auf („Auflagenpolitik").

a) Bestimmen Sie die Vermeidungskosten für jedes Unternehmen und die gesamtwirtschaftlichen Vermeidungskosten.
Die Umweltbehörde führt nun verbriefte und handelbare Emissionsrechte ein (Annahme: Emissionsrechte sind beliebig teilbar). Dabei erhält jedes Unternehmen kostenlos eine Anfangsausstattung an Rechten in Höhe der bisherigen Emissionsmenge bei Auflagenpolitik. Der Handel der Emissionsrechte zwischen den drei Unternehmen ist ohne Einschränkungen und Kosten möglich.
b) Bestimmen Sie die Grenzvermeidungskosten jedes Unternehmens und die Gesamtnachfragefunktion nach Emissionsrechten (analytisch und graphisch, *Hinweis: Die Gesamtnachfrage nach Emissionen ergibt sich über die horizontale Aggregation von Emissionsmengen*) und den sich einstellenden Preis für Emissionsrechte p_z.
c) Bestimmen Sie die Kosteneinsparung für jedes Unternehmen im Vergleich zur Auflagenpolitik und die gesamtwirtschaftliche Kosteneinsparung im Vergleich zur Auflagenpolitik.
d) Erläutern Sie kurz die hinter dem Zertifikateansatz stehende Intuition. Inwiefern spielen die Unterschiede in den Grenzvermeidungskosten eine Rolle?
e) Nennen Sie wichtige Vereinfachungen, auf denen diese Übungsaufgabe basiert. Welche Bedeutung hat die Annahme des Preisnehmerverhaltens auf dem Markt für Emissionsrechte?

Aufgabe 7: Pigou-Steuer

Betrachten Sie Aufgabe 2 („Common Pool Resource"). Wie hoch muss eine Steuer t^* auf die Investition in die CPR sein, damit die effiziente Allokation erreicht wird?

Aufgabe 8: Anpassung und Vermeidung

Unterstellen Sie die Existenz eines globalen politischen Entscheiders im Klimaschutz. Der politische Entscheider hat folgende Informationen über die Kostenverläufe. Die Vermeidungskosten VK sind gegeben mit $VK(R) = R^2$, wobei R Vermeidung ist mit $0 \leq R \leq 10$. Die Kosten der Anpassung AK sind gegeben mit $AK(A) = 2A^2$, wobei A Anpassung ist mit $0 \leq A \leq 10$. Die Residualkosten des Klimawandels RK sind gegeben mit $RK(A, R) = (10 - R)(10 - A)$.

a) Berechnen Sie die optimale Vermeidung R^* und die optimale Anpassung A^* im Kostenminimum. Wie hoch sind die totalen Kosten im Optimum?
b) Angenommen, mit einer neuen Technologie lässt sich Vermeidung zu 50% der bisherigen Kosten erreichen. Wie verändern sich A^*, R^* und die totalen Kosten?
c) Angenommen, mit neuen Technologien wird Anpassung billiger: Die Kosten der Anpassung reduzieren sich auf 50%. Wie verändern sich A^*, R^* und die totalen Kosten?
d) Freiwillige Zusatzaufgabe: Versuchen Sie das Problem in a) mit einem 3-D-Plot näherungsweise graphisch zu lösen.

Aufgabe 9: Spieltheorie I

Gegeben sei folgende Auszahlungsmatrix für ein statisches Zwei-Personen-Spiel (K: Kooperation, NK: Nicht-Kooperation):

		Spieler 2	
		K	NK
Spieler 1	K	2,3	0,4
	NK	5,1	1,2

Ermitteln Sie das Nash-Gleichgewicht/die Nash-Gleichgewichte in diesem Spiel. Begründen Sie, warum Ihr Ergebnis tatsächlich ein Nash-Gleichgewicht darstellt. Gehen Sie davon aus, dass das Spiel genau einmal gespielt wird (one-shot game).

Aufgabe 10: Spieltheorie II

Betrachten Sie erneut Aufgabe 9:

a) Was würde sich an Ihrem Ergebnis aus Aufgabe 9 ändern, wenn Sie zulassen, dass das Spiel endlich oft wiederholt wird?
b) Was würde sich an Ihrem Ergebnis aus Aufgabe 9 ändern, wenn Sie zulassen, dass das Spiel unendlich oft wiederholt wird?

c) Was würde sich an Ihrem Ergebnis ändern, wenn Sie Kommunikation zwischen den Spielern zulassen?
d) Was würde sich an Ihrem Ergebnis aus Aufgabe 9 ändern, wenn Sie zulassen, dass die Spieler bindende Verträge schließen können, d.h. eine Möglichkeit besteht, einen Vertragsbruch wirksam zu sanktionieren? Wie beurteilen Sie diese Möglichkeit im Hinblick auf die internationale Klimapolitik?
e) Was ändert sich möglicherweise an Ihrem Ergebnis aus Aufgabe 9, wenn Sie annehmen, dass beide Spieler durch Ungleichheitsaversion motiviert sind? Gehen Sie davon aus, dass die Präferenzen beider Spieler im Auszahlungsraum durch eine Fehr-Schmidt-Nutzenfunktion beschrieben werden können, d.h., nehmen Sie folgende Nutzenfunktion an:

$$U_i(\pi_i, \pi_j) = \pi_i - \alpha_i max\{\pi_j - \pi_i, 0\} - \beta_i max\{\pi_i - \pi_j, 0\}, i = 1,2.$$

Zeigen Sie dann rechnerisch, dass einmütige Kooperation ein Nash-Gleichgewicht sein kann, falls

$$\beta_1 \geq \frac{3}{4} + \frac{1}{4}\alpha_1$$

sowie

$$\beta_2 \geq \frac{1}{3}.$$

Aufgabe 11: Spendenfinanzierung

Die $N = 200$ Bewohner eines Studentenwohnheims planen eine Grillparty, an deren Ende ein Feuerwerk stehen soll. Das Feuerwerk soll aus Spenden der Studierenden finanziert werden. Die Nutzenfunktion einer repräsentativen Studierenden sei gegeben als:

$$U_i = -q_i^2 + \gamma \sum_{j=1}^{N} q_j.$$

q_i bezeichnet den individuellen Beitrag. Für den Produktivitätsparameter γ gelte $\gamma = 0,1$.

Bestimmen Sie allgemein und numerisch das Nash-Gleichgewicht in diesem Spiel. Bestimmen Sie außerdem allgemein und numerisch die kollektiv optimale Lösung. Liegt ein soziales Dilemma vor?

Stichwortverzeichnis

A

Aggregation 65, 66, 71, 74, 75, 126
Angebot 6, 86, 102, 103, 108, 110, 132, 157, 186
Angebot-Nachfrage-Modell 4, 9
Angebotsfunktion 5, 11
Anpassung 147, 153, 160, 162, 168, 169
Anpassungsfähigkeit 165, 167, 168
Antarktis 143, 148, 149
Arktis 145, 148
Auflagen 69, 114, 116, 117, 120, 123, 135, 236
Auktion 101, 212
Ausschlusskriterium 51, 70

B

Banking 102, 103, 104, 107
Benzin 32, 79, 88, 117, 118, 119
Border Tax Adjustments 112
Borrowing 103, 104, 107
Brennstoffsubstitution 157
Byrd-Hagel-Resolution 204

C

Carbon Capture and Storage 102, 105, 159
Club-Güter 53
CO_2-Emissionen 103, 117, 141
CO_2-Konzentration 142, 144
Coase-Theorem 41, 42, 46
Common Pool Resources 58, 188

D

DICE 171, 173, 175, 178, 180
Diesel 32, 79, 88, 117, 118, 119
Diskontierung 172, 175, 184
Diskontrate 175, 176
Doppelte Dividende 80, 84, 86, 87
Durchschnittstemperatur 140, 141, 147, 149

E

Effekte, externe 17, 18, 19, 20, 28, 85, 163, 165
Effizienz 2, 8, 10, 13, 20, 21, 48, 52, 76, 95
Effizienzziel 3
Eigentumsrechte 46, 49, 91, 103, 155

Emissionshandel 69, 90, 95, 97, 108, 114,
    122, 128, 132, 134, 163, 185, 205
Emissionssteuer 73, 74, 75, 76, 78, 80, 97,
    114, 121, 129
Energieeffizienz 89, 105, 107, 108, 109,
    112, 158, 159
Energieintensität 158
Energiesteuer 118
Ernährungssicherheit 153
EU Burden Sharing Agreement 201
Externalitäten 42, 47, 118, 162, 163

F

first best 71, 75, 77, 85, 95, 122, 123
Freifahrerexperiment 214, 215, 216, 217,
    218, 219, 224, 227
Freifahrerhypothese 215, 217, 228

G

Gerechtigkeit 100, 163, 164, 165, 228
Gesundheitskosten 34, 35, 36
Gletscher 147, 150
Globalschadstoff 115, 116, 157, 189
Glühlampenverbot 108
Grandfathering 92, 99, 100, 101, 102
Grenzertrag 27, 59, 60
Grenzkosten 14, 20, 21, 22, 23, 52, 61, 62,
    66, 70, 81, 101, 114, 130, 169, 186,
    189, 190
Grenznutzen 56, 170, 172, 181, 190, 191,
    226
Grenzschaden 43, 44, 45, 49, 71, 72, 73, 75,
    95, 115, 123, 124, 126, 128, 129, 131,
    134, 140, 171, 182, 185, 186, 189
Grenzschadenskosten 76, 115
Grenzvermeidungskosten 33, 43, 44, 71,
    74, 76, 92, 93, 94, 101, 103, 115, 117,
    119, 123, 158, 170, 177, 181, 185, 186
Grönland 143, 148, 149

Güter, öffentliche 52, 53, 91, 162, 188, 211
Güter, private 52

H

Haftungsregel 45, 49
Handelswege 155
Hitzetote 154
Homo Oeconomicus 220
hot air 203

I

Information 18, 49, 70, 75, 81, 86, 95, 96,
    115, 122, 135, 146, 171, 185, 217
Integrated Emissions Trading 112
Investition 56, 59, 62, 64, 112, 118, 119,
    124, 125, 127, 129, 130, 135, 172,
    175

K

Kältetote 154
Kapitalrendite 172, 174, 176
Keeling-Kurve 142, 143
Klimapolitik 165
Klimarahmenkonvention 200
Klimaschäden 32, 156, 164, 165, 167, 169,
    171, 176, 180, 181, 184
Klimaschutz 156, 167, 171, 207
Klimasensitivität 145
Klimawandel 23, 31, 53, 97, 139, 140, 141,
    147, 154, 156, 165, 168
Knappheit 1, 2, 20, 90, 99, 106, 107, 113,
    114, 160, 175, 185
Koalition 187, 188, 192, 193, 222
Kohlenstoffsenken 203, 204
Kommunikation 217, 218
Konsumentenrente 10, 11, 12, 82
Kosteneffizienz 77, 95, 99, 108, 111, 115,
    120, 122, 123, 135, 158

Kosten-Nutzen-Analyse 140, 168, 171
Krankheiten 34, 153, 161
Kyoto-Protokoll 47, 104, 106, 192, 199, 200, 202

L

Laborexperimente 211
Laisser-faire-Regel 44, 49
Landwirtschaft 34, 141, 153, 155, 161, 165, 167
Lärmkosten 36
Leakage 111

M

Marktgleichgewicht 6, 7, 8, 9, 12, 13, 15, 17, 22, 41, 70
Marktversagen 17, 69, 70, 75, 80, 90, 162
Maximumprinzip 2
Medianwähler 208, 209, 225
Meeresspiegel 32, 41, 149, 161
Meeresströmung 149, 150
Mineralölsteuer 38, 39, 79
Minimumprinzip 2

N

Nachfrage 6, 11, 14, 17, 20, 22, 51, 65, 66, 74, 81, 84, 102
Nash-Gleichgewicht 55, 57, 61, 62, 190, 214, 221
Nichtrivalität 156, 159, 162
Nobelpreis 42, 64, 42
Nobelpreisträger 211

O

Öffentliches-Gut-Spiel 189, 214
Ökologische Steuerreform 78
Ökosysteme 28, 153

P

Permafrostboden 148
Pigou-Steuer 69, 70, 73, 74, 80, 84, 87, 88, 90, 95, 115, 122, 127, 129, 131, 135, 136, 185, 211
Pigou-Steuersatz 75
Pkw 31, 33, 41, 47, 116, 117, 119, 120, 122
Preismechanismus 4, 7, 8, 19, 51, 52, 103, 188
Produzentenrente 10, 11, 12, 81

R

Regulierungsüberlagerung 98, 108, 110
Rent-Seeking 100, 186
Reproduzierbarkeit 212
Residualkosten 168, 169
Ressourcen 1, 2, 8, 14, 23, 30, 58, 60, 70, 121, 155, 158, 169, 181, 185
Rivalität 51, 52, 53, 56, 63, 74
Rückkopplung 145, 151

S

Sanktionen 92, 93, 98, 102, 210, 217, 218, 219
Schadenskosten 32, 49, 71, 73, 77, 95, 122, 124, 125, 126, 127, 128, 132, 181
second best 77, 87, 95, 122, 123
Soziales Dilemma 188
Spieltheorie 54, 214
Stabilität, externe 193
Stabilität, interne 193
Stern-Review 175
Stilisierte Fakten 213
Strahlungsantrieb 141, 146, 173, 180
Strahlungsgleichgewicht 141
Strategie, dominante 56, 156, 215, 217, 218
Symbolische Politik 200, 209, 224, 228

T

Technologie 99, 100, 102, 105, 109, 112, 117, 119, 123, 124, 126, 128, 129, 132, 135, 157, 171, 187
Temperatur 32, 105, 107, 141, 144, 149, 151, 155, 161, 173, 177, 180, 184
Theorie 9, 28, 59, 62, 78, 80, 163, 199, 200, 208, 219
Transaktionskosten 47, 48, 64, 69
Transaktionskostentheorie 42
Transitionskoeffizient 179
Treibhauseffekt 21, 32, 41, 98, 140, 207

U

Überschussangebot 7
Überschussnachfrage 7, 8, 13
Umweltgüter 23, 27, 51, 90, 91, 139, 165, 188
Unfallkosten 29, 31
Ungleichheitsaversion 199, 219, 221, 223, 224, 225, 227
Unsicherheit 32, 35, 36, 39, 106, 113, 123, 136, 145, 154, 161, 185, 200

V

Verletzlichkeit 167
Vermeidung 32, 43, 71, 93, 103, 109, 111, 115, 118, 119, 120, 156, 164, 165, 168, 169, 171, 173, 177, 207, 209
Vermeidungskosten 33, 44, 45, 49, 71, 73, 74, 94, 96, 105, 107, 176, 177, 181, 184
Versorgungssicherheit 114, 164

W

Werturteile 9
Wettbewerbsfähigkeit 111, 113
Wettbewerbsmärkte 8, 13, 17, 41, 52, 135
Wetterextreme 151
Wirkungsgrad 158
Wirtschaftsordnung 3, 4
Wohlfahrt 2, 6, 9, 10, 12, 14, 41, 63, 70, 76, 77, 80, 85, 96, 97, 115, 129, 162, 172, 175, 181, 209, 217
Wohlfahrtsfunktion, soziale 172, 173
Wohlfahrtstheorie 13, 15, 18

Z

Zahlungsbereitschaft 10, 14, 22, 30, 51, 64, 65, 66, 74, 81, 187, 207, 208, 209
Zeitpräferenzrate 172, 173, 174
Zusatzlast 82, 83, 84
2-Grad-Ziel 184, 185